中国大陆与台湾地区
计算机字库字形比较研究

A Comparative Study of the Character Form in Computer Library between Chinese Mainland and Taiwan Region

张素格　著

中国社会科学出版社

图书在版编目（CIP）数据

中国大陆与台湾地区计算机字库字形比较研究／张素格著.
—北京：中国社会科学出版社，2019.2
ISBN 978-7-5203-3875-2

Ⅰ.①中… Ⅱ.①张… Ⅲ.①汉字字库—字形—研究
Ⅳ.①H123②TP391.12

中国版本图书馆 CIP 数据核字（2019）第 000307 号

出 版 人	赵剑英
责任编辑	宋燕鹏
责任校对	杨　林
责任印制	王　超

出　　版	中国社会科学出版社
社　　址	北京鼓楼西大街甲 158 号
邮　　编	100720
网　　址	http://www.csspw.cn
发 行 部	010-84083685
门 市 部	010-84029450
经　　销	新华书店及其他书店
印　　刷	北京君升印刷有限公司
装　　订	廊坊市广阳区广增装订厂
版　　次	2019 年 2 月第 1 版
印　　次	2019 年 2 月第 1 次印刷
开　　本	710×1000　1/16
印　　张	18.75
插　　页	2
字　　数	336 千字
定　　价	79.00 元

凡购买中国社会科学出版社图书，如有质量问题请与本社营销中心联系调换
电话：010-84083683
版权所有　侵权必究

国家社科基金后期资助项目
出版说明

后期资助项目是国家社科基金设立的一类重要项目，旨在鼓励广大社科研究者潜心治学，支持基础研究多出优秀成果。它是经过严格评审，从接近完成的科研成果中遴选立项的。为扩大后期资助项目的影响，更好地推动学术发展，促进成果转化，全国哲学社会科学工作办公室按照"统一设计、统一标识、统一版式、形成系列"的总体要求，组织出版国家社科基金后期资助项目成果。

全国哲学社会科学工作办公室

序　　一

海峡两岸同根同源，只因近几十年政治海峡的隔阻，在语言文字和语言生活中出现了歧异。语音和语法方面的歧异较小，词汇方面有些歧异但基本不影响交际。文字之"异"相对明显，不仅存在简繁之别，还存在异体字的选用和微观字形上的分歧。随着两岸交往的日益频繁，特别是信息处理准确高效的需要，两岸的语言差异急速缩减，文字差异日渐受到重视。如何寻求妥善的方法和途径，使两岸在"书同文"的道路上能切实有所推进，是当前重要的学术问题、应用问题和语言文字政策问题。

多年前，张素格博士就敏锐地注意到两岸的文字差异不仅仅表现在繁简字上，还存在于大量的微观字形上。她对 ISO 10646 字符集中两万多字的中国大陆和台湾字形逐个比较，非常细致地描述了二者的差异点，从历时角度梳理其演变过程，透视其产生原因，客观分析优势字形的特点和理由，对将来建议统一的目标字形提出建议。该选题既在学术领域有很大的理论意义，在应用领域也有很高的参考价值。材料选取科学合理，研究过程精心细致，研究结论也较为公允，相信能够起到资政助学的作用。

2018年9月2日，两岸文字学会在清华大学召开学术研讨会，主题是两岸的"书同文"问题，我应邀作了主旨报告。会议的主题和我的报告《书同文：中华民族还有机会吗？》，与素格博士的大著所论十分相关，应她及其导师陈双新教授之约，特将拙文作为本书序言，以砖引玉。

书同文：中华民族还有机会吗？

公元前221年，秦始皇统一六国，实现了"车同轨、书同文"。而今天，我们还要重议"书同文"的话题，感觉十分沉重。回顾历史，审视当下，展望未来，试问：中华民族还有"书同文"的机会吗？

一　清末以来语言规划要略

120多年前的1892年，卢戆章发表《一目了然初阶》，开启了切音字运动，也开启了中国现代语言规划的大幕。切音字运动的时代之问是："汉字—读书—国家强弱？"认为汉字繁难影响国人读书识字，进而影响国家强盛。为富国强民，当时提出了很多关于"辅助汉字、改造汉字、替代汉字"的语文方案，但清朝政府已日薄西山，气息奄奄，无力实现了。

历史的车轮驶入民国，语言文字规划并未因改朝换代而停歇。民国期间语言文字规划有不小成绩，最值得圈点的起码有三：

其一，通过审定汉字读音以确定国音，通过白话文运动、国语运动以推广国音。

其二，制定了注音符号（1913年订，1918年颁布）和国语罗马字（1928年），使汉语汉字有了专门的注音工具。

其三，在收集俗字、手头字的基础上开始了"汉字简化"（1935年）。

1935年8月21日，国民政府教育部公布《第一批简体字表》，收字324个。字表虽然在次年即1936年便"不必推行"，但其影响却大而久远：

其一，开现代汉字简化先河。

其二，一些俗字变为正字，"正字观"发生了变化。

其三，简体字成为手写的常用字，开启了"一语双体"的语文生活。

其四，引发80年简繁汉字之争，至今未息。

《第一批简体字表》虽然停止推行，但简化汉字的理想并未吹熄。1949年民国政府迁台之后，仍不断有简化动议。例如1952年，在国民党宣传汇报会上，蒋介石仍提出关于文字改革的意见：

> 我们的汉字笔画太多，士兵教育困难，学生学习难度也太大。我觉得汉字还是应做适度的简化。我的意见，与在大陆时期一样，先提出一个简化方案，再提交到会上来讨论。

台湾放弃汉字简化，继而反对汉字简化，是在1966年大陆开始"文化大革命"之际。1966年11月，针对大陆的"文化大革命"，台湾的孙科、王云五、陈立夫、陈启天、孔德成等1500人联名发起"中华文化复兴运动"，要做传统"卫道士"，便开始反对简化汉字。1975年8月25日，"中华文化复兴运动推行委员会"举行临时常务委员会议。王云五、陈立夫、于斌担任主席。邀请胡一贯、刘季洪、林尹、张希文、周白云等五人，发表联合声明，反对大陆的文字改革和汉语拼音。简繁汉字之争原来是文人之争、文化之争，而由此便转向了意识形态领域之争。

仔细观察，台湾的文字规范并未与简体字（简化字）绝缘，简体字（简化字）以特定方式融入文字规范之中。如"四大字体表"《常用"国字"标准字体表》《次常用"国字"标准字体表》《罕用"国字"标准字体表》《异体字表》之中，特别是《异体字表》，就收入了不少简体字（简化字）。1977年制定的《标准行书范本》，收4010字，其中简体就有1580个；这些简体字中有1100个与大陆简化字相近或相同。《标准行书范本》也有简化偏旁，如"犭、纟"等，这就增加了更多简化字。

此种情况，可以看做台湾"简繁汉字之争"的一个小结，也是探寻得到的解决印刷与书写矛盾的一个办法，是提出"识繁写简"命题的现实依据。

二　中华人民共和国汉字规范之路

大陆早年的"三大"语文任务，其实都是历史的接续：推广普通话是对白话文运动、国语运动的接续；整理、简化汉字是1935年汉字简化的接续；制定并推行汉语拼音方案是注音字母、国语罗马字的接续。

1955年10月15日-23日，全国文字改革会议在北京召开，较为深入地讨论了汉字简化的有关问题，形成了《汉字简化方案》。1956年1月28日，国务院第23次全体会议通过了《汉字简化方案》。汉字经过8年的分批简化，1964年3月7日发布了《简化字总表》。1965年1月31日，又发布了《印刷通用汉字字形表》（6196字），也称"人民体"，是大陆现行的印刷字形。

1977年12月20日，《第二次汉字简化方案（草案）》发布。"二简字"没有使用多久就废置了，虽然其正式废止是在1986年6月24日。此后的汉字工作转向了"规范化、标准化、信息化"。"二简字"的废止有三点值得注意：

第一，"二简"字是汉字字形简化的极限。收回"二简字"，意味着50年前开始的汉字简化基本止步。

第二，"二简字"并未完全在语文生活中消失，一些人的书写还偶然使用。

第三，大陆也开始反思汉字简化之路，并开始了"简繁之争"。

2013年6月5日，国务院批准发布《通用规范汉字表》。《字表》研制历时12年，集汉字规范之大成。字表在研制过程中，认真考虑过台湾、香港及海外的汉字使用情况，把"不人为扩大汉字形体差异"作为一条研制原则，故而为汉字统一留下了空间。

字表还做了一些缩小汉字差距、方便简繁沟通的具体工作：1. 恢复了一些异体字，如"喆、淼、堃、皙、昇"等一些人名常用字。2. 进行了简繁汉字对照，特别列出了"一简对多繁"的简繁汉字对照表。3. 表外字一般不再类推简化。这一点意义重大，认识到了汉字并不是越简化越好。

三　两岸语言沟通例举

20世纪80年代以来，中国改革开放，海峡两岸的隔离逐渐打破，语言沟通逐渐频繁，语言学界的交往逐渐密切。其中词汇沟通最为明显。

两岸辞典本来就是一个源头，皆是民国时期黎锦熙主持的《国语辞典》的延续。《国语辞典》1926年筹备，1931年开始编辑，1936年由商务印书馆印刷出版，1945年出齐，共8册。1947年校勘再版，分为4册。1955年之后，大陆以此为蓝本，出版了《现代汉语词典》1－7版。台湾1981年出版《重编国语辞典》。1994年出版《重编国语辞典修订本》，收词16万多，另附十余种附录。

21世纪，两岸合编辞书成效显著。2003年北京语言大学与中华语文研习所合编《两岸现代汉语常用词典》。2014年，两岸政府主导编制了《两岸差异词词典》《两岸生活常用词汇对照手册》。2015年又出版了《两岸通用词典》（收词7万多条）。目前《两岸科技常用词典》（涵盖31个学科1.9万词条）、《两岸科学技术名词差异手册》也正在编纂中。两岸共建的"中华语文知识库"网站，及《中华语文大辞典》（纸质版，收词14万词条）、《中华科学与技术大词典》（涵盖100个学科，60余万组词）也即将正式出版发行。

还有一些辞书也是由两岸学者共同参与的。如《全球华语词典》（2010）、《全球华语大词典》（2016）。《全球华语大词典》明确提出了"大华语"的理念，把大华语看做"以普通话/国语为基础的全世界华人的共同语"。大陆的普通话、台湾的国语、香港的社区语、东南亚的华语、北美及欧洲的新华语等，都是大华语的变体。大华语的理念，也为以后"书同文"提供了新的理论基础。

除词汇沟通外，还有许多事情值得一提。例如：

"海峡两岸现代汉语问题学术研讨会"是一个系列会议，2005年11月在天津首届召开，之后轮流在两岸四地举行，已持续了13年11届，今年12月在香港召开第12届学术研讨会。明年或后年，在台湾召开第13届。

2013年，两岸语言文字交流与合作协调小组成立。小组积极推动两岸学术交流。2015年4月，"两岸语言文字调查研究与语文生活研讨会"在福州召开首届会议，会后出版了论文集。2017年12月，在厦门大学召开第二届会议。

上面只是举例性的，两岸语言文字学者之间的交流不胜枚举。这种交流是多方面的、具有学术内动力的，且取得了很好成效，在诸多方面都取得了学术共识。本次两岸的文字学会会议，就是这些交流中的典型一例，也是这些交流的成果积累，具有继往开来的作用。语言生活的相互影响，语言学者的交流合作，为"书同文"酿造了气氛，搭建了平台，准备了条件。

四　没有结语的结语

大陆的语言文字政策可以概括为：大力推广和规范使用国家通用语言文字；科学保护各民族语言文字。"各民族语言文字"当然也包括汉民族的语言文字，包括甲骨文，也包括繁体字。构建和谐的语言生活是大陆语言文字规划的基本理念，其中当然也包括文字生活的和谐。

现实语言生活中的用字情况，可以说是"你中有我，我中有你"。具体说：

大陆目前用字以简化字为主，繁体字为辅。

台湾印刷用繁体字，手写夹杂简体字，能认识一些简体字。

香港、澳门以繁体字为主，生活中用到简体字。其中澳门用字更加具有包容性，被认为更便于做"书同文"的社会实验。

海外华人用字分两类，有大陆式（马来西亚、新加坡）和台湾式。

国际社会是以简化字为主，繁体字为副。

这种简繁"二元共处"的局面，是1935年开启的"一语双体"语文生活的继续，并可能是一种较为长期的现实。这种局面是我们思考问题的现实基础和出发点。对简繁的认识，首先要从意识形态中走出来。简繁差异，表现在文字理念、文字整理规则、文字形体等多个方面，但其分歧被人为夸大了。不管是简化字还是繁体字，都是在试验汉字字形的张力，考验华人的集体智慧。简繁问题，需要学者研究，尽到学人职责，但起决定作用的还是社会用字实践。

今天，海峡两岸的文字学家和两岸人民，全球华人学者和全球华人，还需回答百年前切音字运动提出的"汉字—读书—民族强弱"的时代之问，但答案的选项已经不是"辅助汉字、改造汉字、替代汉字"的语文方案，而是"简繁汉字的分合"！简繁融一，对内，惠及子孙；对外，惠及人类。

新时代的"书同文"，也许还难以规划时间表，但是可以设计路线图。在"书同文路线图"的设计上，我们应因势而为，有所作为。

李宇明

（李宇明，北京语言大学教授，中国辞书学会会长，国家语委两岸语言文字交流与合作协调小组组长，曾任国家语委副主任、教育部语信司司长、北京语言大学党委书记。）

2018 年 12 月

序　二

本书作者张素格是我指导的第一个博士生，本书是在她2011年通过答辩的博士论文基础上修改而成。作者约我写序，自然回忆起十年前刚开始指导博士生的状况和对论文选题及相关问题的一些想法。

2005年，我从教育部语用所回到河北大学，主要任务是参与汉语言文字学学科博士学位点的申报工作。在以杨宝忠老师为学科带头人，以张安生老师、郭伏良老师和我为学术带头人，以及一批青年教师齐心协力的努力下，在学界多位专家的大力支持下，博士学位点2006年获批。作为博士点的原创人员之一，我虽然幸运地成为导师组成员，但对招收博士生很是心虚，相较于我求学过的安徽师范大学、河北大学、中山大学、北京师范大学的很多位语言文字学授课老师，特别是我的硕士导师谢质彬教授、赵平安教授，博士导师张振林教授，博士后导师王宁教授，我当然深知自己学术之浅陋，一直认为他们才可以带博士生。为此还专门向我的博士导师请教，而张老师则以他当年也有类似心理予以鼓励。于是就这样在诚惶诚恐中开始招收博士生。

张素格入学两年后打算从金文中找毕业论文选题，鉴于她硕士阶段的研究方向是古汉语修辞学，虽然对古文字也经过了几年的专心学习和积累，但想在该领域做出新贡献还是很不容易，于是建议她从事现代汉字研究，并交给她本书的选题。而这个选题又是来源于我自2002年以来一直参与的国际标准化组织（ISO）表意文字工作组（IRG）工作的思考（在IRG中我主要负责中国大陆提交给国际标准化组织以获得国际统一的计算机码位的字形审核工作）。在了解计算机字符集的情况后，我发现同一码位的中国大陆字形与台湾字形[①]，是同一个繁体字或无繁简差异的传承字，但具体笔画常有区别[②]，这些区别对认读、教学（特别是对外汉语教

[①] 同码位的一列字形包括中国大陆和港澳台字形，以及韩、朝、日、越、Unicode字形。

[②] 字形编码时将这些有细微差异的字形按同一个字对待。国际统一的计算机单一码为每个字符而非字形定义唯一的代码，以一种抽象的方式（即数字）来处理字符，并将视觉上的演绎工作（例如字体大小、外观形状、字体形态、文体等）留给其他软件来处理。

学）和信息处理会带来不便。那么，这些差异是如何产生的？是让它一直存在下去还是将来可以寻求统一？如果可以寻求统一①，就必须做好基础的学术研究工作。

由于作为本书基础的博士论文是我命题，书中对部分问题的论述，我和张素格进行过很多次的讨论和共同修改。对写作本书前首先要认识清楚的以下几个问题，我也与她有过多次交流，这些问题也可能是部分读者想到的问题或疑问，特略加追述如下：

第一，繁简不同是两岸文字交流的最大问题，这个问题没有解决，讨论字形不统一问题是否有意义？繁简统一是牵涉面很广的大问题，需要民间、学界和政府间的充分交流和合作，目前不妨暂时维持现状。② 当前，计算机已经普及到所有行业和工作领域，计算机字符集字形实际控制着社会用字字形，汉字字形规范工作应该由过去的针对人的使用转向对计算机的控制。CJK 字符集中"C"栏下面的中国大陆地区 G 列和台湾地区 T 列的横向字符是国际公认的同一个字符，其功能完全相同，如果微观字形能完全一致，将明显有利于两岸乃至全球的文字交流。况且，这些微观字形差异基本是纯学术问题，受其他因素的影响较小，便于提出可操作的解决方案。

第二，对两岸的差异字形提出解决方案，是否会造出没有使用价值的废字而徒增混乱？两岸的同编码字形差异都很细微，一般读者不易看出，也基本不影响阅读。本研究提出的解决方案应该以两岸原有字形为基础，不是另起炉灶，不会新增两岸没使用过的字形，且不会据此去要求个人书写。因此，这样的字形调整给使用者带来的不便微乎其微，几乎可以忽略不计。

第三，字形演变过程的楷书字形为什么选《康熙字典》字形作为比较字形？因为《康熙字典》字形是国际标准化组织表意文字工作组所有成员共同认同的楷书字形标准。IRG 会议时，各成员体讨论楷书字形问题，都以《康熙字典》为准绳。

---

① 这里的统一不是两岸文字繁简的统一，而是同一个繁体字或传承字具体写法的一致。

② 两岸文字的统一问题的讨论已经迈出了可喜的一步。2018 年 9 月 2 日，首届两岸文字学交流研讨会在清华大学召开。来自两岸文字学会的专家学者就推进两岸文字学会合作机制进行了深度交流。会上签署了《两岸中国文字学会交流合作备忘录》，并达成了传承和弘扬中华民族优秀传统文化、共同推进语言文字研究、创造条件推动学者之间开展有关科研项目的合作、推动大陆人民"用简识繁"与台湾人民"用繁识简"、逐渐消弭两岸语言文字隔阂、最终实现两岸"书同文字"等共识。

一般认为，研究现代汉字比研究古文字容易些，其实也不尽然。常用字几乎全部源自先秦（现代新造字基本仅限于化学元素），要说清每个字的现代楷书字形，就必须溯源，至少追溯到小篆，有的还溯及甲骨文、金文等古文字。因此，具备汉字发展史知识和一定的古文字知识是研究现代汉字的前提。张素格在博士阶段前两年系统学习了古文字，为从事本研究打下了较好的基础。本课题需要进行大量的细微字形的比照和分析，她很有耐心，不辞辛苦，不嫌琐碎，对国际标准 ISO/IEC 10646 收录的 20902 个汉字进行逐个测查，首先找出中国大陆和台湾同编码的字形 18370 个，然后对这些字的大陆和台湾字形逐个进行十分认真细致的测查和对比，发现其中有 9000 多字在笔形、笔画数、笔画交接方式、组字部件和结构方式等方面存在或大或小的差异。这 9000 多字中，字形差异点有 12000 多处。经细致的归纳总结，这 12000 多个差异点涉及有代表性的常用部件 200 多个，然后逐个列出这些部件历时演变过程中几个重要阶段的代表形体（甲骨文、金文、小篆、隶书、楷书、字符集字形），描写字形演变轨迹，探究演变的原因，归纳演变的规律，指出优势字形的特点，从汉字理据、社会应用、书法美学等角度论述两岸差异字形的优劣所在，从而提出建议择定的统一目标字形。研究过程既很费脑力，也很费眼力，上万字的细微区别点的测查、统计和分析，没有很强的韧性和耐力是难以坚持的。当然，这样的经历也锻炼和提高了她对字形问题的敏锐性和洞察力。

张素格在写作和修改过程中下了很大功夫，但由于工作量大，问题的复杂也远超过预期，论文答辩稿还是存在诸多不足。好在她博士毕业后到北京师范大学文学院从事博士后研究期间，一直继续修改该文，在2015年获批国家社科基金后期资助项目后，她又根据审稿专家所提意见和建议对文章再次进行了全面修改，现在虽然不能说很完善，但作为一个阶段成果可以拿出来供学界参考和讨论。希望张素格在此书出版后，及时关注学界意见，继续深入了解两岸用字实际情况和大众对有关问题的认识，在该领域的研究上有后续更多的更有参考价值的成果。

两岸同编码汉字差异字形的统一，是两岸文字实现"书同文"的重要组成部分。本书提出了两岸字形统一的原则，对微观字形差异也给出了解决方案，为将来两岸的字形统一做了基础的学术研究。当然，繁简统一和微观字形的统一，是政府部门的事，但基础的学术研究和有关知识的宣传普及是学者的责任，且这方面工作要有前瞻性，亦请广大读者从这个角度去理解和批评本书。至于书中对每个字的具体解决方案，可能很多都会见仁见智，要想达到看法一致，需要两岸学者和广大民众的广泛讨论和更紧密的交流。

是为序。

陈双新

2018 年 12 月 10 日

目　　录

第一章　中国大陆与台湾地区语言文字现状 …………………（1）
　第一节　两岸语言文字问题 ……………………………………（1）
　第二节　两岸文字问题研究现状 ………………………………（3）
　第三节　信息时代的两岸文字问题 ……………………………（14）
　第四节　两岸汉字字形规范统一的必要性 ……………………（16）

第二章　CJK字符集两岸字形差异现状 ………………………（19）
　第一节　两岸笔形差异现状 ……………………………………（20）
　第二节　两岸笔画数量差异现状 ………………………………（39）
　第三节　两岸笔画关系差异现状 ………………………………（44）
　第四节　两岸组字部件差异现状 ………………………………（55）
　第五节　两岸结构差异现状 ……………………………………（67）

第三章　两岸汉字字形差异特点及字形规范统一的可行性 …（69）
　第一节　两岸汉字字形差异特点 ………………………………（69）
　第二节　两岸字形规范统一的可行性 …………………………（73）

第四章　两岸汉字字形差异点历时溯源（上） ………………（76）
　第一节　汉字字形溯源理论和方法 ……………………………（76）
　第二节　两岸笔形差异溯源 ……………………………………（79）
　第三节　两岸笔画数差异溯源 …………………………………（135）
　第四节　两岸笔画关系差异溯源 ………………………………（150）

第五章　两岸汉字字形差异点历时溯源（下） ………………（177）
　第一节　两岸组字部件差异溯源 ………………………………（177）
　第二节　两岸部件分合差异溯源 ………………………………（198）

第三节　两岸新旧字形选用差异溯源 …………………………（222）
　　第四节　两岸结构差异溯源 ………………………………………（245）

第六章　中国大陆与台湾地区字形差异的原因及规范原则 ………（250）
　　第一节　中国大陆与台湾地区字形差异的原因 …………………（250）
　　第二节　中国大陆与台湾地区汉字差异字形规范原则 …………（255）

第七章　中国大陆与台湾地区"书同文"设想 ……………………（263）
　　第一节　让研究对象回归学术本体 ………………………………（263）
　　第二节　整理规范异体字 …………………………………………（266）
　　第三节　区别对待繁简字 …………………………………………（267）

参考文献 ……………………………………………………………（271）

后　记 ………………………………………………………………（283）

第一章　中国大陆与台湾地区语言文字现状

第一节　两岸语言文字问题

中国大陆与台湾地区都是以汉语汉字为母语文字，但由于众所周知的原因，出现了"书不同文"的局面。

自20世纪50年代起，中国（不包括港澳台地区。全文同）开展了以推行简化字为标志的汉字规范工作，包括减少汉字笔画、整理并取消异体字、统一印刷字形等；而台湾地区至今印刷字形使用的汉字除极少数外基本上没有简化。对现行汉字的规范化，两岸都给予了高度重视。中国的汉字规范成果主要有《简化字总表》《第一批异体字整理表》《印刷通用汉字字形表》《现代汉语常用字表》《现代汉语通用字表》《通用规范汉字表》等；台湾地区的文字规范有两套标准，一是印刷正字《常用"国字"标准字体表》《次常用"国字"标准字体表》，二是手写规范《标准行书范本》。虽然两岸都在推进汉字标准化规范化工作，但带来了两岸文字面貌的明显差异，不仅存在简繁体系的差别，微观字形上也分歧不小。当两岸处于隔离状态时，没有感知到文字的差异给人际交往带来的不便，更不会预料到这种差异会给计算机信息处理带来较大的障碍，字形统一问题就更不可能引起人们的重视。

当前，中国大陆与台湾地区的交流日益密切，而两岸繁简不同的文字体系在一定程度上造成了两岸交流与沟通的障碍。在计算机领域，两岸繁简不同的文字体系给两岸交流和信息处理带来的问题日益凸显。大陆地区［此称说与中国（不包括港澳台地区）所指相同，是为彰显与"台湾地区"的对照。全文同，不再一一标明］和台湾地区各自采用了不同的编码标准，台湾地区使用繁体字，通常采用"大五码"①，大陆地区使用简体字，通常采用"国标码"②。不同的编码标准互不兼容，一个编码在不同的编码标准内可能代表不同的字符。当某台电脑上发出的电子信息传到另一台采用了不同编码标准的电脑上时，即使通过转码，也可能会出现乱码或某些字符不能正确显示等问题。在两岸大量的文字交往中，繁简文本转换这样的"人为障碍"，耗费了太多的人力、物力，但依然错误频现。

中国汉字体系不统一的状态也影响到汉语汉字的国际地位。海外想了解学习汉语汉字的人，对中国的繁简两套文字体系无所适从。如果在台湾地区学习了繁体字，到了大陆地区还得重新学习简化字；而在大陆地区留学的外国人，要想读懂港台地区的出版物又必须先熟悉繁体字。对于外国人而言，学习汉字本来就十分繁难，而要学习繁简不同的两套文字体系就更是难上加难。这对汉语汉字的国际传播当然不利。

人类社会已经进入信息时代，人机交往的频繁和重要已经不亚于甚至有甚于人际交往，这就对语言文字的规范化标准化提出了更高的要求，甚至是一种严峻的挑战。而两岸文字繁简的统一、字形的统一可以说是信息处理准确高效的前提。因而与此有关的科研课题近些年来颇受重视。国家语委将"海峡两岸语文现状、发展趋向及对策研究"③ 列为"十二五"科研规划 2012 年度重大项目，"海峡两岸文字趋同可行性研究"④ 列为"十二五"科研规划 2015 年重点项目。可见中国大陆与台湾地区的语文差异已引起政府部门、海内外学者以及社会各界的密切关注。

---

① "大五码"是 BIG5 码，是台湾地区"咨询工业促进会"根据 1983 年 10 月台湾地区"行政院"主持研制的《通用汉字标准交换码》和 1992 年 5 月修订公布的《中文标准交换码》制定的一个行业标准，共收录 408 个符号和 13051 个繁体汉字（包括简化的历史传承字）。它通行于中国台湾、香港地区，是一个繁体字编码方案。

② "国标"（GB）是国家标准的简称。

③ 此课题的主要研究内容：深入系统研究两岸语言的现存差异，并从中总结其发展趋向、制定科学的应对措施，形成咨询报告供决策部门参考（参见国家语委科研网：http://www.ywky.org/kyinfo.aspx？id = 102）。

④ 此课题的主要研究内容：调查台湾社会对简化字的态度，研究台湾关于汉字问题的政策动向，研究两岸"书同文"交流讨论机制，开展两岸"书同文"的可行性研究，为国家制定相关政策提供依据（参见国家语委科研网：http://www.ywky.org/kyinfo.aspx？id = 181）。

第二节 两岸文字问题研究现状

中国大陆与台湾地区当前的语言文字现状存在不少的差异，在语音、词汇、文字以及语文政策等方面都存在程度不等的差异，其中最大的差异是汉字的运用方面，不仅存在简繁体系的差别，异体字的选用和微观字形上的分歧也不小。随着两岸交往的日益频繁，两岸不同文字体系造成的交流障碍也日益凸显，两岸的文字问题成为社会各界关注的热点。

一 研究隔绝对立期：20世纪50年代初至80年代末

中国大陆与台湾地区不同文字面貌的形成始自20世纪50年代末，当时对两岸文字问题的研究，主要围绕文字的繁化、简化、拼音化进行探讨，两岸学界的观点言论呈针锋相对状态。当时大陆地区的主流意识是"废繁从简"，台湾地区虽然也有部分人士积极主张推行简化字，但主流意识还是主张保留繁体字。

由于当时大陆地区学界受"文字发展三段论"理论（认为文字的演化模式为"象形→表意→表音"）的影响，简化字被看作汉字最后走向拼音化的过渡。1956年1月国务院公布《汉字简化方案》，大陆地区各媒体和出版物积极执行，并盛赞简化字的功效。"小学教师们说：简化字有'三好'，即'好教''好认''好写'。""'删繁就简'是人类一切文字的共同发展趋向。使用汉字的东亚国家，近100年以来，都逐步减少通用字数、简化汉字笔画，这是适应时代需要的文化前进运动。"[①]

台湾地区国民党当局自1951年6月起一直试图推行简体字，"省参议员"马有岳、"考试院"副院长罗家伦、国民党政要何应钦、文化名人林语堂等先后力倡简体字，1953年12月蒋介石在一次会议上也说，"简体字之提倡，甚为必要"。1969年文字学家李孝定在《从中国文字的结构和演变过程泛论汉字的整理》一文中明确指出："中国文字演变的趋势是简化，则所谓改进，自然不外简化一途。"[②] 但当中国正式推出简化字后，台湾地区对汉字简化问题的态度来了个一百八十度的逆转，转而提倡繁体

[①] 周有光：《〈汉字简化方案〉的推行成果》，《语文建设》1989年第5期，第11、13页。
[②] 李孝定：《汉字的起源与演变论丛》，台湾联经出版事业股份有限公司1986年版，第88页。

字。由于政治的对立而带来偏见和误解，反对、攻击、毁谤大陆地区简化字成为台湾地区学界和媒体的主流。台湾地区"内政部调查局"编辑出版的《"共匪"推行文字改革实况》就认为"大陆文字改革，最终是实现文字拼音化，而拼音化文字将使中国文化遭到空前的浩劫，改革汉字的目的是要切断中国文化的源流，篡改历史记载，加紧思想统治，实行世界革命阴谋，等等"①。台湾地区政大国际关系研究中心研究员汪学文的《中共文字改革与汉字前途》和《"共匪"文字改革总批评》的结论是：大陆地区文字改革本质上是一种政治性活动，是"破坏中国文化的阴谋与暴行。"② 后来这方面的一些书籍和文章，论调与此大多同出一辙。又如倡导标准行书的陈立夫在《标准行书范本》序里说，台湾地区不同意大陆地区推行的简体字，"因笔画减少，未必一定容易使人民认识，专家已从实验证明之；而毁弃字源以求书写之迅速，尤为得不偿失。标准行书字字有根据……"其实，将大陆地区《简化字总表》的2235个简化字和台湾地区《标准行书范本》中的1580个简体字相比较，两者简化完全相同的有640多个，基本相同的有400多个，另有400多个是大陆地区还没有简化的③。大陆地区和台湾地区的汉字简化完全相同和基本相同的字数有一千多字，怎么能说一个是"毁弃字源"，另一个是"字字有根据"呢？可见当时两岸的文字研究带有浓重的政治色彩。1989年台湾地区《国文天地》编辑部组织了一次《文字简化面面观座谈会》，《发言纪要》中有一段话对台湾地区50年代初至80年代末的研究做出了较为公允的评价："台湾总以为中共的文字改革是破坏、毁灭中国文化，早期研究中共文字改革几乎是军方和国际关系所的'反共'专利。他们的著作'匪'来'匪'去，比较难有公正客观的批评。"④

由于政治的对立和地域的隔绝，两岸学者基本上是各说各话，难有共识。

---

① 台湾"内政部调查局"：《"共匪"推行文字改革实况》（1956），转引自仇志群《汉字简化问题在台湾》，《语文建设》1995年第5期，第37页。
② 参见汪学文《中共文字改革与汉字前途》（1967），《"共匪"文字改革总批评》（1974），转引自仇志群《汉字简化问题在台湾》，《语文建设》1995年第5期，第37页。
③ 参见周有光《〈汉字简化方案〉的推行成果》，《语文建设》1989年第5期，第12页。
④ 《文字简化面面观座谈会发言纪要》，台湾《国文天地》1989年第2期，转引自仇志群《汉字简化问题在台湾》，《语文建设》1995年第5期，第37页。

二 研究交流互动期：20世纪80年代末至今

自20世纪80年代末至今，随着政治的解禁、社会的变迁以及两岸的交融，两岸学界都出现了"百家争鸣"的局面，学术观点由偏执走向宽容。

在台湾地区，很多学者对汉字简化的合理性和必要性取得了共识，对大陆地区的简化汉字重新审视，呼吁"读者诸君正视大陆简化字的概况，毕竟它已经存在了二十多年，有其不容忽视的影响"[①]。李畊《崇法务实》中这样说："令人惊异的是其中（指1935年由民国政府颁布的《第一批简体字表》）258字与今日大陆由中共推行的简化字完全相同。""两者竟有百分之九十五相同、相通之处！"[②] 但把大陆地区的简化汉字看作政治的产物的言论仍然存在[③]，同时有一部分人提出了"识繁写简"，主张两岸中文印刷用正楷（即繁体），书写用简体，以此来化解繁简之争。1980年《标准行书范本》的颁布，形成了台湾地区某种程度"识繁写简"的用字状况，2009年6月马英九建议两岸采用"识正书简"的方式。

从20世纪80年代末，大陆地区官方和学界对简化字开始进行深入的反思，已经充分认识到《简化字总表》存在的问题和不足，如归并字、同音代替字和类推简化等带来的用字尴尬和矛盾，并作了部分的调整，1986年重新发布的《简化字总表》恢复"叠、像、覆、罗"的繁体字地位。大陆地区的规范汉字是简化字，但并不取消繁体字，只是限定了它的使用范围。2001年年初，《通用规范汉字表》作为国家语委"十五"重大科研项目正式立项，旨在对原有的语言文字规范进行必要的修订，并力争在研制过程中解决"那些明显的、影响文字功能的缺憾以及长期以来悬而未决的问题"[④]，此表于2013年6月5日由国务院公开发布[⑤]，根据

---

① 杨祚德：《正视大陆简化字》，台湾《华文世界》1991年第59期，转引自仇志群《汉字简化问题在台湾》，《语文建设》1995年第5期，第37页。
② 李畊：《崇法务实》，《台湾立报》1992年10月12—14日，转引自苏培成《二十世纪的现代汉字研究》，书海出版社2001年版，第578页。
③ 如汪学文《汉字简化之挫折与混乱》，台湾《国文天地》1989年第2期，亓婷婷《中文并无繁简之争》，《亚洲周刊》1990年第4卷第40期；左松超《汉字简化的检讨》，《华文世界》1991年第59期。以上转引自仇志群《汉字简化问题在台湾》，《语文建设》1995年第5期，第39页。
④ 张书岩：《研制〈规范汉字表〉的设想》，《语言文字应用》2002年第2期，第3页。
⑤ 国务院关于公布《通用规范汉字表》的通知（国发〔2013〕23号）："《通用规范汉字表》公布后，社会一般应用领域的汉字使用应以《通用规范汉字表》为准，原有相关字表停止使用。"

语言生活的发展变化和实际需要进行了必要补充和调整，如"该表对社会上出现的在《简化字总表》和《现代汉语通用字表》之外的类推简化字进行了严格甄别，仅收录了符合该表收字原则且已在社会语言生活中广泛使用的'闫、铞、痂'等226个简化字"。"该表在以往相关规范文件对异体字调整的基础上，又将《第一批异体字整理表》中'皙、喆、淼、昇、邨'等45个异体字调整为规范字。"①

大陆地区的主流学界仍然充分肯定简化汉字的功绩，主张"以简代繁"来规范统一中国大陆与台湾地区文字。彭小明《海峡两岸语言文字异同初析》从简化字、普通话、繁体字等五个方面比较两岸语言文字的异同，认为"简化是数千年来中国文字发展的基本方向"，"应该以一种宽容的态度允许这些简体字有一段试误与淘汰的实践"②。颜逸明《海峡两岸统一用字的思考》指出汉字发展的总趋势是简化，"海峡两岸统一用字不能以推翻《汉字简化方案》作为条件，只能以简化字作为两岸文字统一的基础"③。朱广祁《海峡两岸的语文差异与统一》呼吁中国大陆与台湾地区在"汉字应该简化，汉字能够简化"方面达成共识④。孙剑艺《论海峡两岸汉字的现状与前景》说"书同文的基础就是中国大陆与台湾地区的现行汉字，包括大陆的简化字，台湾（以及港澳）的印刷体及手写规范"。"两岸文字的统一，应该本着前进和优化的原则，是前进和优化的结合。"⑤林允富《祖国统一＝繁简字统一》从七个方面阐述用简化字统一"两字"的理由⑥；又在《"书同文"的昨天、今天和明天》中重申"汉字的简化是历史的必然趋势，所以，港澳台的汉字应用必将朝着这个方向发展"⑦。马恕凤《海峡两岸的"书同文"和"规范汉字"》认为实现中国大陆与台湾地区的"书同文"要以书写"规范汉字"（包括大陆地区推行的简化字）为书写目标，因为"简化字在汉字编码、书写等

---

① 教育部语言文字信息管理司组编：《语言文字规范标准手册》，商务印书馆2015年版，第11页。
② 彭小明：《海峡两岸语言文字异同初析》，《语文建设》1989年第2期，第26—29页。
③ 颜逸明：《海峡两岸统一用字的思考》，《语文建设》1991年第2期，第30—32页。
④ 朱广祁：《海峡两岸的语文差异与统一》，《山东大学学报》（哲学社会科学版）1994年第1期，第1—7页。
⑤ 孙剑艺：《论海峡两岸汉字的现状与前景》，《山东大学学报》（哲学社会科学版）1995年第1期，第106—110页。
⑥ 参见林允富《祖国统一＝繁简字统一》，《西北大学学报》（哲学社会科学版）1997年第4期，第115—119页。
⑦ 林允富：《"书同文"的昨天、今天和明天》，《西北大学学报》（哲学社会科学版）2002年第4期，第152—156页。

方面都是很有优势的",提议两岸学者应本着"面向现代化、面向世界、面向未来"的原则共同商讨,制定适合两岸的"规范汉字表"①。曹传梅的硕士学位论文《海峡两岸四地汉字"书同文"研究》通过对两岸四地文字的对比分析,认为简体字是"书同文"的基础字形,两岸四地"书同文"统一于简化字是大势所趋,并对"书同文"的目标做了阶段性分析②。

但在大陆地区"废繁从简"或"以简代繁"也不是一枝独秀,出现了"废简从繁"的呼声。这种主张的提出者多是海内外的学术文化人,他们认为简化字不便学习古代文化,割断了古今联系,破坏了中华文化;他们往往站在社会特用层面的立场,举出一些特用场面才会出现的用字,把中国推行的简化字批得漏洞百出。他们看到了简化字的不足和缺陷,但夸大繁体字的优点,甚至把汉字神圣化。他们认为汉字不应该简化,从而否定中国半个世纪以来语文改革的历史功绩③。2008 年 3 月新浪"网上大讲堂"第四十九讲推出《谈简体字在当代尴尬境遇》,发起人是人民文学出版社《中华文学选刊》主编、作家王干先生,他明确提出应该废除简化字。2009 年 3 月政协委员潘庆林建议全国用十年时间,分批废除简体汉字,恢复使用繁体字。

在繁简激烈争锋的同时,大陆地区也出现"识繁写简"的主张。这种主张在大陆地区掀起了不小的风浪。在 2008 年的全国两会上,21 位文艺界的政协委员联名递交了一份关于《小学增设繁体字教育的提案》,建议在小学开始设置繁体字教育。这一提案在国内外引起不小的反响,赞同反对的声音都有充足的理由。2009 年 4 月 8 日中国社会科学院文史哲学部在中国社会科学院学术报告厅举行了主题为"简化字与繁体字"的国学研究论坛。论坛的两位主讲人之一中国社科院语言研究所董琨教授针对在汉字教学中究竟是繁体字好还是简体字好的论争,提出比较好的解决办法是"识繁写简",主张学生的课本应该使用简体字印刷,课本后边附上繁简字体对照表,让学生对两种文字都能有所了解和掌握。周胜鸿发文赞

---

① 马恕凤:《海峡两岸的"书同文"和"规范汉字"》,《文史博览》(理论版) 2009 年第 3 期,第 17—18 页。
② 参见曹传梅《海峡两岸四地汉字"书同文"研究》,硕士学位论文,山东师范大学,2011 年。
③ 如《汉字文化》编辑部《语言文字工作应主要防"左"》,《汉字文化》1993 年第 1 期;缪钺《简化字刍议》,《中国文化》1992 年第 6 期,第 177—180 页;王文元《欲简弥繁、欲清弥浑、欲速弥迟——有感于简化字改革》,《书屋》2002 年第 8 期,第 14—17 页;等等。

同，题为《汉字"识繁写简"是必然趋势》①。但大陆地区的主流学界对此方案持反对意见，如孙剑艺《评"识繁写简"》阐明了他"不赞成"的理由②，苏培成《汉字进入了简化字时代》从历史和现实的角度分析了"识繁写简"的不可行③，王宁先生对这个方案的可行性提出质疑："有人提出'识繁写简'，是否可行？提出'识繁写简'这个口号意义不大，有两点需要注意：第一，'识繁写简'在专业层面实际上已经实现了，高等院校学习历史、古汉语的学生由于专业需要必须读55年以前的书和港澳台的书，也要读古书，识繁是必然的，无须再提。第二，在基础教育层面，现在的孩子们负担已经很重了，学习简化字不影响他们阅读现代书籍，长大了他们自然会认识繁体字，何必那么早去'识繁'。"④

这一阶段两岸学界在学术争鸣的过程中也在很多方面达成了共识，1991年8月27日至28日在北京举行了"海峡两岸文字学术交流会"，这标志着两岸学术交流和研讨活动的开始，结束了两岸汉字学界相互音讯隔绝的状态，两岸文字研究进入相互尊重、注重交流的新阶段。

三 20世纪90年代以来的研究热点

两岸的文字问题已经存在了60多年，形成两岸现行汉字在三个方面的差异：繁体简体、异体字、新旧字形（或称微别字形）。两岸文字的繁简不同是公认的交流障碍，已引起海内外的广泛关注；由于两岸的文字规范各有所本，两岸的共同汉字——传承字和繁体字也存在字形上的细微差别，异体字的选取与淘汰也不一致，这还没有引起学界足够的重视，尤其是对两岸异体字的对比研究还很薄弱。

规范两岸文字，首先应对两岸的文字体系进行深入细致的研究，掌握两岸现行汉字的状况，找出两岸文字存在的差异、差异的程度、差异的原因，从而把握两岸文字统一的方式方法、目标以及存在的障碍。这方面的代表性成果是费锦昌的《海峡两岸现行汉字字形对比研究》，该文将《现

---

① 参见周胜鸿《汉字"识繁写简"是必然趋势》，香港《语文建设通讯》2009年第92期，来自语言文字网。
② 参见孙剑艺《评"识繁写简"》，《语文建设》1992年第2期，第30—31页。
③ 参见苏培成《汉字进入了简化字时代》，《语言文字周报》第1311号，2009年4月8日，第4版。
④ 王宁：《从汉字改革史看汉字规范和"简繁之争"》，《云南师范大学学报》（哲学社会科学版）2010年第6期，第6页。

代汉语通用字表》（收 7000 字）与台湾地区的《常用"国字"标准字体表》（收 4808 字）进行对比，将可作比较的 4786 字进行对照，得出的结论是"在 4786 个常用字或通用字中，大陆和台湾的现行汉字字形存在或多或少差异的共有 2839 字，占比较总字数的 59%。如果说得笼统一点儿，那就是在大约 5000 个使用频率较高的现行汉字中，约有百分之六十的字形存在或大或小的差异"，进而分析了造成两岸字形差异的原因，并提出 10 条"统一字形的具体建议"①。许长安的《海峡两岸用字比较》围绕中国大陆与台湾地区的简化汉字、汉字标准、中文排写和中文信息处理四个方面进行比较研究，指出两岸字形标准的实质性差别是"台湾注重字源，取其合于初形本义；大陆注重简易，取其便于群众学习"，希望"两岸携手研究中文信息标准化问题"②。龚嘉镇《两岸用字的异同与 21 世纪的"书同文"》从字种、字音、字形三个方面对两岸用字进行了综合性的比较研究，认为"21 世纪汉字规范化的主要方向当在于：字种上科学筛选分级定量，字形上常用趋简系统优化，字音上减少异读辅以拼音，字序上统一规范明确规则"③。沈克成的专著《书同文——现代汉字论稿》，立足于中文信息处理，以学术观点为支撑，阐析两岸简化字与繁体字、正体字与异体字之间的关系，呼吁构建中华大字符集平台，以期实现"书同文"④。这些研究对两岸文字存在的差异、差异的程度、差异的原因，以及两岸文字统一的方式、目标、障碍都进行了深入的探讨。

针对两岸繁简字并存并用的现状以及两岸文字交流的障碍，海内外学界提出了"繁简一一对应"的解决方案，把目光聚焦在"非一一对应繁简字"。如苏培成《简化字与繁体字的转换》⑤、赖国容《解决繁简字自动转换——具体建议与方案》⑥、詹鄞鑫《试论"非对称繁简字"》⑦、吕永进《关于"非对称繁简字"讨论中一些问题的思考》⑧、冯霞《繁简字

---

① 参见费锦昌《海峡两岸现行汉字字形对比研究》，《语言文字应用》1993 年第 1 期，第 37—48 页。
② 参见许长安《海峡两岸用字比较》，《语文建设》1992 年第 1 期。
③ 龚嘉镇：《两岸用字的异同与 21 世纪的"书同文"》，《中国文字研究》2004 年第 5 辑。
④ 参见沈克成《书同文——现代汉字论稿》，上海锦绣文章出版社 2008 年版。
⑤ 《语文研究》1993 年第 1 期。
⑥ 《语文建设》总第 77 期，2004 年。
⑦ 《语文建设通讯》（香港），第 82 期，2005 年 10 月。
⑧ 《语文建设通讯》（香港），第 84 期，2006 年 8 月。

字形转换中模糊消解的非统计方法》①、胡双宝《繁简异体字转换模糊消解方法补苴》②、余仁《关于繁/简字的认定》③、陈明然《一个繁体字对应多个简繁字字组细探》④、胡百华《"一繁对多简"究竟有几组?》⑤、王晓明与魏林梅（台湾）合著的《谈简繁转换的几个关键问题》⑥ 等。西北大学刘晓燕 2007 年的硕士学位论文《海峡两岸汉字字形统一研究》通过比较两岸现行汉字的用字状况，认为两岸的文字差异主要是繁简字的差异，对两岸存在繁简转换障碍的 29 组繁简字提出调整方案，以期实现两岸繁简字的自由转换。这些研究不再争论汉字繁体简体孰优孰劣，虽然大多是"就字论字"，但进行的是可操作性的细致具体的研究工作。

两岸的微观字形差异主要体现在大陆地区使用新字形，台湾地区使用旧字形。大陆地区现行汉字确定字形标准的依据是《印刷通用汉字字形表》，特点是印刷体向手写楷体靠近，习惯称为新字形，与之对应的称为旧字形。《印刷通用汉字字形表》由文化部和文改会于 1965 年 1 月联合发布，当时只公布了 6196 个宋体规范字形，未公布字形规范遵循的各项规则。陈越是《印刷通用汉字字形表》的研制者之一，他对字表的研制进行过全面总结，包括部分字形的规范规则⑦；原国家语委副主任傅永和解读了《印刷通用汉字字形表》中字形整理的内容，概括为 24 大项⑧。陈越、傅永和以个人著述的方式对宋体字形规范的潜在性规则进行总结归纳，两人特殊的身份使得他们对字形规则的解读具有一定的权威性。台湾地区自 1973 年至 1982 年由"台湾师范大学国文研究所"先后完成《常用"国字"标准字体表》（收字 4808 个）和《次常用"国字"标准字体表》（收字 10740 个），特点是印刷体与手写体差别较大，大多为旧字形，供印刷使用；1996 年又编订《"国字"标准字体研定原则》，这是一个整理字形的细则，重申了《常用"国字"标准字体表》"确定标准字体之原则"。许长安《台湾"标准字体"评介》介绍了台湾地区"国字标准字

---

① 《语文建设通讯》（香港），第 87 期，2007 年 9 月。
② 《语文建设通讯》（香港），第 88 期，2007 年 12 月。
③ 《语文建设通讯》（香港），第 89 期，2008 年 4 月。
④ 同上。
⑤ 《语文建设通讯》（香港），第 90 期，2008 年 9 月。
⑥ 《第五届两岸四地中文数字化合作论坛论文集》，安徽大学，2008 年。
⑦ 参见陈越《谈字形规范化问题》(1)(2)(2)(3)，《文字改革》1965 年第 3、4、5、6 期。
⑧ 参见傅永和《谈规范汉字》，《语文建设》1991 年第 10 期，第 4—11 页。

体研定原则"规定的 160 个部件的标准写法,对其中与大陆地区的字形标准有差异的 68 个部件逐一进行比较和评析,大多属于新旧字形的差异[①]。大陆地区学界对汉字的新旧字形问题比较关注,如李义琳等的《古籍整理用字中的"新旧字形"问题》[②]《〈现代汉语词典〉修订本的字形处理》[③]《现代汉字的新旧字形问题》[④]《也谈新旧字形和语文辞书字形规范》[⑤],其他有林仲湘、李义琳《新旧字形简论》[⑥]、李志江《新旧字形的整理与辞书的新旧字形对照》[⑦]、李青梅《几种重要字书中新旧字形的使用情况》[⑧] 等。学界对两岸的新旧字形差别以及新旧字形以外的细微差别也给予了关注,如林仲湘、李义琳在《新旧字形简论》中指出中国大陆与台湾地区在对比的 7000 字(《现代汉语通用字表》与台湾地区《常用"国字"标准字体表》《次常用"国字"标准字体表》相比较)中有 125 组新旧字形的差别[⑨]。陈双新、张素格《大陆与台湾 CJK 汉字字形比较与研究》[⑩] 描写了 CJK 字符集中两岸存在差异字形的现状。程荣《两岸三地汉字字形问题探讨》考察对比我国内地规范字形与港台地区标准字形的异同,对其间"一对多"以外的差异做重点分析。[⑪] 清华大学张丹 2004 年的硕士学位论文《海峡两岸"书同文"刍议》对两岸现行汉字的字量、字体、字序、字音、字形、字义(词义)六个方面分别作了简要介绍,在第二章字形部分对台湾地区《常用"国字"标准字体表》的 517 个常用字进行了个案分析,认为字形的统一是两岸"书同文"的基础。广西大学罗菲 2004 年的硕士学位论文《海峡两岸微别字形研究》将台湾地区的《"国字"标准字体宋体母稿》(包括常用字 4808 个,次常用字 6343 个)中的 11151 字的字形与大陆地区的"GB 13000 字符集"中的字形进行比照,发现有 7149 字两岸字形存在差异,占总统计数 11151 字的 64.1%。这些微别字形不仅包括新旧

[①] 参见许长安《台湾"标准字体"评介》,《语言文字应用》2003 年第 4 期,第 40—45 页。
[②] 《广西大学学报》(哲学社会科学版)1996 年第 2 期。
[③] 《语文建设》1997 年第 5 期。
[④] 《语言文字应用》1997 年第 3 期。
[⑤] 《语文建设》1997 年第 4 期。
[⑥] 载厉兵主编《汉字字形研究》,商务印书馆 2004 年版,第 81—98 页。
[⑦] 同上书,第 163—167 页。
[⑧] 同上书,第 188—195 页。
[⑨] 参见林仲湘、李义琳《新旧字形简论》,厉兵主编《汉字字形研究》,商务印书馆 2004 年版,第 81—98 页。
[⑩] 《中国文字学报》第 3 辑,2010 年 11 月。
[⑪] 《中国语文》2014 年第 1 期。

字形的大部分，还包括新旧字形不包括的两岸字形存在细微差别的字形，作者对这些微别字形的类别、数量、比例进行了详细描述，运用"形位"理论分析差异，并探讨了微别字形产生的原因以及两岸微别字形统一的前景。北京师范大学孙建伟 2011 年的硕士学位论文《大陆和台湾字形规范的比较研究》系统比较了中国大陆和台湾地区字形规范的基本条例，考察各条例下中国大陆和台湾地区字表中的字形与条例的契合程度，以两岸共有的 4454 字为研究对象，对两岸存在字形差异的 3203 字的差异点进行了分类描写，展现了两岸微观字形的差异状况。其他有西南大学黄艳萍的硕士学位论文《两岸三地现行汉字字形研究与书同文》（2012）、西南大学徐宁的硕士学位论文《海峡两岸宋体楷体字形比较研究》（2013）、南京大学刘依婷的硕士学位论文《大陆与台湾汉字字形对比研究》（2015）、华东师范大学韩若时的硕士学位论文《海峡两岸印刷标准字形对比研究》（2016）等。这些微观字形研究对两岸共用的传承字和繁体字的字形统一是有益的尝试。

关于异体字，中国发布了《第一批异体字整理表》，台湾地区编纂了《异体字字典》，但由于两岸整理异体字的标准、方法不同，对异体字的选用和淘汰就有很多不同，如大陆地区用"脚"，台湾地区用"腳"。对两岸异体字的对比研究还没有引起学界的足够重视，成果也非常少。游汝杰《台湾与大陆华语文书面语的差异》以两岸书面语用字差异为例分析了两岸用字（主要是异体字）差异的原因[1]。胡双宝《海峡两岸用字异同议》[2] 将台湾地区《常用"国字"标准字体表》的 4808 字与大陆地区《第一批异体字整理表》810 组进行比较，两岸所选字相同者 374 字，两岸选取有区别者共 159 组，有 145 字两岸选取的繁体字形相同，初步展现了两岸在异体字整理中的状况[3]。大陆地区学界对《第一批异体字整理表》进行了广泛的学术探讨，如高更生《谈异体字整理》[4]、邵文利《试论〈规范汉字表〉整理异体字的原则与方法》[5]、邵文利《〈第一批异体字整理表〉前 410 组字的测查分析》[6]、邵文利《试论同源字与异体字之

---

[1] 《语文建设》1992 年第 11 期。
[2] 《汉字文化》1993 年第 3 期。
[3] 参见胡双宝《海峡两岸用字异同议》，《汉字文化》1993 年第 3 期，第 16—19 页。
[4] 《语文建设》1991 年第 10 期。
[5] 《四川大学学报》（哲学社会科学版）2003 年第 2 期。
[6] 《语言文字应用》2004 年第 4 期。

畛域》①、李运富《关于"异体字"的几个问题》②、李国英《异体字的定义与类型》③、詹鄞鑫《关于异体字整理的几个问题》④ 等。2002 年 5 月教育部语言文字信息管理司和教育部语言文字应用研究所主持召开了异体字问题学术研讨会。《异体字研究》收入会议论文 27 篇、近年来发表的异体字研究论文 3 篇,论文内容涉及异体字的概念、对《第一批异体字整理表》的评价、《规范汉字表》整理异体字的原则及方式,反映了我国在异体字研究领域的最新成果⑤。但是,针对海峡两岸异体字整理的对比研究未见成果问世。信息化的今天,旨在建立国际化标准化交流平台的 ISO/IEC 10646 将全球所有文种统一编码,收字 70195 个,其中的异体字为数不少⑥。整理规范其中的异体字,是一个亟待解决的重要课题。

四 研究的不足与努力方向

关于两岸文字问题的研究成果虽然不少,但这些研究的薄弱不足之处也很明显,主要有以下三点:

第一,对两岸文字问题的研究工作还没有全面展开,如关于两岸异体字的对比研究尚属空白;两岸繁简字、微别字形的差异状况得以展现,而为每个差异字形找到两岸都认可的统一点尚需两岸学者的合力攻关。

第二,不同的研究者采用的研究对象、范围不固定,结论的或然性成分比较大,缺乏统筹。如关于"非一一对应简繁字"的数量,至今还没有一个确数。冯寿忠《"非对称繁简字"对照表》⑦ 提出的"非对称繁简字"是 100 组;苏培成《重新审视简化字》⑧ 指出"借用简化字"是 111 组,另在"专用简化字"里有一对二简繁字 22 组,合计是 133

---

① 《语文研究》2007 年第 1 期。
② 《语言文字应用》2006 年第 1 期。
③ 《北京师范大学学报》(社会科学版)2007 年第 3 期。
④ 载蔡新中、何华珍主编《汉字书同文研究》第 5 辑,文化教育出版社 2004 年版。
⑤ 参见张书岩主编《异体字研究》,商务印书馆 2004 年版。
⑥ 河北大学齐霄鹏的博士学位论文《ISO 10646 楷书汉字异体字整理》(2013 年 5 月),以 ISO 10646 的基本集(收录表意字符 20902 个)和扩展集 A(收录字符 6582 个)为整理对象,整理出异写字 5332 组(包括新旧字形),异构字 8746 组(包括汉字简化过程中确定的同音替代关系的繁简字)。感谢齐霄鹏博士提供的数据。
⑦ 载沈克成主编《汉字"书同文"研究》,气象出版社 2001 年版。
⑧ 载史定国主编《简化字研究》,商务印书馆 2004 年版。

组；张书岩《简化与同形字》① 提出同音代替字 105 组加同形字 89 组，合计 194 组；连登岗《简化字总表归并字代替字研究》② 提出的"归并字"104 组，"代替字"是 27 组，加上当作简化字处理的异体字 17 组，共计 148 组；冯霞《繁简字字形转换中模糊消解的非统计方法》③ 在冯寿忠总结的 100 组不对称繁简字的基础上整理出 121 组，其中又分为"一简对多繁"107 组和"一繁对多简"14 组；胡双宝《繁简异体字转换模糊消解方法补苴》④ 又在冯霞女士 121 组基础上补充两组，计 123 组；香港《语文建设通讯》编辑部《汉字"简一繁多"对应表》⑤ 提出"简一繁多"有 274 组；而郭小武、叶青《GBK"一简对多繁"关系字表》⑥ 提取出"一简对多繁"关系的字符对竟有 1065 对之多。同一个研究课题却得出相差如此之大的结论。

第三，目前的研究都是以两岸的字表为研究对象，进行静态的对比描写，对实际使用状态下两岸汉字的对比研究还是空白。静态字表的收字数量与社会的动态用字数量是不大一样的。没有涉及两岸实际使用的文字材料，不能完全反映两岸文字使用的实际状况，这对于准确认识两岸文字应用现状，分析两岸用字的异同，并以此为基础确定国家的文字政策及字形标准，都是很不够的。

规范统一中国大陆与台湾地区繁简字、异体字和微别字形的差异，是一个系统浩大的工程，需要学术界进行细致、具体、系统的调查研究，进行自觉的规划和统筹安排，首先进行摸底分类工作，然后进行深入研究商讨，这些都有待中国大陆与台湾地区学界的共同努力。

第三节 信息时代的两岸文字问题

社会在发展，汉字在演变，整理规范汉字的工作也一直在进行中。为了适应现代社会和现代科技发展的需要，为了将世界各民族的文字进行统

---

① 载史定国主编《简化字研究》，商务印书馆 2004 年版。
② 同上。
③ 《语文建设通讯》（香港），第 87 期，2007 年 9 月。
④ 《语文建设通讯》（香港），第 88 期，2007 年 12 月。
⑤ 《语文建设通讯》（香港），第 90 期，2008 年 9 月。
⑥ 载史定国主编《简化字研究》，商务印书馆 2004 年版。

一编码，国际标准化组织制定了 UCS[①] 标准。这一标准为世界各种主要语文的字符（包括繁简汉字）及附加符号，编订全球所有文种的统一编码。1993 年 12 月国际标准化组织发表 ISO 10646 的首个版本，全名是 ISO/IEC 10646 第一部分（ISO/IEC 10646-1：1993），收录了 20902 个表意字符。该字符集将中国大陆和台湾地区、日本及韩国等国家和地区的标准汉字放到一起，将抽象字形相同的字作为一个字并给予一个编码，同时编制了《中日韩统一汉字字符集》（又称为"CJK 统一汉字"或"CJK 字符集"）。

CJK 字符集每栏包括 C、J、K、V 四列，其中 C 列又分列 G（中国大陆地区）、T（中国台湾地区）两种字形。每列的字（即纵向字符）占有不同的编码，是完全不同的字，即使他们之间是繁简关系（东—東）、正异关系（泪—淚），也按不同的字编码。每行的字（即横行字符）在字符集中占同一个码位，但不同国家或地区之间字符的视觉形态不完全相同，如"七"的码位是 4E03，有的写法带钩，有的不带钩，"丑"的码位是 4E11，有的中横穿过右竖，有的不穿过，如同是同一个人在不同的地方穿了不同的衣服。同编码的最多五个字形（分别来自中国大陆地区、中国台湾地区、日本、韩国、越南）之间或者字形完全相同[②]，或者仅仅存在异写的差别[③]，这种差异绝大多数非专业人士视觉上一般会感觉不明显甚至觉察不出。C 列下的前一列 G（中国大陆地区），包括了源自 GB 2312、GB 12345、《现代汉语通用字表》等法定标准的汉字和符号；第二列 T（中国台湾地区）包括源自台湾地区的 CNS11643[④] 标准中的第 1、2 字面（基本等同于 BIG5 编码）和第 14 字面的汉字和符号。"CJK 统一汉字"未作扩充以前，G 列 17123 字，T 列 18370 字，二者占用相同码位的字是 14890 字。现在的 CJK 核心部分 20902 表意字符，G 列已经做了内扩

---

① 即 Universal Multiple-Octet Coded Character Set。大陆地区译为《信息技术通用多八位编码字符集》，台湾地区译为《广用多八位编码字符集》。
② 所谓完全相同是指字的结构和笔画关系相同，而笔画之间是紧凑还是松散、左右宽度是大点还是小点，均不计。
③ 王宁先生将异写字定义为："异写字是同一个字（音、义、用完全相同的字）因写法不同而造成的形体差异。"并将其分为构件写法变异造成的异写字和构件位置不固定造成的异写字两种。CJK 字符集中同编码字之间的关系仅限于前者。参见王宁主编《汉字学概要》，北京师范大学出版社 2001 年版，第 91 页。
④ CNS11643 是指 1986 年 10 月台湾地区"行政院科委会""教育部""经济部中央标准局"等合编的《通用汉字标准交换码》，是以台湾地区教育管理部门编订的《常用"国字"标准字体表》和《次常用"国字"标准字体表》为依据，再加上现行中文系统中过滤选择使用频率较高的 1907 字合编而成。至 1992 年，共收汉字 48711 个。

充,全部 20902 个字符都有。列举如下（见下图）：

ISO/IEC 10646:2003 (E)

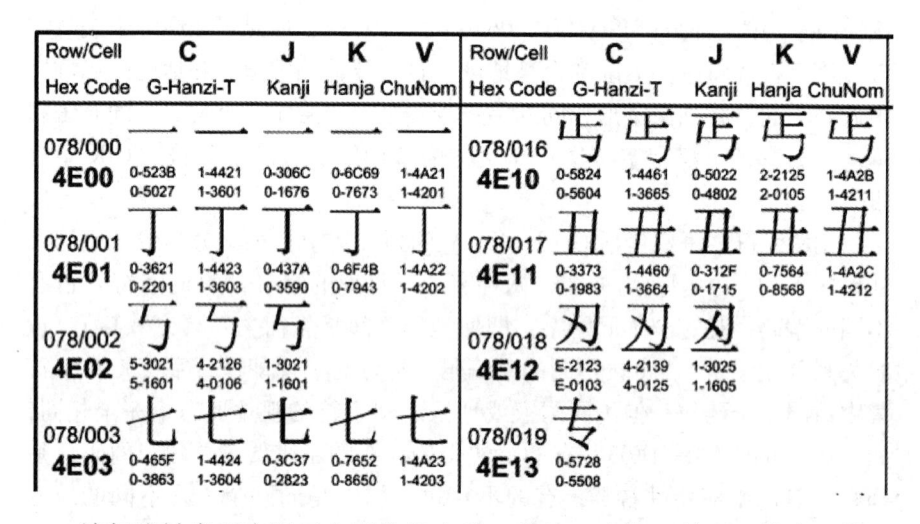

Row/Cell Hex Code	C G-Hanzi-T	J Kanji	K Hanja	V ChuNom	Row/Cell Hex Code	C G-Hanzi-T	J Kanji	K Hanja	V ChuNom
078/000 4E00	一 0-523B 0-5027	一 1-4421 1-3601	一 0-306C 0-1676	一 0-6C50 0-7673	一 1-4A21 1-4201	078/016 4E10	丐 0-5824 0-5604	丐 1-4461 1-3665	丐 0-5022 0-4802	丐 2-2125 2-0105	丐 1-4A2B 1-4211
078/001 4E01	丁 0-3621 0-2201	丁 1-4423 1-3603	丁 0-437A 0-3590	丁 0-6F4B 0-7943	丁 1-4A22 1-4202	078/017 4E11	丑 0-3373 0-1983	丑 1-4460 1-3664	丑 0-312F 0-1715	丑 0-7564 0-8568	丑 1-4A2C 1-4212
078/002 4E02	丂 5-3021 5-1601	丂 4-2126 4-0106	丂 1-3021 1-1601			078/018 4E12	刄 E-2123 E-0103	刄 4-2139 4-0125	刄 1-3025 1-1605		
078/003 4E03	七 0-465F 0-3863	七 1-4424 1-3604	七 0-3C37 0-2823	七 0-7652 0-8650	七 1-4A23 1-4203	078/019 4E13	专 0-5728 0-5508				

该标准被广泛应用于电子化的表示、传输、交换、处理、储存、输入及显现世界上各种语言的书面形式以及附加符号。到 2006 年，ISO/IEC 10646-2003 中已编码的汉字共有 70195 个，包括 CJK 核心部分 20902 字、CJK 扩展 A 集 6582 字和 CJK 扩展 B 集 42711 字。ISO/IEC 10646 是信息技术领域最基础、最先进的标准，也是当前最有活力、最有影响、最具战略性的语言文字信息处理技术标准。在这个大字符集里，占有同一个码位、功能完全相同的中国大陆和台湾地区的文字字形存在很多差异，这不便于两岸的人际和人机交流。中国大陆与台湾地区这样的字形差异有多少，差异程度有多大，差异的原因和规律是什么，两者统一的基础有多深等，这些问题的解决直接关涉到汉字信息化和国际标准化、汉字文化传承、两岸文字交流以及两岸文字在未来的走势和统一的前景。

第四节 两岸汉字字形规范统一的必要性

字形是汉字的视觉存在形式，同时又是字音、字义等信息的载体，从信息论的角度看，字形的清晰度越高，信息的确定性就越高，信息的交流就越快速有效,"才能实现信息传播的速度和信度"①。多种字形的并存,给汉字的交流与发展带来许多无可回避的问题;中国大陆与台湾地区不同的文字体系,给两岸书面交际和汉字的信息处理带来说不尽的烦恼。在信息交流手段日益信息化的今天,尤其是电子计算机的普遍使用之后,汉字字形的规范统一在整个汉字规范化进程中占有越来越重要的地位,对汉字字形进行规范统一成为社会发展的客观需求。

与信息处理和与所有海内外汉字使用者密切相关的字形问题已引起学界的关注,"许多有识之士强烈呼吁汉字形体的统一"②。1997 年"第四届国际汉字研讨会"的主题就是汉字形体统一问题,董琨先生提出汉字形体统一的复杂性、必要性和艰巨性③。2008 年 6 月 4 日,国家语委组织召开了"汉字字形规范问题部门协调会"。来自中宣部、中央外宣办、工业和信息化部、文化部、新闻出版总署、国台办、国家标准委的领导及专家 20 多人出席了会议。与会人员就汉字字形的政策与标准问题进行了热烈的讨论,大家一致认为,汉字字形问题,关系到汉字信息化和国际标准化、汉字文化传承、海峡两岸文字交流,事情重大,影响深远,需要高度重视④。

目前"繁简之争"仍然是广大民众争论的热点,"繁简字计算机自动转换"是政府主管部门和语言文字与信息处理界共同关注与研究的焦点。因为计算机已经普及到所有行业和工作领域,计算机字符集字形实际控制着社会用字字形。在计算机字符集中,字形方面还存在不少问题:中国规范汉字内部的字形还缺乏系统性⑤,台湾地区内部的字形也是如此;两岸同编码汉字的字形存在很多不一致的现象,与日、韩之间及其相互之间也是如此。

汉字字形问题的差异给人际和人机交往带来的不便,虽然不像繁简问题那样突出和引人注目,但也不可小觑。功能完全相同的汉字,两岸的书

---

① 王宁:《谈〈规范汉字表〉的制定与应用》,《语言文字应用》2008 年第 2 期,第 3 页。
② 董琨:《汉字形体统一问题之管见》,《述学集》,商务印书馆 2012 年版,第 63 页。
③ 同上书,第 60—66 页。
④ 语言文字信息管理司:《汉字字形规范问题部门协调会在京召开》(参见中华人民共和国教育部网:http://www.moe.gov.cn/s78/A19/yxs_left/moe_810/s228/201202/t20120207_130127.html)。
⑤ 这也是大家所熟知的 2009 年 8 月《通用规范汉字表》征求意见时要调整 44 个字形的原因。笔者当时对《规范汉字表》(征求意见稿)拟调整的 44 个字形也进行过专门考察,并著文《中国大陆宋楷字形现状及标准化的可行性》(发表在韩国《中国文学研究》第 52 辑,2013 年 8 月,第 193—211 页)。

写不一样，出版物的样态不一样，汉字教学不一样，汉字属性描述不一样，有关的计算机处理结果自然也就不一样……而这么多不一样多数是无关字理甚至是没有意义的。如果说繁简字的选择因为关涉对汉字形音义理据的认识问题而容易见仁见智，那么，字形差别则绝大多数完全可以做到"定则定矣"，做到求同而不必存异。

有鉴于此，本书以 ISO/IEC 10646 中的 20902 个表意字符为研究对象，它们是 CJK 字符集的核心部分，基本能满足一般领域的社会用字和信息处理的需要，而所涉及的偏旁、部件、笔画类型可以类推到 CJK 字符集的所有汉字。因此对核心部分的 20902 个表意字符作穷尽性的测查和分析，从类型上、数量上、应用上均具有代表性。以 ISO/IEC 10646 中两岸的差异字形为研究对象，以规范统一为目标，为两岸在现实和虚拟领域的无障碍交流进行学术准备，为有关语文政策的制定提供理论和现实依据。这直接关涉汉字信息化和国际标准化、汉字文化传承以及两岸文字在未来的走势和统一的前景。

第二章　CJK字符集两岸字形差异现状

本章对ISO/IEC 10646中20902个表意字符字形逐个排查，选出差异字形，描述两岸汉字字形的差异现状。通过测查[①]，20902个字符中，中国大陆和台湾地区相同编码有一一对应关系的字符有18370个，其余没有对应关系的2532字是大陆地区的2235个简化字和少数笔画或部首字。两岸字形完全相同的汉字有7141字，占可对比的18370字的38.9%。其余有对应关系的11229字在笔形、笔画数、笔画交接方式、结构方式和部件等方面都存在或大或小的差异[②]。本章分类的依据是：只有局部单一笔画差异，不产生不同的成字部件，归为"笔形差异"；笔形相同，由于笔画的断连或增减而产生的差异字形，归为"笔画数量差异"；笔形相同，笔画数相同，由于笔画之间的空间关系产生的差异字形，归为"笔画关系差异"；由于笔形、笔画数量或笔画关系的差异产生了不同的成字部件，或因选用不同的组字部件而产生的差异字形归为"组字部件差异"；由于结构方式不同而产生的差异字形归为"结构差异"。这种分类标准并不是唯一的，如归在"笔形差异"的"术—朮"同时也存在笔画关系的差异，但不存在不同构字部件的差异；归在"笔画数量差异"的"及、叟"同时也存在笔画交接关系的差异，但没有造成不同的构字部件；归在"组字部件差异"的"毁—毀"是笔画关系不同导致的字形差异，因其中的"土"和"工"是两个不同的成字部件，又如归在"组字部件差异"的"敖"的左部件台湾地区是上"土"下"方"两个部件，七画，大陆地区是不可拆分的一个部件，六画，两者又同时存在笔画数量的不同。所以这种分类是为分析称说的方便所作的归类，不是十分严密，旨在尽可能将

[①] 本测查在人工测查的基础上，借助渤海大学文学院柳建钰博士研发的国内首个字书汉字字料库系统（CCFD），对CJK字符集的20902个字符中的两岸差异字形进行了穷尽性统计，数据精确到个位数。非常感谢柳建钰博士的大力和无私支持。
[②] 本书所分析CJK字符集的字形差异只包括两岸同一编码（即位于字符集同一行）的字形之间的差异，不包括编码不同但具有繁简和正异关系的字形差异。

两岸差异字形以类相从，以便说明更具概括性。本章分析归纳字形差异所说的字或构件、部件，完全是为了描述方便而不顾及该形体在该字中是否能独立分析或不同楷书形体中包含的该构件来源或表意是否相同。如下文所说的"七"形，包含它的字其实与数目字"七"无关，但皆以"七"称之；所说的"示"形，在"票、尉"中也不是"示"字，但也以"示"称之。

第一节　两岸笔形差异现状

笔形是指笔画的具体形状。《印刷通用汉字字形表》和《现代汉语通用字表》规定了五种基本笔形，即一（横）、丨（竖）、丿（撇）、丶（点）、乛（折），每类中还有变化笔画，如点类中有短点、长点、侧点等不同笔形变化，又如《GB 13000.1 字符集汉字折笔规范》[①] 在"折笔笔形分类原则"中指出"GB 13000.1 字符集汉字（印刷宋体）折笔笔形共分 25 种"。CJK 字符集中两岸存在笔形差异的汉字有 5100 多字。以下差异笔形归类，连接号前是大陆地区笔形，连接号后是台湾地区笔形，括号中的数字是该类差异点形成的两岸差异字形的总数量，例字从 CJK 字符集电子版中剪切，两岸字形一一对应，每组前一个是大陆地区字形，后一个是台湾地区字形（本章各节同）。（本书所谓的"大陆地区字形""台湾地区字形"指 CJK 字符集收录的中国大陆和台湾地区字形。全书同）

一　点一横（431 字）

大陆地区写为点，台湾地区写为横，主要涉及今今、令令、倉倉、食食、氐氐、監監、鼠鼠、鼢鼢等字以及包含这些构件的 431 字。

"今"以及以之为构件两岸存在差异的字形共有 94 字：今今、伶伶、吟吟、玲玲、扲扲、妗妗、岭岭、昑昑、柃柃、泠泠、欰欰、玲玲、矜矜、砱砱、紟紟、聆聆、胗胗、蛉蛉、衿衿、鈐鈴、詅詅、芩芩、俭俭、笒笒、苓苓、趄趄、黔黔、靲靲、雒雒、黔黔、黔黔、靲靲、鴒鴒、齡齡、黔黔、黔黔、琴琴、庈庈、岑岑、塔塔、磣磣、棽棽、

[①] 本规范在《印刷通用汉字字形表》的基础上进一步规定了汉字（印刷宋体）折笔笔形分类、排序、命名的原则以及具体的分类、排序和名称，给出了《GB 13000.1 字符集汉字折笔笔形表》。

第二章 CJK字符集两岸字形差异现状 21

涔涔、琴琴、琴琴、琴琴、嗲嗲、衾衾、搽搽、含含、唅唅、晗晗、姶姶、栻栻、浛浛、焓焓、玲玲、蛤蛤、詥詥、馠馠、莟莟、答答、頷頷、頜頜、铪铪、念念、惀惀、埝埝、唸唸、捻捻、敛敛、稔稔、脍脍、舱舱、趁趁、跄跄、谂谂、鈴鈴、骏骏、鲶鲶、荶荶、梣梣、淦淦、佥佥、蔭蔭、陰陰、廕廕、癊癊、貪貪、僋僋、嗿嗿、畲畲、簹簹、盒盒。

"令"以及以之为构件两岸存在差异的字形共有53字：令令、伶伶、囹囹、冷冷、呤呤、姈姈、岭岭、徍徍、怜怜、拎拎、於於、昤昤、胗胗、柃柃、泠泠、炝炝、狑狑、玲玲、瓴瓴、矜矜、砱砱、秐秐、苓苓、絽絽、羚羚、聆聆、舲舲、蛉蛉、衔衔、衿衿、詥詥、跉跉、軨軨、鈴鈴、閖閖、阾阾、駖駖、魿魿、齡齡、齢齢、翎翎、刢刢、瓴瓴、領領、嶺嶺、鴒鴒、岑岑、苓苓、笭笭、零零、澪澪、蘦蘦、霛霛。

"倉"以及以之为构件两岸存在差异的字形共有26字：倉倉、傖傖、滄滄、嗆嗆、創創、愴愴、搶搶、槍槍、滄滄、嶒嶒、熗熗、牄牄、獊獊、瑲瑲、艙艙、蜦蜦、諮諮、贈贈、踉踉、鎗鎗、瘡瘡、鵽鵽、戧戧、蒼蒼、筜筜、漼漼。

"食"以及以之为构件两岸存在差异的字形共有141字：養養、懺懺、攙攙、瀁瀁、癢癢、鱻鱻、礦礦、養養、燦燦、浪浪、喰喰、蒾蒾、蒾蒾、籭籭、蝕蝕、食食（部首"食"部收录两岸存在差异的字形有125字）。

"氐"以及以之为构件两岸存在差异的字形共有37字：氐氐、低低、底底、呧呧、坻坻、奁奁、岻岻、底底、弤弤、彽彽、怟怟、抵抵、扺扺、柢柢、泜泜、牴牴、痓痓、眡眡、砥砥、祇祇、秪秪、羝羝、胝胝、苁苁、荗荗、蚯蚯、袛袛、舐舐、詆詆、貾貾、趆趆、軝軝、邸邸、阺阺、骶骶、鯳鯳、鴟鴟。

"監"以及以之为构件两岸存在差异的字形共有23字：監監、儖儖、嚂嚂、壏壏、嵐嵐、尷尷、懢懢、檻檻、濫濫、瀶瀶、燣燣、瑊瑊、礛礛、礷礷、籃籃、糷糷、鑑鑑、藍藍、藨藨、襤襤、艦艦、轞轞、鑑鑑。存在类似差异的还有12字：覽覽、攬攬、欖欖、爁爁、纜纜、灠灠、擥擥、譼譼、鉴鉴、覧覧、鑯鑯、鉴鉴。

"鼠"以及以之为构件两岸存在差异的字形共有31字：鼠鼠、瘋瘋、竄竄、鼢鼢、鼣鼣、鼢鼢、鼨鼨、鼪鼪、鼱鼱、鼫鼫、鼫鼫、鼴鼴、鼷鼷、鼫鼫、鼩鼩、鼩鼩、鼨鼨、鼫鼫、鼬鼬、鼯鼯、鼹鼹、䶈䶈、䶉䶉、䶊䶊、䶋䶋、䶌䶌、䶍䶍、䶎䶎、䶏䶏。存在相同差异的还有"鼠"以及以之为构件的13字：鼢鼢、鼣鼣、鼤鼤、鼥鼥、鼦鼦、鼧鼧、鼨鼨、鼩鼩、鼪鼪、鼫鼫、鼬鼬、鼭鼭、鼮鼮。

个例：霰霰。

二 点—撇（108字）

在CJK字符集中，"户"字占有三个码位，字形分别是户户、戶戶、戸戸，但在以"户"为构件的字中，大陆地区用的是以点起笔的"户"，台湾地区用的是以撇起笔的"戶"，存在差异的字形共有108字：启启、护护、启启、呃呃、軶軶、砨砨、陒陒、舭舭、戽戽、房房、榜榜、居居、肩肩、廖廖、扉扉、戾戾、宸宸、啟啟、启启、启启、荣榮、綮綮、肇肇、闔闔、妒妒、芦芦、牖牖、啓啓、肇肇、奰奰、肵肵、庐庐、旷旷、护护、沪沪、炉炉、豭豭、驴驢、鈩鈩、鳫鳫、厫厫、泪泪、戾戾、泪泪、雇雇、催催、顾顧、扁扁、區區、偏偏、媥媥、徧徧、愊愊、搧搧、楄楄、艑艑、煸煸、膈膈、犏犏、猵猵、瓺瓺、艑艑、稨稨、箟箟、糒糒、蒿蒿、碥碥、藊藊、蝙蝙、褊褊、諞諞、蹁蹁、遍遍、鎬鎬、编編、翩翩、騙騙、鯿鯿、鶣鶣、騙騙、戻戻、悷悷、唳唳、泪泪、銇銇、蛺蛺、捩捩、綟綟、楔楔、眼眼、扇扇、偏偏、搧搧、煽煽、謞謞、騙騙、扈扈、榅榅、滬滬、爐爐、簷簷、薀薀、肩肩、搧搧、菺菺、顧顧、猏猏、鶣鶣。

三 撇—横（549字）

1. "壬、禹、舌、反"的首笔和"風"中间的首笔，大陆地区写为平撇，台湾地区写为横，主要涉及壬壬、禹禹、反反、舌舌、風風以及包含此类构件的122字。

"壬"以及以之为构件两岸存在差异的字形共有23字：壬壬、衽衽、紝紝、袵袵、軺軺、鉦鉦、飪飪、任任、凭凭、妊妊、姙姙、恁恁、拰拰、枀枀、柾柾、秹秹、絍絍、荏荏、袵袵、賃賃、鉦鉦、飪飪、篤篤。

"禹"以及以之为构件两岸存在差异的字形共有8字：禹禹、偊偊、喁喁、揭揭、敔敔、歔歔、膈膈、鍋鍋。

"舌"以及以之为构件两岸存在差异的字形共有19字：舌舌、恬恬、憇憇、憩憩、浢浢、聒聒、甜甜、秳秳、結結、刮刮、磊磊、譫譫、睒睒、舔舔、鍚鍚、舑舑、舐舐、頡頡、餂餂。

第二章 CJK字符集两岸字形差异现状

"反"以及以之为构件两岸存在差异的字形共有25字：反反、仮仮、叛叛、坂坂、扳扳、昄昄、板板、汳汳、岅岅、炏炏、粄粄、舨舨、返返、版版、岅岅、昄昄、飯飯、販販、販販、鈑鈑、鋬鋬、阪阪、飯飯、鮁鮁、蝂蝂。

"風"以及以之为构件两岸存在差异的字形共有47字：佩佩、颯颯、楓楓、渢渢、熢熢、猵猵、碸碸、瘋瘋、諷諷、嵐嵐、蠆蠆、蘆蘆、風風（部首"風"部收录两岸存在差异的字形34组）。

2. "匕"的首笔，大陆地区写为撇，台湾地区写为横，主要涉及皂皂、死死、旨旨、此此、比比、北北、尼尼、老老等以及以之为构件的425字。

"皂"以及以之为构件两岸存在差异的字形共有11字：皂皂、槐槐、䨐䨐、溉溉、既既、概概、鄉鄉、卽卽、喞喞、塈塈、廄廄。

"死"以及以之为构件两岸存在差异的字形共有9字：死死、薨薨、薨薨、髡髡、屍屍、葬葬、斃斃、葬葬、髒髒。

"比"以及以之为构件两岸存在差异的字形共有93字：比比、毗毗、仳仳、玭玭、沘沘、枇枇、砒砒、蚍蚍、秕秕、紕紕、肶肶、妣妣、狉狉、鈚鈚、阰阰、批批、粃粃、魮魮、庇庇、屁屁、疪疪、毖毖、柴柴、笓笓、琵琵、舭舭、棐棐、苉苉、毞毞、毘毘、坒坒、桂桂、狉狉、陛陛、蚩蚩、悜悜、鎞鎞、媲媲、膍膍、螕螕、貔貔、蓖蓖、篦篦、蓖蓖、筐筐、媿媿、昆昆、倱倱、糫糫、娓娓、悃悃、堒堒、崑崑、捆捆、崐崐、棍棍、混混、菎菎、焜焜、醌醌、熴熴、澠澠、猑猑、琨琨、窀窀、箟箟、緄緄、蜫蜫、褌褌、輥輥、錕錕、鯤鯤、驃驃、鯤鯤、皆皆、勘勘、喈喈、楷楷、婚婚、瑎瑎、稭稭、薔薔、偕偕、揩揩、楷楷、湝湝、楷楷、蝔蝔、諧諧、鍇鍇、階階、鶺鶺、鰭鰭。

"北"以及以之为构件两岸存在差异的字形共有14字：北北、北北、冀冀、懵懵、驥驥、背背、俏俏、揹揹、褙褙、褙褙、鄁鄁、輩輩、茈茈、釶釶。

"此"以及以之为构件两岸存在差异的字形共有39字：此此、傑傑、柴柴、些些、呰呰、呲呲、啙啙、嗾嗾、媻媻、庛庛、嶲嶲、泚泚、玼玼、疵疵、瓿瓿、眥眥、訾訾、眥眥、砦砦、紫紫、紕紕、紫紫、胔胔、苉苉、觜觜、嘴嘴、蠵蠵、訾訾、訿訿、跐跐、鮆鮆、齜齜、頿頿、餈餈、骴骴、髭髭、紫紫、鶿鶿、齜齜。

"老"以及以之为构件两岸存在差异的字形共有26字：老老、佬佬、咾咾、姥姥、峔峔、恀恀、栳栳、狣狣、珯珯、砪砪、粩粩、銠銠、鮱鮱、耄耄、耆耆、耇耇、耉耉、耋耋、荖荖、嗜嗜、憎憎、揩揩、楷楷、蓍蓍、鬐鬐、鰭鰭。

"尼"以及以之为构件两岸存在差异的字形共有24字：尼尼、伲伲、呢呢、坭坭、怩怩、垿垿、妮妮、屁屁、抳抳、旎旎、昵昵、柅柅、泥泥、狔狔、疷疷、眤眤、秜秜、胒胒、苨苨、蚭蚭、跜跜、迡迡、鈮鈮、鯢鯢。

"鹿"以及以之为构件两岸存在差异的字形共有89字：鹿鹿、麿麿、麀麀、麂麂、麃麃、麄麄、麅麅、塵塵、麇麇、麈麈、麋麋、麌麌、麊麊、麎麎、麐麐、麑麑、麒麒、麓麓、麔麔、麕麕、麖麖、麗麗、麘麘、麙麙、麚麚、麛麛、麜麜、麝麝、麞麞、麟麟、麠麠、麡麡、麢麢、麣麣、麤麤、麥麥、儨儨、爏爏、犡犡、灑灑、艃艃、穙穙、膿膿、蘸蘸、钄钄、麗麗、儽儽、囖囖、孋孋、欐欐、攦攦、彲彲、躪躪、鄜鄜、驪驪、廲廲、灑灑、曪曪、纚纚、穲穲、纙纙、籭籭、襹襹、邐邐、釃釃、鱺鱺、鸝鸝、攩攩、攭攭、擸擸、蘼蘼、藨藨、鄜鄜、塵塵、鹿鹿、爈爈、躒躒、壢壢、擽擽、灅灅、蠦蠦、籭籭、臕臕、蔍蔍、轆轆、鏕鏕、麿麿、驢驢。

"毚"以及以之为构件两岸存在差异的字形共有14字：毚毚、儳儳、嚵嚵、劖劖、攙攙、欃欃、瀺瀺、纔纔、艬艬、巉巉、讒讒、鑱鑱、鑱鑱、饞饞。

"乘"以及以之为构件两岸存在差异的字形共有6字：乘乘、剩剩、埱埱、嵊嵊、溮溮、騋騋。存在相同差异的字形还有3字：乖乖、乓乓、兆兆。

"能"以及以之为构件两岸存在差异的字形共有13字：能能、態態、擺擺、孋孋、罷罷、蘢蘢、襛襛、蠻蠻、襬襬、儽儽、熋熋、熊熊、羆羆。

"疑"以及以之为构件两岸存在差异的字形共有13字：疑疑、儗儗、凝凝、嶷嶷、嶷嶷、懝懝、擬擬、癡癡、礙礙、籎籎、薿薿、齹齹、譺譺。存在相同差异的字形还有3字：欸欸、窽窽、肄肄。

"燕"以及以之为构件两岸存在差异的字形共有10字：燕燕、嚥嚥、嬿嬿、曣曣、臙臙、鰋鰋、讌讌、酀酀、醼醼、驠驠。存在相同差异的字形还有两字：藆藆、鷰鷰。

"旨"以及以之为构件两岸存在差异的字形共有14字：旨旨、指指、恉恉、栺栺、稽稽、脂脂、詣詣、酯酯、鐟鐟、鮨鮨、鴲鴲、鰭鰭、嘗嘗、噌噌。

"眞"以及以之为构件两岸存在差异的字形共有 7 字：眞眞、塡塡、愼愼、槙槙、鎭鎭、顚顚、巓巓。

"化"以及以之为构件两岸存在差异的字形共有 19 字：化化、訛訛、华华、吒吒、囮囮、枇枇、沘沘、诧诧、花花、糀糀、妮妮、铊铊、糀糀、货货、铊铊、靴靴、鮀鮀、苍苍、䶌䶌。

其他存在相同差异的字形还有 16 字：匕匕、杞杞、牝牝、庀庀、疕疕、邕邕、揭揭、渴渴、匙匙、鸹鸹、鬱鬱、鬱鬱、蘈蘈、颕颕、穎穎、穎穎。

3. 其他个例 2 字：鯛鯛、敉敉，其中"虫"上端和"采"的首笔，大陆地区写为撇，台湾地区写为横。

四 横—撇（81 字）

"丰、耒"首笔，大陆地区写为横，台湾地区写为撇。

"丰"以及以之为构件两岸存在差异的字形共有 41 字：丰丰、佯佯、刲刲、埄埄、妦妦、帮帮、幇幇、挷挷、梆梆、绑绑、沣沣、浲浲、烽烽、珄珄、眭眭、蚌蚌、舂舂、胖胖、艳艳、㧜㧜、邦邦、骉骉、害害、割割、嘻嘻、憪憪、宪宪、搐搐、擳擳、橞橞、濦濦、犕犕、瞎瞎、碏碏、繏繏、薏薏、蟽蟽、豁豁、辖辖、鍺鍺、鹋鹋。

"耒"以及以之为构件两岸存在差异的字形共有 40 字：沫沫、箂箂、籍籍、藉藉、藕藕、诔诔、蹪蹪、铼铼、赖赖、耒耒（部首"耒"部收录两岸存在差异的字形 30 组）。

五 竖弯横钩①—竖弯横（338 字）

1. "乘、能（右上部的'匕'）、疑、燕、旨、眞、帶"字中的竖弯横，大陆地区写为竖弯横钩，台湾地区写为竖弯横，共有 94 字。

"乘、能（右上部的'匕'）、疑、燕、旨、眞"构件"匕"的差异字形见上文，共有 71 字。

"帶"的左上角竖弯横，大陆地区字形出钩，台湾地区无钩，两岸存在差异的字形共有 15 字：帶帶、僃僃、堸堸、席席、懕懕、懰懰、

---

① 折笔称谓依照《GB 13000.1 字符集汉字折笔笔形表》的全称，《GB 13000.1 字符集汉字折笔笔形规范》是由教育部、国家语委于 2001 年 12 月 19 日联合发布，2002 年 3 月 31 日起实施。全文同。

捗捗、殍殍、滯滯、膊膊、遒遒、蒂蒂、蠕蠕、蹲蹲、嶙嶙。

其他个例 8 字：揭揭、渴渴、匙匙、鸨鸨、蘡蘡、颖颖、颍颍、颕颕。

2. "七"及含有"七"构件的字，大陆地区写为竖弯横钩，台湾地区写为竖弯横，如：七七、柒柒、皂皂，部首"虍"中"七"字形差异也是如此，共 176 字。

"虍"以及以之为构件两岸存在差异的字形共有 173 字：虍虍、虎虎、俿俿、唬唬、娍娍、彪彪、梡梡、淲淲、漉漉、猇猇、琥琥、魐魐、筕筕、莀莀、號號、勽勽、虓虓、鋘鋘、烌烌、虢虢、疿疿、觝觝、虤虤、虨虨、號號、艫艫、裠裠、覤覤、諕諕、贙贙、饕饕、虒虒、唬唬、鷈鷈、鷉鷉、遞遞、𧉟𧉟、蹏蹏、誃誃、蜿蜿、摵摵、俿俿、摅摅、歔歔、櫠櫠、襖襖、磠磠、篨篨、襖襖、廬廬、儢儢、勴勴、櫨櫨、濾濾、爐爐、攄攄、蘆蘆、鑪鑪、虜虜、嬚嬚、嚧嚧、嚊嚊、擆擆、滹滹、歔歔、罅罅、譁譁、鏵鏵、虛虛、噓噓、戲戲、虗虗、嘘嘘、戯戯、歔歔、覤覤、譃譃、驢驢、魖魖、鱸鱸、墟墟、慺慺、廜廜、劇劇、勵勵、嚎嚎、壕壕、懪懪、據據、濾濾、璖璖、臁臁、蓬蓬、蹂蹂、籧籧、遽遽、醵醵、鐻鐻、盧盧、嚧嚧、壚壚、廬廬、攄攄、瞧瞧、濾濾、爐爐、櫨櫨、轤轤、艫艫、獹獹、璶璶、矑矑、繼繼、籚籚、臚臚、蘆蘆、鑢鑢、轤轤、鑪鑪、顱顱、驢驢、髗髗、鱸鱸、鷰鷰、鸕鸕、戯戯、嘁嘁、嵥嵥、覻覻、隳隳、廬廬、獻獻、嗽嗽、㦱㦱、獻獻、璩璩、譃譃、鐻鐻、鷙鷙、甔甔、虘虘、謔謔、蘆蘆、摭摭、植植、嚴嚴、覦覦、鱸鱸、虜虜、攎攎、臈臈、鏞鏞、虞虞、嘘嘘、濾濾、鸇鸇、虐虐、瘧瘧、謔謔、疟疟、檴檴、鲸鲸、虧虧、虩虩、虞虞、簏簏、鏵鏵、膚膚、彪彪、慮慮、櫨櫨、虗虗、處處。

3. "奄、宂、尣"的末笔，大陆地区写为竖弯横钩，台湾地区写为竖弯横，共 54 字。

"奄"以及以之为构件两岸存在差异的字形共有 23 字：奄奄、俺俺、唵唵、埯埯、奄奄、崦崦、庵庵、痷痷、掩掩、晻晻、殗殗、淹淹、罨罨、罨罨、腌腌、菴菴、蘼蘼、裺裺、醃醃、閹閹、餣餣、馣馣、黤黤。另有两字存在相同字形差异：滝滝、笸笸。

"宂"以及以之为构件两岸存在差异的字形共有 6 字：宂宂、荒荒、墥墥、慌慌、謊謊、詭詭。

以"尣"为构件两岸存在差异的字形有 20 字：梳梳、甊甊、旒旒、榲榲、毓毓、流流、琉琉、鎏鎏、疏疏、硫硫、蔬蔬、蔬蔬、酼酼、醯醯、舷舷、銃銃、鋆鋆、魷魷、麎麎、旒旒。个例 3 字：侃侃、訚訚、亮亮。

4. "巽"右上部件"巳"的末笔，大陆地区写为竖弯横钩，台湾地区写为竖弯横，共 13 字：巽巽、僎僎、嘿嘿、撰撰、漢漢、簨簨、纂纂、蠓蠓、譔譔、襈襈、選選、鐉鐉、饌饌。个例：巺巺。

六　竖钩（钩向左）—竖/撇（254 字）

1. "示"的中竖，大陆地区写为竖钩，台湾地区不带钩，"示"以及以之为构件两岸存在差异的字形共有 138 字：示示、咏咏、斋斋、狋狋、眎眎、祢祢、泝泝、祟祟、紫紫、禦禦、藥藥、蒜蒜、襲襲、款款、窾窾、籔籔、穎穎、蘋蘋、祭祭、憭憭、擦擦、擦擦、際際、傺傺、嚓嚓、察察、擦擦、檫檫、橚橚、瞭瞭、潦潦、療療、磔磔、礫礫、稼稼、縩縩、瞭瞭、蔡蔡、鐅鐅、鱢鱢、宗宗、孮孮、嫊嫊、倧倧、崇崇、寀寀、徐徐、棕棕、惊惊、猕猕、淙淙、潀潀、琮琮、碜碜、禜禜、粽粽、綜綜、荥荥、諒諒、賟賟、賨賨、踪踪、鍐鍐、騌騌、鬃鬃、鯨鯨、禁禁、傑傑、噪噪、潻潻、漆漆、潻潻、襟襟、麒麒、夼夼、隸隸、隶隶、款款、奈奈、倰倰、捺捺、鋅鋅、稟稟、凜凜、廩廩、佘佘、畲畲、賒賒、票票、僄僄、剽剽、勡勡、嘌嘌、墂墂、嫖嫖、彯彯、徱徱、摽摽、慓慓、漂漂、標標、榭榭、漂漂、熛熛、瓢瓢、瘭瘭、瞟瞟、磦磦、篻篻、縹縹、翲翲、膘膘、薰薰、藻藻、螵螵、褾褾、譟譟、醺醺、鏢鏢、顠顠、飇飇、飘飘、驃驃、鱺鱺、鰾鰾、尉尉、叞叞、慰慰、蔚蔚、墲墲、熨熨、犎犎、蔚蔚、藯藯、懿懿、蛩蛩、襞襞、罻罻。后 50 字"票、尉"中的"示"是"火"的变形。

2. "亲、杂、条、杀、术、茶、余"下部的"朩"是"木"的变形，中竖大陆地区写为竖折钩，台湾地区不带钩写为"木"，两岸存在此类差异的字形共 48 字：亲亲、嫊嫊、新新、薪薪、渐渐、噺噺、親親、儭儭、嚫嚫、窺窺、櫬櫬、瀙瀙、襯襯、杂杂、雜雜、囃囃、雜雜、条条、條條、樤樤、滌滌、篠篠、篠篠、縧縧、蓧蓧、蠍蠍、鋚鋚、鰷鰷、杀杀、弒弒、刹刹、樧樧、殺殺、鎩鎩、搬搬、椴椴、薮薮、秫秫、茶茶、嗏嗏、搽搽、寨寨、畚畚、盦盦、悆悆、塗塗、畬畬、途途。

3. "原、縣、尔、朮、寮、隶"作字的上部件时，其中"小""水"

的中竖，大陆地区写为竖钩，台湾地区写为竖，共有 14 字：鳳鳳、愿愿、懸懸、懸懸、寳寳、您您、玺玺、恕恕、感感、蹩蹩、鋈鋈、遼遼、颱颱、韆韆。

4. "也"的首笔，大陆地区写为横折竖钩，台湾地区写为横折撇，共有 53 字：也也、他他、匜匜、咃咃、咃咃、地地、她她、弛弛、杝杝、彵彵、忚忚、馳馳、肔肔、池池、炧炧、迆迆、虵虵、訑訑、貤貤、袘袘、迤迤、酏酏、牠牠、笹笹、箷箷、釶釶、阤阤、怸怸、馳馳、駞駞、髢髢、拖拖、撨撨、施施、眬眬、柂柂、椸椸、崺崺、㳆㳆、漇漇、炨炨、迤迤、狏狏、砤砤、籭籭、粔粔、絁絁、胣胣、葹葹、袘袘、鉇鉇、鏃鏃、陁陁。部首字：乜乜。

七 横折竖—横折竖钩（153 字）

"羽、甫、敝、甬、袁"独立成字时两岸字形相同，但作字的上部构件时，横折竖钩大陆地区不带钩，台湾地区带钩，共 153 字。

以"羽"为上部件两岸存在差异的字形有 94 字：翏翏、僇僇、剹剹、勠勠、嘐嘐、嫪嫪、寥寥、廖廖、嶛嶛、廫廫、憀憀、戮戮、摎摎、樛樛、漻漻、熮熮、璆璆、瞜瞜、瘳瘳、磟磟、蓼蓼、穋穋、繆繆、謬謬、膠膠、膠膠、螓螓、謬謬、蹸蹸、轇轇、鄝鄝、醪醪、鏐鏐、雡雡、頖頖、飂飂、鷚鷚、髎髎、翟翟、曜曜、燿燿、耀耀、籊籊、糴糴、耀耀、耀耀、鑃鑃、鸐鸐、藋藋、趯趯、曜曜、燿燿、擢擢、戳戳、櫂櫂、濯濯、燿燿、曜曜、躍躍、習習、熠熠、慴慴、摺摺、榴榴、溜溜、褶褶、碯碯、謵謵、飍飍、騽騽、鱏鱏、翫翫、熠熠、雷雷、翠翠、嘳嘳、澤澤、璩璩、膡膡、翌翌、熤熤、羿羿、翼翼、翇翇、翠翠、翠翠、翣翣、翆翆、翼翼、翯翯、毟毟、潭潭、濹濹、瀵瀵。

以"甫"为上部件两岸存在差异的字形有 33 字：專專、傅傅、博博、嚕嚕、團團、愽愽、搏搏、榑榑、構構、浦浦、薄薄、煿煿、膊膊、獚獚、磚磚、褥褥、篯篯、簿簿、糒糒、縛縛、膊膊、尊尊、賻賻、鎛鎛、鏄鏄、餺餺、髆髆、勇勇、敷敷、璷璷、憞憞、盫盫、簜簜。

以"敝"为上部件两岸存在差异的字形有 15 字：嫳嫳、幣幣、弊弊、擎擎、獘獘、憋憋、鷩鷩、鼈鼈、龞龞、蟞蟞、蟞蟞、瞥瞥、鱉鱉、瞥瞥、蘗蘗。

以"甬"为上部件两岸存在差异的字形有 3 字：勇勇、湧湧、惼惼。

以"袁"为上部件或内部件两岸存在差异的字形有 4 字：薳薳、闌闌、遠遠、薗薗。个例 4 字：裘裘、彝彝、彝彝、逯逯。

八　竖折横—竖弯横（210 字）

"匚、亡"的左下角，大陆地区是方折，台湾地区是圆折。以"匚、亡"为构件两岸存在差异的字形有 210 字。

"匚"以及以之为构件两岸存在差异的字形有 114 字：匚匚、匝匝、匹匹、茁茁、鳴鳴、匾匾、輊輊、區區、偏偏、堀堀、盧盧、嘔嘔、嫗嫗、嶇嶇、慪慪、窞窞、摳摳、毆毆、樞樞、檥檥、檻檻、剾剾、嫗嫗、歐歐、毆毆、漚漚、熰熰、甌甌、瞘瞘、膒膒、蘆蘆、蕰蕰、謳謳、軀軀、醞醞、鏂鏂、饇饇、驅驅、鰸鰸、鷗鷗、貙貙、区区、伛伛、枢枢、殴殴、瓯瓯、欧欧、躯躯、驱驱、医医、恖恖、孌孌、嫕嫕、殹殹、嫛嫛、瑿瑿、臀臀、繄繄、翳翳、瑿瑿、蠮蠮、醫醫、賢賢、鷖鷖、黳黳、匽匽、偃偃、堰堰、愝愝、揠揠、榓榓、鼴鼴、褗褗、鄢鄢、隁隁、鰋鰋、鷃鷃、躽躽、鼴鼴、匿匿、嫟嫟、慝慝、愿愿、暱暱、甚甚、尌尌、偡偡、勘勘、嵁嵁、堪堪、墈墈、黖黖、嵁嵁、煁煁、媶媶、惎惎、戡戡、揕揕、斟斟、椹椹、歁歁、湛湛、瘑瘑、碪碪、磡磡、糂糂、葚葚、藸藸、諶諶、踸踸、鍖鍖、霪霪、黮黮、先先。

"亡"以及以之为构件两岸存在差异的字形有 52 字：亡亡、汒汒、忙忙、氓氓、牤牤、吀吀、虻虻、盲盲、笀笀、茫茫、忘忘、苍苍、妄妄、虻虻、蝱蝱、衁衁、邙邙、句句、萠萠、宋宋、芒芒、恾恾、釯釯、鋩鋩、庌庌、荒荒、塃塃、慌慌、謊謊、罔罔、惘惘、焹焹、棢棢、網網、茵茵、蝄蝄、調調、輞輞、魍魍、盲盲、贏贏、攮攮、瀛瀛、瀛瀛、籝籝、籯籯、贏贏、贏贏、贏贏、贏贏、贏贏、贏贏。

"亾"以及以之为构件两岸存在差异的字形有 44 字：亾亾、匃匃、曷曷、偈偈、喝喝、噶噶、撝撝、愒愒、堨堨、愒愒、揭揭、暍暍、揭揭、楬楬、歇歇、毼毼、渴渴、渴渴、猲猲、獦獦、碣碣、磍磍、竭竭、羯羯、臈臈、葛葛、藒藒、藹藹、蝎蝎、蠍蠍、謁謁、譪譪、輵輵、轕轕、遏遏、嵑嵑、鍚鍚、靄靄、鞨鞨、餲餲、鞨鞨、騔騔、鶍鶍、鷉鷉。

九　撇点—侧点（984 字）

"火、刃、孙"左部点和"糹"左下点，大陆地区写为撇点，台湾地区写为侧点，两岸字形有 984 字存在这样的差异。

1. "火"以及以之为构件两岸存在差异的字形有 524 字：勞勞、僗僗、惱惱、撈撈、嘮嘮、澇澇、嶗嶗、橯橯、勝勝、筹筹、橯橯、蟧蟧、鐒鐒、憥憥、癆癆、磱磱、躈躈、榮榮、濚濚、儝儝、嫈嫈、𪩘𪩘、莹莹、澄澄、縈縈、濚濚、礫礫、營營、滎滎、嫈嫈、濚濚、𫄧𫄧、𥷫𥷫、褮褮、甇甇、鐅鐅、駡駡、鴬鴬、犖犖、臀臀、螢螢、醤醤、覺覺、覺覺、譽譽、槱槱、蒅蒅、炎炎、佱佱、唉唉、埮埮、晱晱、棪棪、掞掞、淡淡、娪娪、緂緂、袡袡、舕舕、琰琰、談談、賧賧、腅腅、酰酰、錟錟、餤餤、毯毯、颭颭、飆飆、飔飔、荧荧、庡庡、剡剡、郯郯、痰痰、頬頬、欻欻、覟覟、敧敧、颾颾、𩎛𩎛、瀾瀾、氮氮、楸楸、秋秋、偢偢、愀愀、烑烑、楸楸、揪揪、啾啾、湫湫、蹾蹾、鍬鍬、鞦鞦、瞅瞅、聴聴、萩萩、娄娄、揫揫、愁愁、偢偢、篍篍、鱉鱉、甕甕、鳖鳖、鍪鍪、鬆鬆、鷔鷔、螯螯、楸楸、逖逖、啾啾、荻荻、愁愁、伙伙、吙吙、茯茯、炘炘、欽欽、倏倏、美美、裘裘、覡覡、蹊蹊、宀宀、廋廋、錂錂、鍥鍥、勾勾、滅滅、搣搣、火火（部首"火"部收录两岸存在差异的字形 381 字）。

2. "刃"以及以之为构件两岸存在差异的字形有 23 字：刃刃、仞仞、劍劍、屻屻、靭靭、紉紉、朋朋、蚓蚓、籾籾、訒訒、軔軔、釰釰、韌韌、靭靭、杴杴、㔃㔃、澀澀、譅譅、忍忍、牣牣、梕梕、荵荵、認認。个例 3 字：扨扨、刦刦、𥯨𥯨。

3. "刅"以及以之为构件两岸存在差异的字形有 6 字：刅刅、㸬㸬、墚墚、梁梁、樑樑、粱粱。

4. 以"糹"为左部件或相对左部件两岸存在差异的字形共有 428 字：儸儸、欒欒、哟哟、㘓㘓、囉囉、圞圞、孌孌、嬾嬾、變變、孿孿、巒巒、彎彎、戀戀、挒挒、攣攣、攣攣、曪曪、曫曫、欏欏、㰁㰁、㰐㰐、𣗋𣗋、㰜㰜、瀍瀍、欒欒、灣灣、灤灤、獿獿、摩摩、癵癵、睍睍、臠臠、籥籥、籬籬、絹絹、羉羉、羅羅、羉羉、觻觻、䒎䒎、茡茡、药药、莼莼、䓻䓻、荽荽、蔠蔠、蘺蘺、蔴蔴、蘻蘻、蕰蕰、蘺蘺、蘿蘿、藥藥、蠻蠻、邎邎、鋝鋝、鑼鑼、鑾鑾、钁钁、鴛鴛、鷥鷥、䜌䜌、譻譻，以及部首"糹"部 365 字，如：紅紅、幼幼、糾糾。

十　竖—撇（520字）

1. "與"上部中间"与"的末笔和"蛋"的上部中间笔画，大陆地区是竖，台湾地区是撇，共23字。

"與"以及以之为构件两岸存在差异的字形有19字：與與、嶼嶼、嶼嶼、懊懊、旟旟、歟歟、璵璵、礜礜、穛穛、籅籅、蕼蕼、鱮鱮、舉舉、攑攑、欅欅、舉舉、譽譽、鼉鼉、鸒鸒。

"蛋"以及以之为构件两岸存在差异的字形有4字：蛋蛋、嘽嘽、燀燀、滍滍。

2. "月、用"作字的下部构件时，首笔大陆地区是竖，台湾地区是撇，涉及的常用构件有：青、有、俞、前、育、龍、能、胃、背、肩、肖、冐、惰（右部件）、厭、散、肴、脊、骨、庸、備等，共496字。

"青"以及以之为构件两岸存在差异的字形有49字：青青、青青、倩倩、清清、請請、儬儬、啨啨、圊圊、埥埥、婧婧、青青、情情、掅掅、晴晴、棈棈、氰氰、淸淸、瀞瀞、瀞瀞、猜猜、睛睛、碃碃、箐箐、篟篟、精精、綪綪、腈腈、腈腈、菁菁、蒨蒨、蔳蔳、靖靖、靘靘、艶艶、靚靚、靛靛、静静、顲顲、蜻蜻、郬郬、錆錆、輤輤、鯖鯖、鵲鵲、鯖鯖、鱛鱛、睛睛、靖靖、静静。

"有"以及以之为构件两岸存在差异的字形有27字：有有、侑侑、唷唷、啹啹、囿囿、姷姷、宥宥、峟峟、烕烕、栯栯、洧洧、珛珛、痏痏、絠絠、賄賄、蛕蛕、誧誧、郁郁、銪銪、陥陥、焴焴、逌逌、酭酭、随随、髄髄、鮪鮪、龓龓。

"俞"以及以之为构件两岸存在差异的字形有43字：俞俞、偷偷、偷偷、喻喻、嗡嗡、鍮鍮、媮媮、嬒嬒、渝渝、鄃鄃、堬堬、愉愉、揄揄、楡楡、榆榆、瀜瀜、歈歈、毹毹、腧腧、瑜瑜、瞩瞩、緰緰、腧腧、蝓蝓、褕褕、覦覦、諭諭、羭羭、貐貐、踰踰、輸輸、隃隃、逾逾、隃隃、騟騟、愈愈、窬窬、匬匬、嵛嵛、蓹蓹、蕍蕍、瘉瘉、癒癒。

"前"以及以之为构件两岸存在差异的字形有19字：前前、偂偂、媊媊、揃揃、榆榆、湔湔、瑐瑐、箭箭、萷萷、搢搢、剪剪、糒糒、騸騸、翦翦、鏿鏿、譔譔、譜譜、鬋鬋、煎煎。

另有4字个例：冐冐、焟焟、菁菁、臂臂。以上是以"月"为构字部件的字，共142字。

"育"以及以之为构件两岸存在差异的字形有17字，"龍"以及以之为构件两岸存在差异的字形有 47 字，"能"以及以之为构件两岸存在差异的字形有 13 字，"胃"以及以之为构件两岸存在差异的字形有 10 字，"背"以及以之为构件两岸存在差异的字形有 6 字，"肩"以及以之为构件两岸存在差异的字形有 6 字，"肯"以及以之为构件两岸存在差异的字形有 5 字，"肴"以及以之为构件两岸存在差异的字形有 8 字，"骨"以及以之为构件两岸存在差异的字形有 60 字，"胥"以及以之为构件两岸存在差异的字形有 13 字，"脊"以及以之为构件两岸存在差异的字形有 7 字，"散"以及以之为构件两岸存在差异的字形有 8 字，"脩"以及以之为构件两岸存在差异的字形有 6 字，"脅"以及以之为构件两岸存在差异的字形有 5 字，"肖"以及以之为构件两岸存在差异的字形有 47 字，以"冐"为构件两岸存在差异的字形有 14 字，以"冃"为构件两岸存在差异的字形有字 23 字，以"惰"的右部件为构件两岸存在差异的字形有 21 字，另有 12 组个例。以上 329 字是以"肉"为构字部件，字例见本章第四节"部件差异现状"的"三月—月"部分。

"庸"以及以之为构件两岸存在差异的字形有 15 字：庸庸、傭傭、嘯嘯、墉墉、嫞嫞、慵慵、樉樉、滽滽、溯溯、牖牖、腩腩、鄘鄘、鏞鏞、鱅鱅、鷛鷛。

以"用"为构件两岸存在差异的字形有 10 字：備備、懳懳、犕犕、糒糒、鞴鞴、韛韛、俑俑、甭甭、滽滽、橍橍。

3. 个例 2 字：冊冊左部是否写为撇，憑憑中"艹"的左部竖是否变形为撇。

十一　四点或四短横—相向的四点（187 字）

1. "雨"框中的四笔，大陆地区单字写为自左上向右下方向相同的点，作字的上部件时是四短横，台湾地区统一写为两两相向的四点，共 185 字。

单字"雨"和"雨"作字的下部件时，大陆地区写为自左上向右下方向相同的点，台湾地区为两两相向的四点，仅 4 字：雨雨、扁扁、漏漏、瘺瘺。

"雨"作字的上部件，大陆地区写为四短横，台湾地区写为两两相向的四点，共有 181 字：需需、儒儒、嚅嚅、壖壖、嬬嬬、孺孺、嶿嶿、燸燸、醹醹、懦懦、擩擩、橚橚、曘曘、濡濡、瑈瑈、獳獳、礝礝、蠕蠕、襦襦、譳譳、轜轜、鑐鑐、隭隭、顬顬、糯糯、繻繻、稬稬、羺羺、臑臑、鱬鱬、菕菕、霍霍、嚯嚯、灌灌、攉攉、曤曤、癯癯、矐矐、曈曈、磪磪、臃臃、鷁鷁、藿藿、筀筀、籖籖、雲雲、檁檁、壋壋、曡曡、壋壋、罎罎、薑薑、雷雷、搔搔、楢楢、瘤瘤、磟磟、鎦鎦、蕾蕾、零零、樏樏、嵧嵧、挎挎、誇誇、鄠鄠、嫪嫪、霸霸、壩壩、欄欄、灞灞、霝霝、檑檑、蘁蘁、鄘鄘、醹醹、麐麐、籠籠、夒夒、靈靈、櫺櫺、爐爐、霜霜、磩磩、驪驪、鸘鸘、孀孀、灞灞、零零、潦潦、蓼蓼、雪雪、鱈鱈、龗龗、露露、瀨瀨，以及部首"雨"部收录两岸存在差异的字形 86 字。

2. 个例 2 字：遝遝、噩噩，中竖左右的两点，大陆地区写为同向的四点，台湾地区写为两两相向的四点。

十二 相向的四点—四短横（15 字）

1. "皋"中间笔画，大陆地区写为两两相向的四点，台湾地区写为四短横，共 8 字：皋皋、嗥嗥、暭暭、槔槔、獆獆、皞皞、翶翶、鷎鷎。

2. "皋"中间笔画，大陆地区写为两两相向的四点，台湾地区写为四短横，共 7 字：皋皋、嗥嗥、暭暭、槔槔、獆獆、皞皞、翶翶。

十三 短捺—长点（708 字）

1. "大、木、禾、采、犬、矢"独立成字时两岸字形相同，但作字的构件时，其末笔，大陆地区写为捺，台湾地区写为点，共 583 字。

"大"作字的下部件时，末笔大陆地区写为捺，台湾地区写为点，共 122 字：契契、偰偰、喫喫、挈挈、楔楔、猰猰、瘈瘈、禊禊、稧稧、窫窫、藝藝、褉褉、鍥鍥、奘奘、佚佚、媄媄、悷悷、埌埌、溹溹、煣煣、瑛瑛、硬硬、稑稑、縓縓、膝膝、驖驖、顉顉、陝陝、餕餕、奥奥、奥奥、噢噢、墺墺、懊懊、擙擙、澳澳、燠燠、磝磝、襖襖、鐭鐭、陜陜、奚奚、傒傒、溪溪、悽悽、嘍嘍、楔楔、溪溪、磎磎、縏縏、膝膝、莫莫、蝶蝶、謨謨、謸謸、獒獒、貗貗、蹊蹊、鞿鞿、駸駸、嵸嵸、甒甒、莫莫、填填、嬷嬷、幠幠、慔慔、摸摸、嗼嗼、嘆嘆、模模、毷毷、漠漠、獏獏、瘼瘼、瞙瞙、糢糢、繑繑、膜膜、蟆蟆、謨謨、貘貘、鏌鏌、饃饃、髳髳、寞寞、莫莫、模模、磲磲、美美、嵄嵄、躾躾、媄媄、溎溎、羑羑、羹羹、鎂鎂、奐奐、喚喚、窦窦、煥煥、換換、渙渙、煥煥、瑍瑍、瘓瘓、奬奬、奬奬、矢矢、矣矣、奕奕、奘奘、奜奜、癹癹、罻罻、奱奱、旖旖、昊昊、樊樊、淡淡、类类、聨聨。

"木"作字的上部件或下部件时，末笔大陆地区写为捺，台湾地区写

34　中国大陆与台湾地区计算机字库字形比较研究

为点，共 310 字：杢杢、杰杰、杳杳、查查、査査、楂楂、揸揸、楂楂、衾衾、渣渣、碴碴、踏踏、饀饀、魿魿、李李、杏杏、苺苺、栗栗、傈傈、溧溧、慄慄、㻗㻗、揀揀、溧溧、㻚㻚、鷅鷅、篥篥、柴柴、㑗㑗、㗎㗎、傑傑、喋喋、㦜㦜、㒒㒒、攃攃、㞓㞓、䢴䢴、㩙㩙、楪楪、媟媟、㞓㞓、堞堞、瞸瞸、碟碟、鰈鰈、殜殜、渫渫、堞堞、牒牒、蹀蹀、鎃鎃、諜諜、韘韘、韘韘、鎃鎃、鰈鰈、蝶蝶、蝶蝶、褋褋、葉葉、鰈鰈、煤煤、呆呆、宩宩、臬臬、㮺㮺、菒菒、橐橐、褱褱、棠棠、樏樏、鏷鏷、餽餽、保保、媬媬、堡堡、堢堢、葆葆、湺湺、綵綵、椺椺、褒褒、襃襃、煲煲、桀桀、棄棄、傑傑、嵲嵲、攃攃、諜諜、樥樥、𣺼𣺼、磔磔、榮榮、傑傑、嶸嶸、嬫嬫、漤漤、燦燦、蠑蠑、鏷鏷、杲杲、僳僳、剽剽、噪噪、幏幏、操操、懆懆、㜣㜣、楪楪、澡澡、燥燥、㻚㻚、膥膥、䁟䁟、藻藻、祼祼、譟譟、躁躁、鄵鄵、䪲䪲、鏰鏰、鰾鰾、趯趯、朵朵、哚哚、垛垛、剁剁、挆挆、趓趓、跥跥、躲躲、朶朶、剁剁、垛垛、探探、躱躱、樑樑、桑桑、嗓嗓、縩縩、磉磉、鎟鎟、褬褬、顙顙、搡搡、樣樣、臬臬、甈甈、寢寢、晛晛、嵲嵲、鎳鎳、鵨鵨、闑闑、梟梟、鄡鄡、嗚嗚、螶螶、柔柔、媃媃、揉揉、球球、渎渎、煉煉、猱猱、脟脟、糅糅、蹂蹂、鍒鍒、鞣鞣、騉騉、鞣鞣、鞣鞣、鰇鰇、鵨鵨、楺楺、蠑蠑、菜菜、某某、媒媒、祺祺、膜膜、謀謀、楳楳、煤煤、漢漢、渠渠、㻗㻗、磲磲、蕖蕖、蠑蠑、樂樂、濼濼、爍爍、瓅瓅、皪皪、櫟櫟、礫礫、躒躒、鑠鑠、嚛嚛、攃攃、櫟櫟、鱳鱳、藥藥、鱳鱳、集集、碟碟、稞稞、滜滜、鎵鎵、襟襟、橐橐、瀷瀷、蘂蘂、園園、䝙䝙、燃燃、藥藥、樣樣、縻縻、冘冘、尿尿、条条、杲杲、柒柒、佘佘、架架、枣枣、朵朵、柒柒、染染、荣荣、契契、栞栞、枲枲、染染、栾栾、梨梨、案案、桨桨、桌桌、枣枣、梁梁、梁梁、梨梨、窣窣、梨梨、呆呆、黎黎、棄棄、基基、菲菲、棨棨、聚聚、菜菜、栞栞、槃槃、桊桊、渠渠、斡斡、媵媵、槃槃、槊槊、椋椋、橐橐、槃槃、斵斵、槳槳、槩槩、樑樑、臺臺、麋麋、棨棨、槃槃、槊槊、槊槊、槃槃、樂樂、毲毲、渎渎、滦滦、稟稟、爇爇、藁藁、桑桑、桀桀、窣窣、築築、鮑鮑、菓菓、藜藜、蕤蕤、蕖蕖、蕪蕪、蘩蘩、藥藥、螺螺、賢賢、鏰鏰、霏霏、驃驃、髮髮、麋麋。

"禾"作字的上部件或下部件时，末笔大陆地区写为捺，台湾地区写为点，共 37 字：秀秀、诱诱、琇琇、琇琇、绣绣、蟋蟋、莠莠、誘誘、透透、銹銹、香香、馨馨、靐靐、䃺䃺、楢楢、菨菨、香香、秃秃、秃秃、㾨㾨、銃銃、秊秊、稟稟、凜凜、壈壈、廩廩、懍懍、檁檁、澟澟、癛癛、燣燣、桼桼、㯱㯱、䕱䕱、䗩䗩、蘖蘖、攃攃。

"釆"作字的上部件时，末笔大陆地区写为捺，台湾地区写为点，共 39 字：番番、俻俻、嶓嶓、墦墦、嬏嬏、嬸嬸、審審、嶓嶓、幡幡、憣憣、播播、瀋瀋、襎襎、楢楢、潘潘、滳滳、燔燔、璠璠、暜暜、磻磻、藩藩、繙繙、翻翻、膰膰、蕃蕃、藩藩、蟠蟠、襎襎、謠謠、譒譒、蹯蹯、轓轓、鐇鐇、鱕鱕、悉悉、㥓㥓、窸窸、蟋蟋、鏴鏴。

"犬"作字的下部件或上部件时，末笔大陆地区写为捺，台湾地区写为点，共 30 字：昊昊、鄡鄡、殞殞、闃闃、淚淚、㨆㨆、瞑瞑、臭臭、蜈蜈、㨆㨆、嗅嗅、㵂㵂、鯢鯢、糗糗、然然、㗒㗒、撚撚、燃燃、燃燃、㒓㒓、蹶蹶、斐斐、獒獒、䐑䐑、獎獎、獘獘、葵葵、默默、獻獻、黜黜。

"矢"作字的右部件或右下部件时，末笔大陆地区写为捺，台湾地区写为点，共 45 字：弣弣、鈇鈇、埃埃、耿耿、笶笶、㹴㹴、侯侯、候候、喉喉、堠堠、帿帿、瘊瘊、猴猴、睺睺、箎箎、糇糇、緱緱、㺯㺯、葔葔、鍭鍭、餱餱、鯸鯸、矣矣、俟俟、埃埃、唉唉、娭娭、挨挨、竢竢、涘涘、詃詃、駿駿、疾疾、嫉嫉、榢榢、悇悇、蓛蓛、螇螇、族族、瘀瘀、篍篍、嗾嗾、蔟蔟、鏃鏃、鷟鷟。

2. "夬、央、关、吳/吴、業、莫"的末笔，大陆地区写为捺，台湾地区写为点，共 125 字。

"夬"以及以之为构件两岸存在差异的字形有 25 字：夬夬、决决、映映、砄砄、刔刔、块块、快快、抉抉、决决、玦玦、疢疢、砄砄、筷筷、烢烢、缺缺、㭕㭕、芙芙、蚗蚗、觖觖、訣訣、袂袂、跌跌、鈌鈌、駃駃、鴃鴃。

"央"以及以之为构件两岸存在差异的字形有 42 字：央央、佒佒、咉咉、坱坱、姎姎、怏怏、抰抰、映映、柍柍、殃殃、泱泱、眏眏、訣訣、胦胦、秧秧、盎盎、鍈鍈、紻紻、駚駚、軮軮、鞅鞅、峡峡、㷒㷒、醠醠、鴦鴦、英英、偀偀、慃慃、嫈嫈、暎暎、渶渶、瑛瑛、碤碤、膵膵、縯縯、楧楧、烘烘、蟡蟡、鍈鍈、霙霙、鷪鷪、鸚鸚。

"关"以及以之为构件两岸存在差异的字形有 7 字：关关、咲咲、朕朕、栚栚、浂浂、烒烒、联联。

"吳/吴"以及以之为构件两岸存在差异的字形有 16 字：吳吳、误误、褉褉、蜈蜈、誤誤、鋙鋙、莫莫、虞虞、噓噓、濾濾、鸎鸎、麇麇、惧惧、俱俱、娱娱、悮悮。个例：揆揆。

"業"以及以之为构件两岸存在差异的字形有 8 字：業業、曗曗、嶪嶪、嶫嶫、樸樸、濼濼、礫礫、驊驊。

"美"以及以之为构件两岸存在差异的字形有 20 字：羑羑、僕僕、噗噗、墣墣、幞幞、撲撲、樸樸、濮濮、獛獛、璞璞、瞨瞨、穙穙、轐轐、瞨瞨、襆襆、襥襥、鏷鏷、酺酺、纀纀、蹼蹼。

以"莫"为右部件两岸存在差异的字形有 6 字：僕僕、嬤嬤、曤曤、嘆嘆、漢漢、熯熯。

十四　横—提（42 字）

"㓞、丯、㺨"作字的上部件，左部件"丰、王"末笔，大陆地区写为横，台湾地区是横变提，共 42 字。

以"㓞"为上部件两岸存在差异的字形有 26 字：契契、偰偰、喫喫、挈挈、楔楔、猰猰、瘈瘈、禊禊、稧稧、窫窫、䙡䙡、禊禊、鍥鍥、絜絜、嘖嘖、潔潔、廎廎、挈挈、恝恝、瘛瘛、契契、絜絜、蜇蜇、翭翭、嚛嚛、齧齧。

以"丯"为上部件两岸存在差异的字形有 5 字：嚌嚌、懠懠、齍齍、懫懫、轚轚。

以"㺨"为上部件两岸存在差异的字形有 11 字：玨玨、琴琴、嗟嗟、瑟瑟、瑟瑟、颻颻、瑟瑟、琵琵、琶琶、湿湿、琹琹。

十五　提—横（281 字）

1. "山、缶、齿"作左构件时，左下部竖折横，大陆地区横变提，台湾地区不变，共 250 字。

部首"山"部收录以"山"为左部件两岸存在差异的字形有 189 字，如：屹屹、岎岎。

部首"缶"部收录以"缶"为左部件两岸存在差异的字形有 17 字，如：缺缺，另有 5 字"缶"作左下部件：欙欙、繇繇、薵薵、飍飍、鵨鵨。

部首"齿"部收录以"齿"为左部件两岸存在差异的字形有 39 字，如：龄龄、龈龈。

2. "黑"作左构件时的下横，大陆地区横变提，台湾地区不变，部首"黑"部收录以"黑"为左部件两岸存在差异的字有 29 字，如：黔黔、默默、黯黯。

3. 个例 2 字："劃劃、勳勳"的左下部，大陆地区写为提，台湾地区写为横。

十六　捺—横折捺（132 字）

"八"的右笔，大陆地区写为捺，台湾地区写为横折捺，涉及的常用构件有：穴、兮、公、分，共有 132 字。

"八"以及以之为构件两岸存在差异的字形有 12 字：八八、仈仈、叭叭、扒扒、夭夭、朳朳、汃汃、玐玐、趴趴、釟釟、滑滑、肸肸。

"穴"以及以之为构件两岸存在差异的字形有 10 字：穴穴、坎坎、岈岈、沉沉、狋狋、枕枕、祅祅、豻豻、駅駅、鳩鳩。

"兮"以及以之为构件两岸存在差异的字形有 5 字：兮兮、枴枴、盻盻、謚謚、肹肹。

"公"以及以之为构件两岸存在差异的字形有 48 字：公公、伀伀、妐妐、忪忪、忪忪、眹眹、炂炂、玜玜、祣祣、訟訟、鈆鈆、蚣蚣、舩舩、粢粢、窬窬、兊兊、悦悦、朶朶、瓮瓮、松松、俙俙、淞淞、淞淞、崧崧、硹硹、菘菘、蜙蜙、鬆鬆、忿忿、偽偽、棯棯、捻捻、燄燄、總總、聪聪、翁翁、偷偷、噲噲、塯塯、嵡嵡、憎憎、暚暚、潏潏、瞚瞚、聯聯、蓊蓊、螉螉、鎓鎓。

"分"以及以之为构件两岸存在差异的字形有 57 字：分分、份份、吩吩、坋坋、坌坌、岎岎、妢妢、纷纷、衧衧、勎勎、岔岔、帉帉、弅弅、彝彝、彞彞、忿忿、扮扮、掰掰、盼盼、胐胐、枌枌、棥棥、棻棻、棻棻、柟柟、汾汾、盆盆、溢溢、炎炎、玢玢、瓮瓮、盼盼、砏砏、粉粉、籿籿、粉粉、趵趵、紛紛、聆聆、肦肦、芬芬、蓋蓋、蕊蕊、蚉蚉、蚡蚡、訡訡、貧貧、魵魵、酚酚、顰顰、飽飽、鈐鈐、雱雱、酚酚、鲂鲂、麄麄、黺黺。

十七　相向的两点—相背的两点（17 字）

1. "兑"独立成字时，两岸收录了两种相同的字形：兑兑、兌兌；作字的构件时，上部大陆地区写为"丷"，台湾地区写为"八"，有 10 字：倪倪、唲唲、娩娩、帨帨、痬痬、祱祱、綐綐、芫芫、祝祝、駅駅。

2. "粛"的中部，大陆地区写为"丷"，台湾地区写为"八"，有 4 字：粛粛、豁豁、敝敝、蕭蕭。

3. 另外，大陆地区写为"丷"，台湾地区写为"八"，有 3 字：

关关、巺巽、弟弟。

十八 捺或点—竖弯横（61字）

1. "术"独立成字时在 CJK 字符集中收录两种字形：术术、朮朮，区别点主要是第四笔（第三笔也略有区别），前者写为捺，后者写为竖弯横。"术"作字的构件时，大陆地区写为"术"，台湾地区写为"朮"，有13字：怵怵、沭沭、秫秫、絉絉、術術、訹訹、烌烌、述述、鷸鷸、鉥鉥、刹刹、弒弒、椳椳；另外，大陆地区写为"朩"，台湾地区写为"朮"，有5字：殺殺、鍛鍛、搬搬、蔱蔱、襵襵。

2. "麻"中左部件"木"的末笔，大陆地区写作点，台湾地区写为竖折横，右部件"木"的末笔，大陆地区写为捺，台湾地区写为竖弯横，有40字：靡靡、劘劘、攠攠、灖灖、魔魔、懡懡、藦藦、嬤嬤、醾醾、磨磨、噃噃、糖糖、蘑蘑、饍饍、麻麻、嘛嘛、髍髍、蕂蕂、麾麾、靡靡、黁黁、麿麿、廫廫、厯厯、摩摩、撐撐、摩摩、縻縻、釄釄、釄釄、糜糜、縻縻、魔魔、塺塺、麽麽、嚤嚤、嬷嬷、麽麽、嬷嬷、懡懡。类似字例3个：湆湆、潛潛、縈縈。

十九 竖、横—长撇、提（58字）

"非"的左部，大陆地区写为三横一竖，台湾地区第三横变提、竖写为长撇，共有58字：非非、俳俳、剕剕、娸娸、啡啡、匪匪、扉扉、扉扉、巋巋、徘徘、悱悱、悲悲、扉扉、排排、斐斐、棐棐、椑椑、椔椔、榫榫、毴毴、淲淲、狒狒、奜奜、琲琲、痱痱、篚篚、緋緋、罪罪、翡翡、腓腓、菲菲、蕜蕜、蜚蜚、裶裶、裵裵、裴裴、誹誹、輫輫、陫陫、酥酥、騑騑、鯡鯡、斐斐、奜奜、霏霏、毳毳、輩輩、靠靠、饕饕、靡靡、灖灖、魔魔、劘劘、嬤嬤、懡懡、攠攠、藦藦、醾醾。

只涉及个别字的笔形差异但无所归属的字形有5字：孔孔、鉞鉞、夵夵、紋紋、胄胄；有4字两岸"糹"的笔形差异不同于其他笔形差异：圝圝、繭繭、襺襺、鷥鷥。以上所举19类笔形差别，涉及汉字5138字，每类差别字形数量少则十多个，多则近千（可参见每类的数字说明）。另外，"氵、冫"的末笔，大陆地区在下端写出折笔，台湾地区写为提，如：汗汗、江江、冰冰、冲冲，有1300多字存在这样的差异点，大陆地区的楷体字形也是写作提，这属于宋体楷体字体差别，本节对宋体楷体字体差异不做讨论，因此本书默认为两岸笔形相同，不按差异笔形统计。

第二节 两岸笔画数量差异现状

笔画是构成汉字字形的最小连笔单位，从落笔到起笔所写的点和线叫一笔或一画。CJK 字符集中，两岸字形存在笔画数差异的字有 2130 字。

一 大陆地区为一笔，台湾地区为两笔（2077 字）

1. "艹"，俗称草字头，大陆地区将横连为一笔，台湾地区断为两笔，并且分为两种形式，两种共涉及 1276 字。

一是"艹"的断开，写为"艸"，如两个并列的"十"，共 1175 字：
華華、嬅嬅、皣皣、樺樺、撶撶、澕澕、爗爗、璍璍、瞱瞱、譁譁、驊驊、鞾鞾、鏵鏵、韄韄、鷨鷨、墷墷、嘩嘩、曄曄、崋崋、曍曍、璍璍、爗爗、曑曑、英英、偀偀、悮悮、媖媖、暎暎、朠朠、瑛瑛、楧楧、縌縌、渶渶、煐煐、碤碤、蘡蘡、鍈鍈、䭹䭹、蝧蝧、霙霙、鶧鶧、煐煐、若若、偌偌、搙搙、喏喏、楉楉、渃渃、惹惹、箬箬、諾諾、踖踖、逽逽、鍩鍩、䣙䣙、蠚蠚、睞睞、婼婼、暚暚、匿匿、慝慝、嫟嫟、嬺嬺、苗苗、喵喵、庿庿、媌媌、描描、渵渵、猫猫、瞄瞄、緢緢、貓貓、鶓鶓、錨錨、莫莫、嗼嗼、慔慔、嫫嫫、墲墲、嫫嫫、暯暯、摸摸、寞寞、模模、獏獏、漠漠、謨謨、瞙瞙、貘貘、瘼瘼、鏌鏌、饃饃、縸縸、蟆蟆、鬘鬘、毿毿、糢糢、膜膜、鄚鄚、幕幕、幙幙、溕溕、冪冪、暮暮、慕慕、募募、墓墓、蠚蠚、驀驀、摹摹、薔薔、蒙蒙、幪幪、懞懞、曚曚、朦朦、檬檬、獴獴、濛濛、矇矇、氄氄、礞礞、蠓蠓、霿霿、饛饛、鹲鹲、艨艨、蕬蕬、檖檖、憶憶、燢燢、㲋㲋、縂縂、茸茸、楫楫、緝緝、媶媶、揖揖、稭稭、借借、萬萬、勱勱、嘪嘪、賷賷、蕭蕭、藕藕、螞螞、蠆蠆、囆囆、熯熯、邁邁、爌爌、薹薹、瘑瘑、厲厲、勵勵、濿濿、犡犡、礪礪、蠣蠣、襰襰、糲糲、鱺鱺、曬曬、欐欐、爌爌、嶺嶺、葛葛、噶噶、礚礚、揭揭、獦獦、譪譪、轕轕、嶱嶱、騰騰、苔苔、搭搭、榙榙、瘩瘩、嗒嗒、匌匌、溚溚、塔塔、褡褡、鎝鎝、剳剳、鞳鞳、嚃嚃、襉襉、瀾瀾、欄欄、斕斕、爛爛、糷糷、鑭鑭、韊韊、躝躝、輔輔、花花、椛椛、蚅蚅、鈪鈪、糀糀、蓋蓋、瑳瑳、灆灆、鑑鑑、鑑鑑、壒壒、磕磕、藏藏、臟臟、械械、鐵鐵、臟臟、葉葉、傑傑、曄曄、鑠鑠、蝶蝶、撲撲、草草、懆懆、騲騲、荒荒、慌慌、謊謊、塃塃、

茶茶、搽搽、嗏嗏、董董、嬞嬞、懂懂、芒芒、忙忙、铓鋩、硭硭、
芳芳、涝涝、铹鋯、铹铹、苦苦、楛楛、瘩瘩、荸荸、樺樺、缝縫、
鏠鏠、萧萧、橚橚、潚潚、蠨蠨、槱槱、礴礴、鏽鏽、擞擻、榝榝、
磙磙、哎哎、鈘鈘、鳭鳭、飿飿、揹揹、蹋蹋、鐯鐯、躐躐、噩噩、
襫襫、鄿鄿、嗝嗝、嚧嚧、堃堃、孼孼、徝徝、菐菐、楀楀、榍榍、
檻檻、橦橦、爄爄、獬獬、遴遴、酲酲、洭洭、滈滈、瀅瀅、漾漾、
渣渣、瀰瀰、炉炉、炳炳、爇爇、璔璔、礚礚、糚糚、蓦蓦、膵膵、
蟒蟒、蠥蠥、襧襧、藃藃、錯錯、韭韭、髒髒、鵝鵝、璙璙、鷀鷀、
僞僞、唠唠、摯摯、鷉鷉、磹磹，以及部首"艹"部收录包括"艹"在
内两岸差异存在的字形860字。

二是横中间不出头，写为"卝"，这种情况实际上不能以草字头视之
和称之，大陆地区字形已完全混同于草字头，故一并讨论，有101字：
蓳蓳、嚁嚁、灌灌、爧爧、罐罐、罐罐、權權、勸勸、堙堙、嬧嬧、
懽懽、歡歡、獾獾、瓘瓘、矔矔、確確、藋藋、蠸蠸、觀觀、鑵鑵、
顴顴、鱹鱹、酄酄、謹謹、瓘瓘、飄飄、驃驃、顥顥、雀雀、穫穫、
攉攉、護護、鑊鑊、臛臛、穫穫、嚄嚄、橞橞、濩濩、獲獲、瓊瓊、
瞆瞆、獲獲、膇膇、嬶嬶、蠖蠖、籆籆、鐬鐬、腨腨、鞼鞼、護護、
鱥鱥、驫驫、劋劋、舊舊、嗜嗜、楷楷、匱匱、敬敬、儆儆、撒撒、
瞰瞰、檠檠、璭璭、螫螫、憼憼、擎擎、驚驚、警警、蔑蔑、懱懱、
蠛蠛、巇巇、機機、幭幭、濊濊、襪襪、鑶鑶、鞿鞿、韉韉、鱴鱴、
礣礣、夢夢、儚儚、儚儚、頮頮、鄚鄚、莒莒、懵懵、瞢瞢、寬寬、
臏臏、鏡鏡、髖髖、莞莞、萲萲、薨薨、覆覆、繭繭、禰禰、哔哔、
偭偭。

2. "華、垂"中部，大陆地区连为一横，台湾地区断为两横，写如
"卄"，有43字：華華、嬅嬅、曄曄、樺樺、摔摔、滹滹、燁燁、璍璍、
睫睫、講講、驊驊、鞾鞾、鏵鏵、譁譁、鵪鵪、堻堻、嘩嘩、嘩嘩、
崋崋、曄曄、瑋瑋、爆爆、垂垂、倕倕、厜厜、唾唾、埵埵、娷娷、
崿崿、捶捶、棰棰、淹淹、甄甄、睡睡、硾硾、箠箠、緦緦、腄腄、
菙菙、諈諈、郵郵、錘錘、陲陲。

3. 辶，俗称走之底，《现代汉语词典》的部首目录是三笔，台湾地区
《常用"国字"标准字体表》的部首目录是四笔，有331字：俥俥、
嗹嗹、慵慵、捷捷、楝楝、樓樓、璉璉、璉璉、漣漣、縺縺、褳褳、
謰謰、輦輦、鏈鏈、鮞鮞、踵踵、擁擁、蓮蓮、嗻嗻、熿熿、撞撞、
樘樘、蟽蟽、澾澾、縫縫、躂躂、韃韃、鑓鑓、闥闥、遂遂、燧燧、

第二章 CJK字符集两岸字形差异现状 41

嫷嫷、璲璲、檖檖、繸繸、磢磢、檖檖、禭禭、鐆鐆、䜹䜹、噿噿、隧隧、䆳䆳、襚襚、墢墢、撻撻、橔橔、燧燧、篷篷、溄溄、缝缝、缝缝、蓬蓬、䧹䧹、鼍鼍、鏽鏽、鋒鋒、朦朦、蕐蕐、堆堆、搥搥、槌槌、碓碓、縋縋、腂腂、鎚鎚、搗搗、過過、櫺櫺、鍋鍋、膈膈、薖薖、薖薖、瀡瀡、隨隨、髓髓、瓃瓃、臢臢、腿腿、蜠蜠、裉裉、跟跟、焜焜、繐繐、譓譓、儳儳、墳墳、潰潰、譍譍、摘摘、璃璃、薖薖、讁讁、樋樋、燧燧、薾薾、隨隨、髓髓、愾愾、磓磓、遏遏、睇睇、噂噂、椹椹、導導、磓磓、篧篧、糙糙、縋縋、茊茊、薋薋、薋薋、譖譖、遂遂、蘧蘧、蘧蘧、簅簅、篵篵、檷檷、躓躓、轊轊、鎽鎽、鼉鼉、餸餸、鯢鯢、鴻鴻、巡巡，以及部首"辶"部收录包括"辶"在内两岸存在差异的字形204字。

4."瓦、印、以"左下部竖提，大陆地区连为一笔，台湾地区断为两笔，共68字。

"瓦"以及以之为构件两岸存在差异的字形有55字：瓦瓦、佤佤、呱呱、玒玒、瓶瓶、砙砙、簋簋、瓴瓴、甄甄、邸邸、甓甓、甗甗，以及部首"瓦"部收录两岸有差异的字形43字。

"以"以及以之为构件两岸存在差异的字形有9字：以以、似似、姒姒、媤媤、拟拟、汜汜、笞笞、苡苡、釶釶。

"印"以及以之为构件两岸存在差异的字形有3字：印印、茚茚、䣍䣍。个例1字：帠帠。

5."延"右部件的左下部竖和横，大陆地区连为一笔，台湾地区断为两笔，有21字：延延、挻挻、唌唌、埏埏、姃姃、梴梴、涎涎、烻烻、狿狿、硟硟、筵筵、綖綖、脡脡、莚莚、蜒蜒、蜓蜓、誕誕、郔郔、鋋鋋、駩駩、鯅鯅。

6."差、羌、羞、養、鬼、象"的中竖与下部左撇，大陆地区连为一笔，台湾地区断为两笔，共107字。

"差"以及以之为构件两岸存在差异的字形有23字：差差、偨偨、嗟嗟、瞌瞌、媸媸、崟崟、搓搓、槎槎、溠溠、瑳瑳、瘥瘥、磋磋、縒縒、嵯嵯、艖艖、醝醝、蒫蒫、褨褨、蹉蹉、鎈鎈、髊髊、鯗鯗、齹齹。

"羌"以及以之为构件两岸存在差异的字形有9字：羌羌、呎呎、羗羗、唴唴、浤浤、猐猐、狣狣、蜣蜣、銫銫。

"羞"以及以之为构件两岸存在差异的字形有3字：羞羞、饈饈、鱃鱃。

"養"以及以之为构件两岸存在差异的字形有 7 字：養養、懩懩、攘攘、瀁瀁、癢癢、鱢鱢、礢礢。

"鬼"以及以之为构件两岸存在差异的字形有 53 字：鬼鬼、傀傀、塊塊、媿媿、磈磈、嵬嵬、愧愧、槐槐、樤樤、浼浼、犩犩、瑰瑰、瘣瘣、聭聭、蒬蒬、巍巍、蜮蜮、褢褢、詭詭、醜醜、隗隗、餽餽、騩騩、巍巍、蒐蒐，以及部首"鬼"部收录两岸差异字形 28 字。

"象"以及以之为构件两岸存在差异的字形有 12 字：象象、像像、勠勠、嶑嶑、橡橡、樣樣、潒潒、襐襐、蠍蠍、豫豫、鐌鐌、鱌鱌。

7. "修、務"的右上部件，大陆地区连为一笔写作"夂"，共三画；台湾地区断为两笔写作"夂"，共四画，有 37 字。

单字"攸"两岸字形相同：攸攸，"攸"作字的构件时，大陆地区写为"夂"，台湾地区写为"夂"，有 27 字：修修、蓨蓨、鏅鏅、條條、滌滌、窱窱、蛛蛛、縧縧、樤樤、篠篠、蓧蓧、鰷鰷、鋚鋚、脩脩、滫滫、浟浟、楢楢、蓨蓨、鎀鎀、焂焂、倏倏、儵儵、儵儵、儵儵、絛絛、儵儵、艏艏。

"務"以及以之为构件两岸存在差异的字形有 6 字：務務、婺婺、楘楘、蓩蓩、霧霧、鶩鶩，类似字形环境 1 字：霧霧。

个例 3 字：倏倏、艛艛、瞱瞱。

8. "咼"上部中间笔画，大陆地区是横向左与竖连为一笔，台湾地区是横右向与竖断为两笔，如：咼咼，常用构件有：咼、骨，共有 93 字。

"咼"以及以之为构件两岸存在差异的字形有 32 字：咼咼、剮剮、卨卨、喎喎、堝堝、媧媧、撾撾、旤旤、楇楇、檛檛、歑歑、渦渦、濄濄、焻焻、過過、猧猧、瘑瘑、磑磑、禍禍、窩窩、簻簻、緺緺、膕膕、膼膼、萵萵、藆藆、蝸蝸、譌譌、踒踒、鍋鍋、鰪鰪、騧騧。

"骨"以及以之为构件两岸存在差异的字形有 60 字：骨骨、僱僱、啎啎、尵尵、惛惛、捐捐、楈楈、滑滑、猾猾、磆磆、緷緷、菅菅、蝪蝪、顝顝、餶餶、鶻鶻，以及部首"骨"部收录两岸存在差异的字形 44 字。

9. "及"的右部折笔，大陆地区是一笔，台湾地区是两笔，共 25 字：及及、伋伋、吸吸、圾圾、岌岌、岌岌、彶彶、忣忣、扱扱、昅昅、破破、极极、汲汲、笈笈、級級、芨芨、衱衱、皈皈、訉訉、趿趿、釵釵、霵霵、靸靸、馺馺、魥魥。

10. "叟"上部件的下横，大陆地区是连写为一笔，与中竖相交，共九画；台湾地区是断为两笔，与中竖相离，共十画，共 21 字：叟叟、傁傁、嗖嗖、嫂嫂、廋廋、搜搜、溲溲、獀獀、瞍瞍、膄膄、蔓蔓、螋螋、謏謏、鄋鄋、艘艘、醙醙、鎪鎪、颼颼、餿餿、瘦瘦、遬遬。

11. 单字"者"，两岸字形相同；作构件时，两岸大部分字都与单字"者"相同，只有6字：猪猪、斮斮、晵晵、潴潴、羜羜、褚褚，大陆地区比台湾地区少一点。

12. 单字"吕"，两岸收录相同的两种字形"吕、吕"；作构件时，大陆地区比台湾地区少一撇，共有21字：梠梠、銅銅、营营、嵃嵃、招招、擸擸、榈榈、櫚櫚、潐潐、焴焴、焰焰、營營、窳窳、笝笝、紹紹、莒莒、躬躬、邵邵、鋁鋁、間間、磨磨。

13. 单字"蚤"以及包含"蚤"构件的字，大陆地区比台湾地区少一点，共11字：蚤蚤、愮愮、搔搔、溞溞、瑶瑶、瘙瘙、糕糕、颾颾、骚骚、鳋鳋、螯螯。

14. "戠"的中部横，大陆地区连为一横，台湾地区断为两横，共8字：戠戠、戬戬、搣搣、槭槭、瀶瀶、臧臧、蕺蕺、霰霰。

15. "戋"作为构件台湾地区字形比大陆地区多一横，有2字：残残、浅浅。

16. 单字"貫"两岸字形相同：貫貫，作为构件有的字形相同：噴噴，作为构件时只有2字两岸字形不同，台湾地区字形将中部横断为两笔：隤隤、鎮鎮。

17. "丽"上部横，大陆地区连为一笔，台湾地区断为两笔，有2字：丽丽、囄囄。

18. 以下3字皆为个例，罗列如下：搚搚、壳壳、劻劻。

二 大陆地区为两笔，台湾地区为一笔（53字）

1. "充、育、㐬"上端部件，大陆地区首笔是点，写作"㐬"，四画；台湾地区首笔为横，将点和撇折连为一笔写作"㐬"，三画，共43字。

"充"以及以之为构件两岸存在差异的字形有5字：充充、琉琉、統統、芫芫、銃銃。

"育"以及以之为构件两岸存在差异的字形有17字：育育、倄倄、唷唷、埔埔、淯淯、錥錥、焴焴、逳逳、楮楮、蛸蛸、藚藚、徹徹、撤撤、辙辙、瞰瞰、鬻鬻、澈澈。

以"㐬"为构件两岸存在差异的字形有19字：旈旈、甂甂、旒旒、梳梳、毓毓、琉琉、疏疏、蔬蔬、硫硫、鋶鋶、鯍鯍、榴榴、艃艃、醠醠、流流、塗塗、蔬蔬、鎏鎏、麖麖。有1字两岸都写为"㐬"：酼酼。

个例 2 字：棄棄、夣夣

2. "卸"左下部的竖与提，大陆地区断为两笔，台湾地区连为一笔，有 10 字：卸卸、啣啣、御御、禦禦、箚箚、籞籞、蒴蒴、蘡蘡、衔衔、欯欯。

第三节 两岸笔画关系差异现状

笔画之间的空间关系有三种基本类型：相离、相接、相交。大多数汉字是多笔画的，笔画之间的空间关系往往不止一种。我们仅从两岸文字笔画关系差异的角度进行对比。

一 大陆地区是相接关系，台湾地区是相交关系（1215）

1. "女"的第二笔撇和第三笔横，大陆地区是相接横仅右出头，作左构件时横右边也不出头；台湾地区是相交，上边和右边都出头，共 685 字：女女、安安、侒侒、垵垵、按按、桉桉、晗晗、峎峎、洝洝、銨銨、鞌鞌、鮟鮟、頞頞、鴳鴳、荌荌、胺胺、氨氨、案案、㝜㝜、晏晏、暥暥、娄娄、数数、偻偻、楼楼、屡屡、蝼蝼、褛褛、妻妻、傻傻、壊壊、廔廔、瞜瞜、溇溇、嘍嘍、嶁嶁、樓樓、懓懓、甄甄、毹毹、瘻瘻、簍簍、撒撒、數數、窶窶、籔籔、縷縷、檚檚、螻螻、腰腰、藪藪、鞻鞻、譳譳、艛艛、貗貗、遱遱、櫐櫐、褸褸、貚貚、鏤鏤、軆軆、搜搜、蔞蔞、鵱鵱、屢屢、履履、宴宴、熡熡、晏晏、匽匽、堰堰、偃偃、揠揠、隁隁、鼴鼴、鷗鷗、鷃鷃、禐禐、鼲鼲、鼰鼰、騽騽、軈軈、榲榲、騠騠、偃偃、郾郾、宴宴、嬰嬰、嚶嚶、嶸嶸、擾擾、攖攖、櫻櫻、瀯瀯、纓纓、鸚鸚、瓔瓔、癭癭、麐麐、蘡蘡、要要、夐夐、楔楔、曼曼、喓喓、腰腰、葽葽、驫驫、嶑嶑、偄偄、闋闋、委委、倭倭、唩唩、娄娄、捼捼、萎萎、犚犚、瓾瓾、痿痿、矮矮、諉諉、踠踠、躷躷、逶逶、餒餒、鋖鋖、鰔鰔、魏魏、巍巍、巍巍、蛙蛙、螁螁、绥绥、腰腰、妻妻、凄凄、悽悽、棲棲、捼捼、淒淒、萋萋、嚏嚏、郪郪、覃覃、鶈鶈、綾綾、奴奴、帑帑、努努、伮伮、吸吸、詉詉、笯笯、弩弩、怒怒、駑駑、鴑鴑、恢恢、挈挈、笯笯、挐挐、如如、茹茹、駕駕、洳洳、筎筎、鉫鉫、袽袽、絮絮、帤帤、恕恕、挐挐、㪉㪉、絮絮、架架、伽伽、妥妥、俀俀、按按、桵桵、錗錗、唼唼、浽浽、餒餒、萎萎、胺胺、綏綏、骸骸、鰀鰀、鞁鞁、鵋鵋、妾妾、接接、棱棱、淩淩、崚崚、倰倰、唛唛、萎萎、踤踤、鯪鯪、霎霎、翣翣、棫棫、葳葳、絾絾、喊喊、崴崴、贼贼、鹹鹹、嬴嬴、撅撅、瀛瀛、籖籖、婆婆、嘍嘍、蔞蔞、耍耍、孬孬、溇溇、荙荙、萋萋、萋萋、菌菌、佞佞、妄妄、佞佞、寇寇、笈笈、怒怒、囡囡、孥孥、寇寇、妠妠、釹釹、肗肗、菇菇、籵籵、汝汝，以及部首"女"部收录两岸差异字形445字。

2. "夂"的捺与左撇，大陆地区是相接不出头，写作"夂"，台湾地区是相交出头，有163字：夌夌、俊俊、凌凌、埈埈、婈婈、棱棱、淩淩、廢廢、碊碊、袯袯、穄穄、崚崚、睖睖、綾綾、掕掕、菱菱、陵陵、淩淩、蔆蔆、濔濔、袯袯、踜踜、輘輘、錂錂、鯪鯪、夋夋、俊俊、唆唆、峻峻、悛悛、挴挴、梭梭、焌焌、狻狻、朘朘、稄稄、畯畯、疲疲、皴皴、羧羧、朘朘、荽荽、竣竣、睃睃、朘朘、逡逡、酸酸、銨銨、陵陵、餕餕、駿駿、荽荽、諓諓、贱贱、踒踒、鯪鯪、騜騜、鵋鵋、鯪鯪、坟坟、浚浚、塄塄、稷稷、穯穯、夔夔、嶐嶐、緕緕、搣搣、艘艘、蓃蓃、嵕嵕、鍐鍐、駿駿、髿髿、酸酸、鰀鰀、惔惔、朘朘、獌獌、楲楲、畏畏、溲溲、複複、穗穗、謖謖、傻傻、緕緕、傻傻、櫕櫕、鑗鑗、嬰嬰、愛愛、僾僾、嗳嗳、嬡嬡、燄燄、曖曖、慢慢、曖曖、璦璦、曖曖、鑗鑗、耋耋、蔆蔆、憂憂、優優、慢慢、嗳嗳、櫌櫌、擾擾、璦璦、獿獿、穮穮、纘纘、漫漫、鄾鄾、复复、復復、履履、惆惆、榎榎、腹腹、蝮蝮、褒褒、縀縀、鰒鰒、馥馥、潎潎、鍑鍑、覆覆、輹輹、穙穙、瘻瘻、覆覆、夔夔、嶐嶐、獿獿、夔夔、嶐嶐、蘷蘷、蘷蘷、犪犪、蹊蹊、慶慶、攮攮、櫌櫌、夏夏、嘎嘎、榎榎、廈廈、麦麦、後後、韃韃、夋夋、蔆蔆、夐夐、蕢蕢、謉謉、鍐鍐、爕爕、夒夒、变变。个例：致致。

3. "丑"和"彐"中横与右竖，大陆地区是相接不出头，台湾地区是相交右出头，共101字。

"丑"以及以之为构件两岸存在差异的字形有20字：丑丑、咄咄、妞妞、狃狃、忸忸、扭扭、杻杻、汨汨、炄炄、狃狃、粗粗、紐紐、莥莥、岍岍、鈕鈕、靼靼、俞俞、羞羞、饀饀、鱃鱃。

以"彐"为构件两岸存在差异的字形有80字：尋尋、帰帰、婦婦、歸歸、掃掃、歸歸、箒箒、蘀蘀、鰣鰣、箒箒、潯潯、潯潯、埽埽、潯潯、侵侵、唚唚、壛壛、寖寖、寢寢、寢寢、梫梫、浸浸、祲祲、誜誜、覆覆、錝錝、荂荂、薄薄、鰔鰔、駸駸、綅綅、尋尋、噚噚、栯栯、惸惸、撋撋、遝遝、燖燖、璕璕、潯潯、蟳蟳、襑襑、蕁蕁、鄂鄂、鐋鐋、鱓鱓、黂黂、彗彗、嘒嘒、槥槥、轊轊、篲篲、熭熭、鏏鏏、篲篲、慧慧、憓憓、憓憓、槥槥、譿譿、急急、稳稳、穩穩、隐隐、隱隱、憶憶、穩穩、檼檼、癮癮、蕴蕴、譺譺、濦濦、嶾嶾、曧曧、曧曧、雪雪、鳕鳕、煞煞、繸繸、灵灵。个例1字：彝彝

4. "巨"的上下横与左竖，大陆地区是相接不出头，台湾地区是相交左出头，共34字：巨巨、詎詎、矩矩、佢佢、岠岠、怐怐、拒拒、昛昛、柜柜、岠岠、炬炬、岠岠、耟耟、洰洰、矩矩、秬秬、粔粔、詎詎、距距、蚷蚷、鉅鉅、駏駏、鮔鮔、奩奩、苣苣、萐萐、薁薁、渠渠、榘榘、煛煛、磲磲、蠷蠷、衢衢、蠷蠷。

5. "内"左上部的竖与横，大陆地区相接不出头，台湾地区是相交出头，共89字：禹禹、偊偊、渦渦、楀楀、瑀瑀、踊踊、瞤瞤、萬萬、蛹蛹、踊踊、鄅鄅、鱅鱅、属属、嘱嘱、瞩瞩、禺禺、偶偶、褕褕、喁喁、堣堣、媀媀、寓寓、崵崵、遇遇、耦耦、廇廇、愚愚、鷽鷽、湡湡、鍋鍋、隅隅、顒顒、髃髃、鰅鰅、鰅鰅、腢腢、萬萬、勘勘、爄爄、噧噧、購購、蟎蟎、邁邁、蒲蒲、藕藕、薑薑、嚢嚢、爉爉、薹薹、厲厲、櫔櫔、勵勵、濿濿、爄爄、犡犡、礪礪、蠣蠣、襺襺、糲糲、鱺鱺、矚矚、嶸嶸、癘癘、离离、摛摛、樆樆、嚨嚨、攡攡、矖矖、璃璃、漓漓、篱篱、籬籬、縭縭、離離、褵褵、讘讘、醨醨、離離、螭螭、魑魑、麴麴、黐黐、灘灘、禽禽、噙噙、擒擒、檎檎、蟫蟫。

6. 单字"身"两岸字形相同，但作字的左部件时，长撇与右竖钩，大陆地区是相接右不出头，台湾地区是相交右出头，有34字：射射、躬躬、榭榭、窮窮、窘窘、蓊蓊、謝謝、鶋鶋，以及部首"身"部收录以"身"为左部件两岸差异字形26字。

7. 单字"舟"两岸字形相同，但作字的左部件时，横与右竖钩，大陆地区是相接右不出头，台湾地区是横变提相交右出头，共85字：般般、幣幣、礬礬、擎擎、搬搬、槃槃、澀澀、瘢瘢、盤盤、磐磐、繁繁、蕀蕀、蝥蝥、褰褰、鍫鍫、鞏鞏、鶋鶋，以及部首"舟"部收录以"舟"为左部件两岸差异字形67字，个例1字：舺舺。

8. 单字"凡"两岸字形基本相同：凡凡，但作为"巩、赢"的构件，两岸字形有差异，其中的点与左撇，大陆地区是相接，台湾地区是相交，有24字。

"巩"以及以之为构件两岸存在差异的字形有12字：巩巩、恐恐、筑筑、箏箏、築築、鋬鋬、聳聳、筇筇、蛬蛬、蛩蛩、鞏鞏、跫跫。

以"贏"为构件两岸存在差异的字形有 12 字：贏贏、擴擴、瀛瀛、瀛瀛、籯籯、籯籯、贏贏、贏贏、贏贏、贏贏、贏贏、贏贏。

二　大陆地区是相交关系，台湾地区是相接关系（378字）

1. "丸"的点与撇，大陆地区是相交左出头，台湾地区则是相接左不出头，有 10 字：丸丸、汍汍、狳狳、紈紈、秌秌、肒肒、訅訅、芄芄、骫骫、尣尣。

2. "斥"的点与竖，大陆地区是相交左出头，台湾地区则是相接左不出头，有8字：斥斥、坼坼、拆拆、柝柝、泝泝、蚸蚸、訴訴、跅跅。

3. "孝"的上部件"耂"的末笔撇和下部件"子"的首笔横，大陆地区是相交横左出头，台湾地区则是相接左不出头，有 16 字：孝孝、俘俘、哮哮、嗷嗷、宰宰、廖廖、教教、教教、浡浡、潡潡、痨痨、磋磋、窋窋、諄諄、踔踔、醇醇。

4. "幾"左下部的撇与横，大陆地区是相交上出头，台湾地区则是相接上不出头，有 15 字：幾幾、僟僟、嘰嘰、機機、璣璣、磯磯、機機、機機、機機、蟣蟣、譏譏、鐖鐖、戴戴、饑饑、魕魕。

5. "耳"作字的左部件时，下部的提与右竖，大陆地区是相交右出头，台湾地区是相接右不出头，有 157 字：取取、堅堅、娵娵、筊筊、聚聚、娶娶、撖撖、椒椒、諏諏、賦賦、輒輒、鈒鈒、耶耶、緅緅、陬陬、趣趣、葝葝、聚聚、鄹鄹、驟驟、蔡蔡、整整、鯫鯫、欓欓、灇灇、爈爈、齣齣、叢叢、蟲蟲、嚃嚃、樞樞、溛溛、懤懤、攝攝、福福、譶譶、躡躡、顳顳、鑷鑷、最最、樶樶、熶熶、襊襊、蕞蕞、嘬嘬、撮撮、纔纔、襊襊、耶耶、挪挪、椰椰、琊琊、爺爺、鄒鄒、甙甙、戢戢、戩戩、撤撤、檝檝、濈濈、艤艤、戴戴、霫霫、耴耴、輙輙、鈪鈪、魥魥、聹聹、廰廰、廳廳、刵刵、聖聖、檉檉、蟶蟶、耗耗、鄉鄉、敢敢、儼儼、嚴嚴、嗽嗽、嚴嚴、壤壤、孃孃、巖巖、巖巖、嶸嶸、憨憨、撒撒、曬曬、橄橄、欖欖、激激、獦獦、瞰瞰、瞷瞷、礦礦、聹聹、譀譀、讜讜、徹徹、釀釀、闞闞、饕饕、闞闞、齺齺，"耳"为左构件存在差异的两岸文字还有 52 字收录在"耳"部。

6. "化"右部件的撇（台湾地区写为横）与竖弯横钩，大陆地区是相交左出头，台湾地区是相接左不出头，有 19 字：化化、訛訛、华华、吒吒、囮囮、枛枛、弶弶、花花、糀糀、沁沁、姥姥、錵錵、糀糀、貨貨、鈊鈊、靴靴、魦魦、苍苍、齔齔。

7. "害、善、角"中竖与下横，大陆地区相交下出头，台湾地区相接下不出头，共 101 字。

"害"以及以之为构件两岸存在差异的字形有 19 字：害害、割割、嗐嗐、幰幰、憲憲、搳搳、瀣瀣、欇欇、灖灖、牺牺、瞎瞎、磍磍、繥繥、薑薑、蝎蝎、豁豁、辖辖、鍻鍻、鶷鶷。

"善"以及以之为构件两岸存在差异的字形有 14 字：善善、僐僐、墡墡、嫸嫸、樿樿、歚歚、磾磾、繕繕、膳膳、蟮蟮、鄯鄯、鐥鐥、饎饎、鱔鱔。

"角"以及以之为构件两岸存在差异的字形有 68 字：角角、解解、薢薢、蟹蟹、獬獬、邂邂、嶰嶰、廨廨、懈懈、檞檞、繲繲、瀣瀣、獬獬、斛斛、唰唰、蔛蔛、槲槲、蠘蠘、嘴嘴、确确、哅哅、葡葡、鵨鵨、堉堉、捔捔、桷桷，以及部首"角"部收录两岸差异字形 42 字。

8. "片"的上横与上竖，大陆地区是相接右出头，台湾地区则是相接不出头，有 22 字：片片、版版、牉牉、牊牊、牋牋、牌牌、牐牐、牑牑、牏牏、牒牒、牓牓、牔牔、牕牕、牖牖、牘牘、扸扸、汧汧、簰簰、蝂蝂、覎覎。

9. "水、求"右部的撇和捺，大陆地区是相接捺上出头，台湾地区是相接上不出头，以"水"为构件的字形有很多，但仅有 10 字两岸字形存在这样的差异：水水、氼氼、求求、氽氽、氷氷、汞汞、泶泶、冰冰、沓沓、盉盉。以"求"为构件的字有 21 字，有 16 字两岸字形存在这样的差异：求求、俅俅、捄捄、救救、梂梂、殏殏、浗浗、球球、脙脙、蛷蛷、賕賕、絿絿、莍莍、觓觓、鮂鮂、銶銶。

10. "囟"中部件"夕"的点与右部撇，大陆地区是相交下出头，台湾地区是相接不出头，有 4 字：窗窗、恖恖、摠摠、脳脳。

三 大陆地区是相接关系，台湾地区是相离关系（2015 字）

1. "辰、長、良、艮、畏、丈、衣、表、展、襄、袁"中的捺与其上部的横，大陆地区是相接，台湾地区是相离，共 395 字。

"辰"以及以之为构件两岸存在差异的字形有 63 字：辰辰、侲侲、帪帪、娠娠、振振、派派、啟啟、宸宸、晨晨、晨晨、農農、裖裖、脤脤、蜄蜄、裖裖、訊訊、賑賑、軐軐、鋠鋠、陙陙、震震、麎麎、薦薦、唇唇、脣脣、漘漘、漘漘、磿磿、蜃蜃、辱辱、侮侮、娒娒、嗕嗕、擱擱、樞樞、溽溽、縟縟、耨耨、薅薅、薅薅、褥褥、鄏鄏、鎒鎒、農農、儂儂、噥噥、巙巙、擃擃、檂檂、檽檽、濃濃、憹憹、癑癑、禯禯、穠穠、繷繷、膿膿、蕽蕽、襛襛、讓讓、醲醲、震震。

齈齈。

"長"以及以之为构件两岸存在差异的字形有20字：長長、倀倀、張張、悵悵、振振、棖棖、涱涱、**漲漲**、痕痕、瘬瘬、粮粮、脹脹、萇萇、賬賬、賬賬、錝錝、韔韔、**饕饕**、餦餦、帳帳。

"良"以及以之为构件两岸存在差异的字形有28字：良良、莨莨、哴哴、俍俍、埌埌、悢悢、脼脼、根根、浪浪、烺烺、琅琅、硍硍、稂稂、粮粮、艆艆、蒗蒗、蜋蜋、閬閬、駺駺、誏誏、躴躴、踉踉、錝錝、崀崀、娘娘、烺烺、筤筤、**簑簑**。

"艮"以及以之为构件两岸存在差异的字形有35字：艮艮、伢伢、哏哏、垠垠、垦垦、艱艱、墾墾、爐爐、懇懇、誾誾、很很、恨恨、恳恳、报报、根根、槸槸、浪浪、狠狠、珢珢、痕痕、眼眼、硍硍、茛茛、**齦齦**、報報、限限、銀銀、跟跟、**狼狼**、**狠狠**、**裉裉**、**簋簋**、崀崀、蜠蜠、誾誾。

"畏"以及以之为构件两岸存在差异的字形有16字：畏畏、偎偎、偎偎、崴崴、揾揾、楎楎、渨渨、煨煨、猥猥、碨碨、**鍡鍡**、隈隈、餵餵、鰃鰃、膄膄、茛茛。

"文"以及以之为构件两岸存在差异的字形有47字：文文、仪仪、呅呅、吝吝、坟坟、妏妏、忞忞、**忟忟**、**恡恡**、抆抆、旻旻、旼旼、棽棽、汶汶、浸浸、**济济**、**潤潤**、**燜燜**、炆炆、**骰骰**、玟玟、珳珳、珗珗、彣彣、盿盿、砇砇、紋紋、**紊紊**、芠芠、**菨菨**、蚉蚉、蚊蚊、螡螡、鈫鈫、雯雯、虔虔、**馼馼**、鮱鮱、麐麐、辛辛、齐齐、斉斉、斋斋、竟竟、斋斋、斐斐、齑齑。

"叉"以及以之为构件两岸存在差异的字形有19字：叉叉、权权、扠扠、衩衩、汊汊、訍訍、釵釵、靫靫、蚤蚤、**愮愮**、搔搔、溞溞、瑤瑤、瘙瘙、糙糙、**颾颾**、**騷騷**、鰠鰠、鏨鏨。

"衣"以及以之为构件两岸存在差异的字形有167字：衣衣、依依、扆扆、袈袈、懷懷、宸宸、懷懷、衾衾、**拎拎**、攘攘、褰褰、滾滾、滾滾、滾滾、襲襲、庲庲、俍俍、榱榱、襃襃、簑簑、縗縗、濊濊、穘穘、袞袞、襪襪、璷璷、衷衷、褒褒、袞袞、衰衰、裹裹、裒裒、裒裒、裒裒、袋袋、架架、裂裂、袁袁、裏裏、袋袋、裝裝、裒裒、裴裴、裊裊、裔裔、裂裂、哀哀、豪豪、裒裒、裳裳、裴裴、裒裒、礬礬、褹褹、褒褒、裹裹、裂裂、製製、裒裒、褒褒、褒褒、裒裒、裹裹、裒裒、裒裒、藜藜、裒裒、**尉尉**、褒褒、襞襞、**襲襲**、鈨鈨、鍨鍨、蓑蓑、表表、媄媄、侅侅、朕朕、裱裱、諓諓、鍨鍨、展展、

50 中国大陆与台湾地区计算机字库字形比较研究

輾輾、撚撚、棍棍、碾碾、蹍蹍、輾輾、褭褭、儇儇、勷勷、嚷嚷、
壤壤、孃孃、禳禳、懷懷、攘攘、欀欀、瀼瀼、瀼瀼、爙爙、玃玃、
瓖瓖、瓢瓢、禳禳、穰穰、繏繏、蘘蘘、讓讓、躟躟、釀釀、鑲鑲、
饟饟、驤驤、鬤鬤、瀼瀼、蘘蘘、嚷嚷、攘攘、欀欀、儇儇、鸘鸘、
瀼瀼、袁袁、鋢鋢、轅轅、蒝蒝、褑褑、睘睘、楥楥、滚滚、猿猿、
嫄嫄、蒝蒝、闤闤、遠遠、邉邉、景景、儇儇、憬憬、嚘嚘、圜圜、
嬛嬛、寰寰、彋彋、擐擐、圂圂、樎樎、澴澴、獧獧、環環、癏癏、
糫糫、翾翾、蠉蠉、譞譞、轘轘、還還、闤闤、鬟鬟、鰥鰥、癏癏、
繯繯、鐶鐶、喪喪、孃孃、曩曩。

2."夂"的捺与左撇，大陆地区是相接，台湾地区是相离，共有311字：敝敝、澉澉、獙獙、襒襒、撇撇、徶徶、蔽蔽、嫳嫳、幣幣、
弊弊、彆彆、憋憋、擎擎、獒獒、瞥瞥、鷩鷩、鷩鷩、鼈鼈、鼈鼈、
蟞蟞、蹩蹩、鱉鱉、鱉鱉、瞥瞥、鼈鼈、瞥瞥、微微、徼徼、徽徽、
徵徵、澂澂、懲懲、癥癥、薇薇、燉燉、徴徴、澂澂、微微、燉燉、
徽徽、澂澂、癥癥、瞰瞰、薇薇、黴黴、靆靆、敬敬、儆儆、撇撇、
曒曒、檠檠、璥璥、螫螫、憼憼、擎擎、驚驚、警警、敢敢、儼儼、
嚴嚴、嗽嗽、嚴嚴、壛壛、孈孈、巖巖、巗巗、巉巉、憨憨、撒撒、
曬曬、橄橄、檄檄、激激、獥獥、瞰瞰、矙矙、礅礅、諏諏、讖讖、
徹徹、醭醭、闞闞、饕饕、闞闞、爤爤、傲傲、嗷嗷、墩墩、嫩嫩、
憝憝、撒撒、燉燉、檄檄、激激、徼徼、璥璥、磁磁、瞰瞰、獥獥、
曒曒、繳繳、鷔鷔、譀譀、蹴蹴、邀邀、竅竅、警警、藪藪、毄毄、
撤撤、澈澈、徹徹、鶿鶿、瞰瞰、轍轍、嗷嗷、墩墩、塾塾、澈澈、
燉燉、憝憝、撤撤、犦犦、磁磁、鏃鏃、鏊鏊、驁驁、嗷嗷、憨憨、
擎擎、譀譀、鰍鰍、敖敖、傲傲、厫厫、嗷嗷、嗸嗸、嚮嚮、嫯嫯、
嫯嫯、廒廒、憿憿、擎擎、激激、熬熬、獒獒、獒獒、璥璥、磁磁、
聱聱、蔜蔜、螯螯、譀譀、警警、贅贅、遨遨、鏊鏊、隞隞、驁驁、
鶿鶿、鷔鷔、鼇鼇、散散、撒撒、澈澈、糤糤、繳繳、鏃鏃、霰霰、
黴黴、徼徼、廠廠、廠廠、氅氅、敞敞、炊炊、孜孜、埩埩、愁愁、
嫯嫯、驁驁、啓啓、悊悊、蜇蜇、槃槃、鏊鏊、瞽瞽、鞷鞷、霶霶、
鶩鶩、蔞蔞、氂氂、氂氂、犛犛、犛犛、榖榖、榖榖、橬橬、藪藪、籔籔、
撒撒、繁繁、瀿瀿、蘩蘩、鷥鷥、繁繁、繁繁、攸攸、悠悠、筱筱、
鋑鋑、皎皎、莜莜、枚枚、孜孜、倣倣、傚傚、儆儆、呚呚、坆坆、
玫玫、牧牧、畋畋、駁駁、莜莜、潋潋、潋潋、潋潋、煞煞、繼繼、
璥璥、瘢瘢、遨遨、蟄蟄、蟄蟄、榮榮、縈縈、緻緻、肇肇、闟闟、

荻荻、薂薂、赦赦、螯螯、變變、敞敞、驚驚、闞闞、徼徼、蔻蔻、瘱瘱、憁憁、瞥瞥、憝憝、憖憖、憨憨、憋憋，部首"夊"部收录两岸存在差异字形55字。

3. "米"的周围笔画与中心主笔画，大陆地区是相接，台湾地区是相离，共236字：米米、娄娄、佬佬、屡屡、楼楼、蝼蝼、耩耩、僯僯、氼氼、嶙嶙、嬾嬾、嵫嵫、憐憐、撵撵、斳斳、橉橉、瞵瞵、潾潾、瓶瓶、璘璘、曈曈、膦膦、磷磷、翷翷、臁臁、辚辚、蹸蹸、遴遴、燐燐、邻邻、鏻鏻、骥骥、鳞鳞、麟麟、繗繗、匊匊、娟娟、掬掬、椈椈、毱毱、淘淘、鞠鞠、菊菊、蓻蓻、諊諊、趜趜、踘踘、鞠鞠、麹麹、鞠鞠、陶陶、騭騭、鵖鵖、氪氪、憷憷、澟澟、鏆鏆、甏甏、韔韔、晠晠、餡餡、炝炝、悚悚、粲粲、傑傑、溇溇、燦燦、蘖蘖、璨璨、粟粟、儫儫、慄慄、溧溧、麋麋、擩擩、蘪蘪、麓麓、糜糜、爨爨、齿齿、毂毂、瀵瀵、渊渊、类类、颣颣、番番、窬窬、彝彝、彝彝、彝彝、彝彝、肃肃、箫箫、繡繡、佾佾、咪咪、蒺蒺、罙罙、毯毯、条条、宋宋、屎屎、籹籹、料料、眯眯、洣洣、断断、继继、诔诔、迷迷、醚醚、鈢鈢、瞇瞇、醸醸、奥奥、粤粤，以及部首"米"部收录两岸存在差异字形120字。

4. 单字"木、禾、水"两岸字形基本相同：木木、禾禾、水水、求求，作字的下部件时，左右的撇、捺与中间主笔画，大陆地区是相接，台湾地区是相离，共402字。

以"木"为下部件的字不仅笔画相离，而且捺变点，共有293字，例字见本章第一节"笔形差异"的"短捺—长点"部分。

以"禾"为下部件的字不仅笔画相离，而且捺变点，共有15字，例字见本章第一节"笔形差异"的"短捺—长点"部分。

"水"作下部件时，两岸字形都写为"氺"，左右笔画与中竖，大陆地区以相接为主，台湾地区是相离，有88字：氽氽、录录、剥剥、剥剥、椂椂、婇婇、渌渌、淥淥、氯氯、盉盉、睩睩、碌碌、祿祿、篆篆、簶簶、籙籙、糅糅、綠綠、緑緑、菉菉、録録、錄錄、鯥鯥、醁醁、騄騄、騄騄、鯥鯥、遼遼、逯逯、黍黍、黏黏、穤穤、漆漆、黎黎、鏒鏒、遼遼、嚓嚓、璨璨、藜藜、刹刹、膝膝、暴暴、曝曝、爆爆、曝曝、儤儤、瀑瀑、爆爆、爜爜、襮襮、鑅鑅、臖臖、隶隶、隷隷、隸隸、糵糵、髐髐、埭埭、捸捸、棣棣、殐殐、逮逮、鯠鯠、睫睫、康康、嫌嫌、嵊嵊、橚橚、慷慷、濂濂、穛穛、糠糠、鎌鎌、鎌鎌、鱇鱇、泰泰、傣傣、漆漆、滕滕、漆漆、藤藤、籐籐、函函菡菡、蟈蟈、頤頤、崛崛、涵涵。有 1 字例外：禄禄。

单字"求"两岸字形基本相同，作为构字部件时，有 6 字字形两岸存在笔画关系的不同：述述、毬毬、盉盉、愁愁、掖掖、裘裘；其他以"求"为构件的 15 字两岸字形见前文字例。

5. "系"首笔撇与下部件，大陆地区是相接，台湾地区是相离，共 20 字：系系、係係、喺喺、孫孫、悉悉、懸懸、橑橑、搽搽、猻猻、縂縂、縣縣、縣縣、縣縣、蓀蓀、繇繇、蘨蘨、檾檾、遜遜、邀邀、鯀鯀。

6. "瓜、爪"的捺与上端撇，大陆地区是相接，台湾地区是相离，共 60 字。

"瓜"以及以之为构件两岸存在差异的字形有 37 字：瓜瓜、咶咶、呱呱、咆咆、瓠瓠、瓤瓤、瓢瓢、瓣瓣、瓤瓤、蠱蠱、呱呱、坬坬、孤孤、宓宓、弧弧、掝掝、揻揻、撼撼、柢柢、梬梬、泒泒、浺浺、狐狐、呱呱、宓宓、窳窳、笳笳、筑筑、罛罛、胍胍、苽苽、菰菰、蓏蓏、蚆蚆、舭舭、軱軱、鈲鈲。

"爪"以及以之为构件两岸存在差异的字形有 10 字：爪爪、巫巫、抓抓、杧杧、泝泝、爬爬、爮爮、甌甌、笊笊、釟釟。

类似字形环境中捺与上部撇，大陆地区是相接，台湾地区是相离，有 13 字：振振、派派、眽眽、脈脈、潇潇、岷岷、覛覛、鏚鏚、震震、旅旅、袱袱、簪簪、籯籯。

7. "酉"框中的横与两边的竖，大陆地区是相接，台湾地区是相离，共 175 字：酉酉、酋酋、偤偤、揂揂、婤婤、楢楢、崷崷、猶猶、獃獃、酒酒、焰焰、裪裪、縋縋、逌逌、蝤蝤、蕕蕕、輶輶、蠱蠱、趙趙、鰌鰌、鞧鞧、尊尊、僔僔、噂噂、墫墫、壿壿、嶟嶟、撙撙、樽樽、潼潼、鐏鐏、遵遵、燇燇、蹲蹲、縛縛、罇罇、譐譐、蹲蹲、鱒鱒、鵨鵨、奠奠、擲擲、樸樸、磺磺、躑躑、鄭鄭、哂哂、峈峈、庮庮、栖栖、榍榍、歈歈、洒洒、茜茜、蒳蒳、盦盦、盒盒、蘸蘸、虋虋、輖輖、逎逎、籀籀、鮋鮋，以及部首"酉"部收录两岸差异字形 112 字。

8. "無"的上端横与四竖，大陆地区是相接，台湾地区是相离，共 22 字：無無、嘸嘸、墲墲、嬤嬤、幠幠、廡廡、憮憮、撫撫、樠樠、潕潕、甒甒、瞴瞴、膴膴、蕪蕪、蟱蟱、謨謨、鄦鄦、鷡鷡、舞舞、僠僠、蹣蹣、橆橆。

9. "黽、龜"中右长竖与竖弯横钩，大陆地区是相接，台湾地区是相离，共 27 字：黽黽、鼂鼂、黿黿、鼇鼇、鼌鼌、鼄鼄、鼈鼈、鼉鼉、鼊鼊、鼇鼇、鼇鼇、鼉鼉、黿黿、繩繩、蠅蠅、譝譝、鄳鄳、竈竈、鼇鼇、鼂鼂、鼈鼈、穮穮、鼇鼇、鬮鬮。

10. 单字"竹"两岸字形相同：竹竹，作上部件时俗称"竹字头"，点与其他笔画，大陆地区相接，台湾地区相离，如：竺竺、笓笓、竿竿、竿竿、等等、笑笑，仅部首"竹"部收录两岸存在差异的"竹字头"字形 343 字。

11. "九"的末笔与横，大陆地区是相接与"九"相似，台湾地区是相离，如：尬尬、尷尷、尪尪、尥尥、尰尰、尳尳、尲尲、拋拋 等 8 字。

以上 11 类涉 2000 多字。另外，"羊、䒑、并、兼、卷"上端"丷"与横，大陆地区通常是相接，台湾地区通常是相离，如：並並、併併、儻儻、兼兼、券券、拚拚、单单、倦倦。两岸对这个差异点的区别都不严格都出现不一致现象，所以本书不作为差异字形统计。

四 大陆地区是相交关系，台湾地区是相离关系（12 字）

"龙"右部件"彡"第三撇与竖弯横钩，大陆地区是相交，台湾地区是相离，共 12 字：尨尨、厖厖、哤哤、娏娏、庬庬、浝浝、牻牻、狵狵、痝痝、硥硥、蛖蛖、駹駹。

五 大陆地区是相离关系，台湾地区是相接关系（167 字）

1. 单字"允"两岸写法相同，但"允"作构件时，上下部件大陆地区是相离，台湾地区是相接，共 8 字：吮吮、抌抌、沇沇、狁狁、玧玧、阭阭、馻馻、鈗鈗。"充"作构字部件时有 2 字的上下部件是大陆地区相离，台湾地区相接：銃銃、琉琉。此类共 10 字。

2. "牙"的首笔横和竖折，大陆地区是相离，台湾地区是相接，共 33 字：牙牙、伢伢、冴冴、呀呀、岈岈、庌庌、枒枒、掌掌、犽犽、玡玡、疨疨、砑砑、穿穿、訝訝、笌笌、蚜蚜、衺衺、芽芽、谺谺、迓迓、邪邪、釾釾、閜閜、颬颬、雅雅、鴉鴉、齞齞、䲢䲢、挪挪、撑撑、樗樗、琊琊、鋣鋣。

3. "丫"的首笔与其他笔画，大陆地区是相离，台湾地区是相接，有 30 字：丫丫、吖吖、僑僑、剤剤、嚌嚌、憕憕、擠擠、檹檹、濟濟、璾璾、癠癠、穧穧、臍臍、蠐蠐、薺薺、蟣蟣、躋躋、鐕鐕、隮隮、霽霽、鱭鱭、麠麠、齊齊、齋齋、齎齎、齍齍、齏齏、齏齏、齏齏、齏齏。

蘴蘴。

4. "不"右部点与其他笔画，大陆地区是相离，台湾地区是相接，有54字：不不、怀怀、咴咴、否否、囨囨、坏坏、奀奀、姇姇、㚊㚊、孬孬、怀怀、抔抔、杯杯、歪歪、炋炋、环环、甬甬、盃盃、紑紑、罘罘、胚胚、苤苤、岯岯、覔覔、还还、鈈鈈、阫阫、碚碚、丕丕、伾伾、呸呸、㱆㱆、嚭嚭、坯坯、姯姯、岯岯、怌怌、抷抷、杮杮、栘栘、狉狉、痞痞、秠秠、胚胚、胚胚、苤苤、蚉蚉、豯豯、邳邳、鈈鈈、鈈鈈、駓駓、髬髬、鮍鮍。

5. "无"首笔横与竖折，大陆地区是相离，台湾地区是相接，有40字：无无、先先、嘅嘅、既既、旡旡、塈塈、槩槩、慨慨、摡摡、概概、槪槪、槩槩、厩厩、厩厩、暨暨、蔇蔇、旣旣、溉溉、漑漑、炁炁、槪槪、蔇蔇、黖黖、緊緊、僐僐、嘈嘈、嚳嚳、憳憳、撍撍、楈楈、榩榩、潜潜、熸熸、簪簪、穧穧、蠶蠶、譛譛、鐕鐕、鶿鶿、灊灊。

以上5类涉及167字。另外，"方、主、亢"首笔点与横和"夕"中点与下撇，大陆地区常常相离，有的却是相接；台湾地区通常是相接，如：亠亠、主主、住住、方方、仿仿、仗仗、佼佼、六六、刻刻。在这个差异点上两岸字形差别不明显，而且两岸字形标准都出现不严格不一致现象，因而本书不做差异字形统计。"立、豆"中间"丷"与上横，大陆地区通常是相离，台湾地区通常是相接。单字"立"和作左部件、右部件时，两岸字形差异明显，部首"立"部收录差异明显字形34字，如：立立、站站、竣竣，其他如：位位、鸠鸠、泣泣；"立"作上部件或下部件，两岸字形差异不明显，如：倍倍、偉偉、億億、勐勐、竟竟、普普、竖竖。部首"豆"部收录15字，有10字两岸字形差异明显：豆豆、豇豇、豉豉、豌豌、豍豍、豏豏、豔豔、豔豔、豔豔、豔豔，作下部件时两岸字形差异不明显：豈豈、豐豐、登登；其他如：嘻嘻、熹熹、熺熺、厨厨、橱橱、树树。因两岸对"立、豆"字形标准的执行都存在不一致现象，难以做出精确统计，因此本书不做数据统计，仅举例说明此类字形现象。

六 大陆地区是相离关系，台湾地区是相交关系（14字）

1. "豕"左部的点与第三撇，大陆地区是相离，台湾地区是相交，有11字：豕豕、冢冢、剢剢、啄啄、塚塚、瘃瘃、琢琢、諑諑、砵砵、椓椓、涿涿。

2. "刃"左点与撇、竖钩，大陆地区是相离，台湾地区是相交，有 3 字：刼刼、刅刅、扨扨。

七　其他交接关系（35 字）

1. "兩"中间的两个部件由撇和捺组成，大陆地区写为"人"，捺长撇短；台湾地区写法像"人"（但不是"人"，是"入"），撇捺等长，有 24 字：兩兩、倆倆、唡唡、悢悢、憪憪、挰挰、瞞瞞、構構、滿滿、瀟瀟、璊璊、瞞瞞、綢綢、腼腼、蝻蝻、蟎蟎、裲裲、襧襧、蹣蹣、輛輛、鏋鏋、顢顢、鬗鬗、麵麵。存在相同差异点的字形还有 5 字：亼亼、叺叺、吶吶、釢釢、陝陝。

2. "冊"的上部横，大陆地区分离为两个部件，台湾地区是一个部件，有 6 字：姍姍、珊珊、笧笧、柵柵、跚跚、鉧鉧。

3. "羽"字中间两笔两岸都写为点、提，相离关系，但大陆地区字形的下提承接着上点，台湾地区字形的点提为上下平行关系，如羽羽，其作上部件时两岸字形笔形也不同，在笔形差异中有统计分析，本条不作差异点统计。

有的个别字例交接关系存在差异，不是普遍现象，有 8 例：励励、窬窬、俑俑、写写、蝇蝇、嵮嵮、左 左、寿寿。以上所举七类笔画关系的差别，共涉及 3842 字。

第四节　两岸组字部件差异现状

部件（assembly unit）原是机械用语①，随着计算机汉字输入法的创制，部件从机械学借来作为文字学术语，用来指"由笔画组成的具有组配汉字功能的构字单位"②。部件是大于基本笔画（例如：点、横、撇、捺等）而小于或等同于偏旁的结构单位。偏旁是传统语言学术语，是指合体字的构字部件。一个合体字由两个或两个以上的部件构成，部件不一定具有读音和意义。一个部件一般由两画或更多的笔画构成，如构成

---

① 指机械的一部分，是由若干装配在一起的零件组成。在机械装配过程中，这些零件先被装配成部件，然后才进入总装配。某些部件在进入总装配之前还先与另外的部件和零件装配成更大的部件。

② 国家语言文字工作委员会编：《信息处理用 GB 13000.1 字符集汉字部件规范》，语文出版社 1998 年版，第 2 页。

"字"的部件"宀、子"。按照现在能否独立成字,部件可以分为成字部件和非成字部件。成字部件现在一般可以独立成字,如"岩"中的"山、石","坐"中的"人、土"。非成字部件现在一般不能独立成字,在古代一般可以独立成字,如"字"中的"宀(房屋)","煮"中的"灬(火的变体)"。在 CJK 字符集中,一些相同码位的汉字大陆地区和台湾地区分别选用了不同的组字部件,有 1744 字存在部件方面的差异①。以下所列,连接号前是大陆地区采用的部件,连接号后是台湾地区采用的部件。

一 天—矢("吳"下部件,11字)

在 CJK 字符集中,"吳"收录两种字形:吳吳、吴吴,区别点是下部件的第一笔,大陆地区写为横,台湾地区写为竖折横折竖。"吴"作字的构件时有 11 字,大陆地区选用"吴",台湾地区选用"吳":误誤、裸褸、蜈蜈、误誤、锞錁、莫莫、虞虞、嘘噓、滤濾、鹕鷉、麇麌。

二 由—田("黄"中部件,53字)

"黄"在 CJK 字符集中收录两种字形:黄黃、黄黄,共同区别点是中部件,大陆地区是"由",台湾地区是"田",共有 53 字:黄黃、黄黄、偾僨、傥儻、旷曠、墐墐、圹壙、嫱嬙、广廣、彉彍、彍彍、庼廎、懭懭、横擴、擴擴、斢斢、暗曠、爌爌、曠曠、横櫎、漟潢、潢瀇、熿熿、爌爌、獚獚、獷獷、璜璜、癀癀、瞶瞶、磺磺、磺磺、横横、穬穬、簧簧、纊纊、萜萜、蘋蘋、蟥蟥、鳙鱅、趪趪、鄺鄺、鐄鐄、鑛鑛、鱯鱯、鶇鶇、黅黅、觥觥、貼貼、賍賍、靴靴、鬻鬻、橫橫、橫橫。

三 月—月(以"肉"为部件的字,702字)

以"肉"为构件的字,大陆地区写为"月"或斜月,台湾地区写为"月"或斜月,如:育、龍、能、胃、背、肩、肯、肴、骨、胥、脊、散、脩、脅、肖、胃、胄、胡、肥、赢、祭、將、然等,共 702 字。

"育"以及以之为构件两岸存在差异的字形有 17 字:育育、俏俏、唷唷、堉堉、淯淯、锈鋊、焻焻、逳逳、楠楠、蝓蝓、蕕蕕、徹徹、

---

① 需要说明的是,这里所说的"部件差异",只是笼统意义上的说法,有的实质上是写法差异,如"曰——月""彐——彑""犮——犮"。但纯粹从现代楷书外部形体来看,又确似不同部件。因此统称为部件差异。

第二章 CJK字符集两岸字形差异现状 57

撇撇、辙辙、瞰瞰、劂劂、澈澈。

"龍"以及以之为构件两岸存在差异的字形有47字：龍龍、嚨嚨、曨曨、壟壟、壠壠、竉竉、巄巄、爖爖、朧朧、櫳櫳、儱儱、寵寵、瀧瀧、襱襱、礱礱、礲礲、竉竉、矓矓、攏攏、籠籠、聾聾、躘躘、襱襱、襲襲、聾聾、龓龓、朧朧、蠪蠪、霳霳、蠬蠬、驡驡、瓏瓏、聾聾、隴隴、鑨鑨、驦驦，以及部首"龍"部收录两岸差异字形11字。

"能"以及以之为构件两岸存在差异的字形有13字：能能、態態、擺擺、熊熊、燹燹、攤攤、耀耀、龓龓、蟹蟹、襖襖、襬襬、罷罷、羆羆。

"胃"以及以之为构件两岸存在差异的字形有10字：胃胃、喟喟、媦媦、猬猬、緭緭、稰稰、渭渭、蝟蝟、謂謂、熰熰。

"背"以及以之为构件两岸存在差异的字形有6字：背背、偝偝、揹揹、褙褙、褙褙、鄁鄁。

"肩"以及以之为构件两岸存在差异的字形有6字：肩肩、掮掮、猏猏、菺菺、顅顅、鵳鵳。

"肯"以及以之为构件两岸存在差异的字形有5字：肯肯、啃啃、揹揹、褙褙、錩錩。

"肴"以及以之为构件两岸存在差异的字形有8字：肴肴、偹偹、殽殽、渚渚、鄁鄁、誵誵、餚餚、崤崤。

"骨"以及以之为构件两岸存在差异的字形有60字：骨骨、僜僜、唱唱、尳尳、愲愲、捐捐、榾榾、滑滑、猾猾、磆磆、緭緭、菅菅、蝟蝟、顝顝、餶餶、鶻鶻，以及部首"骨"部收录两岸存在差异的字形44字。

"胥"以及以之为构件两岸存在差异的字形有13字：胥胥、偦偦、壻壻、婿婿、揹揹、楈楈、湑湑、糈糈、縃縃、稰稰、醑醑、蝑蝑、諝諝。

"脊"以及以之为构件两岸存在差异的字形有7字：脊脊、墕墕、嵴嵴、蹐蹐、膌膌、瘠瘠、鶺鶺。

"散"以及以之为构件两岸存在差异的字形有8字：散散、撒撒、澈澈、橵橵、繖繖、鏾鏾、霰霰、鐡鐡。

"脩"以及以之为构件两岸存在差异的字形有6字：脩脩、榴榴、蓨蓨、滫滫、鎀鎀、潃潃。

"臠"以及以之为构件两岸存在差异的字形有5字：臠臠、嚢嚢、憿憿、攑攑、熮熮。

"肖"以及以之为构件两岸存在差异的字形有47字：肖肖、哨哨、俏俏、削削、娋娋、屑屑、峭峭、宵宵、悄悄、帩帩、捎捎、绡綃、消消、弰弰、睄睄、稍稍、痟痟、旓旓、糒糒、陗陗、颫颫、掣掣、硝硝、碏碏、趙趙、踃踃、輎輎、秱秱、筲筲、蛸蛸、逍逍、焇焇、艄艄、潲潲、箾箾、蒱蒱、莦莦、槆槆、萷萷、鞘鞘、韒韒、鞘鞘、魈魈、鮹鮹、銷銷、髾髾、霄霄。

以"冒"为构件两岸存在差异的字形有14字：猷猷、厭厭、靥靥、壓壓、嚥嚥、愿愿、憪憪、厣厣、壓壓、䴢䴢、魘魘、饜饜、魇魇、黶黶。

以"胄"为构件两岸存在差异的字形有字23字：胄胄、剧剧、娟娟、埍埍、捐捐、惘惘、弱弱、桐桐、涓涓、鹃鹃、狷狷、睊睊、焆焆、绢绢、裪裪、蜎蜎、琄琄、甋甋、冒冒、鋗鋗、鞘鞘、駽駽、羂羂。

以"惰"的右部件为构件两岸存在差异的字形有21字：惰惰、堕堕、堕堕、㯃㯃、憳憳、嫷嫷、橢橢、楕楕、㩐㩐、隋隋、隋隋、随随、遁遁、璃璃、髓髓、嬌嬌、璲璲、濉濉、鬌鬌、鱃鱃、毹毹。

"胡"以及以之为构件两岸存在差异的字形有19字：胡胡、蚜蚜、蝴蝴、姤姤、箶箶、葫葫、湖湖、糊糊、瑚瑚、猢猢、餬餬、鍸鍸、糊糊、醐醐、衚衚、鬍鬍、鰗鰗、鹕鹕、鷽鷽。

"肥"以及以之为构件两岸存在差异的字形有6字：肥肥、萉萉、蕌蕌、佩佩、淝淝、蟹蟹。

以"嬴"为构件两岸字形存在差异的字形有12字：嬴嬴、擭擭、瀛瀛、瀛瀛、籯籯、籯籯、嬴嬴、嬴嬴、嬴嬴、嬴嬴、嬴嬴、嬴嬴。

"祭"以及以之为构件两岸存在差异的字形有22字：祭祭、憭憭、擦擦、擦擦、際際、傺傺、嚓嚓、察察、撩撩、檫檫、檫檫、瞭瞭、漈漈、療療、磙磙、磙磙、穄穄、缭缭、瞭瞭、蔡蔡、鏒鏒、鰶鰶。

"將"以及以之为构件两岸存在差异的字形有14字：將將、墏墏、將將、獎獎、摿摿、漿漿、獎獎、槳槳、蔣蔣、螿螿、踒踒、醬醬、鏘鏘、鱂鱂。

"然"以及以之为构件两岸存在差异的字形有7字：然然、嗷嗷、撚撚、橪橪、燃燃、縿縿、蹨蹨。

以"搖"右部件为构件两岸字形存在差异的4字：遙遙、瑤瑤、謠謠、搖搖。其他以斜月或斜月为构字部件的字形有6字：炙炙、獠獠、邀邀、䝉䝉、頖頖、誓誓。其他以"月（月）"为构件的字形有25字：

娟娟、俏俏、涓涓、涓涓、淯淯、溫溫、湣湣、潛潛、臀臀、亶亶、酳酳、磶磶、䲀䲀、縢縢、胖胖、肋肋、筋筋、胹胹、萡萡、豚豚、遯遯、膠膠、胐胐、膌膌、簞簞。

另外，部件"肉"部收录两岸差异字形271字。

四 八—儿（"穴、罒"作上部件和"冏、詹、夌、奎"中部件，339字）

单字"穴"两岸字形基本相同：穴穴，"穴"作上部件时，大陆地区写为"八"，台湾地区写为"儿"（末笔不出钩），有129字：空空、倥倥、淫淫、唑唑、控控、悾悾、烃烃、崆崆、硿硿、桱桱、鞚鞚、鵼鵼、羥羥、聜聜、控控、腔腔、箜箜、谾谾、堅堅、堅堅、突突、埃埃、浚浚、葵葵、揆揆、闋闋、鵽鵽、臱臱、榻榻、曉曉、邊邊、籩籩、帘帘、挓挓、榨榨、酢酢、焞焞、䔍䔍、邃邃、邃邃、琸琸、膣膣、窪窪、蟶蟶、躥躥、攛攛、钂钂、掟掟、浟浟、擻擻、儹儹、漥漥、噆噆、挖挖，部首"穴"部收录两岸差异字形75字。

"罒"作上部件时，大陆地区写为"八"，台湾地区写为"儿"（末笔不出钩），有9字：罙罙、琛琛、探探、罙罙、琛琛、深深、睬睬、滘滘、浑浑。

"冏、詹、夌、夋、奐、夐、奎"等的中间部件，大陆地区写为"八"，台湾地区写为"儿"（末笔不出钩），有198字：囧囧、囧囧、囵囵、䀏䀏、茵茵、冏冏、泂泂、炯炯、堈堈、絅絅、商商、墒墒、滴滴、熵熵、謫謫、蔦蔦、蠲蠲、喬喬、僑僑、剃剃、橘橘、憍憍、氄氄、嚙嚙、滴滴、熵熵、遹遹、獝獝、璚璚、矞矞、繘繘、譎譎、蹢蹢、鐍鐍、驕驕、鱊鱊、鬻鬻、鷸鷸、崤崤、孀孀、擴擴、櫁櫁、璊璊、纘纘、艒艒、鄰鄰、蠵蠵、講講、鑰鑰、鵻鵻、驔驔、詹詹、儋儋、嚕嚕、嶦嶦、幨幨、憺憺、擔擔、瞻瞻、檐檐、澹澹、甔甔、瘤瘤、瞻瞻、簷簷、𦗒𦗒、膽膽、礛礛、薝薝、蟾蟾、襜襜、譫譫、贍贍、韂韂、黵黵、夌夌、俊俊、凌凌、埈埈、埈埈、岐岐、婈婈、棱棱、淩淩、庱庱、浚浚、硓硓、祾祾、稜稜、睖睖、綾綾、接接、菱菱、陵陵、淩淩、蔆蔆、薐薐、裬裬、踜踜、輘輘、錂錂、鯪鯪、夋夋、俊俊、唆唆、峻峻、悛悛、挼挼、梭梭、焌焌、狻狻、晙晙、稷稷、酸酸、痠痠、皺皺、羧羧、朘朘、菱菱、竣竣、睃睃、朘朘、逡逡、酸酸、鋑鋑、陖陖、餕餕、駿駿、莈莈、諔諔、賤賤、踆踆、鮻鮻、𩇕𩇕、鶉鶉、駿駿、埈埈、稷稷、稷稷、窭窭、嶟嶟、樸樸、

朡朡、緮緮、撌撌、蔆蔆、蟔蟔、鎞鎞、駿駿、鬟鬟、齪齪、鰻鰻、
憹憹、膿膿、獌獌、奰奰、渼渼、襖襖、穄穄、謏謏、儍儍、縩縩、
儍儍、穤穤、夔夔、奎奎、勎勎、埶埶、勢勢、嚙嚙、摰摰、摯摯、
樲樲、槷槷、溘溘、熱熱、爇爇、蓺蓺、胨胨、楯楯、蓺蓺、藝藝、
襫襫、褻褻、禠禠、譐譐、跮跮、逵逵、銈銈、陸陸、驚驚、鮭鮭、
鵠鵠、廲廲、瀍瀍、纏纏、躔躔、酁酁。

个例3字：夋夋、袞袞、裒裒。

五 卜—人（"处"右上部件，15字）

"处"的右上部件，大陆地区写为"卜"，台湾地区写为"人"，有15字：处处、俢俢、偖偖、屪屪、岔岔、嗜嗜、搚搚、岔岔、曷曷、
楷楷、橐橐、絀絀、鮕鮕、廲廲、鰲鰲。

六 几—儿（"虎、亮、冗、秃、微、沿"的部件，75字）

"虎"的下部件，大陆地区是"几"，台湾地区是"儿"，有47字：
虎虎、傓傓、傱傱、彪彪、唬唬、喔喔、娪娪、摅摅、撖撖、槐槐、
楻楻、歔歔、滤滤、澾澾、猇猇、琥琥、魈魈、碾碾、褫褫、箎箎、
虎虎、號號、赩赩、虓虓、虒虒、狼狼、貌貌、疏疏、麅麅、戯戯、
虢虢、號號、鰜鰜、蜿蜿、褫褫、覷覷、譃譃、譃譃、簏簏、赞赞、
蹱蹱、銃銃、饕饕、鼠鼠、鷈鷈、遞遞、颸颸。

"亮"的下部件，大陆地区是"几"，台湾地区是"儿"，有4字：
亮亮、喨喨、瀗瀗、燒燒。

"微"的中下部件，大陆地区是"几"，台湾地区是"儿"，有9字：
微微、徽徽、癥癥、瞰瞰、薇薇、贓贓、霉霉、嫩嫩、潋潋。

"冗"的下部件，大陆地区是"几"，台湾地区是"儿"，有5字：
冗冗、抗抗、鸠鸠、坑坑、沉沉。

"秃"作构字部件时，下部件大陆地区是"几"，台湾地区是"儿"，
有6字：瀨瀨、痍痍、稹稹、頹頹、銩銩、鵚鵚。

"沿"的右上部件，大陆地区是"几"，台湾地区是"儿"，有3字：
沿沿、船船、铅铅。

个例1字：叽叽。

七 土—士（"寺"上部件，27字）

"寺"的上部件，大陆地区是"土"，台湾地区是"士"，有27字：

寺寺、侍侍、俆俆、塒塒、峙峙、崻崻、崶崶、庤庤、待待、恃恃、持持、時時、特特、時時、痔痔、秲秲、等等、蒔蒔、詩詩、跱跱、邿邿、鰣鰣、鶨鶨、榯榯、跱跱、涍涍、溡溡。

八 王—壬（"呈、聖、徵、望、聽"下部件，34字）

"呈、聖"的下部件，大陆地区是"王"，台湾地区是"壬"（tǐng），有25字：呈呈、俚俚、埕埕、湟湟、徎徎、惺惺、戜戜、捏捏、桯桯、涅涅、理理、睅睅、程程、脭脭、裎裎、逞逞、醒醒、輕輕、鋥鋥、鄢鄢、鐵鐵、驥驥、聖聖、蜸蜸、檉檉。

"徵"的中下部件，大陆地区是"王"，台湾地区是"壬"，有5字：徵徵、澂澂、癥癥、懲懲、薇薇。

"望"的下部件和"聽"的左下部件，大陆地区是"王"，台湾地区是"壬"，有4字：望望、朢朢、聽聽、廳廳。

九 壬—壬（"廷、淫"右上部件或右下部件，25字）

"廷"右上部件，大陆地区是"壬"，台湾地区是"壬"，有22字：廷廷、庭庭、侹侹、娗娗、挺挺、梃梃、椴椴、涏涏、斑斑、筳筳、綎綎、脡脡、艇艇、蜓蜓、誔誔、鋌鋌、閮閮、霆霆、頲頲、烶烶、莛莛、鮏鮏。

"淫"右下部件，大陆地区是"壬"，台湾地区是"壬"，有3字：淫淫、霪霪、婬婬。

十 又—乂（"犮"右下部件，32字）

"犮"右下部件，大陆地区是"又"，台湾地区是"乂"，有32字：犮犮、泼泼、坺坺、妭妭、帗帗、拔拔、柭柭、沷沷、盋盋、厰厰、袚袚、秡秡、炥炥、紱紱、翍翍、胈胈、苃苃、菝菝、蚾蚾、被被、詙詙、跋跋、鞁鞁、鈸鈸、軷軷、颰颰、馛馛、髪髪、魃魃、鮁鮁、癹癹、黻黻。

十一 日—囚（"昷"上部件，13字）

"昷"上部件，大陆地区是"日"，台湾地区是"囚"，有13字：唱唱、塭塭、殟殟、瑥瑥、瘟瘟、螶螶、褞褞、猭猭、鎾鎾、韫韫、韞韞、餫餫、韞韞。

十二 米—釆（"奧"上中部件，12字）

"奧"上中部件，大陆地区是"米"，台湾地区是"釆"，有12字：噢噢、墺墺、罌罌、懊懊、澚澚、澳澳、燠燠、礇礇、藇藇、襖襖、鐭鐭、隩隩。

十三 曰—冃（"最、曼、曷"上部件，44字）

"最、曼、曷"上部件，从字源看是"冃"，大陆地区写为"曰"，台湾地区写为"冃"，共44字：最最、㮚㮚、熶熶、襊襊、蕞蕞、嘬嘬、撮撮、繓繓、藬藬、襣襣、曼曼、僈僈、墁墁、嫚嫚、幔幔、慢慢、摱摱、槾槾、漫漫、熳熳、獌獌、縵縵、蔓蔓、蟃蟃、謾謾、鄤鄤、鏝鏝、饅饅、鬘鬘、鰻鰻、潟潟、偈偈、堨堨、楬楬、揭揭、氀氀、渴渴、褐褐、裼裼、蹋蹋、蹰蹰、暍暍、闟闟、鰼鰼。

十四 人—入（"内、全"上部件，47字）

"内"上部件，大陆地区写为"人"，台湾地区写为"入"（古文字"入"，撇捺等长），有21字：呐呐、讷讷、肭肭、蚋蚋、蒳蒳、蜹蜹、衲衲、鈉鈉、魶魶、妠妠、扐扐、枘枘、氪氪、汭汭、炳炳、笍笍、納納、芮芮、豽豽、軜軜、靹靹。

"全"收在部首"入"部，上部件大陆地区写为"人"，台湾地区写为"入"，有22字：全全、佺佺、姾姾、峑峑、恮恮、拴拴、栓栓、洤洤、牷牷、硂硂、筌筌、絟絟、荃荃、跧跧、輇輇、烇烇、詮詮、醛醛、醛醛、銓銓、駩駩、痊痊。

还有4字的上部件大陆地区为"人"，台湾地区为"入"：㑞㑞、氽氽、仚仚、釽釽。

十五 彐—彑（"录"上部件，20字）

单字"彔（彔）"两岸收录了相同的两种字形：彔彔、彔彔，区别是上部件"彐"与"彑"；作构件时，大陆地区选用"录"，台湾地区选用"彔"，有20字：媢媢、椂椂、氯氯、琭琭、盝盝、睩睩、碌碌、箓箓、簏簏、籙籙、糉糉、菉菉、鵦鵦、趢趢、逯逯、邉邉、醁醁、騄騄、鯥鯥、綠綠。

十六 冫—二（"次"左部件、"勹"中部件，43字）

"次"左部件，大陆地区是"冫"，台湾地区是"二"，有24字：次次、饮饮、咨咨、垒垒、姿姿、恣恣、懿懿、枕枕、粢粢、瓷瓷、濟濟、瓷瓷、粢粢、粢粢、紱紱、羡羡、茨茨、資資、螆螆、諮諮、資資、趑趑、趑趑、餈餈。

单字"勺（勺）"两岸收录相同的两种字形：勺勺、勺勺，"勺"作构件时中间部件大陆地区写为"冫"，台湾地区写为"二"，有19字：匀匀、吻吻、均均、恝恝、抅抅、昀昀、构构、沟沟、昀昀、昀昀、笃笃、笃笃、芍芍、蚴蚴、衿衿、趋趋、鈎鈎、銎銎、韵韵。

十七 ユ—工（"敢"左上部件，29字）

"敢"左上部件，大陆地区写为不成字部件"ユ"，台湾地区是成字部件"工"，有29字：敢敢、儼儼、嚴嚴、嗷嗷、嚴嚴、壏壏、孅孅、巌巌、巌巌、巘巘、憨憨、撖撖、曬曬、橄橄、櫬櫬、瀚瀚、獫獫、瞰瞰、瞷瞷、礳礳、誡誡、譀譀、譀譀、醶醶、闞闞、饕饕、闞闞、齾齾、聽聽。

十八 耂—耂（"敖"的左部件，30字）

"敖"的左部件，大陆地区是上"青字头"与下"万"共用一横，不可拆分，共六画，台湾地区是上"士"下"方"，共七画。有30字：敖敖、傲傲、厫厫、嗷嗷、嗷嗷、嚾嚾、嫯嫯、熬熬、廒廒、懊懊、摯摯、潋潋、熬熬、獒獒、獓獓、璈璈、磝磝、聱聱、蔜蔜、螯螯、謷謷、警警、贅贅、遨遨、鏊鏊、隞隞、驁驁、鰲鰲、鷔鷔、鼇鼇。

十九 口—厶（"强"右上部件，11字）

单字"强（強）"两岸收录相同的两种字形：强强、強強，区别是左上部的"口"与"厶"；作构件时，大陆地区选用"强"，台湾地区选用"強"，有11字：犟犟、糨糨、膙膙、艗艗、襁襁、響響、鏹鏹、勥勥、強強、摤摤、漒漒。

二十 夕—夊（"囟"中部件，15字）

单字"囟（囟）"两岸收录基本相同的两种字形：囟囟、囟囟，"囟（囟）"作构件时的中部件，大陆地区写为成字部件"夕"，台湾地区是不成字笔画，有 15 字：窗窗、偬偬、幒幒、偬偬、摠摠、漗漗、熜熜、璁璁、總總、聰聰、蒽蒽、螌螌、謥謥、鏓鏓、驄驄。

二十一 八或乂—人（"奂、鼠"中部框中部件，22 字）

"奂"中部框中部件，大陆地区写为"八"，台湾地区写为"人"，有 9 字：奂奐、唤喚、寏寏、悷悷、换換、渙渙、焕煥、瑍瑍、痪瘓。

"鼠"中部口中部件，大陆地区写为"乂"，台湾地区是"人"，有 13 字：鼠鼠、獵獵、獵獵、臘臘、蠟蠟、躐躐、邋邋、爉爉、鑞鑞、鱲鱲、儠儠、擸擸、鬣鬣。

二十二 ㄚ—乂（"产、彦"上部件，14 字）

"产（產）、彦（彥）"两岸都收录相同的两种字形：产産、產產、彦彦、彥彥，区别点是上部件，一个是"ㄚ"，另一个是"乂"；"产、彦"作构件时，大陆地区选用"产、彦"，台湾地区选用"產、彥"，有 14 字：剷剷、嵼嵼、摌摌、滻滻、篖篖、薩薩、鏟鏟、隡隡、嗏嗏、嵃嵃、樢樢、諺諺、遜遜、鬛鬛。

二十三 ㄠ—刀（"負、色"上部件，15 字）

单字"負、色"两岸字形相同：負負、色色，做构件时的上部件，大陆地区是"ㄠ"，台湾地区是"刀"，有 15 字：獺獺、懶懶、擷擷、櫴櫴、瀨瀨、獺獺、璭璭、癩癩、籟籟、藾藾、襰襰、賴賴、攋攋、蓾蓾、胞胞。

二十四 覀—西或両（"覀"上部件，19 字）

"覀"上部件，大陆地区写为"覀"，台湾地区写为"西"，有 15 字：覀覀、湮湮、垔垔、歅歅、湮湮、煙煙、甄甄、禋禋、籈籈、緸緸、甀甀、諲諲、鄄鄄、闉闉、黫黫。

另有 4 字：覇覇、羇羇、羈羈、鰾鰾，上部件大陆地区是"覀"，台湾地区是"両"。

二十五 罒—夕（"䍃"右上部件，19 字）

"䍃"右上部件，大陆地区是"罒"，台湾地区是"夕"（斜月），有 19 字：傜傜、喏喏、嬝嬝、徭徭、愮愮、暚暚、搖搖、榣榣、熎熎、猺猺、磘磘、窑窑、鎐鎐、繇繇、蘨蘨、櫾櫾、飖飖、鷂鷂、鰩鰩。

二十六 ク—⺥ ["争（爭）"上部件，9字]

单字"争（爭）"两岸收录相同的两种字形：争 爭、争 爭，区别点是上部件，一种是"ク"，另一种是"⺥"；"争（爭）"作构件时，大陆地区选用"争"，台湾地区选用"爭"，有9字：埩埩、婙婙、栚棹、琤琤、砕砗、竫竫、諍諍、錚錚、鬇鬇。

二十七 亚—亞 ["晋（晉）"上部件，6字]

单字"晋（晉）"两岸收录相同的两种字形：晋 晋、晉 晉，区别点是上部件，一是成字部件"亚"，二是中间两个厶"亞"；"晋（晉）"作构件时，大陆地区选用"晋"，台湾地区选用"晉"，有6字：搢搢、榗榗、濷濷、瑨瑨、縉縉、鄑鄑。

二十八 ナ—厂（"炭"中部件，5字）

"炭"中部件，大陆地区是"ナ"，台湾地区是"厂"，有5字：炭炭、炭炭、淡淡、碳碳、羰羰。

二十九 ⺥—丶 ["爲（為）"上部件，4字]

单字"爲（為）"两岸收录相同的两种字形：爲 爲、為 為，区别点是上部件，一种是"⺥"，另一种是笔画"丶"；"爲（為）"作构件时，大陆地区选用"爲"，台湾地区选用"為"，有4字：嗚嗚、寪寪、撝撝、鄬鄬。

三十 工—土（"毀"左下部件，3字）

单字"毀（毀）"两岸收录相同的两种字形：毀 毀、毀 毀，区别点是左下部件，一种是"土"，另一种是"工"；"毀"作构件时，大陆地区选用"毀"，台湾地区选用"毀"，有3字：檓檓、燬燬、譭譭。

三十一 旦—且（"查"下部件，2字）

单字"查（查）"两岸收录相同的两种字形：查 查、查 查，区别点是下部件，一种是"旦"，另一种是"且"；"查（查）"作构件时，大陆地区选用"查"，台湾地区选用"查"，有2字：揸揸、皻皻。

三十二 口—丁（"興"上中部件，4字）

单字"興"两岸字形相同：興 興，"興"作构件时上中部件，大陆地区是"口"，台湾地区是"丁"，有4字：嬶 嬶、釁 釁、囊 囊、釁 釁。

三十三 力—刀或力 ["别（别）"左下部件和"拐"右下部件，5字]

单字"别/别"两岸收录相同的两种字形：别 别、别 别，区别点是左下部件，一种是成字部件"力"，另一种是不成字笔画撇、横折钩"力"；"别（别）"作构字部件时，大陆地区选用"别"，台湾地区选用"别"，有3字：捌 捌、咧 咧、莂 莂。

单字"枴/枴"两岸收录相同的两种字形：枴 枴、枴 枴，区别点是右下部件，一种是"力"，另一种是"刀"。"拐"字两岸字形不同：拐 拐、筋 筋，区别点是右下部件，大陆地区是"力"，台湾地区是"刀"。

三十四 𠨍—皀（"既"右部件，6字）

"皀"作构字部件时，大陆地区简化黏合为不成字部件"𠨍"，台湾地区保留原字形，有6字：嘅 嘅、厩 厩、廐 廐、槩 槩、匃 匃、鴡 鴡。

三十五 了—丂（"巫"中部件，3字）

"巫"中部件，大陆地区是"了"，台湾地区是"丂"，有3字：巫 巫、極 極、殛 殛。

三十六 母—毋（"毒"下部件，4字）

"毒"下部件，大陆地区是"母"，台湾地区是"毋"，有4字：毒 毒、碡 碡、蝳 蝳、纛 纛。

三十七 丿—⺈（"龜"上端，4字）

"龜"上端，大陆地区写为撇，台湾地区是"⺈"，有4字：龜 龜、穐 穐、鼇 鼇、闘 闘。

三十八 巳—㔾（"罨"下部件，2字）

"罨"作构件时其下部件，大陆地区是"巳"，台湾地区是"㔾"，有2字：僎 僎、遷 遷。

三十九 幵—开（2字）

作为构件，大陆地区选用"开"，台湾地区选用"幵"，有2字：
呀呀、荥荥。

四十 圣—圣（2字）

作为构件，大陆地区选用"圣"，台湾地区选用"聖"，有2字：
径径、茎茎。

四十一 个例17字

菝菝（几—勹）、箧箧（攵—支）、起起（己—巳）、异异（巳—己）、乾乾（干—千）、惨惨（彡—三）、吞吞（天—夭）、灺灺（九—九）、聂聂（耳—目）、蜩蜩（乂—又）、将将（夕—⺕）、媿媿（人—乂）、隙隙（曰—白）、姉姉（市—巿）、樣樣（次—次）、垮垮、溧溧。

第五节 两岸结构差异现状

在CJK字符集中，两岸字形结构方面的差异很小，有61字存在结构差异，主要表现为大陆地区采用左右结构或上下结构，台湾地区采用半包围结构。

一 大陆地区左右结构，台湾地区半包围结构（42字）

"麥"作左部件时，大陆地区是左右结构，台湾地区是半包围结构，有17字：麸麩、麨麨、麸麩、麹麴、麸麩、麨麨、麭麭、麸麩、麵麵、麳麳、麺麺、麹麴、麳麳、麴麴、麵麵、麷麷、麵麵。
"鼠"作左部件时，大陆地区是左右结构，台湾地区是半包围结构，有25字：鼢鼢、鼩鼩、鼧鼧、鼬鼬、鼫鼫、鼨鼨、鼯鼯、鼰鼰、鼱鼱、鼲鼲、鼳鼳、鼴鼴、鼵鼵、鼶鼶、鼷鼷、鼸鼸、鼹鼹、鼺鼺、鼻鼻、鼼鼼、鼽鼽、鼾鼾、齁齁、齂齂、齃齃。

二 大陆地区半包围结构，台湾地区上下结构（10字）

"辰、原、廣"作上部件时，大陆地区是半包围结构，台湾地区是上下结构，有10字：唇唇、溽溽、唇唇、溽溽、磩磩、摙摙、薅薅、蜃蜃、愿愿、廊廳。

三 大陆地区上下结构，台湾地区半包围结构（7字）

"咸、戚"作上部件时，大陆地区是上下结构，台湾地区是半包围结构，有7字：感感、憾憾、撼撼、瀡瀡、轗轗、鱤鱤、感感。

四 大陆地区左右结构，台湾地区上下结构（2字）

"獅獅"的"艹"与"斤"，大陆地区是左右结构，台湾地区是上下结构。"瀙瀙"的"氵"与"灬"，大陆地区是左右结构，台湾地区是上下结构。

CJK字符集的20902个字符中，中国大陆和台湾地区占有同一个码位一一对应的字符有18370个，有11229字两岸存在字形差异。本章从笔形、笔画数、笔画交接关系、组字部件和结构方式五个方面展现两岸字形的差异点，涉及字形12915个，这是因为有些字的差异点在两个或两个以上，如"敬敬"的差异点有左上部件和右部件两个，统计两次，"敢敢"字的差异点有左上、左下和右部件三个，统计三次。这12915个差异点涉及有代表性的常用部件200多个，这些部件具有很强的构字能力，如以"今"为构件有94字，以"食"为构件有141字，本章对两岸存在差异的常用部件都有具体的字例和数字说明，由此可见两岸字形差异的普遍现象和差异规律。

第三章 两岸汉字字形差异特点及字形规范统一的可行性

在CJK字符集中，两岸存在差异的字形有11229字，占两岸可对比的18370字的61%。作为同宗同源的汉语汉字，为什么会出现这么多差异，字形差异有没有规律可循，字形统一的可能性有多大，这些都值得我们深思。

第一节 两岸汉字字形差异特点

CJK字符集两岸字形存在差异的11229字，其差异点有12915个，这些差异点分布在笔形、笔画数、笔画交接关系、组字部件和结构方式五个方面。笔形差异共涉及5138字，占12915个差异点的39.8%。笔画多少的差异涉及2130字，占12915个差异点的16.5%。笔画关系的差异共涉及3842字，占12915个差异点的29.7%。部件差异涉及1744字，占12915个差异点的13.5%。结构方式差异仅涉及61字，占12915个差异点不到0.5%。每一类差异都呈现出鲜明的特点，体现出两岸字形规范标准的差异性。

一 两岸字形笔形差异特点

两岸笔形差异的特点是大陆地区字形多采用从俗从简易于横写的笔形，台湾地区字形多采用传统的宋体笔形。

如"壬、雨、反、舌"的首笔和"风"中间的首笔，大陆地区写为撇，以便于写下一笔横，台湾地区则保持传统字形写为横，如壬壬、雨雨、反反、舌舌、风风等122字。楷书区别于隶书的一个特点是回笔出峰，是为追求书写的快捷，大陆地区字形多顺应这一书写习惯，而台湾地区字形则多保持隶书笔画的波磔之势，如"八"的右笔，大陆地区写为捺,台湾地区写为横折捺,如八八、穴穴、兮兮、公公、分分等132字;"七"及含有"七"构件的字,大陆地区带钩,台湾地区不带钩,如七七、皂皂、虍虍、虎虎等176字;"奄、㐬"的末笔,大陆地区带钩,台湾地区不带钩,如奄奄、㐬㐬、流流、侃侃等54字;"示"的中竖,大陆地区带钩,台湾地区不带钩,如示示、奈奈、宗宗、祭祭、禁禁、柰柰、㮆㮆、禀禀等138字;"亲、杂、茶、条、杀、余"下部的"朩"是"木"的变形,中竖大陆地区带钩,台湾地区不带钩,如亲亲、杂杂、雜雜、茶茶、條條、寨寨、弑弑、刹刹、殺殺、佘佘、途途等48字。笔形差异涉及5000多字,以上差异涉及3000多字。仅有少数笔形差异是台湾地区字形书写更快捷,如"火、刃"左部点,大陆地区写为撇点,台湾地区写为侧点,两者方向不同,如火火、炎炎、勞勞、榮榮、刃刃、办办、梁梁等553字和以"糸"为左部件的428字;"羽、甫、甬"作字的上部构件,横折竖大陆地区不带钩,台湾地区带钩,如翏翏、翟翟、習習、翠翠、専専、甹甹、勇勇等132字。这样的笔形差异涉及的汉字仅1000多字。

两岸之所以会出现如此笔形差异,是由于台湾地区遵循"字之写法,无关笔画之繁省者,则力求符合造字之原理。"例如:"'吞'不作'吞';'閪'不作'濶'。""凡字之偏旁,因笔画近似而易混者,则亦予区别。"① 大陆地区遵循"同一个宋体字有不同笔画或不同结构的,选择一个便于辨认、便于书写的形体;……不完全根据文字学的传统。"②

二 两岸字形笔画数差异特点

笔画数差异表现为笔画的断与连,突出的特点是大陆地区为求书写的快捷,常常将相类笔画合并或将相近笔画相连。

如"艹",大陆地区将横连为一笔,台湾地区则断为两笔,并且分为两种形式,一是横左右中间都出头,写为"艸",如苗苗、若若、英英、垂垂;二是横中间不出头,写为"丱",如藿藿、穫穫、敬敬、蔑蔑、菅菅、寛寛。两种共涉及1300多字。又如"差、差、羌、象"等上部的竖与下部左撇,大陆地区连写为一笔,台湾地区断为两笔,如羌羌、差差、羞羞、養養、鬼鬼、象象等107字;"冎、骨"上部中间笔画,大陆地区横向左,与竖连为一笔,台湾地区横向右,与竖断为两笔,如

---

① 《常用"国字"标准字体表》,1982年台湾地区"教育部"编印。
② 苏培成:《现代汉字学纲要》(第3版),商务印书馆2014年版,第146页。

第三章 两岸汉字字形差异特点及字形规范统一的可行性 71

咼咼、骨骨等93字;"瓦、印、以"左下部的竖和提,大陆地区是一笔,台湾地区是两笔,如瓦瓦、印印、以以等68字;"者、吕、蚤"作字的构件时,大陆地区比台湾地区少一点,如猪猪、梠梠、蚤蚤等38字。只有少数字形大陆地区比台湾地区笔画多,如"充、育"上端部件,大陆地区首笔是点,四画,台湾地区首笔为横,将点和撇连为一笔,三画,如充充、育育、流流等43字;"卸"左下部的竖与提,大陆地区断为两笔,台湾地区连为一笔,如:卸卸、御御等10字。两者相加共53字。

两岸字形笔画数的差异是由于台湾地区遵循"凡字之偏旁,古异今混者,则予以区别。""凡字之偏旁,因笔画近似而易混者,则亦予区别。"[①] 大陆地区遵循"同一个字宋体和手写楷书笔画结构不同的,宋体尽可能接近手写楷书;不完全根据文字学的传统。"[②]

三 两岸字形笔画关系差异特点

两岸笔画关系有七种形式的差异,字量比较多的有两种:一类大陆地区是相接关系,台湾地区是相交关系,有1200多字,如"女"的第二笔撇和第三笔横,大陆地区是相接右出头,作左构件时右边也不出头;台湾地区是相交,上边和右边都出头,如女女、安安、如如等685字;"夊"的捺与左部的撇,大陆地区是相接不出头,写作"夂",台湾地区是相交出头,如夌夌、夋夋、俊俊、墭墭、畟畟、愛愛、憂憂、復復、麦麦等163字。又如"丑"和"彐"中间的横与右竖,大陆地区是相接不出头,台湾地区是相交右出头,如丑丑、浸浸、尋尋、帚帚、彗彗、急急、雪雪、灵灵等101字。另一类是大陆地区是相接关系,台湾地区是相离关系,有2000多字,如"辰、长、良、艮、襄、袁、衣、文、叉、展、表"中的捺与其上部的横,大陆地区是相接,台湾地区是相离,如辰辰、長長、良良、艮艮、畏畏、襄襄、襄襄、景景、袁袁、依依、文文、叉叉、展展、表表等332字;"攵"的捺与左撇,大陆地区是相接,台湾地区是相离,如敝敝、敬敬、敢敢、敖敖等311字。以上两类涉及汉字3000多,其余五种形式涉及不足800字。

两岸字形存在笔画关系差异的3842字中,2000多字台湾地区字形是相离关系,大陆地区是相接关系;而大陆地区是相离关系,台湾地区是相交或相接关系的字仅181字,如:吭吭、琉琉、抗抗、犹犹、阮阮、

[①] 《常用"国字"标准字体表》,1982年台湾地区"教育部"编印。
[②] 苏培成:《现代汉字学纲要》(第3版),商务印书馆2014年版,第146页。

馺馺、銃銃、銃銃、琉琉、牙牙、邪邪、呀呀、芽芽。

台湾地区因为要"取其最合于初形本义者"和"力求符合造字之原理",所以字形多遵循《说文》,力求字形能反映和区分字形来源。例如大陆地区写法相同的"又"与"叉",台湾地区规定"又"末笔不接上横,规定"夂"末笔也不接上横或首笔撇。即使是字形完全相同的字其结体也比较松散。如:兑兑、灰灰、身身、毁毁、晋晋,每组中后一个是台湾地区字形,明显比大陆地区字形宽,结体不及前者紧凑。这就是台湾地区字形标准"大五码"与大陆地区字形标准"国标码"的不同。因此大多数的台湾地区字形结体比较松散,而大陆地区字形相对比较严谨。

四 两岸字形组字部件差异特点

部件差异表现为对"古异今混"部件的不同处理,大陆地区在尊重传统字形的基础上,多将这些部件合二为一;而台湾地区多从字形上进行了严格的区分。

如大陆地区字形把壬、壬合并为壬,如廷廷、淫淫等 25 字;舌、舌合并为舌,如舌舌、恬恬等 19 字;艹、䒑合并为艹,如苗苗、若若、英英、蔑蔑、曹曹、宽宽等 1300 多字;月、冃合并为月,如肖肖、冒冒、育育、胡胡、猒猒、骨骨、龍龍、祭祭、然然、將將、炙炙、瑤瑤等 700 多字。台湾地区则都严加区分为两个部件,正是"凡字之偏旁,古异今混者,则予以区别。""凡字之偏旁,因笔画近似而易混者,则亦予区别。"① 原则的体现。大陆地区则是立足现实应用,"不完全根据文字学的传统。"②

五 两岸字形结构差异特点

在 CJK 字符集中,两岸字形结构方面的差异很小,只有 61 字存在结构差异,其中 49 字是大陆地区采用左右结构或上下结构,台湾地区采用半包围结构,如麸麸、䰩䰩、感感;2 字大陆地区是半包围结构,台湾地区是上下结构:愿愿、廑廑;"燨燨"字的"丬"大陆地区是左部件,台湾地区是左上部件;"獮獮"字的"艹",大陆地区覆盖"單",台湾地区覆盖"單"和"斤"。

---

① 《常用"国字"标准字体表》,1982 年台湾地区"教育部"编印。
② 苏培成:《现代汉字学纲要》(第 3 版),商务印书馆 2014 年版,第 146 页。

大陆地区整理字形为照顾横写，对于异构字优选左右结构，遵循"同一个宋体字有不同笔画或不同结构的，选择一个便于辨认、便于书写的形体"，不完全根据文字学传统；台湾地区则更注重字形来源。

本书所分析CJK字符集的字形差异主要是传承字、繁体字，不包括繁简字和异体字的差异。这些差异虽然数量很大，但对读者识读并不构成障碍，比如笔画的离合关系，一般的文字使用者根本觉察不到它们的区别。这些差异与费锦昌先生所指的两岸"字形近似的"部分相当，费先生认为这类差异"可忽略不计。消除差异、统一字形也只是举手之劳"①。但20年过去了，这些差异依然存在，在CJK字符集中所占比例反而加大②。这是值得深思的问题。

第二节 两岸字形规范统一的可行性

当前中国大陆与台湾地区文字交流的最大障碍是繁简体系之别，但繁简统一是一个牵涉面十分广泛的大问题，需要民间、学界和政府间的充分协商和通力合作，目前的条件还不完全成熟，不妨暂时维持现状。CJK字符集中大陆地区G列和台湾地区T列的横向字符是国际公认的同一个字符，二者本应该同形，将这些字形合二为一应是切实可行的。

统一两岸差异字形需要调整一万多字的微观字形，这样会不会把汉字形体"折腾"得"面目全非"，会不会引起两岸广大文字使用者的抵触，会不会花费巨大的成本？有多大的可行性？

这些问题并非无的放矢，2009年8月《通用规范汉字表》（征求意见稿）向社会征求意见时，拟对其中44个字形进行微调，引起了极为广泛的关注，一时成为社会热点，网络意见则几乎是一边倒的反对。其实《通用规范汉字表》调整44个字形具有充分的科学依据，王宁先生等多

---

① 费锦昌：《海峡两岸现行汉字字形的比较分析》，《语言文字应用》1993年第1期，第44页。

② 费锦昌先生将《现代汉语通用字表》和台湾地区《常用"国字"标准字体表》进行对比，将用作比较的4786字分为三类：大陆地区和台湾地区字形相同（1947字）、大陆地区和台湾地区字形近似（1170字）、大陆地区和台湾地区字形不同（1669字）。两岸不同的字形主要是繁简字和异体字，本书未作讨论，去除1669字，那么两岸近似字形1170字占对比总数3117字的37.5%，而CJK字符集中这类差异字形占对比总数的61%。

位学者进行过专题探讨①。鉴于当时的强烈反应,2013 年 6 月正式发布的《通用规范汉字表》取消了对 44 个字形的调整,"字形的进一步统一规范留待新的字形标准出台后进行"②。其实,纵观汉字演变过程,可以看到汉字字形是不断变动调整着,"因此,汉字的发展过程,同时也是汉字字形不断规范的过程,只是不同时期规范的力度大小差别而已"③。对文字适时地进行整理是对文字符号更加规范化系统化科学化的有益尝试,对两岸差异字形进行统一,也是对两岸已有的文字规范政策的整合和优化,集分散规范于一体,增强规范的科学性和使用上的便利,不是"瞎折腾"。这样的字形调整所带来的经费投入也是有限的。"因为字库的更新完全可以走正常的自然更新换代的程序,而不用为新的字形标准专门出一个版本。因为任何新的字形标准的出台,对于工业产品的跟进都会有两年左右的缓冲期。在两年之内,相信即使没有新字形标准的出台,这些字库也是要更新的。教科书的印刷,也不是一次性把几年的书都印出来,而是每年都要校订重印的,重印时只要更新了字库,也就自然而然地更新了字形。我们现在使用的电脑,只要网上下载一个新的字库,替换原来的字库文件就可以了,做这件事也仅仅需要几分钟的时间而已,谈不上什么'高昂的成本'。"④

再者,对 CJK 字符集中相同编码的存在细微差异的字形采取规范统一措施,也不至于造成汉字的"面目全非"。两岸字形差异主要在笔形和笔画关系方面,两者相加达到 70% 之多。笔形差异具有类推性,差异细微,多属于新旧字形的差异,如"匕"的首笔,大陆地区写为撇,台湾地区写为横,如匕匕、死死、皀皀、此此、比比、北北、尼尼、老老、眞眞、能能、罷罷等;"今、令、食"中"人"的末笔,大陆地区写为

---

① 参见《就〈通用规范汉字表〉公开征求意见 国家语委负责人答记者问》,《中国教育报》2009 年 8 月 13 日,第 1 版;费锦昌《〈通用规范汉字表〉微调 44 个字形十分必要》,《语文信息》2009 年第 9 期(总第 164 期);王立军《印刷宋体字形规范的必要性和可行性》,《云南师范大学学报》(哲学社会科学报)2010 年第 6 期;卜师霞《汉字讨论需要理性回归——谈〈通用规范汉字表〉对 44 个字形的微调》,《语文信息》2009 年第 9 期(总第 164 期)。笔者对《规范汉字表》征求意见稿拟调整的 44 个字形也进行过专门考察,撰文《中国大陆宋楷字形现状及标准化的可行性》(载韩国《中国文学研究》第 52 辑,2013 年 8 月,第 194—211 页)。
② 张万彬:《汉字规范的科学化》,教育部语言文字信息管理司组编《信息时代汉字规范的新发展——文献资料集〈通用规范汉字表〉》,商务印书馆 2015 年版,第 142 页。
③ 王立军:《印刷宋体字形规范的必要性和可行性》,《云南师范大学学报》(哲学社会科学版)2010 年第 6 期,第 7—10 页。
④ 同上。

点，台湾地区写为横，如今今、令令、倉倉、蝕蝕等。"米、木、禾、水"等的区别是笔画的相接和相离关系，如米米、匊匊、栗栗、秦秦、录录、黍黍等。有的笔形或笔画关系差异一般用字者可能觉察不到，如"匸"左下角是方折还是圆折，如匹匹、區區、医医、匽匽、匿匿、亡亡、甚甚、曷曷等字；"大、犬、矢"作构字部件时，右下角是否捺变点，如契契、奱奱、奥奥、奚奚、莫莫、奠奠、类类、臭臭、矣矣等；"冂"左部的竖与横相接还是相交出头，如禹禹、禺禺、离离等。即使是对字形变化影响比较大的部件差异，一般文字使用者也会忽略不计，如"敢"左上部（ユ——工），台湾地区写为"工"，如敢敢、嚴嚴等；"敖"的左部，台湾地区将左上部写为"士"，如敖敖、熬熬等。两岸字形差异绝大多数都很细微，字形调整不会很大，不至于使文字面貌变得"面目全非"，甚至不易被察觉，不会引起社会的巨大波动，更不会给使用者带来很大不便。

这些微观字形的调整受非学术因素的影响较小，便于从学术层面提出解决的方案。同时，两岸微观字形规范统一的原则标准可为繁简字的统一积累经验，有利于循序渐进地推进两岸文字的完全统一工作。因此，对这些占有同一个计算机码位、功能完全相同的汉字，两岸字形没有必要保持这种差异，应该做到完全统一，以利于两岸乃至全球的文字交流。

当然，解决两岸的文字问题，不单单是学术和技术层面的问题，而要涉及两岸的政治、经济、文化等大问题，涉及语言文字学、社会学、心理学、民俗学、计算机信息处理等多门学科。但对汉字字形的本体研究应是两岸字形统一的最重要的基础和有效突破点。

第四章　两岸汉字字形差异点历时溯源（上）

在当今信息化时代，两岸都迫切希望尽快消除汉字使用上的歧异。但是目前我们几乎不可能做到让某个地区完全放弃自己的文字使用习惯而改用另外一套文字规范。中国大陆与台湾地区的文字规范工作应该遵循语言文字发展的特定规律，立足维护国家统一和方便使用便于交流的需要，克服对抗情绪，抛弃成见，尽可能使汉字的使用朝着规范统一的方向发展。基于此，本章和第五章将对 CJK 字符集中两岸的差异字形进行对比研究，旨在整理规范一套有较高系统性和实用性的字库，使目前两岸汉字形体歧异的面貌得到改善。

第一节　汉字字形溯源理论和方法

现代汉字（书写现代汉语的楷书字）"是历史的隶书、楷书直接演变而来的，但就具体字形而言，又是自甲骨文以来各代字形直接和间接积淀的结果。从这个角度说，楷书字形的溯源是不难实现的"[①]。中国大陆和台湾地区字形分歧的时间仅 60 年，一般来说，两岸的字形差异追溯到《康熙字典》也就追到了共同的源头。但由于不少字的差异原因分析涉及字形理据，尤其是台湾地区字形的显著特点是重视字形理据的保留，而要说清理据，不但需要再往上追溯到小篆，不少字形还要溯至古文字字形。台湾地区学者黄静吟也认为"古文字形当可作为判断两岸标准字是非的依据"[②]。为了便于直观地了解所列字形的发展演变过程，厘清字形演变

[①] 王宁：《汉字构形理据与现代汉字部件拆分》，《语文建设》1997 年第 3 期，第 6 页。
[②] 黄静吟：《论两岸文字标准化之"字体"与"笔顺"评析——由古文字观点来探讨》，《中正大学中文学术年刊》2008 年 12 月第 2 期，第 69 页。

脉络、展示字形理据在不同阶段的变化,从而增强两岸差异字形的择定理由,也为了统一体例,本书尽可能地列出每个拟分析字形的甲金篆隶楷的典型例字(甲骨文和金文一般只选取典型形体),而不管下文的字形分析是不是一定会涉及所列出的历史字形。因此本章和第五章将对具有相同差异特征的部件进行归类,将两岸汉字字形存在的12915个差异点落实到具有代表性的200多个部件上,列出这些部件历时演变过程中几个重要阶段的代表形体(包括甲骨文、金文、小篆、隶书、楷书、字符集字形),描写字形演变的轨迹,探究演变的原因,归纳演变的规律,把握字形演变的方向[①]。

　　为便于分析研究和综合概括,将中国大陆与台湾地区存在字形差异的11229字按差异点分为以下七种类型:笔形差异溯源、笔画数量差异溯源、笔画关系差异溯源、组字部件差异溯源、部件分合差异溯源、新旧字形选用差异溯源、结构差异溯源。分类的依据是:只有局部个别笔画差异,不产生不同的部件,归之为"笔形差异";笔形相同,由于笔画的断连或增减而产生的差异字形,归之为"笔画数量差异";笔形相同,笔画数量相同,由于笔画之间的空间关系产生的差异字形,归之为"笔画关系差异";由于选用了不同的组字部件而产生的差异字形归之为"组字部件差异";由于字形相近或意义相近而混同两个或两个以上部件而产生的差异字形,归之为"部件分合差异";由于选用不同的新旧字形而产生的差异字形,归之为"新旧字形选用差异";由于结构方式不同而产生的差异字形归之为"结构差异"。这种分类与第二章两岸字形差异的五个方面(笔形、笔画数量、笔画交接方式、部件和结构方式)不是一一对等关系。如第二章"笔形差异"的"三撇一横",如壬王、舌舌、任任、凭凭、恬恬、甜甜等,其中的部件"舌、壬",两岸字形只有一笔之差,但这一笔之差涉及不同的部件的分合,所以放在第五章的"部件分合差异"中。又如新旧字形与学术界所说的不完全相同(学术界说法也不统一),本书选取在CJK字符集中分别编码的字例归类,其中有的仅存在笔形的差异,如"吴—吴、尔—尔",有的是差异笔画关系导致的差异,如"毁—毁"。而归在"笔画数量差异"的"及、叟"同时也存在笔画交接关系的差异。所以说这种分类不是十分严密,甚至不是十分合理,是为分

[①] 齐元涛《汉字发展中的跨结构变化》一文指出:"客观描写这种变化(跨结构变化)的轨迹、深入探究这种变化的成因与目标、正确评价这种变化在汉字发展中的价值与局限,对更好地理解汉字历史与汉字现状都是有帮助的。"(《中国语文》2011年第2期,第185页)这与我们的认识相同。

析称说的方便所作的归类，但都尽可能以类相从，以便说明更具概括性，增强字形符号的系统性。

需要说明以下几点：

1. 剪切字形的来源。为保证字形的客观真实，所用字形都截取电子版图片，按从古到今的顺序排列。字书的选择注重全面性、通用性和代表性。《甲骨文编》《金文编》（同时参考最新出版的《新甲骨文编》《古文字类编（增订本）》等）是目前最为权威和通用的甲骨文、金文工具书，《说文解字》是小篆字形的出处，《隶辨》对隶书的整理具有代表性。楷书字形可选范围很大，《康熙字典》是传统字书编纂的集大成者[①]，是古代字书向现代字典过渡的重要字书，也是两岸包括国际标准化组织（ISO）表意文字工作组（IRG）所有成员体在内的国家和地区共同认同的楷书字形标准，因此楷书字形选自《康熙字典》。上列字书的版本见文末参考文献。为保证论析的客观公正，笔者曾到台湾地区进行环岛之行，实地采集沿途景点和城市的路标、店铺名称、广告宣传语等公共场所用语用字，所选字形是台湾地区民众常见熟知的字形。

2. 本书所说的隶书、楷书是就文字发展的阶段性而言，与字体（如楷体、宋体、黑体等）是不同的概念。如《康熙字典》的字形实际更接近印刷宋体，但属于文字发展史上的楷书。CJK 字符集收录的两岸字形属于宋体字形。

3. 书中所谓的"小篆字形、隶书字形、楷书字形"即指来自上述字书的剪切字形；"字符集字形"来自 CJK 字符集，剪切图片的前一个字形是大陆地区字形，后一个字形是台湾地区字形。第五章各节采用同样的模式。

4. 书中所谓的"宋代雕版楷书"与王立军教授《宋代雕版楷书构形系统研究》[②] 所指内涵相同，所谓的"主形""变体""字频"以及数据均来自该书。

[①] "尽管《康熙字典》还有不足之处，但是就它编纂的规模、容量的博大、体例的严密、实际的作用来看，无论哪一方面，都代表了传统字书的最高水平，是传统字书名副其实的集大成者和殿军。"（黄德宽、陈秉新：《汉语文字学史》，安徽教育出版社 2006 年第 2 版，第 59、60 页）

[②] 参见王立军《宋代雕版楷书构形系统研究》，上海教育出版社 2003 年版。该书 20 万字的原材料来自《温国文正司马公文集》（北宋司马光著）、《王文公文集》（北宋王安石著）、《后山居士文集》（北宋陈师道著）、《盘洲文集》（南宋洪适著）、《清波杂志》（南宋周辉著），同时以《集韵》作为选择字样主形的辅助材料。

第二节　两岸笔形差异溯源

"笔形差异"指由于字的某一个笔形不同而造成的两岸字形差异。为分析研究更具概括性，本节尽可能地将具有某一共同特征的差异笔形归类说明。

一　左部件是否变形

根据汉字的书写和自然美化规律，当汉字左边部件的末笔为横时，为了与右边部件相呼应，使左右笔势连贯、字形结体严谨，往往要把左部件或相对左部件的末笔横变提，如"工、立、王、土、牛、血、虫、足、豆、子、享、且、金、鱼"等字作左部件时，其末笔都横变提（"鱼"的四点自左至右渐次变小），如"功、站、球、地、物、蚌、蚁、踢、豉、孩、郭、助、钓、鲤"；左中右结构的字，如"鸿、漱、臌、街"等，它们的中间部件相对于右部件是左部件，所以中间部件的末笔也都横变提[①]。但同时我们也发现还有一部分字虽然其末笔是横，即使它们作字的左部件也不横变提，它们是"口、日、石、田、白、目、月、言、舌、谷、车、酉、亯、革、青、音、香、骨"，如"吃、明、研、略、的、眼、胜、調、甜、郤、轉、鞋、静、馥、骼"。第一类"工"等作字的左部件，其末笔横有这样的特点：和其他笔画多数只有一个交点（除"血、足、且、金、鱼"交点较多），它的调整不会连带其他笔画；更重要的是它处于底部且是宽幅最大的笔画，如果它们保留原形就会拉大和右部件的距离，把它们横变提就会有效缩短两个部件的距离，达到整字紧凑严谨的美观效果，所以它们不得不横变提。第二类"口"等作字的左部件，其末笔没有横变提，因为其末笔横虽然处于底部但不是宽幅最大的笔画，而且与其他笔画交点较多，它的变动会牵连其他笔画的变动，更重要的是它的变动对左右部件的距离不起作用，因此"口"类字作左部件时末笔没有横变提。

[①] 王立军教授曾从字形的整体格局、字的结体和书写速度三方面论析楷书左偏旁末笔横变提的沿革，左偏旁末笔横变提在宋代雕版楷书中已成为通则（参见王立军《宋代雕版楷书构形系统研究》，上海教育出版社2003年版，第53、54页）。

为增强现行汉字内部的系统性，笔画和部件在组字时应尽可能使用原形，减少变形；出于构形和美学的需要，非变不可时，一定要在相同的字形环境中保持形变的一致性，以使变形有规律可循，以便学习和应用。

在 CJK 字符集中，"身、舟、耳、山、缶、丰、王"单字两岸字形相同，但当它们作字的左部件或左上部件时由于发生不同的变形致使两岸字形不同，共涉及 549 字。

1. "王"作左上部件

依据汉字左部件横变提规则，"王"居左时末笔应横变提，如"球、理、玩、现、珏"等。两岸字形对"王"的变形是一致的，如"珏"两岸字形相同：珏珏，鑫鑫。但"珏"作字的上部件时，左上部"王"的末笔，大陆地区为横，台湾地区为提，CJK 字符集中有 11 字以"珏"为上部件两岸字形不同的字，如：琴琴、琶琶、琵琵、琴琴、瑟瑟。大陆地区单字"珏"遵循左部件横变提规则，作为上部件时却不将左部件"王"横变提，大陆地区字形对这个规则的执行不彻底。2009 年《通用汉字规范表》（征求意见稿）拟将"琴、瑟、琵、琶"四字左上部"王"末笔横变提，旨在控制字形特例，保持部件变形的一致性、系统性。"琴、瑟、琵、琶"左上角"王"与右上角"王"左右并列，与"碧"字形环境相同，左上角"王"末笔应该横变提，其实大陆地区楷体"琴、瑟、琵、琶"的左上角就是横变提。台湾地区字形执行了左部件横变提变形规则。大陆地区字形应将两岸字形不同的 11 字中左上部"王"末笔横变提，这是符合汉字部件变形规则的，有助于增强字符的统一性系统性。

2. "丰"作左上部件

"丰"作左部件，两岸字形都没有把下部横变提，如：邦邦、帮帮、艳艳（两岸"丰"字形差异见第五章"第二节　部件分合差异溯源"）。"丰"作左部件的变形规则分为两种情况：一种是将中竖变竖撇，另一种是保留原形或横变提。"丰"作左上部件的"契、彗"等 31 字，大陆地区是保留原形，台湾地区是将"丰"下横变提。

"契"字形演变过程如下：

𢆲 → 㓞 → 契 → 契契

金文　　小篆　　楷书　　字符集字形

第四章 两岸汉字字形差异点历时溯源（上） 81

甲骨文阙如。金文仅见春秋时期的枚氏壶，秦陶文作𢇇，云梦秦简作𢇇，与小篆字形结构基本一样。《说文·大部》："契，大约也。从大，从㓞。""㓞，巧㓞也。从刀，丰声。"① "契"的左上部件是"丰"，于省吾先生认为"丰"像竹木所刻之齿②，"㓞"的小篆字形"㓞"正像用刀契刻之形。楷书字形左上角写为"丰"，是依据字源，《正字通》也写为㓞。两岸现行汉字"契"左上部件都写为"丰"（见第五章第二节"'丰'与'丰'的分合"），但台湾地区字形末笔横变提。

"彗"以及以之为构件的字有14个：彗彗、嘒嘒、嘒嘒、槥槥、篲篲、鏾鏾、靟靟、慧慧、憓憓、嚖嚖、槥槥、熭熭、譓譓、轊轊，只有后5字的左上部件"丰"两岸字形不同。"彗"字形演变过程如下：

甲骨文　小篆　隶书　楷书　字符集字形

甲骨文𢇇或以为"彗"③，或以为"𢇇"④。《说文·又部》："彗，扫竹也。从又持甡。"《说文·甡部》："甡，众生并立之貌。"此释有误。小篆形体上部实际上是扫帚的变体，下部是一只手（又），是手持扫把之形。CJK字符集中，前9字两岸字形都未将"丰"变形，后5字台湾地区字形将左上部件"丰"下横变提（"ヨ"的差别，后文论述）。

"契、彗"等字中的"丰"来源不同，但在现代汉字中同化为一个形体。李国英教授从汉字书写习惯入手探究左部件变形的规律，"为了书写的快捷，当出现左右连续书写的部件或笔画时，就可以把左侧部件的末笔横或竖折钩变为提或竖提，以便缩短和右部件起笔的距离"⑤。这就解释了"邦"的左部件"丰"没有横变提是因为其末笔是撇不是横，其他如"辣、拜"也是左部件竖变撇，但横不变提。大陆地区字形没有把"契、彗"的左上部件"丰"下横变提是遵循的这一原则。但是我们还发现，有时为了达到缩短左右部件的距离，不惜调整左部件的笔顺，如"牛"

---

① 本书所引《说文解字》的版本主要是汤可敬《说文解字今释》（岳麓书社1997年版）。
② 参见于省吾《甲骨文字释林·释丰》："说文的读音是对的，而训为艸蔡，则纯属臆说。""戴侗以为丰象竹木所刻之齿，实属创见。"中华书局1979年版，第353—359页。
③ 参见刘钊等编纂《新甲骨文编》，福建人民出版社2009年版，第171页。
④ 参见高明、涂白奎编著《古文字类编》（增订本），上海古籍出版社2008年版，第332页。
⑤ 李国英、周晓文：《字形规范研究之横变提与竖折钩变竖提的变异条件》，《第五届两岸四地中文数字化合作论坛论文集》，安徽大学，2008年10月，第133页。

单独成字时末笔都是竖，但当作左部件时都将末笔写为横，并且横变提①，两岸对这一点是有共识的，如：特特、牦牦。台湾地区字形将"契、彗"的左上部件"丰"下横变提可能遵循的就是这一原则。可见两岸对"丰"作左部件时的变形条件把握的尺度不一致，两岸内部字形也有不一致。相同部件在相同的字形环境中应该统一，变形要有规律。"契、彗"与"琴、瑟、琵、琶"等字形环境基本相同，不同的是左上部件"丰"的末笔是竖，如同"牛"作左部件时将末笔调整为横一样，"丰"作左部件时也可以将末笔调整为横，并且横变提，增强部件变形规则的一致性系统性。

3. "山、缶、齿、黑"作左部件

"山、缶、齿、黑"独立成字时，两岸字形相同：山山、缶缶、齿齿、黑黑；作左部件时，大陆地区字形横变提，台湾地区字形保持原形不变，如：屹屹、缺缺、龈龈、默默，共涉及279字。大陆地区执行了左部件"横变提"原则，台湾地区没有把此类列入"横变提"范围。这是两岸对汉字左部件"横变提"的变形条件、字形环境的理解不一致所致。

"山、缶、齿"最底部横不是最长笔画，属于"口"类作左部件，应该保留原字形。"黑"与"鱼"作左部件时字形环境相同，可以和"鱼"变形一致，将四点从左到右渐次变小，不必将下横变提。

按照左部件横变提规则，个例"劃劃、勳勳"的左下部应该横变提，大陆地区字形执行了该项规则。

4. "身、舟、耳"作左部件

"身"独立成字时，两岸字形基本相同：身身；作字的左部件时，大陆地区字形右竖与下部撇相接不出头，台湾地区相交右出头。以"身"为左部件两岸存在差异的字形有34字。以"射"为例，字形演变过程如下：

甲骨文　　金文　　小篆　　隶书　　楷书　　字符集字形

"射"甲骨文形体像箭在弦上，表示射箭。金文形体在弓箭后面又增

---

① 参见国家语言文字工作委员会标准化工作委员会编《现代汉语通用字笔顺规范》，语文出版社1997年版，第453页。

加了一只手，射箭的意思更明显了。小篆字形将弓箭讹变为"身"，手写成"寸"①。隶书字形下部长撇与右竖，有的字形右出头，有的右不出头。楷书字形统一将下部长撇与右竖相交右出头，与单字字形保持一致。台湾地区字形与楷书字形相同。

"耳"作左部件，右竖与下提，大陆地区字形是相交右出头，台湾地区字形是相接右不出头，以"耳"为左部件两岸存在差异的字形有157字。以"取"为例，字形演变过程如下：

甲骨文　　金文　　小篆　　隶书　　楷书　　字符集字形

"取"甲金文左部是一只耳朵，右部是一只手，用手抓耳朵表示"取"②。小篆形体右部是"又（手）"，左部的耳朵不象形了。隶书、楷书直接由小篆演变而来。台湾地区字形与楷书字形相同。"耳"单独成字或不做左部件时，两岸字形基本相同，如：耳耳、耷耷。

"舟"独立成字时，两岸字形相同：舟舟；作字的左部件时，大陆地区字形中横与右竖相接右不出头，台湾地区横变提与右竖相交右出头。以"舟"为左部件两岸存在差异的字形有85字。以"般"为例，字形演变过程如下：

甲骨文　　金文　　小篆　　隶书　　楷书　　字符集字形

"般"左右结构，左"舟"右"殳"。"舟"的甲骨文、小篆字形分别是：、，像舟船之形；楷书字形是：舟，中横左右出头。从甲骨文到隶书，"般"的左部件"舟"中横左右都不出头；"般"的楷书字形"舟"中间的横左右出头，与单字"舟"演变相同。

"身、耳、舟"字形由象形到抽象，文字笔画关系和结体是文字结构

---

① 参见罗振玉《增订殷墟书契前编》："卜辞中诸字皆为张弓注矢形，或左或右。许书从身乃由弓形而讹，又误横矢为立矢，其从寸则从又之讹也。"转引自李圃主编《古文字诂林》第5册，上海教育出版社2004年版，第472页。

② 参见明义士《柏根氏旧藏甲骨文字考释》："古军战获耳，此字正象其形。"转引自李圃主编《古文字诂林》第3册，上海教育出版社2004年版，第442页。

和书写习惯综合因素使然，与字源理据的关系逐渐疏远。"身、耳、舟"作左部件时，大陆地区将末笔撇或横都缩短，追求字形的清晰；台湾地区标准不一致，主要依据《康熙字典》字形。两岸规范字形标准的不同，致使两岸字形出现差异。

"身"的末笔是长撇，作左部件的楷书字形保留了单字的写法，不影响整字的清晰紧凑；"耳"作左部件时提右出头，与单字字形相同，也不影响整字的清晰紧凑；"舟"的最长笔画是中横，作左部件时楷书字形横变提，与单字字形基本相同，不影响整字的清晰紧凑，如：航（采自台湾地区桃园机场）。"身、舟"作左部件的台湾地区字形与楷书字形相同，符合上述形变规则；"耳"作左部件时大陆地区字形更符合规范标准。两岸如能对字形规范统一的原则标准达成共识，字形统一是不难实现的。

二 下部件是否变形

在CJK字符集中，"木、大、犬、矢、月"作字的下部件或右部件时，两岸字形存在差异。

1. "木"作下部件

"木"作字的部件时位置多样，形体不一。"木"独立成字和作字的右部件时保持原形，如：木、沐、休；作左部件时，为避让右部件捺变点，如：梅、树；作上部件时，中竖收缩，如：杏、李。对这些书写规则，中国大陆与台湾地区的认识是一致的。但当"木"居下时，台湾地区字形将下部件"木"的撇、捺收缩为点，与横、竖相离，对应的大陆地区字形有两种情形，一种是将竖出钩写为"朩"，另一种是保留"木"原形。

"木"作下部件，大陆地区写为原形，台湾地区字形撇、点与竖、横相离，有300多字，如：栗栗、儽儽、柴柴、葉葉、呆呆、棠棠、保保、桀桀、榮榮、梟梟、噪噪、朵朵、垛垛、朵朵、剁剁、桑桑、嗓嗓、柔柔、揉揉、某某、媒媒、樂樂、濼濼、渠渠、集集、案案、桌桌、棘棘、梁梁、梁梁、梨梨等。以"保、栗、棠、梟、朵、桑、柔、某、樂"为例，它们的小篆字形分别是"𢓜、𠥩、𠌥、𠩤、𤓷、𠭘、𤔔、𣎵、𤔔"，"保"的下部件是婴儿的躯干，"栗"的下部件是"米"，其余下部件都写为"木"；楷书字形分别是"保、栗、棠、梟、朵、桑、柔、某、樂"，下部件都统一写为"木"。大陆地区字形与楷书字形相同，下部件"木"不变形；台湾地区字形将"木"捺变点，并与横、竖相离。台湾地区之所以如此处理下部件"木"，是从书法审美的角度出发，书法家认为一个字只能有一个主笔,"木"居下时,横对上呈承载之势,要写得张扬一些,相应的撇、捺需要收敛以彰显横。如此处理字形固然合于书法规则,但字形与"小、少"相近,容易混淆字源。齐冲天先生认为:"隶书以来,发展主次参差的艺术,抑扬顿挫,'樂'字下部的木旁,长横已经十分张扬,对上是承载之势,对下的撇捺,已无须再作争胜。若是再争,就是怎么样呢?就是多余的、拙劣的笔墨。"但他同时也说"这是一个艺术问题,技巧问题"①。现行汉字规范字形以理据为根本,准确性规范性是本质,美观是从属。"木"居下的楷书字形保留原形,字形既严谨工整,又符合字源,同时也遵循了相同部件尽量减少变形的字形规范原则,有利于部件内部的系统性统一性。

"木"作下部件,大陆地区字形中竖出钩写为"朩"(即汉字教学常说的小木,不带钩者为大木),对应的台湾地区字形捺变点与横、竖相离,有48字,如:亲親、新新、杂杂、雜雜、条条、杀杀、弑弒、茶茶、寨寨。常用构件有:亲、杂、条、杀、茶。"亲、杂、条"分别是"親、雜(襍)、條"的简化字,都是采取省略形体的简化方法,字形演变过程如下:

朩 → 親 → 親、親 → 親 → 亲 亲、親 親
金文　　小篆　　　　隶书　　　楷书　　　字符集字形

雜 → 襍 → 雜 → 杂 杂、雜 雜、襍 襍
小篆　　隶书　　楷书　　　字符集字形

条 → 條 → 條、條 → 條 → 条 条、條 條
金文　　小篆　　　　隶书　　　楷书　　　字符集字形

《说文·见部》:"親,至也。从见,亲声。"《说文·木部》:"亲,果,实如小栗。从木,辛声。"《古文字类编(增订本)》"亲"即"亲",甲骨文、金文形体分别是:亲、亲、亲,云梦秦律作親,与金文"親"基本相同,左下部是"木"。"襍"的古文字有云梦秦律字形"襍",《说文·衣部》:"襍(雜),五彩相会。从衣,集声。"《说文·隹部》:"雧,群

---

① 齐冲天:《书法文字学》,北京语言文化大学出版社1997年版,第422页。

鸟在木上也。从雥，从木。"條"金文来自春秋吴王光钟，《说文·木部》："條，小枝也。从木，攸声。"从字源看，"亲、杂、条"下部件都是"木"，从小篆到楷书都统一写为"木"中竖不带钩。"茶"字《说文》所无，楷书字形是"茶"，下部件写为"木"。

"杀"是"殺"的简化字，"殺"字形演变过程如下：

殺 → 殺 → 殺 → 杀 杀、殺 殺
小篆　　隶书　　楷书　　　字符集字形

　　甲、金文中的 𣪠、𣪡、𣪢 或以为是"殺"，其实是"蔡"字①。《说文》"殺"字下所列古文"𣪠"实为"蔡"的假借字②。小篆字形增加了"殳"，《说文·殳部》："殺，戮也。从殳，朮声。"左下部件写为"朮"，"朮"小篆写作"𣎵"，是"秫"（𥝧，有黏性的粟米）的省写。隶书字形左下部字形更像"木"；楷书字形左下部写为"朮"。《钜宋广韵》中"殺、鏾"等字的左下部都写为"木"③，《类篇》的 殺、弑 也是写为"木"。大陆地区字形将"殺"左下部类化为"木"；台湾地区写为"朮"，但简化字"杀"下部件写为"木"。从字源看，"殺"左下部非"木"非"朮"，不起区别字义的作用；从字形的清晰度看，"朮"右上角的点与上部件冲突；"殺"左下部件写为"木"有历史传承性；统一写为"木"，台湾地区字形的繁体字"殺"和简化字"杀"也可以保持一致。

　　从小篆到楷书的印刷体"木"是没有钩的，当然手写体写出钩是允许的，如王羲之的楷书字帖《黄庭经》《乐毅论》中"木、沐"都有很明显的钩，木字旁的字"根、楼、枝、朱、亲、保、采、集、柔"等都

---

① 参见祝鸿熹《〈说文〉所称"古文"中的假借字》，《祝鸿熹汉语论集》，中华书局2003年版，第31页。
② 参见裘锡圭《释"求"》："蔡国之'蔡'，西周金文作 𣪠、𣪡、𣪢 等形，春秋金文多作 𣪡、𣪢 等形（《金文编》30页），战国金文作 𣪡（鄂君启节'鄂'字偏旁），古印作 𣪡（《古玺汇编》九七号印'鄂'字偏旁），三体石经《春秋》僖公二十八、二十九年古文作 𣪡（《魏三字石经集录》三一上、三四上）。石经'蔡'字古文的写法跟《说文》'杀'字古文全同。'蔡''杀'古音相近。近人大都认为金文和三体石经假借'杀'字为蔡国之'蔡'。这应该是正确的。所以'杀'字古文较原始的写法是 𣪡，《说文》和石经的古文形体已有讹变。（一九七五年岐山东家村窖藏出土的西周中期的卫鼎乙有 𣪡，似是反写的'杀'字古文。）"《古文字研究》第15辑，中华书局1986年版，第195页。
③ 参见（宋）陈彭年《钜宋广韵》，上海古籍出版社1983年整理本，第286页。

有钩；字书《大广益会玉篇》《五经文字》《新加九经字样》的"木"出钩，如朩、梨、榆、梅、梁、休；《字汇》《正字通》的"木"不带钩。这是一个艺术问题、技巧问题。构字部件在相同的字形环境中应该统一，"木"居一字之下应有一个统一的规范。在 CJK 字符集中，"木"作下部件的字约有 350 字，大陆地区字形有 300 多字底部的"木"中竖不带钩，如上述第一类情况；仅有 48 字底部的"木"中竖带钩。"木"在字底部的变形规则复杂，混淆了字形来源，不利于识读，有待规范；相同部件应尽量减少变形，控制特例。那么以"朩"为下部件的 48 字应该保留"木"原形。2009 年《通用规范汉字表》（征求意见稿）曾提出将"朩"改为"木"，拟调整的字形如下：亲、榇、杀、脎、铩、杂、弑、刹、新、薪、条、涤、绦、鲦、茶、搽、寨①。只可惜在 2013 年国务院正式发布的《通用规范汉字表》中取消了字形微调措施。将构件"朩"改为"木"是符合汉字符号的理据性和系统性原则，建议在条件时机成熟时能付诸实施。

2."大"作下部件

"大"独立成字时，两岸字形相同；但作下部件时，台湾地区将末笔捺变点。以"大"为下部件的字有 122 个，以"奚、莫、美"为例加以说明。

"奚"以及以之为构件的字有 21 个，"奚"字形演变过程如下：

甲骨文　　金文　　小篆　　隶书　　楷书　　字符集字形

"奚"甲骨文形体的左上方是一只手（爪），手的右侧是一条绳索，绳索下吊了一个人，表示捉来了一个奴隶，"奚"的本义是奴隶。金文基本同于甲骨文。小篆字形已失去象形意味，隶书、楷书将下部的"人"形写成了"大"。大陆地区字形下部的"大"与楷书字形相同。

"莫"以及以之为构件的字有 25 个，"莫"字形演变过程如下：

甲骨文　　金文　　小篆　　隶书　　楷书　　字符集字形

---

① 字形剪切自 2009 年发布的《通用规范汉字表》（征求意见稿）。

"莫"甲金文形体上部下部都是草,中间是太阳,以日落草中表示天色已晚,是古"暮"字。小篆形体结构与甲金文相似。隶书、楷书发生讹变,下部的草写成"大",上部的草写成"艹"。

"美"以及以之为构件的字有9个,"美"字形演变过程如下:

𦐇、𦐇 → 𦐇、𦐇 → 美 → 美、美 → 美 → 美 美
甲骨文　　金文　　小篆　　隶书　　楷书　　字符集字形

"美"甲骨文像人头带羊头形冠饰①。金文小篆形体上部的羊头形冠饰写成了"羊",下部是正立的人形。隶书、楷书字形上部是"羊",下部的人写成了"大"。

"大"作下部件的字有很多,如:契、偯、奂、奚、美、莫、奠、奥、奖、奘、奕、樊等,字源是不相同的。小篆中,只有"契"(见前文分析)下部从"大";"奂、樊、奥"下部从"廾",本是对拱的双手;"奚、美"下部是"人";"莫"下部从"艸",表示莽草;"奠"下部本是置放酒器的台基"丌"。它们在小篆中的形体各不相同,隶楷阶段才逐步类化,成为同一形体。从书法美学角度而言,"大"居字之上时,撇、捺宜伸张,以便对下呈笼罩之势,如"夸、奎、奢、奋、奄、奈"等字;"大"居字之下时,横宜长,以便对上呈承载之势。横长则撇、捺宜收缩,台湾地区字形捺变点,正是对这一书写艺术规则的追求。大陆地区字形与楷书字形相同使用"大"原形,保持了与传统字形的继承性,同一部件形体笔画统一,增强现行汉字内部的系统性,便于学习和应用。如果"大"处于相对左的位置,遵循避让原则,可以捺变点,如鷄鷄、鸂鸂两字,两岸字形相同。"大"末笔写为捺或点属于书写规则问题,与字义无关。楷书字形下部件"大"的末笔写为捺,与撇左右对称,字体平稳,整字紧凑美观。两岸都认可这个书写规则,但侧重点不同,执行的标准就不一致,台湾地区重在部件变形的统一,严格执行书写的避让原则;大陆地区重在继承传统字形,忽略书写的避让原则。

与"大"笔画类似的还有"夬、央、羑、吴、关",它们的末笔,大陆地区写为捺,台湾地区写为长点,共涉及125字。

"夬"以及以之为构件的字有25个,"夬"字形演变过程如下:

---

① 参见于省吾《释羌、苟、敬、美》,《吉林大学学报》1963年第1期,转引自李圃主编《古文字诂林》第4册,上海教育出版社2004年版,第184、185页。

夬→夬→夬→夬 夬
小篆　隶书　楷书　字符集字形

"夬"甲金文阙如。小篆字形收录在"又部",但到隶楷阶段下部类化为"大"。"夬"的隶书字形与楷书字形开口方向相反,末笔都写为捺。
"央"以及以之为构件的字有42个,"央"字形演变过程如下：

央→央→央→央→ 央 央
金文　小篆　隶书　楷书　字符集字形

金文形体下部像正立的人形,人头居于中央①。《说文·冂部》："央,中央也。从大,在冂之内。大,人也。"隶书、楷书字形的"大"表示人。
"奂"以及以之为构件的字有20个,"奂"字形演变过程如下：

奂→奂→奂→ 奂 奂
小篆　隶书　楷书　字符集字形

甲金文阙如。小篆字形下部是拱着的双手,《说文·癶部》："奂,渎奂也。从舁,从廾。廾亦声。"隶书、楷书下部件"廾"类化为"大"。
"茣"不独立成字,作右部件时,有6字两岸字形不同,以"漢"为例,字形演变过程如下：

漢→漢、漢→漢→ 漢 漢
小篆　隶书　楷书　字符集字形

小篆字形右下部是"土",隶楷字形都写为了"大"。"茣"作字的左部件或相对左部件时,因避让右部件两岸字形末笔都捺变点：攤 攤、儺 儺、灘 灘、癱 癱、艱 艱、難 難、囍 囍、鸛 鸛。

---

① 参见高鸿缙《中国字例》："字倚大（人）画其扁担物形。由物形（象扁担及所担之物）生意。担物必在扁担中央。故讬以寄中央之意。"转引自李圃主编《古文字诂林》第5册,上海教育出版社2004年版,第523页。

"吴"独立成字时，CJK 字符集收录了两种字形：吴吴、吳吳，大陆地区学术界称第一种为新字形，第二种为旧字形，《印刷通用汉字字形表》以"吴"为标准字形；台湾地区《常用"国字"标准字体》以"吳"为标准字形。当"吴"作字的构件时，有三个字收录了相同的两种字形：俣俣—俁俁、娱娱—娛娛、悮悮—悞悞；其他 11 字：渓渓、裖裖、蜈蜈、誤誤、鋘鋘、莫莫、虞虞、噘噘、漢漢、鸏鸏、麌麌，大陆地区选取"吴"，台湾地区选取"吳"。除"吴吴、俣俣、娱娱"两岸字形完全相同外，其他字的下部件"天"或"矢"的末笔两岸写法不同，大陆地区写为捺，台湾地区写为点。"吴"字形演变过程如下：

甲骨文　　金文　　小篆　　隶书　　楷书　　字符集字形

"吴"字形分析见后文。小篆字形下部是侧头的人，隶书楷书下部写为"天"或"矢"，"天、矢"的下部与"大"同形。

现代简化字"关"以及以之为部件的字有 7 个：关关、朕朕、桛桛、渂渂、烊烊、眹眹、関関，只有最后一字两岸字形相同，都将末笔捺变点。

由以上字形演变过程可知，"夬、央、粪、莫、吴、关"的下部件字源不同，在隶楷阶段都类化为"大"，与"大"作字的下部件字形环境相同，是否要捺变点同样是书写问题技巧问题。由于两岸的认识不同，执行的标准不一致，造成两岸字形面貌的不同。这虽然对汉字的识读影响不大，但在计算机中影响到汉字属性的描写。对于这样的问题两岸应该协调一致起来。

3．"矢"作右部件和下部件

单从字形看，"矢"的下部件也是"大"，也可以看作"大"作下部件。单字"矢"两岸字形相同：矢矢；作字的左部件时，两岸字形末笔都"捺变点"，如：知知；但作字的右部件和下部件时，末笔大陆地区写为捺，台湾地区写为长点，共 45 字。"矢"字形演变过程如下：

甲骨文　　金文　　小篆　　楷书　　字符集字形

"矢"甲骨文、金文形体像箭形，上端是箭头，中部是箭杆，下端是结有翎羽的箭尾①。小篆还保留有箭头，箭尾写成"丌"。楷书将箭尾之羽写为"大"。再看以"矢"为构件的"侯、疾、族"的字形演变过程：

（矢、侯字形演变图）
甲骨文　金文　小篆　隶书　楷书　字符集字形

（疾字形演变图）
甲骨文　金文　小篆　隶书　楷书　字符集字形

（族字形演变图）
甲骨文　金文　小篆　楷书　字符集字形

"侯、疾、族"的末笔在楷书阶段彻底规范为捺，与单字"矢"字形演变过程相同。"矢"作字的左部件，因避让右部件将末笔捺变点；"矢"作字的下部件和右部件，影响不到其他部件，不用因为避让而笔画变形。台湾地区遵照避让原则，将右下部件"矢"捺变点。两岸有1字字形相同：侯侯。

4. "犬"作下部件和右部件

与"大"只有一点之差的"犬"，独立成字时，两岸字形相同：犬犬；当作字的左部件时为避让右部件变形为"犭"或在左下部捺变点（郑郑、鸡鸡、郑郑、鸡鸡），两岸字形相同；当作字的下部件和右部件时，台湾地区字形捺变点，大陆地区字形保留原形。以"犬"为部件两岸存在差异的字形有30字，以"臭、然"为例，字形演变过程如下：

（臭字形演变图）
甲骨文　小篆　楷书　字符集字形

（然字形演变图）
金文　小篆　隶书　楷书　字符集字形

---

① 参见高鸿缙《中国字例》："象镝栝羽之形。"转引自李圃主编《古文字诂林》第5册，上海教育出版社2004年版，第464页。

"臭"甲骨文上部是鼻子（自）的形象，下部是一只头朝上的"犬"，犬嗅觉灵敏，用鼻子和犬来会意嗅闻的意思。"然"金文形体的左上部是"肉"，右上部是"犬"，下部是"火"，表示用火烧犬肉①。"犬"在古文字阶段还具有象形性，在小篆的基础上隶书、楷书就完全符号化了，横、撇、点代表犬的头部和前腿，捺代表犬的身躯和尾巴。从字的理据角度而言，捺应该写得长大些，隶书字形即如此；楷书撇和捺的长短比例更均衡了，部件"犬"与单字"犬"字形相同。台湾地区字形将"犬"作下部件和右部件时捺变点，是追求书写的艺术规则。但台湾地区字形又没能完全贯彻这一规则，有些以"犬"为下部件的字就没有捺变点，如：突突、埃埃、涘涘、挨挨。

5. "月（含'冃'）、用"作下部件

CJK 字符集中，"月、用"作字的下部件或相对下部件时，大陆地区字形将左部撇变竖，台湾地区保持原形。分述如下：

单字"月"两岸字形相同，但作字的下部件时，两岸差异字形有 700 多字。常用构件有：青、有、俞、前、育、肖、冒、厭、背、肩、胃、胥、能、肴、脊、骨、龍等。

"青"以及以之为构件两岸存在差异的字形有 49 字，字形演变过程如下：

金文　　小篆　　隶书　　楷书　　字符集字形

"青"金文形体下部像"井"或"丹"，《说文·丹部》："丹，巴越之赤石也。象采丹井。一，象丹形。"所以从字源看，"青"下的"月"是"丹"的讹变，隶书中两种字形混同，《康熙字典》统一将"青"的下部件写为"丹"，并将第一笔写为竖。两岸现行字形都选择了下部件为"月"的"青"。

"有"以及以之为构件两岸存在差异的字形有 27 字，字形演变过程如下：

甲骨文　　金文　　小篆　　隶书　　楷书　　字符集字形

---

① 参见戴家祥《金文大字典》："然初义或为燃火炙烧犬肉，又引申为一般物质的燃烧……然后借为语词，又复加火旁，以还其初义。"转引自李圃主编《古文字诂林》第 8 册，上海教育出版社 2004 年版，第 661 页。

第四章 两岸汉字字形差异点历时溯源(上) 93

甲骨文字形见于最新出土的花东卜辞。金文字形采自盂鼎、秦公镈，是从"又"持"肉"之象，以右手持肉来表示"有"，引申为有无之有①。小篆形体的"手"和"肉"分离。《说文》收录在"月"部："有，不宜有也。《春秋传》曰：'日月有食之。'从月，又声。"许慎未辨从肉（甲骨文 、 ，金文 、 ）② 与从月（甲骨文 、 ，金文 、 ）之别，将"有"的从肉误为从月。隶书的"肉"变成了"月"，移到了"又"的右下侧。楷书字形将"月"的第一笔写为竖。追溯字源，"有"应归于"肉"部，但台湾地区字形因循《说文》归在"月"部。

"俞"以及以之为构件两岸存在差异的字形有43字，字形演变过程如下：

　→　→　→　→　俞 俞
金文　小篆　隶书　楷书　字符集字形

金文小篆字形的左下部是"舟"，《说文·舟部》："俞，空中木为舟也。从亼，从舟，从巜。巜，水也。"隶书字形将"舟"讹写为"月"。楷书字形将"月"第一笔写为竖。

"前"以及以之为构件两岸存在差异的字形有19字，字形演变过程如下：

　→　→　 、　→　→　前 前
金文　小篆　隶书　楷书　字符集字形

金文、小篆字形无别。《说文·止部》："前，不行而进谓之前。从止在舟上。"③ 隶书字形都写作"月"，上部的"止"有的简写为两点一横。楷书字形沿用隶书的简写字形，左下部的"月"第一笔写为竖，"月"中的两横写为两点。两岸字形左下部件都写为"月"，区别只是第一笔，大陆地区"月"作字的下部件时第一笔写为竖。

"育"以及以之为构件两岸字形存在差异的字形有17字，字形演变

---

① 参见陆宗达《说文解字通论》，中华书局2015年6月版，第199页。
② 是"祭"的甲骨文、金文部件"肉"，甲骨文"肉"还带有血点，剪切自《甲骨文编》《金文编》。
③ 马叙伦、杨树达、李孝定等认为"前"中的" "是"盘"或"履"之初形。参见李圃主编《古文字诂林》第2册，上海教育出版社2004年版，第238—240页。

过程如下：

甲骨文　　金文　　小篆　　隶书　　楷书　　字符集字形

甲金文形体左上部是妇人，右下部是头朝下的婴儿形，像女人产子之形，古"毓"字①。小篆字形省略了"母"形，增添"肉"兼表音义，《说文·㐬部》："育，养子使作善也。从㐬，肉声。"隶书和楷书下部的"肉"就写为"月"了。

"龍"以及以之为构件两岸字形存在差异的字形有47字，字形演变过程如下：

甲骨文　　金文　　小篆　　隶书　　楷书　　字符集字形

"龍"甲骨文形体是上为头、中为腹、下为尾的一条龙。金文形体上端是龙角，右下是龙身，向左突出的是龙大张的嘴巴。小篆形体更复杂了，龙角龙身依稀可见，龙嘴变得像"肉"。隶书、楷书的龙嘴都用"月"代替了。

"能"以及以之为构件两岸字形存在差异的字形有13字，"能"字形演变过程如下：

金文　　小篆　　隶书　　楷书　　字符集字形

"能"金文像熊的头、足、腹、尾之形②，古"熊"的本字，借用为

---

① 参见罗振玉《增订殷墟书契考释》："㐬、象产子之形。其从丨、㇑者，则象产子时之有水液也。从人与从母从女意同。以字形言，此字即《说文》育字之或体毓字。毓从每（即母字）从㐬（即到子）。与此正同。"转引自李圃主编《古文字诂林》第10册，上海教育出版社2004年版，第1104页。

② 参见于省吾《释能和贏以及从贏的字》："以前文所引能字初文作㪚来看，则以ㄖ为首，以肉为身，以比为足，其象兽形是无疑的。""能为具有部分表音的独体象形字。"《古文字研究》第8辑，中华书局1983年版，第2页。

"能",后用火势熊熊的"熊"字表示。小篆字形将熊的腿脚写成了"比",腹部用"肉"代表。隶书字形将"比"拆为上下结构,腹部写成了"月","月"与"肉"混同。楷书字形将右部件规整化为上下结构的两个"匕",左下部写成"月"。

"胃"以及以之为构件两岸字形存在差异的字形有 10 字,字形演变过程如下:

⟶ ⟶ 胃 ⟶ 胃 胃
金文　小篆　楷书　字符集字形

"胃"金文形体上部是胃的象形,外部圆圈表示胃囊,其中"米"样的部分表示胃中的食物,下部是"肉"(月),表示胃与"肉"有关。小篆形体上部胃囊成为方形,下部的"肉"未变。楷书上部简化为"田",下部写为"月"。

从常用构件"青、有、俞、前、育、龍、能、胃"的字形分析可知,其中的"月"是"丹、肉、舟、月"的合流,但从隶书开始下部件就开始类化同形,到楷书基本统一写为"月",并都将左部撇变竖。大陆地区字形继承楷书都写为"月",台湾地区区分字源,刻意将"月"与"肉"区分开,将与"肉"或身体有关的字中的"月"写为"⺼",其他写为"月"(后文论述"月"与"⺼"的字形分合)。以上差异字形的共同特点是"月(含⺼)"作为组字部件位于字的下部。从字形的书法美观角度看,"月(含⺼)"作字的下部件时首笔撇变竖,整字更工整清晰。历代字书的楷书字形也不统一,如在《大广益会玉篇》下部件"月"首笔是竖:胃、背、肩、骨、肯、解,而《五经文字》下部件"月"首笔是撇:肯、肖、肖、俞、青、䯺。又如《类篇》的胃、背、𢡛和滑、肩、散、菁、育,《干禄字书》的俞,《新加九经字样》的前,《字汇》的俞、有、青、肩、肖、育、胃、能、骨、䯺、庸。后期字书字形倾向于下部件"月"撇变竖,如《正字通》的青、肯、育、肯、肴、肩、胃、背、能、有、骨、庸等,《康熙字典》"月(含⺼)"作字的下部件时首笔撇变竖基本已成为通则,CJK 字符集中相同编码的日本韩国文字也是遵循这个变形规则;台湾地区的路标、店铺名称等公共场所用语用字多遵循这个原则,如:請、請、龍、龍、精、滑、清、背、肩、聞、青、𦥑,同时也有字形下部件保留原形,如:請、前、清。从文字的传承和通用范围,以及书写的便利快捷角度看,"月(含⺼)"居字之下时首笔撇变竖可以作为统一的规范标准。但"月（含円）"作左部件、右部件或与其他部件构成复合结构出现在字或偏旁的下方时，字形不变，如：肥、期、荫、霸、赢、蒯等，从规范化标准化角度出发，应该统一"月（含円）"的字形。台湾地区字形单字"月（含円）"及作字内部件时字形一致，有利于字符的系统性统一性，符合字符简化优化原则。

"庸"的区别点是下部"用"的第一笔，大陆地区写为竖，台湾地区写为撇。"庸"以及以之为构件的字有 15 个，字形演变过程如下：

甲骨文　金文　小篆　隶书　楷书　字符集字形

"庸"甲金文形体上部像钟架，中间两只手表示演奏，下部的"用"表声①。小篆字形直接由金文演变而来，《说文·用部》："庸，用也。从用，从庚。庚，更事也。"隶书字形简化，上部的钟架写成"广"，两只手写为一只手，下部是"用"。楷书字形将"用"第一笔写成竖。

備備、憊憊、犕犕、糒糒、鞴鞴、韛韛、備俻、甯甯、滴滴、楠楠等字以"用"为构件，字形变化与"庸"字形变化相同，如"備"字形演变过程如下：

甲骨文　金文　小篆　隶书　楷书　字符集字形

"葡"后作"備"②。

"用"甲骨文像桶类器物形，后泛用于施用义③。"用"独立成字时，

---

① 参见马叙伦《说文解字六书疏证》："庸，用也。以初文训后起字也。"转引自李圃主编《古文字诂林》第 3 册，上海教育出版社 2004 年版，第 755 页。

② 参见段玉裁注："然则防備字当作'備'，全具字当作'葡'，义同而略有区别，今则专用'備'，而'葡'废矣。"

③ 参见杨树达《积微居小学述林·用桶》："余谓用盖桶之初文……今考用字象方桶，其横画象器有横栏，一证也……按㞷之下截作方桶形，变而为葡，字亦从用，盖箙实盛矢之桶，二证也。桶可以受一切之物，故引申为器用之用，又由质而玄，引申为施用行用之用。许以最后之引申义说字，故形义无由相合也。用为初文，桶为后起形声字，用之初义失，桶字承受而据有之，而用字只为行用之用矣。"转引自李圃主编《古文字诂林》第 3 册，上海教育出版社 2004 年版，第 746 页。

第一笔是撇，但作字的下部件时，将撇写为竖，是出于书法审美的考虑。从字形的书法美观角度看，"用"作字的下部件时第一笔写为竖更清晰工整，与"月"居字之下的变形规则相同。

"木、大、犬、矢"等作下部件时，台湾地区遵循避让原则统一捺变点，大陆地区大多保留部件原形；"月（含月）、用"作下部件时，大陆地区字形大多撇变竖，台湾地区保留部件原形。组字部件变形或不变形都无关字源字理，属于纯书写问题。两岸字形内部各自遵循的原则不一致。从书法美学规则出发，这些组字部件可以捺变点或撇变竖；从汉字字符尽量优化简化原则出发，作为组字部件应尽可能保留部件原形，这些组字部件都应该保留部件原形。现行汉字规范字形应以理据为根本，准确性规范性是本质，美观是从属，那么"木、大、犬、矢、月（含月）"居字之下或作右部件时，都应保留部件原形。

另外，CJK 字符集中，"木"作字的上部件的 17 字，"禾"作上部件的 22 字，"采"作上部件的 39 字，台湾地区字形都捺变点，如：杰杰、查查、李李、杏杏、秀秀、香香、秃秃、番番、悉悉。这与"木、大、犬、矢、月（含月）"居字之下或作右部件时相同，都应保留部件原形。

三 "钩"的有无

在 CJK 字符集中，两岸字形以有钩无钩为区别点的字有 697 字（这里不包括大陆地区"木"作下部件写为"朩"的 48 字），其中 544 字大陆地区字形有钩，台湾地区字形无钩；153 字大陆地区字形无钩，台湾地区字形有钩。常用构件：奄、充、虎、巽、帶、示、也和羽、甫、余作上部件。

1. "奄、充、虎、巽、帶"中向上的钩

"奄、充、虎"末笔，"巽、帶"右上部，大陆地区字形写为竖弯横钩，台湾地区字形写为竖弯横。

（1）奄奄

"奄"的下部件末笔，大陆地区带钩，台湾地区不带钩。"奄"以及以之为构件两岸存在差异的字形有 23 字，字形演变过程如下：

$$\text{奄} \rightarrow \text{奄} \rightarrow \text{奄}、\text{奄}、\text{奄} \rightarrow \text{奄} \rightarrow \text{奄}\,\text{奄}$$
金文　　小篆　　　隶书　　　　楷书　　字符集字形

"奄"金文上部像闪电，下部像拖长的尾巴。小篆字形写为上"大"

下"申",《说文·大部》:"奄,覆也。大有余也。又欠也。从大,从申;申,展也。""申"的甲骨文、金文形体分别是:ᗜ、$,屈曲之形正像雷电之形。"电"是"電"的简化字,《说文·雨部》:"電,阴阳激燿也。从雨,从申。"阴阳相激,产生雷电。那么从字源看,"奄"字所从的"申"就是"电"字。隶书字形"奄"末笔有的写为竖,有的写为长钩;楷书将长钩写为短钩硬钩,与"电、電"末笔相同。CJK 字符集中"電"下部的"电"两岸字形末笔都出钩:電電。与"奄"字形环境类似的有"龟、黾"以及它们的派生字"渑、绳、蝇、阄、鼋"等末笔都有钩,它们的繁体字"龜、黽、澠、繩、蠅、鬮、黿"末笔也都有钩。"奄"等字对应的相同编码的日本和韩国文字也是将末笔竖弯出钩,与大陆地区字形相同。从字符部件统一化系统化角度出发,"奄"以及以之为构件的字的末笔都应以有钩为规范字形。

滝滝、篭篭 2 字的下部件与"奄"的下部件相同,遵照系统性原则,这两字的下部件应与"奄"下部件保持一致。剜剜、鹠鹠,两岸字形相同,遵循左部件变形原则都将"电"末笔写为竖折提。

(2) 㐬㐬

"㐬"的区别点有二:一是末笔,大陆地区写为竖弯横钩,台湾地区写为竖弯横;二是"亡"的左下角,大陆地区字形是方折,台湾地区字形是圆折(见第五章第二节"部件分合差异溯源")。"㐬"以及以之为构件两岸存在差异的字形有 6 字:㐬㐬、荒荒、塂塂、慌慌、謊謊、謊謊("亾"是"亡"的异体,右下部件与"㐬"下部件相同)。"㐬"字形演变过程如下:

㐬 → 㐬 → 㐬 㐬 → 㐬 㐬 → 㐬 㐬
金文　　小篆　　隶书　　　楷书　　　字符集字形

金文小篆字形相同,《说文·川部》:"㐬,水广也。从川,亡声。""川,贯穿通流水也。""㐬"下部的三条曲线代表水流"川"。"川"作字的下部件时,金文、小篆字形像水流形,隶书阶段就成为带曲折的笔画,末笔带长弯,楷书都将右部长弯出钩。"兀、兑、充、先、见、亢、毛、㠯、免、屯"等的末笔在篆书、隶书中都是无钩的,但到楷书中都写出了明显的钩,这个末笔钩既是对整字的收煞,也表明指向下一字起笔的笔势,这在现行汉字字形中已经成为一个通则。"㐬"的末笔出钩,是

第四章　两岸汉字字形差异点历时溯源(上)　99

将"㐬"类字纳入这个通则。"㐬"等字对应的相同编码的日本和韩国文字也是将末笔竖弯横出钩，与楷书字形和大陆地区字形相同。

　　与"㐬"字形环境相同的还有23字：梳梳、毓毓、旒旒、楥楥、毓毓、流流、琉琉、鎏鎏、疏疏、硫硫、巯巯、蔬蔬、酼酼、醯醯、銃銃、鋈鋈、鯍鯍、麃麃、斻斻、舫舫、侃侃、簪簪、宪宪。前20字以"㐬"为构件，"㐬"不单独成字，小篆中作为部首字写作"㐬"或"㐬"，《说文·㐬部》："㐬，不顺忽出也。从到子。《易》曰：'突如其来如'，不孝子突出，不容于内也。……㐬，或从到古文子，即《易》突字。"段玉裁注："'到'今'倒'字。'倒子'，会意也。""㐬"下部的三条曲线是婴儿出生时的血水，水流为"川"。隶书字形"㐬"是小篆的笔画化。《康熙字典》收录的楷书字形是"㐬"，下部"巛"是"川"的异体。后三字"侃"等也从"川"，侃侃而谈，以贯穿通流的流水喻滔滔不绝的言谈。"川"作下部件，应该与"㐬"下部同形，那么其末笔应该出钩（上部件"㐬"的字形论述见本章第二节"笔画数差异溯源"）。"㐬、㐬"等字对应的相同编码的日韩文字也是将末笔竖弯出钩，与楷书字形和大陆地区字形相同；台湾地区也有末笔竖弯出钩的字形：流（台湾地区某宾馆用字）。

　　(3) 虍虍

　　"虍"俗称虎字头，不独立成字，区别点是下部"七"的竖弯横，大陆地区带钩，台湾地区不带钩。"虍"以及以之为构件的字有176个，"虍"字形演变过程如下：

囲 → 肖 → 虍 → 虍 → 虍虍
甲骨文　　小篆　　隶书　　楷书　　字符集字形

　　"虍"甲骨文形体像虎头，向左开口是大张的嘴巴，以兽头表其兽[①]。"《说文》虽有'虍'字，但那是许慎为了构建小篆构形系统而虚设的一个字形，从来没有在实际文本中应用过，我们还是把它看成是'虎'之省。"[②] 小篆字形不象形了，其他以"虍"为构件的字也都统一写成了"肖"，有的左右两竖对下部件呈包围之状，如"慮、虛、虖、戲、虘、虞"的小篆字形"慮、虛、虖、戲、虘"；有的与下部件呈上下结构，如

[①] 参见马叙伦《说文解字六书疏证》，参见李圃主编《古文字诂林》第5册，上海教育出版社2004年版，第125页。

[②] 王立军：《宋代雕版楷书构形系统研究》，上海教育出版社2003年版，第70页。

"虎、虚、虐、虔"的小篆字形"🀄、🀄、🀄、🀄"。隶书字形基本同于小篆，但是上部的曲线拉直了，左部的竖与撇连为一笔，多数字的右部竖明显比左部竖短，如"虖、盧、戲、虘、虔"。楷书字形统一化，右部的竖变成钩，下部写成末笔出钩的"七"，字形呈半包围，如《康熙字典》的"虎、慮、虛、虖、戲、盧、虜、虞、虐、虔"。

从字源看，"虍"中的"七"是虎头的一部分，和数目字"七"没有关系，但书写上已完全混同。"七"字形演变过程如下：

十 → 十 → 𠄌 → 七、十 → 七 → 七 七
甲骨文   金文   小篆   隶书   楷书   字符集字形

甲金文形体"七"与数目字"十"相同。"'七'起源于古人以利器在物上作的'十'形刻划。"① 在远古的某一时期"七"是古人认识到的原始最大限数，"'十'与'七'同形"，"二字互相通用"②。小篆字形竖弯曲以区别于"十"。隶书字形将竖写为竖弯横，楷书竖弯横出钩。从甲骨文到楷书，"七"的笔画字形处于变动之中，由形象到抽象，由象形到指示，它的笔画变化旨在使字形的区别度更明显，但与六书字义越来越远。楷书的竖弯横出钩也是笔势使然，是对字形整齐美观的追求。所以楷书中单字"七"与"虍"中的"七"完全同形，不影响字形在音义方面的区别，这里统称为"七"。"七"的竖弯出钩属于纯书写问题，在楷书中已经成为一个通则，如《字汇》的虎、《正字通》的虎；相同编码的日本、韩国文字也都出钩，与楷书字形和大陆地区字形相同；台湾地区使用出钩的字形也很常见：號（台湾地区街道编号）、號（台湾地区商店购物发票联）。

（4）巽 巽

"巽"的区别点有二：一是左上部"巳"的末笔，大陆地区写为竖弯横钩，台湾地区写为竖折提；二是右上部"巳"的末笔，大陆地区写为竖弯横钩，台湾地区写为竖弯横。"巽"以及以之为构件两岸存在差异的字形有13字，"巽"字形演变过程如下：

巽 → 巽 → 巽 → 巽 巽
小篆   隶书   楷书   字符集字形

---

① 刘宗汉：《释七、甲》，《古文字研究》第4辑，中华书局1980年版，第241页。
② 同上书，第238—241页。

"巽"甲金文阙如。《说文·丌部》:"巽,具也。从丌,𠨎声。"隶书和楷书字形的区别是上部两个"巳"带不带钩。大陆字形与楷书字形相同,上部两个"巳"的末笔都带钩。台湾地区字形两个"巳"的末笔都不带钩,左上部"巳"末笔变为竖提。笔画回锋带钩便于和下一个笔画相连,更符合人们的书写生理习惯,单字"巳"两岸字形都是出钩的。根据汉字的书写规律,在左右结构中最后一笔是竖弯横钩的变为竖提,例如:"改、顾、辉"等。台湾地区字形"巽"左上部"巳"末笔变成竖提以避让右部件,使字形匀称美观,符合变形规则。所以"巽"等13字,左上部"巳"可以台湾地区字形为标准,右上部件"巳"可以大陆地区字形为标准。

（5）帶 帶

"帶"的右上部竖弯横,大陆地区字形出钩,台湾地区字形不出钩。"帶"以及以之为构件两岸存在差异的字形有15字,"帶"字形演变过程如下:

金文　　　小篆　　　隶书　　　楷书　　　字符集字形

金文字形来自春秋子犯钟和战国上郡守戈,上下两头像带子的缨头。《说文·巾部》:"帶,绅也。男子鞶带,妇人带丝。象系佩之形。佩必有巾。从巾。"古制"市""帶"两头有下垂的缨头,小篆形体上下两端可看作带子两头的缨穗,缨穗的数量不等,只不过下部的缨穗写为了成字部件"巾"。隶书字形是对小篆弧形线条的平直化笔画化,楷书字形笔画多回锋出钩,但右上角的竖弯横没有出钩。隶书的竖弯横到楷书中大都出钩,如"匕、笔"等。CJK 字符集中相同编码的日本韩国文字也都将"帶"右上部的竖弯横出钩。大陆地区字形"帶"右上部竖弯横出钩,是保持字形的系统性、统一性,《简化字总表》将"帶"简化为"带"。台湾地区字形同于楷书字形,不带钩。

2. "示、也"向左的钩

"示"下部竖和"也"右部竖,大陆地区字形写为左向的竖钩,台湾地区字形无钩。

（1）示 示

"示"下部的竖,大陆地区字形带钩,台湾地区字形不带钩。"示"

以及以之为构件两岸存在差异的字形共 138 字（个例：蔡蔡）。"示"字形演变过程如下：

甲骨文　小篆　隶书　楷书　字符集字形

"示"甲骨文形体是古人所供的神祇的标志，往往以直立的石头或木桩作为象征①，其上可以贡献祭品，有的字形上有一短横表祭品。小篆形体下部是神位，左右各添加一斜线。隶书字形下部神位左右的斜线变成了点或撇、捺。楷书字形下部左为撇，右为竖或竖折，中竖不带钩。两岸字形都有所演进，都将下部左右的笔画写成长点，但中竖大陆地区字形出钩，与"小"同形，台湾地区字形中竖不出钩。

《大广益会玉篇》和《五经文字》中"示"等字已出钩，如：示、琮和示、祭。《康熙字典》中以"示"为构件的字有的出钩，如"祭、宗、禁、票"的楷书字形"祭、宗、禁、票"，有的不出钩，如"示、奈"的楷书字形"示、奈"。

试看"宗、祭"的字形演变过程：

甲骨文　金文　小篆　隶书　楷书　字符集字形

"宗、祭"中的"示"在楷书阶段均中竖出钩。

以"示"为部件的字，有的字源并不是"示"，如：票、尉。二者的小篆和楷书字形分别是"票、票"和"尉、尉"；两岸现行汉字是：票票、尉尉，下部的"示"是"火"的讹变。

古文字是没有钩的，回笔出钩是楷书的一个重要特征。"示"朝左出钩，是要钩向下一笔的方位，表示笔势的相应。"示"不出钩，下部左撇右点与主笔不交接，结体松散，称说不便；"示"出钩，下部件写为

---

① 参见徐中舒《甲骨文字典》："象以木表或石柱为神主之形，之上或其左右之点画为增饰符号。卜辞祭祀占卜中，示为天神、地祇、先公、先王之通称。"转引自李圃主编《古文字诂林》第 1 册，上海教育出版社 2004 年版，第 85 页。

"小",不影响字义的表达,便于称说,便于识读。CJK 字符集中,日本和韩国"示"以及以之为构件的字中竖都出钩,与大陆地区字形相同,"示"出钩符合字形演变规律。

(2)也也

"也"的首笔,大陆地区字形写为横折竖钩,台湾地区字形写为横折撇。"也"以及以之为构件两岸存在差异的字形共有53字,"也"字形演变过程如下:

辿 → 㔾 → 也、也 → 也 → 也也
金文　　小篆　　隶书　　楷书　　字符集字形

"也"金文形体像古代盥洗器"匜",本为古"匜"字①,后来被借为虚词,就添加表容器的"匚"成为"匜"。隶变后不象形了,楷书字形是隶书的方正化,首笔横折竖和末笔竖弯横都出钩,这样的钩与六书字义无关,是纯书写问题,如《大广益会玉篇》的也、他,《字汇》的也和《正字通》的也都出钩,但以之为构件的字有的出钩,有的不出钩写为"也",如《类篇》的拖、地。台湾地区日常生活中也使用出钩的"也":地(台湾地区宾馆餐厅提示语)、地(台湾地区商店购物发票联)、池(台湾地区台北街道广告牌)。大陆地区字形与楷书字形相同,字形有传承性和通用性,两岸都有广泛的群众基础。

3. "羽、甫、余"作上部件时的钩

单字"羽、甫"两岸字形相同,但作字的上部件时,大陆地区不出钩,台湾地区出钩;单字"余"两岸字形相同,但作字的上部件时,大陆地区出钩,台湾地区不出钩。

以"羽"为上部构件两岸存在差异的字形有94字,"羽"字形演变过程如下:

刌 → 刕 → 羽 → 羽、羽 → 羽 → 羽羽
甲骨文　金文　小篆　　隶书　　楷书　字符集字形

---

① 参见郭沫若《西周金文辞大系图录考释》:"字乃古文匜,象匜之平视形。"转引自李圃主编《古文字诂林》第 9 册,上海教育出版社 2004 年版,第 922 页。

甲金文为象形字。小篆字形还有羽毛的样子。隶书有的字形横折竖已经出钩。楷书为书写方便两竖都回笔出钩，只是中间的笔画还是撇。"羽"独立成字时两岸字形相同，都将中间的两笔变为"冫"，两竖都带钩：羽羽。《新加九经字样》的羽，《类篇》的羽、翔，中间笔画已有点的意味。其实现行汉字"羽"的写法在宋代雕版楷书中已成为主流：羽（951），字频38，36字中间写为"冫"，只有2字中间写为撇①。两岸现行汉字字形有悠久的历史传统。

"羽"作为字的上部件时，大陆地区为使整个字形紧凑向心，去掉了钩，而台湾地区仍然带钩。以"习"为例，字形演变过程如下：

甲骨文　金文　小篆　隶书　楷书　字符集字形

甲骨文下部从日，金文下部已开始变形，小篆则讹变为"白"。《说文·白部》："習，数飞也。从羽，从白。"隶书、楷书由小篆演变而来，楷书字形上部的"羽"不出钩。其他以"羽"作上部件的字如"翟、翠、翌"，其《康熙字典》楷书字形依次是"翟、翠、翌"。

"甫"独立成字时两岸字形相同，右部竖出钩：甫甫。但"甫"作上部件时，与"羽"作上部件时相同，右竖大陆地区不带钩，台湾地区带钩。以"甫"为上部构件两岸存在差异的字形有33字，"甫"字形演变过程如下：

金文　小篆　隶书　楷书　字符集字形

金文字形表意不明确。《说文》："甫，男子美称也。从用、父，父亦声。"隶书有的字形右竖已有钩意。楷书字形右部竖出钩。"甫"作为上部件时，大陆地区为使整个字形紧凑向心，去掉了钩，而台湾地区仍然带钩。以"専"为例，字形演变过程如下：

---

① 此资料来自《宋代雕版楷书构形分析总表》，括号中的数字是字组编号，字频指该组异写字或异构字的使用频度总和，其他数字是字形的使用频度。下文全同。

甲骨文　　金文　　小篆　　楷书　　字符集字形

从字源看，"羽、甫"中钩的有无，是无关字义的，纯属书写的艺术规则。书写时，竖笔回锋带钩便于和下一个笔画相连，实际是缩短了书写时的线路，更符合人们的书写习惯。楷书中"羽、甫"作上部件都有意识地去掉钩，目的是让整个字形更舒展更清晰，如位于花莲市的"台湾宝石博物馆"和阿里山的"希诺奇桧木博物馆"馆名"博"字所用字形"甫"都去钩。笔者在大陆地区的大学本科生以及成人中做过抽样调查，在书写以"羽、甫"作上部件时没有人将其中的横折竖钩去钩，而且大多数人并没有意识到印刷宋体的横折竖是不带钩的。CJK字符集中相同编码的日本韩国文字很不统一，有的出钩有的不出钩。如果从尽量减少部件变形的角度出发，"羽、甫"作上部件应与单字字形相同，这样也使印刷体和手写体一致。在计算机中处理字形，只要布局得当，处理得法，保留上部件"羽、甫"的钩，仍能获得字形清晰的效果。

"甬"和"敝"作字的上部件，台湾地区字形都与单字字形相同（只有"踊踊"两岸都无钩），即右竖出钩；而大陆地区字形出现不一致现象。"甬"独立成字时两岸字形相同：甬甬，右竖出钩，"甬"作上部构件的字共有 6 个：勇勇、湧湧、惥惥、踊踊、憑憑、恿恿，前 3 字"甬"大陆字形不出钩，后 3 字两岸字形相同，第 4 字"甬"两岸字形都不出钩，后 2 字两岸字形"甬"都出钩。"敝"独立成字时两岸字形相同，右竖出钩：敝敝。"敝"作上部件的字共有 18 个：弊弊、憋憋、瞥瞥、嫳嫳、幣幣、弊弊、擎擎、獘獘、鷩鷩、鷩鷩、龞龞、虌虌、蟞蟞、蹩蹩、鱉鱉、鏖鏖、瞥瞥、蔽蔽。前 3 字两岸字形都保留了钩，后 15 字大陆地区字形都去钩，台湾地区字形都保留了钩。

"甬、敝"作上部件与"羽、甫"作上部件字形环境是相同的，部件在组字时应尽可能使用原形，以增强汉字内部的系统性，以便学习和应用，台湾地区字形执行了这一原则。所以"甬、敝、羽、甫"作上部件时应保留单字字形（即右竖带钩），大陆地区字形可以台湾地区字形为标准进行调整规范。同理，飍飍、愿愿、懸懸、懸懸、怒怒、感感、蹙蹙、鏊鏊、遼遼、飂飂、您您、璽璽、寶寶、韆韆等 15 字中的上部件"小"或"氺"也应保留原形，台湾地区字形可以大陆地区字形为标准进行调整规范；蓮蓮、闌闌、遠遠、菌菌、裘裘、彝彝、彝彝、逮逮等 8 字，大陆地区字形没有保留部件原形,缺乏系统性,大陆地区字形可以台湾地区字形为标准进行调整规范。

"余"独立成字,在 CJK 字符集中两岸字形相同:余余,以"余"为构件的字共有 45 字。单字"余"以及以"余"为构件的 39 字两岸字形相同,"余"的中竖出钩,如:徐徐、涂涂、唋唋、庲庲、叙叙、悇悇、狳狳、捈捈、敍敍、敘敘、狳狳、斜斜、梌梌、涂涂、滁滁、滁滁、潊潊、潋潋、璑璑、硢硢、稌稌、筡筡、篨篨、睮睮、艅艅、荼荼、蒢蒢、蓨蓨、蒢蒢、蜍蜍、賒賒、醏醏、除除、雓雓、餘餘、駼駼、鮷鮷、鵨鵨、鶏鶏;只有以"余"为上部件的 6 字两岸字形存在差异,大陆地区字形中竖带钩,台湾地区字形中竖不带钩:佘佘、盒盒、悆悆、塗塗、畲畲、途途。"余"字形演变过程如下:

甲骨文 → 金文 → 小篆 → 隶书 → 楷书 → 字符集字形

"余"甲骨文形体像树木支撑的房屋之形①。本义为"房屋",后世多假借为第一人称代词,本义消失。隶书字形下部"木"不出钩,楷书"余"中竖出钩,如《大广益会玉篇》的余、途,《类篇》的瑹,《正字通》的馀,中竖都出钩。两岸字形存在差异的 6 字,都是"余"作字的上部件而将钩去掉,而相同字形环境的"羽、甫"作上部件时台湾地区字形都是保留原形不去钩(见前文)。从字源和书法审美而言,"余"下部件应该写为"木",以"余"为构件的字也应该写为"木",但长期以来"余"的字形本身并不表义,因此字源"木"的保留没有实用价值。自楷书起,不仅中国,包括日韩文字,都是将"余"以及以之为构件的字的中竖出钩。遵照约定俗成原则,"余"不易作出更大范围的改动,将上述 6 字的台湾地区字形"余"出钩就可达到整个汉字文化圈的字形统一。

从甲、金文到小篆,汉字笔画都没有钩,隶书阶段汉字出现长钩,楷书阶段发展了大量的短钩硬钩,现代汉字中有将近一半的字有钩,有的一字多达三四个钩,如"虎"有三个钩。在楷书阶段出现的钩,只有少数是象形字的简化,如"龜(龟)"末笔钩表示乌龟的尾巴;但大多数钩跟字的音义无关,它们对字形起一定的修饰美化作用,如"丁、门、月、

---

① 高鸿缙、徐中舒、马叙伦、孙海波、林义光等持此说。参见李圃主编《古文字诂林》第 1 册,上海教育出版社 2004 年版,第 665—675 页。

可、事"等的钩，避免了呆板、雷同、机械。钩的出锋方向一般是指向下一笔的落笔处，这表明了笔画之间的联系，也体现了书法上笔画之间形断意连的要求。现行汉字的钩是对书法审美的追求和书写习惯的要求，与字的音义关系不大，已经成为汉字书写中的一个可做统一规范的规则。所以两岸字形在有钩无钩方面的差异，由以上分析得出的结论是：都以有钩为宜，这样可以实现汉字文化圈钩类笔形的统一。

四 "亼、氐、監"中的点与横

"亼、氐"的末笔和"監"右上部第三笔，大陆地区字形写为点，台湾地区字形写为横。由此产生的差异字形有 375 字。

1. "亼"的末笔

"亼"现已不独立成字，仅作为部首，以"亼"为构件的字大都有"集"或"遮盖之器"以及装东西的用具之义。《说文·亼部》："亼，三合也。从入、一，象三合之形。"用三画聚合在一起表示"集"的意思。在 CJK 字符集中，以"亼"为构件两岸存在差异的字形共有 314 字，区别点是"亼"的末笔，大陆地区是点，台湾地区是横，常用构字部件有"今、令、倉、食"。

(1) 今今

"今"以及以之为构件两岸存在差异的字形共有 94 字，"今"字形演变过程如下：

| 甲骨文 | 金文 | 小篆 | 隶书 | 楷书 | 字符集字形 |

甲、金文中"今"的用法与现在没有区别，都作"是时、此时"解，但"今"的造字本义，各家说解不一。《说文·亼部》："今，是时也。从亼，从フ。フ，古文及。"李孝定先生认为，"今乃借字。即假亼字为之。契文今或作亼，下不从'一'可证。或又增'一'者，以示与亼有别。篆从'ヿ'则从'一'之譌也"。于省吾先生认为，"今字的造字本义，係于亼字的下部附加一个横画，作为指事字的标志，以别于亼，而仍因亼字以为声"。裘锡圭先生认为，"'今'大概是倒写从'口'的'曰'字而成的，应该是当闭口讲的'吟'（噤）的初文"，而"当闭口讲的'吟'应该就是表示'今'字本义的分化字"。徐中舒先生认为"今"是象形字，"象木铎

形"。各家说解迄今无定论①,"今"造字本义都是经过或引申或假借或指事的方式来显示,"今"上部的"亼"究为何物恐怕一时难有定论。"当字演变得不再象形,人们就逐渐忘记了字形的来源,只依靠字的形状、字的不同构成去辨别字了;换句话说,是字的构成与写法成为人们认字、辨别不同字的根据,而不是字所反映的物的形象决定人们对字的认识了。"② 所以"今"上部写为"亼"与它的字形表义功能关系不大了。王凤阳先生认为,"全体字体演变史,概括起来,就是书写顺应手的运动生理的历史,就是根据人书写时的生理习惯去改进各种点、线的历史,就是缩短写字时的字的线路、缩短写字时间的历史"③他还归纳了汉字从线条到笔画过程所遵循的两条原则:趋直性原则(趋直性原则是在保持字形区别的前提下,为追求书写迅速、缩短运笔路线而将折线或弧线拉直的趋势)、反逆性原则(反逆性原则是要消灭书写中违背书写生理的逆笔,是用顺笔改造逆笔,或是用两个顺笔去代替篆书中的逆笔),并阐释了"今"由篆书到楷书的变化是"由于反逆原则使末笔断裂,由于笔画串连和'先上后下'的原则,使竖笔右移,变成现代的'今'了"④。如《大广益会玉篇》的含、仱、怜、珒,《五经文字》的今、含、坅、贪,《新加九经字样》的今,《类篇》的岭,《正字通》的今。"今"下部的笔画从小篆到楷书一直处于变动之中,由早期的两笔变为一笔,书写更流畅了,台湾地区印刷体"今"字的下部也是如此,并没有拘泥于古文字的一点一画。"今"上部的"亼",从小篆到楷书都保留了传统写法。1965 年 1 月发布的《印刷通用汉字字形表》尽量将印刷体向手写体靠拢,规定将"今"的"横点"改为"侧点",CJK字符集中的大陆地区字形即依此为标准。台湾地区印刷字形注重对"今"上部"亼"字源的保留,"今"以及以之为构件的字保留"亼"原形。

(2) 令 令

"令"以及以之为构件两岸存在差异的字形共有 53 字,"令"字形演变过程如下:

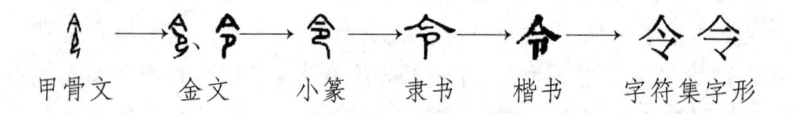

| 甲骨文 | 金文 | 小篆 | 隶书 | 楷书 | 字符集字形 |

---

[1] 参见李圃主编《古文字诂林》第 5 册,上海教育出版社 2004 年版,第 387—394 页。
[2] 王凤阳:《汉字学》,吉林文史出版社 1989 年版,第 220 页。
[3] 同上书,第 212 页。
[4] 同上书,第 761—767 页。

"令"的甲骨文、金文形体的下部，学者们的看法比较一致，认为"象人跽形"①，即一个跪坐的人；对上部的"亼"，有的学者看作屋字（丁佛言《说文古籀补补卷九》），有的看作"口"（李孝定《甲骨文字集释第九》、高田忠周《古籀篇卷二十五》），有的看作"亼"（罗振玉《增订殷墟书契考释》）。但最后的释义各家比较一致，认为是发号施令②，与《说文》"发号也"释义相同。这与"今"上部"亼"的造字本义相类，字形的表义功能已经不明显。

小篆字形下部的人形已不象形，隶书楷书完全符号化，人形写成了"卩"，没有丝毫的象形性。与楷书字形相比，两岸字形都又有所演进，都将下部的"卩"变成了横折撇、点，更便于书写了；不同点是大陆地区还将"亼"写为"𠆢"，台湾地区字形保留了上部"亼"的字源写法。"令"的下部件"卩"写为横折撇、点的历史很长，如《大广益会玉篇》的䀛、怜、拎，《干禄字书》的𤪌，《五经文字》的令、冷、泠，《类篇》的岭、怜、鲮、领、拎，《正字通》的令。

（3）倉倉

"倉"以及以之为构件两岸存在差异的字形有 26 字，"倉"字形演变过程如下：

甲骨文 → 金文 → 小篆 → 隶书 → 楷书 → 字符集字形

"倉"字为象形字。《说文》："倉，穀藏也……象倉形。"隶楷字形直接由小篆演变而来。有的字形将上部件"亼"写为"𠆢"，如《大广益会玉篇》的倉、蒼，《字汇》的蒼。《印刷通用汉字字形表》规定将整理汉字字形前印刷体的"永、言、今、令、氐、匀、况、次"等字中的"横点"改为"侧点"，于是"倉"上部"亼"写为"𠆢"。台湾地区字形上部仍写为"亼"。

（4）食食

"食"以及以之为构件两岸存在差异的字形共有 141 字，"食"字形演变过程如下：

---

① 参见李圃主编《古文字诂林》第 8 册，上海教育出版社 2004 年版，第 105 页。
② 同上书，第 102—106 页。

甲骨文 → 金文 → 小篆 → 隶书 → 楷书 → 字符集字形

甲骨文形体下部是一个装有食物的食器，上部的三角形是食器的盖子，即"亼"。金文形体下部的食器底座不象形了。小篆字形进一步将下部的底座演变成了人形"匕"，更不象形了。隶书、楷书字形直接由小篆形体笔画化。在历代字书中单字"食"上部件写为"亼"，作构件时多写为"亽"，如《大广益会玉篇》的食、飯、飴，《五经文字》的食、館，《新加九经字样》的食、飯，《类篇》的食、飢、館，《字汇》的食、飢、養，《正字通》的食、飢。大陆地区依据《印刷通用汉字字形表》原则将上部"亼"写为"亽"，台湾地区保持传统字形。

由以上字形分析可知，"亼"不独立成字，多作为字的上部件，其字形表义功能已经不明显。"亼"写为"亽"，可对下部件呈现避让之势，而且符合书写的生理习惯，如《大广益会玉篇》《字汇》《正字通》的部件"食"上部都写为"亽"。在宋代雕版楷书中已成为通行的写法，如：今（57）字频544，534字上部件写为"亽"，10字写为"亼"；念（504）字频84，81字上部件写为"亽"；令（145）字频251，上部件都写为"亽"；倉（977）字频36，21字上部件写为"亽"；食（263）字频162，上部件都写为"亽"。台湾地区《标准行书范本》中也是写为"亽"：今今、令令、伶伶，台湾地区大街小巷随处可见"亼"写为"亽"：領、吟、盒、愈、食、餐、飢、飯、饉、館、饌、飾、飲，在两岸都有广泛的群众基础。大陆地区字形将"亼"下短横写为点，是对人们书写习惯的肯定，是对文字约定俗成的再规范。建议含有"亼"部件的314个差异字形以大陆地区字形为标准字形。

2. "氏"的末笔

"氏"的末笔，大陆地区字形写为点，台湾地区字形写为横，两岸存在差异的字形有37字，"氏"字形演变过程如下：

金文 → 小篆 → 隶书 → 楷书 → 字符集字形

金文形体像物体着地的形象①,《说文·氏部》:"氏,至也。从氏下箸一。一,地也。"② 隶书字形下部的地"一"很长很突出,承载整个字体。但楷书字形下部的"一"就缩短到字内。行书草书中早已把这或长或短的横写为了点,如怀素等。大陆地区字形将横写为点,显然是行书草书对于点的发展起了重要作用。齐冲天认为,"它('氏'下部的横)迅疾而活泼地化横为点,并以此为妙笔而为人们欣然接受"③。而台湾地区印刷字形保持了楷书字形的写法。

从"氏"字形发展过程看,其下一横越来越短,在宋代雕版楷书中多有省略"横"的字例,如低(2782)字频 4、底(2047)字频 9、邸(1943)字频 10、砥(2786)字频 4,都有一个变体是省略了下部的横,可见"氏"下部一横的形体表义功能逐渐消失。台湾地区《标准行书范本》"氏"末笔都写为了点:低低。从字形的清晰美观角度看,"氏"下部写为点整字布局更平稳匀称凝聚④,符合书写的生理习惯,书写更便利,在两岸民众中有广泛的通行度和实用性。

3. "監"的右上部

"監"右上部第三笔,大陆地区是点,台湾地区是横。"監"以及以之为构件两岸存在差异的字形有 23 字,存在类似差异的还有 12 字:覽覽、攬攬、欖欖、燴燴、纜纜、灠灠、擥擥、譬譬、鉴鑒、覽覽、鑑鑑、鉴鑒。"監"字形演变过程如下:

臣、𦣞 → 監 → 監、監 → 監 → 監 監
甲骨文　　小篆　　　隶书　　　楷书　字符集字形

甲骨文"監"像人在一盆水上俯身低首下视形,突出大眼睛表示观鉴义⑤。小篆形体"人"跳到"皿"上,人形和眼睛也分为左右两部分,

---

① 马叙伦、唐兰、鲁宾先等主此说。参见李圃主编《古文字诂林》第 9 册,上海教育出版社 2004 年版,第 934—936 页。
② 李孝定认为氏字"初义当为提,以形近于氏之古文,至篆文讹为'氏下箸一'之'𠂆'耳"。转引自李圃主编《古文字诂林》第 9 册,上海教育出版社 2004 年版,第 935 页。
③ 齐冲天:《书法文字学》,北京语言文化大学出版社 1997 年版,第 238 页。
④ 参见王立军《楷书书写中的力学原则》,《河南师范大学学报》(哲学社会科学版)2001 年第 6 期。
⑤ 参见唐兰《殷墟文字记》:"余谓監字本象一人立于盆侧,有自監其容之意。"中华书局 1981 年版,第 100 页。

而眼睛讹变为"臣",盆中之水写作一短横。到隶楷阶段,"監"的水与人共处字的右上部,作笔画繁多字的部件时,其右上部"人"下的一短横可有可无,如"覽"的隶书字形"覽、覽",楷书字形"覽、覽"。从字源看,"監"右上部第三笔表水,小篆写为短横的笔画到楷书大多写为点,字书中有的写为短横有的写为点,如《大广益会玉篇》的監,《干禄字书》的𩁹,《五经文字》的監,《新加九经字样》的鑑,《字汇》的監,《正字通》監、覽。宋代雕版楷书中大多都将"監"右上部第三笔写为点,如監(333)字频130、鑒(1160)字频27、艦(3112)字频3、檻(3511)字频2,除了鑒的1个变体省略了表水的笔画外,其余字的右上部第三笔都写为点。现行汉字表水多用点,取其像水滴之形,楷书字形即用点表"監"中的水。"監"右上部第三笔写为点,不违背字源字理,字形传承时间长,字形布局也比较合理美观;如写为横则与上横平行,有失呆板。大陆地区字形可以作为标准字形。

五 "甶、反、風、耒"上部的撇与横

"甶、反"的首笔和"風"中间的首笔,大陆地区写为撇,台湾地区写为横;"耒"的首笔大陆地区写为横,台湾地区写为撇。两类情况产生的两岸差异字形有120字。

1. "甶、反、風"上部的撇与横

(1) 甶甶

"甶"以及以之为构件两岸存在差异的字形共有8字,"甶"字形演变过程如下:

甶 → 甶 → 甶甶
小篆　　楷书　　字符集字形

《说文·臼部》:"甶,舂去麦皮也。从臼,干,所以甶之。"段玉裁注:"干,犹杵也。"马叙伦《说文解字六书疏证》:"伦疑篆本作甶。从午,从臼。会意。干所以甶之,干亦午之讹。"[①] 根据汉字演变平直化笔画化的趋势,小篆字形上部的曲线一般演变为隶楷的直线横,楷书字形即如此。但手写体为求书写的便捷,在不会引起字义混淆的前提下,常常将

---

① 李圃主编:《古文字诂林》第6册,上海教育出版社2004年版,第707页。

第四章 两岸汉字字形差异点历时溯源(上) 113

横写为撇，历代字书中"臿"的首笔都是写为撇，如《大广益会玉篇》的臿、晒、插、堶、偛、喢、媎、歃、趰、鍤，《干禄字书》的臿，《五经文字》的插，《新加九经字样》的歃，《类篇》的誦、睭、唼、稴、桶，《字汇》的靤、鍤、庯、桶、譇、嚛；但《正字通》《康熙字典》中臿等字的首笔为横。宋代雕版楷书也是写为撇，如挿（3383）字频 2，右部件首笔都写为撇。"臿"的首笔写为横或撇不影响字义的区别和表达，写为撇的字形传承时间长，应用范围广。

(2) 反反

"反"以及以之为构件两岸存在差异的字形共有 25 字，"反"字形演变过程如下：

反 → 𠬠、反 → 月 → 反、反 → 反 → 反反
甲骨文　　金文　　小篆　　隶书　　楷书　　字符集字形

甲骨文形体左上部是"厂（厓）"，右下部是"又（手）"，表示用手攀援山崖而上之意。金文小篆一脉相承。《说文·又部》："反，覆也。从又、厂。"其实"反"的本义是"攀"，在经传中常写作"扳"，由"攀登"引申为"翻转"，由此引申为"相反"，与"正"相对①。古文字字形大都是线条，还无所谓笔画。所以"反"的第一笔写为横还是平撇，第二笔写为竖撇还是竖，无关六书字义。笔画的选择更多地受书写和书法美观原则的制约。隶书字形笔画化，左部的山崖写成了有波折之势的撇，与右部的"又"相呼应；第一笔写为平撇则更便于与竖撇的连写，书写便捷，字形也比较活泼。历代字书中"反"首笔多写为撇，如《大广益会玉篇》的反、坂、扳、仮、阪、返、䬃、䬃、恆、版、靭、輆、䬃，《五经文字》的反、䬃、版，《新加九经字样》的反，《类篇》的反、岅、坂、扳、阪、䛊；但《字汇》和《正字通》中"反"首笔多写为横，这是追求字符系统性原则，因为楷书字形将山崖写成了规整的"厂"，如"岸、危"中的"厂"。宋代雕版楷书中，"反"首笔的写法不稳定，如反（165）字频 51，21 字首笔写为撇；返（1461）字频 18，只

---

① 参见杨树达《积微居小学述林》："反字从又从厂者，厂为山石厓岩，谓人以手攀厓也。"高鸿缙《中国字例》："反当为扳之初字。扳，援引也，挽也。后反通用为覆意，后人乃加手旁为意符。"转引自李圃主编《古文字诂林》第 3 册，上海教育出版社 2004 年版，第 425、426 页。

有 3 字的右上部件首笔写为撇；贩（1730）字频 13、饭（2052）字频 9，右部件首笔都写为撇。

（3）風风

"風"以及以之为构件两岸存在差异的字形共有 47 字，"風"字形演变过程如下：

甲骨文　　小篆　　隶书　　楷书　　字符集字形

"風"字甲骨文是在凤凰形体基础上再加音符"ᚼ"[①]，是"假鳳为風"[②]。小篆字形上部件是"凡"，下部件将凤凰鸟变成了"虫"，上下结构。隶书字形成为半包围结构，"凡"将"虫"包裹进来，有的字形将"凡"中的横写为撇。《五经文字》的風，《类篇》的風、颷、颶、瘋，"風"中"凡"的末笔都写为撇；《大广益会玉篇》的風、飄，《字汇》的風、颸，《正字通》的風，"風"中"凡"的末笔不是撇，但都有撇的意味；宋代雕版楷书中的風（201）字频 195、楓（2262）字频 7、諷（2399）字频 6，都将"凡"中的横写为撇。《康熙字典》的風沿用了小篆字形，"凡"中间的笔画写为横。从字源看，"風"是由"凡"和"虫"组成的，单字"凡"中间的笔画在隶书（凡）中写为横，在楷书（凡）中已经写为点。《简化字总表》将"風"简化为"风"，《印刷通用汉字字形表》中将繁体的"風"中"虫"上的横写为撇。

从字源字理看，"舌、反"的首笔应写为横，可以保持相同字符的系统性，但字源理据与字形的联系现已基本脱离，字形的理据性丧失；"風"中"虫"上写为撇或横与六书含义的关系不大。随着文字进一步的符号化、规则化，文字的笔画组织更多的是受书写和书法审美原则的制约，随之会出现字形的分化异化等现象。日本韩国"舌、反"首笔有的写为撇有的写为横，"風"中间的首笔都写为撇。"舌、反"的首笔和"風"中间的首笔写为撇，便于连写下一笔，符合书写经济省时的要求，这在两岸民众中都有很深的书写基础，字形传承时间长，没有引起字义的

[①] 参见商承祚《说文中之古文考》："甲骨文叚鳳为風。鳳飞，百鸟相随以万数，而風生也。"上海古籍出版社 1983 年版，第 113 页。

[②] 李孝定：《汉字的起源与演变论丛》，台湾联经出版事业股份有限公司 1986 年版，第 168 页。

混淆，具有实用性和通行性。长期以来"舌、反"首笔写为撇没有引起字义的混淆和误解，不如遵照从俗原则顺应民众的书写习惯，以大陆印刷字形为标准字形。

2. "耒"首笔的横与撇

"耒"以及以之为构件两岸存在差异的字形共有 40 字，"耒"字形演变过程如下：

| 甲骨文 | 金文 | 小篆 | 隶书 | 楷书 | 字符集字形 |

甲骨文未见单用的耒字，但从耒之字有"耤、耕、耰"等①，上列甲骨文"耒"字即剪切自甲骨文"耤"字。金文的"耒"，《金文编》置于附录，《古文字类编（增订本）》和《古文字谱系疏证》置于"耒"字下②。"耒"是古耕田的农具③，上像柄，可手持，下像耒头，可入土，一短横象踏脚。小篆字形失去农具之形，《说文·耒部》："耒，手耕曲木也。从木推丰。古者垂作耒耜以振民也。"其实"耒"上部的三横与草芥之"丰"没有必然联系。隶书、楷书上部件不像"丯"，写为"丰"或"丯"，如《大广益会玉篇》的耒、耕、耤，《五经文字》的耒、耘，《类篇》的耒、耦、耕、鍊，《字汇》的耒、耕，《正字通》的耒、耕；宋代雕版楷书中耒（3151）字频 3、籍（722）字频 56、耕（1071）字频 31，"耒"的首笔都写为横。大陆地区字形是将"丯"和"丰"两个部件合二为一，都写为"丰"，因此"耒"的首笔也写为横；台湾地区字形将"丯"和"丰"加以区分（但区分不是很严密，详见后文），"丯"写为首笔为撇的"丯"，因此"耒"的首笔写为撇。"丯"和"丰"可以合二为一（详见后文"差异部件分合溯源"），都写为"丰"，那么"耒"中的"丯"也就应该写为"丰"，即首笔写为横，以增强字符的系统性，大陆地区字形可以作为两岸标准字形。

---

① 参见刘钊等编纂《新甲骨文编》，福建人民出版社 2009 年版，269—270 页。
② 参见《金文编》，第 1091 页；《古文字类编（增订本）》下册，第 987 页；《古文字谱系疏证》第 3 册，第 3087 页。
③ 参见王恒杰《"耒""力"一器考》："从形制上看，犁柄及铧，是加铜或铁尖的'耒'的发展，只不过是前面又加了牵引的牛或其它动力物。"《古文字研究》第 17 辑，中华书局 1989 年版，第 416 页。

六 "火、刃、㕚、糹"的左点

CJK 字符集中,"火、刃、㕚"左部的点和"糹"左下点,大陆地区字形写为撇点,台湾地区字形写为侧点,由此形成的两岸差异字形有 984 字。

1. 火 火

"火"以及以之为构件两岸存在差异的字形有 524 字,涉及的常用部件有:炎 炎、秋 秋、勞 勞、榮 榮、狄 狄等,如以"炎"为构件的字有 37 个,以"秋"为构件的字有 26 个。"火"字形演变过程如下:

甲骨文　小篆　隶书　楷书　字符集字形

"火"甲骨文形体像火焰升腾之形。小篆形体结构发生了变化,但还保留了一点火苗上冒的样子。隶书字形的上部左右两点相同,楷书字形上部两点都是撇点,自右上向左下,方向相同。从字源看,"火"左右的点表示火苗,写为撇点或侧点与六书字义无关。楷书字形是当时的雕版印刷字形,其刻写难度最大的笔画是点①,"火"左右的点都刻写为像短竖的"撇点"。历代字书都保留了这种写法,如《大广益会玉篇》的**火、熄**,《五经文字》的**火、燥、燠**,《新加九经字样》的**火、灰**,《类篇》的**火、炊、灰、煴**,《字汇》的**火、灰、煙**,《正字通》的**灵、煙**。今天计算机处理字形,不存在刻写难度问题。在手写体中,"火"左右的点一般写为左右呼应的侧点和撇点,如大陆地区楷体"火"。台湾地区字形"火",左右点呈相向之形,字形匀称,书写便捷,是对民众书写习惯的肯定,是对字形实用性和通行性原则的遵从。

以"火"为构件的字,组字部件"火"与独立成字的"火"的小篆、隶书、楷书字形相同。如"炎、榮"的字形演化过程:

小篆　隶书　楷书　字符集字形

---

① 参见王立军《雕版印刷对印刷体的影响》:"点的刻写难度最大,它不仅方向是斜置的,而且下方呈圆形,用刀很难处理。所以有许多点画被处理成了直笔,刻写作短横或短竖。"厉兵主编《汉字字形研究》,商务印书馆 2004 年版,第 203 页。

第四章 两岸汉字字形差异点历时溯源(上) 117

荣 → 榮、榮 → 榮 → 榮 榮
小篆　　隶书　　楷书　　字符集字形

"炎、榮"的组字部件"火"从小篆开始有了比较稳定统一的书写形式，但它们的字源并不都是"火"。"炎"甲骨文" "是上下两把大火，两火重叠，表火势大和热度高。"榮"金文形体" "像两棵交相争荣的花草，上部的六个点儿是鲜花竞放的形象，小篆形体上部的花朵变成了两个"火"，下部写为"木"，隶书、楷书承袭了小篆形体。虽然字源不同，但一旦笔画类化为"火"，它们都保持了相同的字形。作为字内部件应该尽量与单字"火"字形保持一致，台湾地区字形符合标准化要求。

2. 刃 刃

"刃"两岸的区别点是左点，大陆地区字形写为撇点与竖撇相离，台湾地区写为侧点与竖撇相接，"刃"以及以之为构件两岸存在差异的字形有23字，字形演变过程如下：

刀 → 刃 → 刃 → 刃 → 刃 刃
甲骨文　　小篆　　隶书　　楷书　　字符集字形

"刃"甲骨文形体是在刀形上加指示符号"短线"，以示刀刃之所在，是指事字。小篆字形同于甲骨文，隶书、楷书字形将指事符号写成了点，与左部表示刀片的竖撇交接，又如《字汇》的**刃**，《正字通》的**刃**。从字源看，"刃"左边点与竖撇相交接可以准确显示位置，写为"侧点"也符合笔势的运行。台湾地区字形与隶书楷书一脉相承，符合字源和笔势运行的要求，可以作为两岸标准字形。另有3字大陆写为"刃"，台湾地区字形左点写为捺，与撇、竖钩相交：**刼刼**、**剏剏**、**刏刏**。按照字符系统性原则，应该与其他23字字形保持一致。

3. 刃 刃

"刃"两岸的区别点是左点，大陆地区字形写为撇点与竖撇相离，台湾地区写为侧点与竖撇相接，"刃"以及以之为构件两岸存在差异的字形有6字，字形演变过程如下：

刃 刃 → 刃 → 刃 → 刃 → 刃 刃
金文　　小篆　　隶书　　楷书　　字符集字形

"刅"的金文形体，马叙伦认为"象伤物所著之血"，指"刀"割过后，刀上还粘了两滴血。小篆的写法基本同于金文，两点都与"刀"相接。《说文·刀部》："刅，伤也。从刃，从一。創，或从刀倉声。"隶书字形表示血滴的两点与"刀"相离。楷书字形将右边的点与"刀"相接，左边的点仍然与"刀"相离，又如《正字通》的刅。现行汉字"刅"不独立成字，只作字内部件，其字义已由"創"代替。大陆地区字形与楷书字形相同，左点写为撇点，右点写为侧点，左右点呈相向之形形成对称，如同"火"左右相向之点，字形匀称而灵动，避免了平行点的雷同呆板。简化字"办"，左右的点也呈相向之形，如：办办、协协，两岸字形相同。可见两岸对雷同笔画求变化规则的认同是一致的。大陆地区字形"刅"不违背字源，字形匀称美观，可以作为标准字形。

4. 糹

"糹"是单字"糸"作左部件时的变形，两岸字形的区别是左下点，大陆地区是撇点，台湾地区是侧点，以"糹"为左部件两岸存在差异的字形有428字，"糸"字形演变过程如下：

| 甲骨文 | 金文 | 小篆 | 楷书 | 字符集字形 |

甲、金文像束丝之形，上下端像束余之绪，上下端丝絮的多少不一。小篆字形上下端丝絮下多上少，楷书字形只保留了下端丝絮，形如"小"，作为构件与单字字形相同，如：紀；CJK字符集中两岸字形相同，下端都写为"小"。作为左部件时，两岸字形都将下部件简化为三点，如：紀紀，区别点是左下点，大陆地区是撇点，台湾地区是侧点，这是无关六书字义的。相同字形环境的"灬、馬、魚、鳥、黑、燕"等中的左下点，两岸都是写为撇点，避免平行点的雷同呆板，如：灬灬、点点、馬馬、馭馭、馮馮、魚魚、鮭鮭、鳥鳥、鷄鷄、鴃鴃、黑黑、黔黔、燕燕、嚥嚥、鷵鷵。从字符的统一性系统性原则出发，"糹"的左下点也应该写为撇点，大陆地区字形可以作为标准。以"糹/糸"为构件的其他4字：圝圝、繭繭、襧襧、鸞鸞，"糸"作左部件台湾地区字形没有变形为"糹"，台湾地区字形应该遵循相同的变形标准达到形变的一致性。

七 "八"的捺与横折捺

"八"两岸的区别点是右部笔画，大陆地区写为捺，台湾地区写为横

折捺。"八"字形演变过程如下:

)((→)((→ 八 → 八 → 八 → 八 八
甲骨文　　　金文　　　小篆　　隶书　　楷书　　字符集字形

"八"在甲金文中,都是表示一个东西被分成两半的样子,小篆"八"呈现相背的意味,所以"八"就是"分"的意思[①]。后来本义消失,当数字用的"八"是同音假借,在词义上与"分"没有联系。隶书字形笔画呈现一波三折之势。楷书字形右部写为横折捺,显然是承袭了隶书的笔势——捺笔讲究"蚕头燕尾"。台湾地区字形正是力图保留这一传统,但上部的横折已变得很短,似有非有,不仔细观察几乎察觉不到。台湾地区字形含有"八"部件保留了这种传统写法的字有132字,这些字的常用构字部件是:穴、分、公、兮。"穴、分、公"的字形演变过程如下:

→ 内 → 内 → 穴 → 穴 穴
金文　　小篆　　隶书　　楷书　　字符集字形

→ → → 分、 → 分 → 分 分
甲骨文　　金文　　小篆　　隶书　　楷书　　字符集字形

→ → → 公、公 → 公 → 公 公
甲骨文　　金文　　小篆　　隶书　　楷书　　字符集字形

"穴"甲、金文均未见单用字形,但金文从穴之字不少,以上金文"穴"取自西周早期的弜伯鼎的（竁）字,字形像洞穴形。《说文·穴部》:"穴,土室也。从宀,八声。""宀"中的两画表示出入的洞口,也含有"八"的分别意义。隶书字形中间的笔画写成两个"竖折"（以"穴"为上部构件的字有129字,后文论述）。"分"甲骨文像用刀将物分开之形,金文、小篆与甲骨文字形一致。"公"小篆字形从"八"从

[①] 参见（东汉）许慎《说文解字》:"八,别也。象分别相背之形。"

"厶"。楷书字形作为部件的"八"字形演变过程与单字"八"相同，是隶书笔画波折之势的残留。台湾地区字形正是力图保留这一传统，但上部的"横折"已变得很短，看似起笔时的"顿笔"。

可见，台湾地区字形保留"八"末笔横折捺的写法，并不是对早期字源的保留，而是对隶书、楷书字形书写笔势的保留，今天这种写法既不显示字源又不便于书写。在 CJK 字符集中，有两组字：氛氛、鸠鸠，台湾地区字形与大陆地区字形相同，"八"的右笔没有保留横。大陆地区字形笔画清晰，符合书写习惯，有广泛的通行度，含有"八"部件的 132 字（包括单字"八"）中"八"的字形可以大陆地区字形为标准字形。

八 "匕"的撇与横和竖弯横钩与竖弯横

"匕"以及以之为构件两岸存在差异的字形有 426 字，区别点是"匕"首笔，大陆地区写为撇，台湾地区写为横，其中有 82 字台湾地区字形竖弯横不出钩。常用构字部件有：皀、死、比、此、北、尼、老、鹿、能、疑、乘、旨、真、化。

1. 皀 皀

"皀"以及以之为构件两岸存在差异的字形有 11 字，"皀"字形演变过程如下：

皀 → 皀 → 皀 → 皀 → 皀 皀
甲骨文　　金文　　小篆　　楷书　　字符集字形

"皀"甲骨文像装满食物的食器之形，下部是食器的底座。金文简化了线条①。小篆字形发生讹变，成为上形（白）下声（匕）的形声字（《说文》解释为象形字），食器的底座写成了"匕"。《说文·皀部》："皀，穀之馨香也。象嘉穀在裹中之形；匕，所以扱之。或说，皀，一粒也。"许慎对"匕"的说解未免臆测。在《说文》中"皀"是部首字，由"皀"组成的汉字大都与馨香、就食、享受有关，如"既、即、乡"三字中的"皀"就是表示盛食物的容器。所以"皀"下部的"匕"来源于食器底座。

2. 死 死

"死"以及以之为构件两岸存在差异的字形有 9 字，"死"字形演变

---

① 参见戴家祥《释皀》："可知'皀'为簋之初文。"转引自李圃主编《古文字诂林》第 5 册，上海教育出版社 2004 年版，第 278—281 页。

过程如下：

甲骨文 → 金文 → 小篆 → 隶书 → 楷书 → 字符集字形

甲骨文像人拜祭于枯骨之形，是凭吊死者之意①，"人"和"歹"左右位置不固定。金文形体左右结构固定，"人"形继承了甲骨文较简的写法。小篆字形由"歹"和"人"（小篆"人"和"匕"写法混同）组成，左右结构。隶书字形将右部的人写为"匕"。楷书字形依据隶书字形规整化。

3. 北北

"北"以及以之为构件两岸存在差异的字形有14字，"北"字形演变过程如下：

甲骨文 → 金文 → 小篆 → 隶书 → 楷书 → 字符集字形

甲、金、篆皆为两个背靠背站着的人，隶书字形将"人"写成一正一反的"匕"，右上部笔画为横。楷书将右上部笔画写为撇，左部反"匕"写为"丬"。大陆地区字形与楷书字形完全相同，台湾地区字形右部是横笔的"匕"，左部反"匕"写为"丬"。

4. 乘乘

"乘"以及以之为构件两岸存在差异的字形有6字，"乘"字形演变过程如下：

甲骨文 → 金文 → 小篆 → 隶书 → 楷书 → 字符集字形

"乘"甲骨文像树顶上站着一个人，表示乘于其上。金文与甲骨文相同。小篆字形的"木"形犹在，其上的"人"突出左右两只脚。隶书字

---

① 参见罗振玉《殷墟书契考释》："象人跽形，主人拜于朽骨之旁。死之谊昭然矣。"转引自李圃主编《古文字诂林》第4册，上海教育出版社2004年版，第390页。

形人形不象形,脚趾用左右两个"十"来代表。楷书字形人脚写成了左右两个"匕",即将"北"分列左右,右部"匕"是撇、竖弯横钩。大陆地区字形与楷书字形完全相同,台湾地区字形右部是横笔的"匕"(竖弯横不出钩),左部反"匕"写为"๖"。

另有四字:乖乖、乘乘、兆兆、桃桃,前两字与"乘"字形有相同的笔画结构,依据字符简化优化原则应与"乘"中的两个"匕"规范保持一致;后两字字形环境类似,也应以"乘"中的"北"为规范标准。

5. 燕 燕

"燕"以及以之为构件两岸存在差异的字形有10字,"燕"字形演变过程如下:

甲骨文　　小篆　　隶书　　楷书　　字符集字形

"燕"甲骨文形体像头朝上展翅飞翔的燕子。《说文·燕部》:"燕,玄鸟也。籋口,布翄,枝尾,象形。"段玉裁注:"籋口,故以廿象之;布翄,故以北象之;枝尾,与鱼尾同,故以火象之。"小篆形体燕子的双翅变成两个分列左右的"匕"。隶书字形将翅膀写成分开的"北",翅尾写成并列的四小点儿"灬"(火的变形)。楷书字形直接由隶书演变而来,将"北"分列左右,右部"匕"是撇、竖弯横钩。

䕘䕘、鷰鷰两字上部件是"燕"的省写,其左右"匕"可依"燕"的规范标准。

6. 此 此

"此"以及以之为构件两岸存在差异的字形有39字,"此"字形演变过程如下:

甲骨文　　金文　　小篆　　隶书　　楷书　　字符集字形

"此"的甲金文左部是一只脚趾(止),右部是一侧立人形。小篆字形由"止"和"人"组成,左右结构,大小均衡。隶书字形将"人"写成"匕","匕"右上笔画有的写为横,有的写为撇。楷书字形"匕"右上部的笔画写成撇。大陆地区字形与楷书字形相同,台湾地区字形将

"匕"首笔写为横。字符集中有 1 字两岸字形相同：**雌雌**，是"此"作左部件时竖弯钩变竖提，同时"匕"首笔写为横。

7. 老老

"老"以及以之为构件两岸存在差异的字形有 26 字，"老"字形演变过程如下：

$$\text{甲骨文} \to \text{金文} \to \text{小篆} \to \text{隶书} \to \text{楷书} \to \text{字符集字形}$$

"老"甲骨文像一个长发、手拄拐杖的老人①。金文形体老人手中的拐杖变成了"匕"或"止"。小篆继承了金文多个形体中的一个，手杖写成了"匕"。隶书楷书字形不仅笔画化，结构也发生变化，手杖"匕"移到了右下部，部件规整为上"耂"下"匕"。部件"匕"，隶书是横、竖弯横，楷书是撇、竖弯横钩。大陆地区字形与楷书字形相同。

8. 尼尼

"尼"以及以之为构件两岸存在差异的字形有 24 字，"尼"字形演变过程如下：

$$\text{小篆} \to \text{隶书} \to \text{楷书} \to \text{字符集字形}$$

"尼"字战国陶文作，上博简作，与小篆字形均像是一个人坐在另一个人的脊背上。《说文·尸部》"尼，从后近之。从尸，匕声。"隶书字形上部的人写成"尸"，下部的人写成"匕"。楷书字形下部"匕"的右上部笔画写为撇。大陆地区字形与楷书字形相同。

9. 比比

"比"以及以之为构件两岸存在差异的字形有 93 字，涉及的常用构件有：毕、昆、皆等。"比"字形演变过程如下：

---

① 参见商承祚《殷墟文字类编》："象老者依仗之形。"转引自李圃主编《古文字诂林》第 7 册，上海教育出版社 2004 年版，第 645 页。参见《甲骨文编》："象人老佝背之形。"中华书局影印本 1965 年版，第 357 页。

124　中国大陆与台湾地区计算机字库字形比较研究

㇇㇇ → ㇇㇇ → 从 → 比 → 比 → 比 比
甲骨文　　金文　　小篆　　隶书　　楷书　　字符集字形

"比"字甲、金、篆像两人紧挨在一起，表示靠近、并列或挨着之义。隶书字形将两个"人"写成了两个"匕"。楷书字形为避重复，两个"匕"有所区别，右部写为"匕"；为避让右部件，左部"匕"首笔是横，竖弯横钩写成竖折提，使得左右两构件结合更紧密，整个字形显得更加紧凑美观。以"比"为构件的字也一样，如：坒、昆、皆。大陆地区字形与楷书字形相同，台湾地区字形右部"匕"的首笔写为横。字符集中有 1 字两岸字形相同：鵖鵖，"昆"作左部件时竖弯钩变竖提，同时"匕"首笔写为横。

10. 鹿鹿

"鹿"以及以之为构件两岸存在差异的字形有 89 字，"鹿"字形演变过程如下：

鹿 → 鹿 → 鹿 → 鹿 鹿 → 鹿 → 鹿 鹿
甲骨文　　金文　　小篆　　隶书　　楷书　　字符集字形

"鹿"甲骨文像鹿形，头上长着鹿角。金文形体更像一只梅花鹿，形体更美观了。小篆字形将鹿角写成"屮"，鹿脚写为"比"。隶书、楷书下部的"比"都是鹿脚的变形。楷书字形为避重复，两个"匕"有所区别，和"比"的楷书字形相同。以"鹿"为构件的字也一样，如：麃、麗等。大陆地区字形与楷书字形相同。

11. 毚 毚

"毚"以及以之为构件两岸存在差异的字形有 14 字，"毚"字形演变过程如下：

毚 → 毚 → 毚 毚
小篆　　楷书　　字符集字形

《说文·㲋部》："毚，狡兔也。兔之狡者。从㲋、兔。"又"㲋，兽也。似兔，青色而大。象形。头与兔同，足与鹿同。""㲋"是一种像兔但比兔大的青色的兽类。可知"毚"中的"比"也是动物的四只脚，与

"鹿"中"比"同形。

12. 能 能

"能"两岸字形的区别点有三：一是右部两个"匕"的首笔，大陆地区写为撇，台湾地区写为横；二是右上部"匕"的竖弯横，大陆地区字形带钩，台湾地区字形不带钩；三是左下部件，大陆写为"月"，台湾写为"⺼"（肉的变形）。"能"以及以之为构件两岸存在差异的字形有 13 字，"能"字形演变过程如下：

$$\text{𤉡、𤉣} \longrightarrow \text{𦜏} \longrightarrow \text{能、𦝕} \longrightarrow \text{能} \longrightarrow \text{能 能}$$
金文　　　小篆　　　隶书　　　楷书　　字符集字形

"能"是古"熊"的本字（字形分析见前文）。小篆字形将熊的腿脚写为"比"，腹部用"肉"代表。隶书字形将"匕"拆为上下结构，代表腹部的笔画写为"月"，"月"与"肉"混同。楷书字形将右部件规整化为上下结构的两个"匕"，左下部写成"月"。"能（熊）"的早期形体及演变过程与"鹿"很相似，但是到小篆以后，特别是隶书以后，"鹿"的脚左右并列写为"比"，"能"的脚成为上下叠复，楷书字形上下两个"匕"都写为撇、竖弯横钩，大陆地区字形与楷书字形相同。台湾地区字形将"匕"的撇写为横，并且"能"右上部件"匕"的竖弯横不出钩，为显示字源将"月"和"肉"区别字形（详见第五章"部件分合差异溯源"之"月与肉"）。

13. 疑 疑

"疑"以及以之为构件两岸存在差异的字形有 13 字，"疑"字形演变过程如下：

$$\text{𠑹、𠓟、𠓠} \longrightarrow \text{𠤕、𠤖} \longrightarrow \text{疑} \longrightarrow \text{疑} \longrightarrow \text{疑} \longrightarrow \text{疑 疑}$$
甲骨文　　　金文　　　小篆　　隶书　　楷书　　字符集字形

"疑"甲骨文形体是一个正面站着的人，嘴巴大张，迷茫的样子，"简体象人侧首旁顾凝思形"，"繁体像人持杖出行遇歧途而侧首凝思"①。金文左上部增加了"牛",郭沫若先生认为是声符,下部的"辵"表示行动义。小篆由金文演变而来,《说文·子部》"疑,惑也。从子、止、匕,矢声。"这是根据小篆字形的分析,可见许慎也不知道来源。其实许慎所谓的"匕"和"矢"是甲、金文中那个迷茫不知所往张口张望的人,"匕"是大嘴巴的变形。隶书、楷书由小篆直接演变而来,区别是左上部"匕"的字形,楷书"匕"的竖弯横出钩,右部写为撇。

窺窥、欵欸、肆肆 3 字的左部件是"疑"古文字的简写,可依"疑"规范标准。

14. 旨旨

"旨"以及以之为构件两岸存在差异的字形有 14 字,"旨"字形演变过程如下:

甲骨文　　金文　　小篆　　隶书　　楷书　　字符集字形

甲、金文"旨"的上部都是一个侧立的人形,像"臽"(陷)的初文。《说文·旨部》:"旨,美也。从甘,匕声。"显然不能和古文形体相吻合,存疑。隶书字形简化了。楷书字形直接由小篆演变而来,上部件写为带钩的"匕",右部写为撇。

还有 16 个含有"匕"部件(包括单字"匕")的字:匕匕、杧杧、牝牝、庀庀、疕疕、邕邕、揭揭、渴渴、匙匙、鴰鴰、鬱鬱、鬱鬱、顜顜、頴頴、穎穎、穎穎,字源意义不明确,不能归入上述类别,其中后 10 字台湾地区字形"匕"不带钩。

以上字例都包含部件"匕",共 400 字,单字"匕"的字形演变过程如下:

甲骨文　　金文　　小篆　　隶书　　楷书　　字符集字形

---

① 李圃主编:《古文字诂林》第 10 册,上海教育出版社 2004 年版,第 1095—1096 页。

第四章 两岸汉字字形差异点历时溯源(上)

"匕"甲金文形体像侧立的人形。《说文·匕部》:"匕,相与比叙也。从反人。匕,亦所以用比取饭。一名柶。"《说文》同时收有另一个"匕":"变也。从到人。"其实"反人"和"倒人"是一个意思①。《康熙字典》就只有部首"匕"。隶书字形有两种,区别点就是右上部笔画,楷书字形保留了右上部是撇的字形,有利于书写快捷和字形美观。从以上字形分析可知,"匕"作为构件的字源意义至少有七种:器物底座(皀)、人(比、北、此、尼)、拐杖(老)、动物脚(鹿、能、夔)、人脚(乘)、鸟翅(燕)、人大张的嘴巴(疑)。可见"匕"右部写为横还是撇与字源没有直接关系。"匕"右部写为撇,书写更快捷,历代字书都写为撇,如《大广益会玉篇》的此、死、尼、北、鹿、能、燕,《五经文字》的此、老、能、死,《类篇》的匕、此、背、尼、旨,《字汇》的匕、比、此、死、老,《正字通》的匕、北、此、死、比、尼、泥、老,以及《康熙字典》此类的字形。大陆地区字形"匕"以及所有包含"匕"部件的字,不管其字源如何,都统一写为"匕"("比"和"北"的左部件,为避免笔画重复和字形的紧凑美观,发生形变),与历代字书和《康熙字典》的写法完全相同。这既不影响字源的表达,又符合人们的书写习惯和字形美观的书法原则。台湾地区"匕"首笔写为撇很常见,如:北、乘(桃园机场)、北(台湾地区火车提示站名)、北、北(店铺名称)、北(台湾地区路标)、北(北回归线)、皆(台北市 101 大楼顶层餐厅);而且,相同编码对应的日本和韩国含有"匕"部件的汉字都是写为撇,与大陆字形完全相同。台湾地区字形刻意保留横的写法,既没有字源根据也不符合民众的书写习惯。另外,"匕"的竖弯横出钩是楷书字形的书写特征,台湾地区单字"匕"以及以之为构件的字竖弯横大多都出钩,如"皀、比、此、北、鹿、老、尼、能"等,但同时又有一部分字中的竖弯横不出钩,这一部分字中的"匕"都是作为上部件,如"疑、能、乘、燕、旨"等。相同部件应该尽量减少变形,增强部件的系统性统一性,所以台湾地区字形竖弯横不出钩的 75 字也应与大陆地区、日本和韩国印刷字形保持一致。

另有 7 字含有"匕"部件,两岸字形竖弯横都不出钩,区别点是右

---

① 《唐兰先生金文论集·释真》:"变匕之匕,古殆无此字。倒人为𠤎,与倒大为𡗗同,𠤎与匕左右相反,实一字也。古仅有化字,两人相逆,盖象意而非形声,故未必有变化之匕字。变匕之匕,自来未有用者,《说文》匕部所从,除真及化外,仅有匙字。而匙实䟗之误,与《说文》说長老二字为从匕同,实皆不从匕也。"转引自李圃主编《古文字诂林》第 7 册,上海教育出版社 2004 年版,第 445 页。

部笔画，大陆地区写为撇，台湾地区写为横，字例如下：眞真、塡填、慎慎、槙槇、鎭镇、顛颠、巓巅。常用构件是"眞"，字形演变过程如下：

眞 → 眞 → 眞 → 眞、真 → 眞、眞、真 → 眞 真
甲骨文　　金文　　小篆　　隶书　　　楷书　　　字符集字形

"眞"甲、金文下部像"贝"或"鼎"，唐兰先生认为上部"匕"表音，而"非变匕之匕"①；也有人认为上部是古代盛饭的器具"匕"，下部是鼎。小篆字形是金文形体的规整化，不象形了。

"眞"上部件是"匕"，"匕"右部写为撇还是横，竖弯横带不带钩，已在上文论证可以首笔为撇的"匕"为标准字形。所以"眞"的上部件也不应例外，而且在同一码位的日本和韩国文字都是写为"匕"，如：塡填。在CJK字符集中，"眞"以及以之为构件的字有7个，而"真"以及以之为构件的字有15个②。而早在宋代雕版楷书中，字形"真"已经很普遍，如眞（469）字频93，64字与"真"基本相同；鎭（837）字频46，23字与"镇"相近；慎（932）字频39，18字与"慎"基本相同。隶书和楷书都有多个字形。《简化字总表》从楷书中选取"真"为标准字体，"眞"是"真"的繁体，台湾地区《常用"国字"标准字体表》也以"真"为正体，如台东县的"成功镇公所"的"镇"。为部件的统一，两岸"眞"以及以之为构件的7个字都应作出修正，以"真"作为统一规范字形为佳。

同样以"匕"为构件，两岸字形存在差异的是大陆地区写为"七"（与七相似），台湾地区写为"七"（右部不是撇是横），共有19字：化化、訛訛、华华、吡吡、囮囮、枇枇、爺爺、花花、糀糀、妣妣、錕錕、糀糀、貨貨、釵釵、靴靴、魶魶、苍苍、齔齔。常用构件"化"字形演变过程如下：

---

① 《唐兰先生金文论集·释真》："真从匕从贝，而其后从目者，此文字变迁之通例……后人不知真字从匕从贝，后又增丌。"转引自李圃主编《古文字诂林》第7册，上海教育出版社2004年版，第445页。

② 《唐兰先生金文论集·释真》："真字虽不见经传，然老庄已有之。又慎、填、镇、颠等字，从真者至多，其字必至古。"转引自李圃主编《古文字诂林》第7册，上海教育出版社2004年版，第444页。

第四章　两岸汉字字形差异点历时溯源(上)　129

𠂉 → 北 → 𠂉𠂉 → 化、化 → 化 → 化 化
甲骨文　　金文　　小篆　　　隶书　　　楷书　　字符集字形

甲骨文选自《续甲骨文编》，编号2268，"化"的甲金文形体像一反一正的人形[1]，会意字，"颠倒"就是"变化"。《说文·匕部》"化，教行也。从匕，从人，匕亦声。"隶书字形左部的人写为"亻"，右部的人写为"匕"。楷书字形"化"将"匕"写为"七"（与"七"相似但不是"七"），历代字书写法不统一，有的写为"匕"，如《大广益会玉篇》的化、《五经文字》的化、《正字通》的化；有的写为"七"，如《类篇》的化、《字汇》的化、《大广益会玉篇》的花。宋代雕版楷书中，化（484）字频89，43字写为"化"，46字写为"化"，花（1012）字频34，24字写为"花"。从字源看，大陆地区字形虽与楷书字形相同但不符合字源字理，台湾地区字形保留字源写为"七"，但日常用字中多将首笔写为撇：化、化、花、█、花（台湾地区街道店铺名称或广告语）。"化"的右部件写为"匕"（右部是撇不是横）符合部件系统化原则，与历代字书字形吻合，相同编码的日韩文字是写为"匕"，如化化，建议以日本韩国字形来规范两岸"化"及含有此部件的字。

九　"與、蛍"中的竖与撇

"與"上部中间"与"的末笔和"蛍"上部件的第三笔，大陆地区字形写为竖，台湾地区字形写为撇。

"與"以及以之为构件两岸存在差异的字形有19字，"與"字形演变过程如下：

𦥑 → 𦥑 → 與、與 → 與 → 與 與
金文　　小篆　　　隶书　　　楷书　　字符集字形

"與"的金文来自春秋齐镈，小篆字形与金文基本相同，像四只手共同举起一个物品[2]。《说文·廾部》："與，党與也。从舁，从与。""舁，

---

[1] 参见朱芳圃《殷周文字释丛》："化象人一正一倒之形，即今俗谓翻跟头。"转引自李圃主编《古文字诂林》第7册，上海教育出版社2004年版，第450页。
[2] 参见林义光《文源》："即与之或体。四手象二人交与，丨所象之物。"转引自李圃主编《古文字诂林》第3册，上海教育出版社2004年版，第230页。

共举也。从臼，从廾。"隶书字形把被举物品写为"与"或"歹"。楷书字形将被举物品"与"末笔写为两点。两岸字形都没有保持楷书字形的写法，大陆地区将中间"与"末笔横写为竖，台湾地区将横写为撇，目的都是避让左部件。"與"中间"与"的末笔无论写为撇还是竖，都是为追求字形的严谨美观，如《大广益会玉篇》的𢍁写为竖，《正字通》的舉写为点。在宋代雕版楷书中就已开始尝试这种笔画变形，如與（62）字频492，479字将中间"与"的末笔写为竖，10字写为横；舉（141）字频253，243字写为竖，6字写为横。中间"与"的末笔写为横，就会与左部件发生冲突；写为撇，笔势走向是左下，可能与左部件相挤压；如果写为竖则可避免与左部件的冲突。大陆地区字形符合书法美学原则。

"䖝"以及以之为构件两岸存在差异的字形有4字：䖝䖝、嗤嗤、媸媸、滍滍。"䖝"小篆字形写为"𧈢"，《说文》："䖝，虫也。从虫，之声。""之"的小篆字形"屮"中间是竖。《大广益会玉篇》和《类篇》中就写为竖，如嗤和䖝。《康熙字典》楷书字形写为"䖝"，上部件中间依然是竖。台湾地区《常用"国字"标准字体表》中"䖝"的写法和大陆地区字形相同，并说明"从虫，屮声"。台湾地区字形将"屮"上部件的中竖写为撇，没有字源根据，不符合字符的系统性原则，从书法角度看，字形也不严谨。大陆地区字形符合字源理据和书法美学要求。

十 "雨、鼠、鼡、皋"中四点和"非"的左部

"雨、鼠、鼡、皋"中四点和"非"，都存在雷同的笔画，应该变换雷同笔画来达到文字的参差错综和形变规则的系统性。两岸对这些字的笔画形变规则认识不一致，各自采用不同的笔画组织规则，导致了两岸字形的差异。

1. "雨"中四点

单字"雨雨"两岸的区别点是中间四点，大陆地区写为自左上向右下的四点，台湾地区字形是两两相向的四点；"雨"作字的构件时，大陆地区写为四短横，台湾地区写为两两相向的四点，"雨"以及以之为构件两岸存在差异的字形有180多字，如需需、霍霍、雲雲、雷雷、零零、霸霸、霜霜、霝霝等。"雨"字形演变过程如下：

| 甲骨文 | 金文 | 小篆 | 隶书 | 楷书 | 字符集字形 |

第四章 两岸汉字字形差异点历时溯源(上)

"雨"甲骨文形体上部的横线表示天空的云层，下垂的点或线表示下落的雨水。金文形体下落的雨水有断有续。小篆字形在上部又增加一横线，可能表示天空，中间的雨滴为平行的四横点（实际是四短横）。隶书字形同于小篆，中间的四短横写成了四点。楷书字形的四点写成"侧点"，从左上向右下，方向一致。"雨"中的点由甲、金文直下的点变成篆书的横点，又变成楷书自左上向右下的侧点。

受客观自然现象的影响，"雨"作字的构件绝大多数是作字的上部件，所以俗称"雨字头"。只有一个"扇"例外，"雨"出现在字的下部，CJK 字符集中有 3 字：扇扇、漏漏、瘸瘸。我们以"雲、雷、霝"字形演变过程为例：

雨 万 → 雲 → 雲雲 → 雲 → 雲雲
甲骨文　　小篆　　　隶书　　　楷书　　字符集字形

→ → 雷 → 雷 → 雷 → 雷雷
甲骨文　　　金文　　　小篆　　隶书　　楷书　　字符集字形

→ → 霝 → 霝 → 霝霝 → 霝 → 霝霝
甲骨文　　金文　　小篆　　　隶书　　　楷书　　字符集字形

从以上字例可知，"雨"作字内部件，在小篆中四点统一规范为四短横，与单字小篆"雨"字形相同。楷书字形"雨字头"的四点都写为四短横，只有独立成字的"雨"和"扇"以及以"扇"为构件的字写为方向相同的四侧点，如"扇"的楷书**扇**。这种书写规则在宋代雕版楷书中已成为通则，如雨（878）字频43，中间笔画有38字写为自左上向右下的四点，只有5字写为两两相向的四点；雲（459）字频95，91字写为四短横，4字写为自左上向右下的四点；雷（1477）字频18，都写为四短横。

台湾地区字形统一将"雨"（包括单字"雨"及含有"雨"部件的字）中四点变为相向的四点；大陆地区现行楷体字形，"雨"以及以"雨"为构件的字写法相同，如"雨、雪、雷、漏"，"雨"内四点方向一致；但大陆地区宋体单字"雨"与作字内部件"雨"字形不同，如"雨、雪、雷、漏"。从字源看，"雨"中四点表示下落的水滴，写为方向一致的侧点是对传统字理的保留，大陆地区楷体字形符合要求；将"雨字头"的四点写为平行的四短横，以避让下部件，大陆地区宋体与传统楷书字形一致；台湾地区字形将四点写为两两相向，体现雷同笔画追求变化的书法美学规则。

书法家从书法审美的角度出发，认为"雨"中的四点应该两两相向[①]；文字学家从汉字的表意属性出发，认为字形应"合乎初形本义"。文字形体丧失理据符号化后，就会依据书法美学规则进行笔画和结构的组织，但如果文字形体的表意功能明显，就应该尊重传统的字源字理，维护汉字形体的表意特点，不能随意进行破坏构形系统的简化或异化。"雨"作为一个成字部件，自甲骨文起至今都有比较明确的表意体系，不宜按照纯书法技巧来处理字形。在长期的实践使用中，形成了"雨"的一些字形规则，即"雨字头"中的四点写为四短横，单字及其他结构中写为自左上向右下的四点。如《大广益会玉篇》的雨、雲、霆、電，《五经文字》的雨、雷、霆，《新加九经字样》的雨、電，《类篇》的雨、霆、檽、雩、需，《字汇》的雨、雩、雷，《正字通》的雨、雪、雷、霆；只有《大广益会玉篇》单字写为雨和《类篇》少数字的"雨字头"写为 。《康熙字典》的楷书字形和 CJK 字符集的大陆地区、日本、韩国的单字"雨"中四点都写为左上向右下的点，为避让下部件"雨字头"的四点都写为四短横，台湾地区大街小巷"雨字头"中间写为四短横的字形很普遍：露、雲、霧、電，可见这样的字形传承时间长，适用范围广。大陆地区字形尊重传统，又适合通用性原则，也不违背汉字的表意特点，也照顾到了书法审美原则，可以作为字形规范标准。

2. "鼠、鼢"下部四点

"鼠、鼢"以及以之为构件两岸存在差异的字形有 44 字。

《甲骨文编》和《金文编》都没有收录"鼠"。小篆字形： ，《说文·鼠部》："鼠，穴蟲之总名也。象形。"马叙伦分析是"从后正视之形。与牛羊同"[②]。文字学家认为下部的四点是米粒[③]。在宋代雕版楷书

---

① 参见齐冲天《书法文字学》："依照楷书点画求变的总原则来看，又考察历来雨字及雨字头的写法，其四点应以两两相向的写法作为规范。早在唐初的《书谱》中就已说过：'至若数画并施，其形各异；众点齐列，为体互乖。'直到我们现代的字形中，点画的经营安排，仍然还是要避免雷同，总要求得参差错综，向背各异。"北京语言文化大学出版社 1997 年版，第 396 页。

② 参见李圃主编《古文字诂林》第 8 册，上海教育出版社 2004 年版，第 628 页。

③ 参见叶玉森《殷虚书契前编集释卷一》："𠂆象米粒。鼠善疑，将食米，仍却顾疑怯。古人造字，既状其形，并状其性。"马叙伦《说文解字六书疏证卷十九》："何有於𠂆，以为鼠好窃米，故为米以见意。"转引自李圃主编《古文字诂林》第 8 册，上海教育出版社 2004 年版，第 628 页。

中，鼠（1555），字频17，主形为"鼠"，其他变形的下部也是写为横，在楷书字书中也多写为四短横，如《大广益会玉篇》鼠、鼬、鼪，《正字通》鼢、鼩、鼬、鼫、鼯，《类篇》的鼠、鼬，这可能和雕版印刷中"点"的刻写难度最大有关①。《康熙字典》中"鼠"下部有的写为四点，有的写为四短横：鼠、鼠、鼢、鼢。从字源看，"鼠"下部四点是米粒，应当写为点，写为短横是雕版技术所致。CJK字符集中日本韩国文字也是写为点，与大陆字形相同。从字符的传承性和通用性看，大陆地区字形符合规范标准。

"鼷"的小篆字形"鼷"与"鼠"的小篆字形"鼠"下部同形，楷书阶段"鼷、鼠"下部成为相同部件，《广韵》认为"鼷"是"鼠毛"。"鼷"的字形规范应该依从"鼠"字形规范标准。

3. "皋、臯"中部四点

"皋皋"和"臯臯"中部四点大陆地区写为相向的四点，台湾地区写为四短横。"皋"以及以之为构件两岸存在差异的字形有7字，"臯"以及以之为构件两岸存在差异的字形有8字。《康熙字典·白部》注明："皋，《玉篇》同皋。"又《自部》注明："臯，《字汇》俗皋字，详白部皋字註。"可知"皋、臯"是"皋"的异体，字形演变过程如下：

皋 → 皋、皋、臯 → 皋 皋、皋 皋、臯 臯

小篆　　　楷书　　　　　　字符集字形

《说文·夲部》："皋，气皋白之进也。从夲，从白。""夲，进趣也。从大，从十。大十，犹兼十人也。"宋代雕版楷书以"皋"为主形，皋（1259）字频23，22字写为"臯"，1字写为"皋"。从字源看，"皋、臯"都是"皋"的变体，《第一批异体字整理表》选"皋"废"皋、臯"，台湾地区《次常用"国字"标准字体表》也以"皋"为正体。CJK字符集中台湾地区字形与历代字书中字形相同，如《大广益会玉篇》的皋，《干禄字书》的皋，《五经文字》的皋，《新加九经字样》的皋，《类篇》的皋、皋、臯，《字汇》的皋、皋，《正字通》的皋、皋等；大陆地区字形遵循雷同笔画追求错综变化的原则，将四短横写为两两相向的四点，字

---

① 参见王立军《雕版印刷对印刷体的影响》："点的刻写难度最大，它不仅方向是斜置的，而且下方呈圆形，用刀很难处理。所以有许多点画被处理成了直笔，刻写作短横或短竖。"厉兵主编《汉字字形研究》，商务印书馆2004年版，第203页。

书只有《字汇》写为"皋",并注明是"皋"的俗体,同时收有皋。《字汇》《正字通》《康熙字典》都以"皋"为正体,两岸也都以"皋"为正体字,应以字形"皋"为标准字形来规范统一"皋、皋";如储存古籍字形,应尽可能保留历史字形原貌,台湾地区字形与历史字形相同,可以作为两岸的标准字形。

4. "非"左部

大陆字形"非"中的两竖写为平行并列,而台湾地区字形将左部竖写为撇,左下部横写为提,两岸由此产生的差异字形有58字,"非"字形演变过程如下:

兆 → 兆 → 非 → 非 → 非非
金文　　小篆　　隶书　　楷书　　字符集字形

"非"金文形体像鸟向两侧展开的翅膀,古"飞"字;王凤阳、高明、赵诚等认为是古"排"字①。小篆字形变得不像鸟的翅膀了,《说文·非部》:"非,违也。从飞下翄,取其相背。"可能"飞"字产生后,人们就取"非"的"两翅相背"形象而赋予"违"的意思。隶书字形笔画平直化,楷书字形为避重画,将左部的竖写为撇,左部第三横写为提,从历代字书可以看出这种笔形变化越来越明显,如《大广益会玉篇》的扉、菲、俳,《类篇》的非、靠、扉,《字汇》的非、靠、排、徘、棐,《正字通》的非、靡。台湾地区字形与楷书字形相同,符合书法美学原则;CJK字符集中相同编码的日本、韩国文字也与《康熙字典》楷书字形相同。楷书不仅点画求变,其他雷同笔画也是追求参差长短。如两竖相并时,左部的竖往往转换为撇,如"弄、弁、卯、卵、邦、拜"等以及所从的字,小篆中这些字的竖都是左右对称平列的,楷书中左部的竖都写为撇了。台湾地区字形遵从了这一变形通则,字形传承时间长、使用范围广,建议作为标准字形。

十一　其他差异笔形

归归、师师、帰帰的左部件和䚽䚽、班班的中部,大陆地区写为"丿"或"亅",台湾地区都写为"丿"。"归、师"是"歸、師"的简化字,

---

① 参见李圃主编《古文字诂林》第9册,上海教育出版社2004年版,第441—443页。

"帰"是"歸"的异体，"班班"和"畾畾"中间是"刀"，表示用刀分物。大陆地区印刷字形将位于字中的"刀"和"帰"左部件写为"⺈"，将"歸、師"左部件简化写为"丨"；台湾地区印刷字形统一写为"⺈"。其实普通民众并不清楚两种写法的不同，在手写时都写为"⺈"，部件类化同形没有影响字义的区别，符合字符简化优化的演变趋势。建议以台湾地区字形为标准字形。

还有 2 字两岸字形存在差异：刉刉、忾忾，区别点是基础构件"气"的末笔，大陆地区字形写为横折捺钩（横斜钩），台湾地区字形写为"乙"。在 CJK 字符集中，含有"气"构件的字有 30 多个，只有这两字两岸字形有差异，其余 20 多个字两岸字形相同，如汽 汽。根据字符系统性原则，应统一写为"气"，以大陆地区印刷字形为标准字形。

以上十一类笔形差异共涉及 5000 多字，其中 3000 多字大陆地区字形优于台湾地区字形，1800 多字台湾地区字形优于大陆地区字形，以"化、巽、真"为基础构件和"木"据字之下的 80 多字两岸字形都需修正。

第三节　两岸笔画数差异溯源

在字形演变过程中，由于类化作用或书写便捷的需要，文字相邻相近笔画常常共笔或连笔。大陆地区侧重实用和便捷，文字笔画多连笔和共笔；台湾地区注重字源，文字笔画不厌繁复。这就导致两岸文字的笔画数产生诸多差异。

一　"瓦、印、以、卸、延"左下部

"瓦、印、以、卸、延"以及以之为部件的字形两岸存在笔画数量的差异。"瓦、印、以"左下部的竖和提，大陆地区连写为一笔，台湾地区写为两笔；"延"右上部件左下角的竖与横，大陆地区连写为一笔，台湾地区写为两笔；"卸"右下部的竖和提，大陆地区写为两笔，台湾地区写为一笔。

1. "瓦、印、以"左下部竖和提的断连

"瓦"以及以之为构件两岸存在差异的字形有 55 字，"瓦"字形演变过程如下：

₹ → 瓦 → 瓦 瓦
小篆　　楷书　　字符集字形

甲、金文阙如。《说文·瓦部》:"瓦,土器已烧之总名。象形。"小篆形体像屋瓦之形,左下部是相连的弧线;楷书字形左下部断为两笔。

"以"以及以之为构件两岸存在差异的字形有9字,"以"字形演变过程如下:

≳ ≳ → ≳ → 㠯 → 㠯人 → 以 → 以 以
甲骨文　　金文　　小篆　　隶书　　楷书　　字符集字形

甲骨文、金文"以"像耕地的农具①。小篆"以"不加"人",《说文·巳部》:"以,用也。从反巳。……象形。"古书中"以"写作"㠯",如《汉书》"以"都写作"㠯"。后世"㠯"加"人",以人用"㠯"来表示使用义。

"印"以及以之为构件两岸存在差异的字形有3字,"印"字形演变过程如下:

ᕱ ᕲ → ᕱ ᕲ → 罕 → 印、印 → 印 → 印 印
甲骨文　　金文　　小篆　　隶书　　楷书　　字符集字形

甲骨文形体上部是一只大手,下部是一个半跪的人,表示用手压服一个人。金文形体上面的大手把下面的人按得弯腰曲背。罗振玉《殷虚书契考释》:"卜辞'印'字从爪,从人跽形,象以手抑人而使之跽。其谊如许书之抑,其字形则如许书之印……予意许书印、抑二字古为一字,后世之印信,古者谓之玺节,初无印之名。……印之本训既为按抑,后世执政以印施治,乃假按印之印字为之。"②《说文·卩部》:"印,执政所持信也。从爪,从卩。"《说文·印部》:"㔩(归),按也。从反印。㧕(抑),俗从

---

① 参见徐中舒《耒耜考》:"≳(金文)当为耜之象形。""㠯(㠯的楷化)为用具,故古文借为以字。以,用也。""'中央'研究院历史语言研究所集刊论文类编·语言文字编·文字卷一",中华书局2009年4月版,第61—100页。
② 罗振玉:《殷虚书契考释》,李转引自▨主编《古文字诂林》第8册,上海教育出版社2004年版,第117、118页。

手。""反'印'为'抑',殆出晚季,所以别于印信字也。"① "印"小篆字形的上部仍为手形"⿳"(爪),下部的人变成"卩",上下结构。隶书变为左右结构了,左部的"⿳"直立起来,字形笔画化了。横置字上部的"⿳"是四画,如采、争等的上部件,直立左部的"⿳",作为左部件最底部横变提。台湾地区字形"印"左部件写为四笔,与楷书及位于上部的"⿳"笔画数相同,有字源依据。大陆地区字形写为三笔,符合书写习惯。

古文字阶段"瓦、以"的左下角和"印"的左上角都是圆润的弧线;隶变楷化将线条笔画化,弧线分解为竖和提,都断为两笔。文字符号化后,就越来越服从笔画组织的规则和书写规则。印刷体多将竖和提或横断为两笔②,这是受雕版印刷技术的制约,在左下角狭小的位置用刻刀刻写很容易突出局促的格局,如《大广益会玉篇》的瓦、瓷,《类篇》的瓦,《字汇》的瓶,以及《康熙字典》的楷书都保留了这种写法;手写体中,追求书写的快捷往往会连写,如《五经文字》的瓴,《印刷通用汉字字形表》确认这种连写为标准字形。其实从字源看,现行汉字"瓦、以、印"左下角的竖与提或横是否连写不影响字义的表达,也不违背字理字源。对相同字形环境的笔画组织规则可以作统一规范,增强字符的规则性系统性。竖折提是汉字的常用笔画,可以用它来描述"瓦、以、印"左下部的笔画组合,这样也可以与"卸"左下部件"止"区别开来。"瓦、以、印"以及以之为部件的字,大陆地区字形可以作为标准字形。

2. "卸"左下部竖与提、"延"右上部件左下部竖与横的断连

"卸"以及以之为构件两岸存在差异的字形有10字,"卸"字形演变过程如下:

⿰⿱⿰→ 䢧 → 卸 → 卸 卸

甲骨文　　　小篆　　楷书　　字符集字形

"卸"甲骨文有繁简体,简体右部是一条拧起来的绳索,代指马鞭子,左部是一个跽坐的人,表示执鞭赶车;繁体增加了表示行动的

---

① 商承祚:《殷虚文字类编》,转引自《汉语大字典》(缩印本),四川辞书出版社1992年版,第773页。
② "在宋代楷书中,折笔中最不稳定的是左下角的折,'⌐'形的折多数是分成两笔来写的。……在宋代楷书中经常被拆成一竖或一提。……宋代楷书似乎在有意回避折笔,许多含有折笔的字,要么将转折的部分省去,要么为其他笔形所代替。"(王立军:《宋代雕版楷书构形系统研究》,上海教育出版社2003年版,第55页)

"彳"，是古"御"字①。《说文·卩部》："卸，舍车解马也。从卩、止、午。"可知"卸"左下部件是"止"。

"延"以及以之为构件两岸存在差异的字形有21字，"延"字形演变过程如下：

迎→延、延→延延
小篆　　楷书　　字符集字形

《说文·廴部》："延，长行也。从延，丿声。""延，安走延延也。从廴，从止。"可知"延"右部件的左下角是"止"。

"卸"的左下部和"延"右上部件的左下部都是"止"，本着组字部件尽量使用原形的原则，"卸"左下部的竖与提（为避让右部件横变提）和"延"右上部件的左下部的竖与横应写如"止"，即写为两画。《大广益会玉篇》《类篇》就是写为"止"，如御、卸，《五经文字》的卸、《正字通》的卸与《康熙字典》字形相同，"止"左下部连写；字书中的"延"多与《康熙字典》的延相同。"卸、延"左下部笔画断为两笔，相交出头，可增强与"瓦、以、印"左下部的区别度，有助于区分字源。因此建议从"卸"的10字应以大陆地区字形为标准字形，从"延"的21字应以台湾地区字形为标准字形。

二　上部件竖与下部左撇的断连

"羞、羌、養、差、鬼、象"等字上部件竖与下部左撇，大陆地区字形连写为一笔，台湾地区断为两笔。

1. "羊字头"的竖与下部左撇的断连

"羊"作上部件时竖与下部左撇是否连写所产生的两岸差异字形有42字，区别点是大陆地区字形连写为一笔，台湾地区字形写为两笔，常见部件有：羞、羌、養、差。

"羞羞"两岸字形的区别点有二：一是上部件竖是否与下部左撇相连，二是下部件"丑"的中横是否穿过右竖（后文论述）。"羞"以及以之为构件两岸存在差异的字形有3字，"羞"字形演变过程如下：

---

① 参见徐协贞《殷契通释》，转引自李圃主编《古文字诂林》第8册，上海教育出版社2004年版，第112页。

第四章 两岸汉字字形差异点历时溯源(上) 139

甲骨文　　　金文　　　小篆　隶书　楷书　字符集字形

"羞"甲骨文形体是上"羊"下"手",用手抓羊表示进献。金文基本同于甲骨文,有的形体是双手捧羊。小篆字形上"羊"下"丑"(手的变形),《说文·丑部》:"羞,进献也。从羊,羊所进也;从丑,丑亦声。"从字源看,"羞"下部的撇是"羊"中竖的变形,应该连写;但由于"差、羌"等的类化作用,隶书和楷书字形将"羊"尾巴断为两截,如《大广益会玉篇》的羞,《类篇》的羞,《字汇》的羞。

"羌"以及以之为构件两岸存在差异的字形有9字,"羌"字形演变过程如下:

甲骨文　　　金文　　　小篆　隶书　楷书　字符集字形

"羌"甲骨文形体上部是一对羊角,下部是人形,有的形体还有一把类似鞭子之类的东西,人头上有两只角代表古代的羌族,据说北方的羌族是以牧羊为生①。金文形体在羊角下增加了两横。小篆形体下部的人形不明显了,上部写为"羊",《说文·羊部》:"羌,西戎牧羊人也。从人,从羊。羊亦声。"隶书、楷书字形上部写为"羊",下部写为"儿"(儿、人在古文字阶段同形,都表示人的形象),隶书字形上部"羊"的竖与下部"儿"左撇合成一笔,楷书字形断为两笔。

"養養"两岸字形的区别点有二:一是上部"羊"的中竖与下部"食"的左撇,大陆地区连为一笔,台湾地区断为两笔;二是下部"食"的"人"第三笔,大陆地区写为点,台湾地区写为横。"養"以及以之为构件两岸存在差异的字形有7字,字形演变过程如下:

小篆　　隶书　　楷书　　字符集字形

---

① 参见于省吾《释羌、苟、敬、美》,《吉林大学社会科学学报》1963年第1期,转引自李圃主编《古文字诂林》第4册,上海教育出版社2004年版,第184、185页。

甲骨文、金文是否有"養"字尚存争议①，但云梦秦简中已有确定无疑的養。《说文·食部》："養，供养也。从食，羊声。"小篆字形是上"羊"下"食"的形声字。"食"的上部件是"亼"，字形规范以第三笔写为点的大陆地区字形为标准（详见前文"两岸笔形差异溯源"）。隶书上部件写为"𦍌"，《大广益会玉篇》的養，《字汇》的養，上部件都写为"𦍌"。但《康熙字典》楷书字形上部"羊"的竖与下部"食"的左撇相交接，可以看作两个部件共笔撇。

"差"以及以之为构件两岸存在差异的字形有23字，"差"字形演变过程如下：

差、差、差 → 差 → 差 → 差 差差
　　金文　　　　小篆　　隶书　　楷书　　字符集字形

金文和小篆字形"差"的上部件并不从羊，但隶书、楷书上部件都与"羊"同形。《说文·左部》："差，贰也，差不相值也。从左，从巫。"隶书字形"左"的撇与上部的竖距离较远，是明显的两笔。《康熙字典》楷书字形"左"的撇与上部的竖距离很近，近似于连笔。字书中"差"字上下是否连写有的字形明显有的并不明显，如《大广益会玉篇》的差、嵯、瑳、瘥、槎，《五经文字》的佐、瑳、瘥，《新加九经字样》的差，《类篇》的溠、蹉，《字汇》的差、溠，《正字通》的差。台湾地区《常用"国字"标准字体表》把"差"归入"工"部，并不合于字源，而且左部的撇也没有归属。楷书中相类笔画的共笔、连笔很常见，将"左"的撇与上部的竖连写便于书写快捷，也便于部件的拆分，所以人们都会把"差"分析为"从羊，从工"，而不再关注它的本义。

"着"上部件也被看作"羊"，是个现代常用字，本写作"著"，两岸字形相同：着着，但以之为构件的"搐搐"，台湾地区将上部"羊"的竖与下部撇断为两笔。

从字源看，"羞、羌、養"的上部件是"羊"，"差、着"的上部件不是"羊"，只是与"羊"同形，这是类化的结果，从纯字形的角度也视之为"羊"。这些字在宋代雕版印刷楷书中就出现上部件与下部件连写共

---

① 参见商承祚《说文中之古文考·牧》："甲骨文有牧、牧，与此形同，而读作牧。象以手持鞭而牧羊。牧牛则字从牛，牧羊则字从羊也。后以从牛之字为牧，而以牧为養矣。"上海古籍出版社1983年版，第49页。

笔的现象，如羞（1913）字频11，8字连写；養（554）字频76，44字上下部件共笔；差（520）字频80，46字连写。"羞"下部的撇本属于上部件"羊"；"羌"上部"羊"的竖与下部"儿"的撇无论写为一笔还是两笔，都不影响把"羌"分析为上"羊"下"儿"；"養"左部的撇可以看作"羊"和"食"的共笔。"差"现行汉字常分解为上"羊"下"工"，如台湾地区《常用"国字"标准字体表》就把"差"归入"工"部。"羞、羌、養、差"上部件"羊"的竖伸下来与下部左撇连写，不影响字义的区别，从视觉效果上更容易拆分为成字部件，而且书写更便利。《印刷通用汉字字形表》对"羞、羌、差"等的书写明确规定，竖撇连写为一笔，是对民众书写习惯的肯定，是对文字演变的再规范。大陆地区字形是文字笔画组织规则与书写实践的有机结合，可以作为标准字形。

以"羊"为上部件两岸存在差异的字形还有14字：善善、僐僐、墡墡、嬗嬗、檀檀、歚歚、磰磰、繕繕、膳膳、蟮蟮、鄯鄯、鐥鐥、饍饍、鱓鱓。基础构件是"善"，区别点是"羊"的中竖，大陆地区字形是与第三横相交下出头，台湾地区字形是与第三横相接下不出头。这个差异不属于笔画数的不同，属于笔画关系的差异，因包含部件"羊"，这里一并论述。"善"字形演变过程如下：

羴、譱 → 譱、譱 → 善、善 → 善 → 善 善
金文　　　小篆　　　隶书　　楷书　字符集字形

"善"金文小篆字形繁复，以羊性比喻人性之美[①]。《说文·誩部》："善，吉也。从誩，从羊。此与義美同意。𧨅，篆文善从言。"隶书、楷书字形将下部的"誩"合并简化，保留上部的"羊"。两岸现行字形又有所演进，都将楷书"羊"下部相背的两点写成相向的两点，书写便利了；不同点是台湾地区字形上部"羊"的竖不穿过第三横。

"羊"作右部件和下部件时写为原形，如样、洋、羣；作左部件时竖变撇写为"𦍌"，如翔、羚；作上部件时有两种情况：一是"羊"的竖伸下来与下部左撇连写为一笔，如：羞、羌、差，二是竖没有伸下来写为"羊"，如羔、羨、美。《大广益会玉篇》《五经文

[①] 参见杨树达《文字形义学》："誩从二言，亦谓言也。故篆文只从言。善从羊者，羊性柔驯，而言似之，故曰善也。誩言皆本名，羊为喻名。"转引自李圃主编《古文字诂林》第3册，上海教育出版社2004年版，第131页。

字》和《类篇》的"善"上部件都写为"羊"，如《大广益会玉篇》的善、膳、醋、鄯、膳，《五经文字》的善，《类篇》的善、膳、鄯、磰。《字汇》上部件"羊"写为原形，如𦍋、𦍌，与《康熙字典》字形相同，《正字通》中写法不统一，如膳、𦍍、鄯、譱。在宋代雕版楷书中善（161）字频233，181字上部件写为"𦍌"，只有51字写为"羊"，可见此变形规则在宋代已成为主流。"善"的字形环境与"羑、羡"相同，相同部件相同位置应保持形变规则的一致性。大陆地区字形"善"上部件写为"羊"，虽是对组字部件原形的保留，但不符合组字部件变形的系统性。台湾地区字形"善"上部件写为"𦍌"，与"羑、羡"的变形相同，增强了部件变形的系统性。建议"善"及部件"善"的字形以台湾地区字形为标准字形。

2. "鬼、象"的中竖与下部左撇的断连

"鬼"上部件"由"中竖与下部件"儿"左撇，大陆地区连为一笔，台湾地区断为两笔。"鬼"以及以之为构件两岸存在差异的字形有53字，"鬼"字形演变过程如下：

甲骨文　　金文　　小篆　　隶书　　楷书　　字符集字形

甲骨文是一个头特大的人形，上部的"田"表示"鬼头"，古代迷信认为人死后就变成鬼，所以"鬼"和"人"有关系。金文形体同于甲骨文，人形简化了，有的字形增加"攴"，表示对鬼怪要打击。小篆字形上部写为"甶"，《说文·甶部》："甶，鬼头也。象形。"下部写为"儿"（同于"人"），又增加了"厶"，表示鬼有"阴私"。隶书字形上部写为"田"，下部写为"儿"内包"厶"，有的字形将"田"的中竖与"儿"的左撇连为一笔。楷书字形上部写成"甶"，下部写为"儿"内包"厶"。从字源看，鬼头"甶"和鬼身"儿"是连为一体的，"甶"的中竖与"儿"的左撇应连写。"鬼"上下部件不连写，便于分解为三个独立部件"甶、儿、厶"，但"甶、厶"是罕用部件，今天也不独立成字。现在的识字教学一般将"鬼"整体认读，不做部件分解。今天为求书写的便捷，常常把"甶"的中竖与"儿"的左撇连写，《印刷通用汉字字形表》将这种连写确定为规范字形。

"象"中部"口"中的竖与下左部第一撇，大陆地区字形连为一笔，

台湾地区字形断为两笔。"象"以及以之为构件两岸存在差异的字形有 12 字,"象"字形演变过程如下:

甲骨文　　金文　　小篆　　隶书　　楷书　　字符集字形

甲骨文形体像大象之形,因为书写的行款关系直立起来。金文形体简化了,但还可以看到大象的长鼻子和尾巴。小篆字形"象的鼻子"与"勹"(厓上之人,如危)同形,"象的头耳"写成中有竖线的"口",象的四足一尾与"豕"同形。隶书、楷书字形的上部"口"中的竖与下部撇都有连写的字形。

"鬼、象"中竖与撇的连写与否不起区别字义的作用,在字形上是否连写有的明显有的并不明显,如《大广益会玉篇》的鬼、魏、象,《五经文字》的鬼、魅,《类篇》的鬼、魑,《正字通》的鬼。在宋代雕版楷书中"鬼、象"等字大多连写,如鬼(1852)字频 12,都连写;象(984)字频 36,29 字连写。在不影响字义的前提下,书写的便利程度和部件拆分的系统性就成为衡量字形规范程度的重要标准。"鬼、象"中竖与撇连写,书写更快捷,"象"与"兔、免"上部字形环境相同,"兔、免"等字"口"中的竖与下部撇是连笔直下的,"象"的竖与下部撇连写,可以使部件更具系统性。建议"鬼、象"以大陆地区字形为标准字形。

三　"冎"中部横折的左向与右向

"冎 冎"上部中间的横折,大陆地区字形折向左,台湾地区字形折向右。"冎"以及以之为构件两岸存在差异的字形有 93 字,"冎"字形演变过程如下:

甲骨文　　小篆　　隶书　　楷书　　字符集字形

"冎"甲骨文形体左右的短竖像骨头转折处突出之形,斜线像骨架支撑之形，是古"骨"字①。小篆形体不象形了。

"骨"以及以之为构件两岸存在差异的字形有 60 字，其字形演变过程如下：

丫 → 骨 → 骨 → 骨 → 骨 骨
甲骨文　　小篆　　隶书　　楷书　　字符集字形

"骨"甲骨文形体与"冎"甲骨文形体相同，小篆形体增加了"肉"旁。

隶书"冎、骨"上部中间写为"人"，《大广益会玉篇》和《五经文字》中都写为"人"，如《大广益会玉篇》的 咼、禍、過、骨、髀，《五经文字》的骨、骼，《类篇》也多写为"人"：骨、髑、趉、過、蔦、冎。宋代雕版楷书大多也是写为"人"，如：過（210）字频 190，152 字写为"人"；禍（733）字频 55，52 字写为"人"，骨（1468）字频 18，16 字写为人，滑（2586）字频 5，猾（2270）字频 7 都写为人。《康熙字典》楷书字形沿用小篆字形，上部中间的横折都向右，又如《字汇》的骨、乳，《正字通》的冎、咼、骨；但字书中也出现横折向左的字形，如《字汇》的骸、骷，《正字通》的髓。

从字形演变过程看，"冎、骨"上部中间的笔画并不起表意作用，横的方向没有区别字义的作用。从审美和书写便利的角度出发，"冎、骨"上部中间横折向左，书写更便捷，这在宋代雕版楷书中已经出现，如過（210）字频 190，有 37 字横折向左，《字汇》《正字通》中横折向左向右无别。《印刷通用汉字字形表》将"冎、骨"确定为旧字形，"冎、骨"确定为新字形，是对民众书写习惯的肯定，是对文字演变的再规范。这种规范合乎文字演变的内在规律，也符合人们的书写习惯，能达到对文字符号的优化和稳定。

四 "育、充、㐬"的上部件"㐬"

"育、充、㐬"上端部件，大陆地区首笔是点，写作"㐬"，四画；台湾地区首笔为横，将点和撇折连为一笔写作"㐬"，三画，包含此部件的

---

① 参见陈梦家《释冎》(《考古社刊》第五期)："冎为卜骨之形，引申为骨，故小篆骨字从冎有肉者亦冎字之孳乳字也，骨之从肉乃其义符。"转引自李圃主编《古文字诂林》第 4 册，上海教育出版社 2004 年版，第 401 页。

两岸差异字形有 43 字，如：充充、育育、流流。

"育、充、㐬"上部件都从"㐬"。"㐬"已不独立成字，小篆中作为部首字写作"𠫓"或"𠫗"，《说文·㐬部》："㐬，不顺忽出也，从到子。《易》曰：'突如其来如'，不孝子突出，不容于内也。……𠫗，或从到古文子，即《易》突字。"段玉裁注："'到'今'倒'字。'倒子'，会意也。"𠫗下部的三条曲线是婴儿出生时的血水，水流为"川"。以"育"为例，字形演变过程如下：

甲骨文　　　金文　　　小篆　　　隶书　　　楷书　　　字符集字形

字形分析见前文。从字源看，"育"上部件"㐬"，点和撇折是连为一笔的，但隶书、楷书字形"㐬"顶端写成了竖点，显然已和下部的撇断为两笔。早在《大广益会玉篇》中都写为"㐬"，如充、育、鏥、流，《干禄字书》指明"流"为正体，《五经文字》写为"㐬"，如㐬、充、㐬、流，《类篇》也是写为"㐬"，如充、育、稍、綩、梳；《字汇》《正字通》中写法不一致，如《字汇》的充、育、清、蜻、疏，《正字通》的充、育、育、埔，但可以看出上部的点与下部撇折是两笔。将"㐬"的撇折断为两笔写为"㐬"，虽然与字源不合，但字形却取得灵动活泼的审美效果，有悠久的历史和广泛的通行性。宋代雕版楷书中"㐬"大多写为"㐬"，如育（2022）字频 10、充（690）字频 59，上部件都是写为"㐬"；流（347）字频 125，110 字写为"㐬"，15 字省略了其上的点。CJK 字符集中日本、韩国文字"㐬"顶端写为竖点，台湾地区日常用字也有把顶端写为竖点的字形：流（台湾地区某温泉宾馆提示语），与《康熙字典》楷书字形相同。大陆地区字形将楷书字形"㐬"顶端的竖点变成侧点，书写更便捷，字形历史传承时间长，通用范围广，有深厚的民众基础，可以作为统一规范字形。

五　"走之底"的折笔数

辶，俗称走之底，CJK 字符集中，两岸字形不同：辶辶，笔形不同，笔画数也不同。《通用规范汉字字典（2014 年）》的部首目录是三笔，台湾地区《常用"国字"标准字体表》的部首目录是四笔。包含"辶"构件两岸存在差异的字形有 330 多字，如連連、達達、遂遂、逢逢、追追、過過、退退、遣遣等。

"辶辶"是"辵"的简写体,《说文·辵部》:"辵,乍行乍止也。从彳,从止。"早期楷书将"辵"简写为"辶",如《大广益会玉篇》的述、遵、邂,《新加九经字样》的退、送,《类篇》的通、迁、逼、過,《五经文字》的迹、達;《字汇》和《正字通》体例不一致,有的写为"辶",有的写为"辶",如《字汇》的迹、运、造,《正字通》的迁、退、偈;《康熙字典》都写为"辶":達、健。"辶"俗称老宋体,上部两个点。印刷宋体"辶",是将老宋体"辶"去掉一点,第二笔写为横折竖;楷体写为"辶",第二笔写为横折折折。宋体字形没有向楷体字形靠拢,可能与"过去斤斤计较笔画的多少,片面追求笔画的减少"[①] 有关。从字形的历史传承和现实应用而言,大陆地区楷体"辶"与早期楷书字形相同,符合《印刷通用汉字字形表》"宋体向楷体靠拢"的原则,也与台湾地区《常用"国字"标准字体表》确立的字形相同,通用性更强。所以台湾地区字形"辶"与早期楷书相近,笔形更规则化,字形传承时间长,在两岸都具有普遍性和熟知性。建议以台湾地区字形"辶"为标准字形。

六 "及"的笔画数

"及及"右部折笔,大陆地区连为一笔,并与左部撇相离;台湾地区是断为两笔,与左部撇相接。"及"以及以之为构件两岸存在差异的字形有 25 字,"及"字形演变过程如下:

| 甲骨文 | 金文 | 小篆 | 隶书 | 楷书 | 字符集字形 |

甲骨文形体左上方是一个人,下方是一只右手,意思是手捉住了一个人,本义是追上或赶上。金文与甲骨文字形基本相同。小篆字形上部的人,腰弯曲到九十度,手臂向下伸得特别长,右下部是一只右手。隶书笔画化后"人"的捺与"手(又)"连写变为横折撇折撇,与左部撇相离。楷书字形下部的手写为"又"。大陆地区字形肯定了手写体的连笔,右部折笔与左部撇相离,文字笔画多出一个新笔形横折撇折撇,文字完全符号化;台湾地区字形与篆楷写法相衔接,既保留了字源,也便于部件分析和

---

① 胡乔木:《对重新发表〈简化字总表〉的意见》,《胡乔木谈语言文字》,人民出版社 1999 年版。

识读。建议以台湾地区字形为标准字形。

七 "者"中点的有无

单字"者"两岸字形相同：者 者。CJK 字符集中以"者"为构件的字形有 22 字，15 字两岸字形相同，都以"者"为构件，如：都都、煮煮、著著、暑暑、署署、曙曙、堵堵、楮楮、褚褚、橁橁、樜樜、藸藸、殺殺、渚渚、屠屠；有 6 字两岸字形存在差异，大陆地区选取"者"，台湾地区字形多一点：猪猪、斮斮、睹睹、潴潴、賣賣、褚褚；有 1 字两岸都收录相同的两个字形：緒緒、緒緒。"者"字形演变过程如下：

金文　　　小篆　　隶书　　楷书　　字符集字形

《甲骨文编》中没有收录"者"。金文形体下部为"口"，字形不得其解；朱芳圃的字形分析可聊备一说，他认为"者"金文形体上部像楮树形，点像结子之形，下部的"口"为附加之形符，是"楮"初文，后来假借为代词[①]。《说文·白部》："者，别事词也。从白，朱声。朱，古文旅字。"但迄今为止，我们没有看到"旅"有这种用法，古文字学者都不认同《说文》的说解。"者"中的点不能得到确解，不能断定它与字义的必然联系。《隶辨》中所收"者"都没有点。宋代雕版楷书中者（9）字频 1767、都（384）字频 113、睹（1256）字频 23，都写为没有点的"者"。早期字书大多都写为"者"，如《大广益会玉篇》的都、堵、楮、睹，《五经文字》的堵、赭，《新加九经字样》的瘩，《类篇》的署、楮、堵、堵、猪、屠，但《字汇》《正字通》《康熙字典》都写为带点的者。"者"中点的有无不起区别字义的作用，台湾地区《"国字"标准字体研订原则》的分则第 84 条有详细说明："'者'字篆文上从古文旅，楷体中或加点，或否，皆距构意甚远，标准字体取中间不加点之形。"并举出字例：者、堵、奢、屠、暑、渚、煮、睹、緒、署、著、褚、諸、豬、賭、赭、都。《印刷通用汉字字形表》规定以"者"为标准字形，台湾地区《常用"国字"标准字体表》也以"者"为正体字，指出"者，本作者，

[①] 参见李圃主编《古文字诂林》第 4 册，上海教育出版社 2004 年版，第 29—36 页。

今从省"。CJK 字符集中 70% 以"者"为构件的字两岸都选取"者",只有 30% 的台湾地区字形以"者"为构件。台湾地区以"者"为正体,那么 CJK 字符集中台湾地区以"者"为构件的字也应该以"者"为构件,以增强字符的系统性。

八 "蚤"中点的多少

"蚤蚤"的区别点是大陆地区字形比台湾地区字形少了左部一点。"蚤"以及以之为构件两岸存在差异的字形有 11 字,"蚤"字形演变过程如下:

甲骨文　小篆　隶书　楷书　字符集字形

"蚤"甲骨文形体像一只手按压虫子。《说文·䖵部》:"蚤,齧人跳蟲。从䖵,叉声。叉,古爪字。"小篆字形上"叉"下"虫",像以手抓搔之形。隶书字形省略了点,上"又"下"虫"。楷书字形是小篆的直接演变,上"叉"下"虫"。《干禄字书》以"蚤"为俗以"蚤"为正,《五经文字》《字汇》《康熙字典》分别写为"蚤、蚤、蚤"。古书中"蚤"中的点的位置和数量不定,如宋代雕版楷书:蚤(1174)字频 27,24 字点在"又"的左右,2 字有三个点,1 字写为"蚤";骚(2320)字频 7,5 字有三个点,2 字写为"骚"。从字源看,"蚤"上部件是手指,"又、叉、叉"都可表示手指,《说文·又部》:"又,手也。""叉,手指相错也。""叉,手足甲也。"抓挠跳蚤以解瘙痒之苦是需要坚硬的指甲,所以用上"叉"下"虫"来会意,很形象。现行汉字"蚤"仅表昆虫之义,用"搔"表抓挠之义;而表手足指甲义的"叉"字消失,由"爪"代替,CJK 字符集基本集中没有收录单字"叉"。依据字源沿用楷书"蚤"就会多出一个罕用部件"叉";"蚤"可看作上"叉"下"虫",部件称说方便,不影响字义的表达,便于识读,可以作为标准字形。

九 "戬"中横的断连

"戬戬"的区别点是中横,大陆地区是一笔,台湾地区是断为两笔,"戬"以及以之为构件两岸存在差异的字形有 8 字,"戬"字形演变过程如下:

聝 → 戜 → 戜 戜
小篆　　楷书　　字符集字形

《说文·戈部》："戜，藏兵也。从戈、耳声。《诗》曰：载戜干戈。"《说文·口部》："耳（耳），聶语也。从口从耳。《诗》曰：耳耳幡幡。"从字源字理看，"戜"是由"口、耳、戈"三个部件组成，大陆地区字形是将"耳"和"戈"的横共笔，台湾地区保留部件原形。从字符的统一性和部件尽量保留原形的角度，台湾地区字形保留左右部件的独立是符合规范原则的。

十　其他个例

有 6 字两岸存在笔画数的差异：残 残、浅 浅、丽 丽、囖 囖、壳 壳、朗 朗，这些差异字形仅为个例。

"残 残、浅 浅"每组的第一个字形是大陆地区的简化字形，后一个字形可能是台湾地区的简体写法，"歹部"同时收录有两岸相同字形"殘 殘"，"水部"同时收录两岸相同字形"淺 淺"，两岸字形差异可能是误笔或疏忽造成。作为简化字可以以大陆地区字形为标准。

"丽"是"麗"的简化字形，收录在《简化字总表》第二表，作为简化偏旁类推以"麗"为构件的 6 字：俪、郦、逦、骊、鹂、鲡。作为繁体字形两岸字形是相同的，如"俪"的繁体字"儷 儷"，其他繁体都相同。"丽 丽"作为简化字，应该以大陆地区字形为标准，上横不断开；"囖 囖"作为繁体字系统，台湾地区字形可以作为标准。

"壳 壳"是"殼"的简化字，区别是台湾地区字形在"几"上多一短横，大陆地区简化字形收录在《简化字总表》第二表，作为简化偏旁类推的简化字是：悫，CJK 字符集收录了两岸相同的繁体字形：殼 殼。从字符的统一性而言，应该以"壳"为标准字形。

"朗 朗"左部件是"良"的变形，"良"作左部件两岸的部件变形是相同的，如：朗 朗、郎 郎、鄉 鄉。从字符的统一性和部件变形的一致性而言，应该以大陆地区的"朗"为标准字形。

以上十大类涉及 700 多字，绝大多数是台湾地区字形比大陆地区字形笔画数多，只有"卸"和以"去"为构件的 53 字大陆地区字形比台湾地区字形笔画数多。我们认为"走之旁""延"的右部件和"及"等近 400 字台湾地区字形优于大陆地区字形，其余近 300 字大陆地区字形优于台湾地区字形。

第四节　两岸笔画关系差异溯源

笔形相同，笔画数也相同，但由于笔画的长短伸缩不同而导致笔画之间的空间关系不同，这样形成的两岸字形差异叫"差异笔画关系"。

一　"彐"和"丑"的中横与右竖

1. "帚、侵、寻、彗、急"的部件"彐"的中横与右竖

"帚、侵、寻、彗"的部件"彐"的中横与右竖，大陆地区字形是相接不出头，台湾地区字形是相交右出头。"彐"不独立成字，以"彐"为构件两岸存在差异的字形有 80 字。

"帚"以及以之为构件两岸存在差异的字形有 13 字，"帚"字形演变过程如下：

甲骨文　金文　小篆　楷书　字符集字形

"帚"甲骨文像扫帚形，上部是扫地的笤帚毛，下部是笤帚把儿①。金文形体更像笤帚。小篆形体发生了变化，上部的笤帚毛变成了"又（手）"，下部的笤帚把儿变成了"巾"。楷书将小篆的线条笔画化。

以"侵"的右部件为构件两岸存在差异的字形有 18 字，"侵"字形演变过程如下：

甲骨文　金文　小篆　隶书　楷书　字符集字形

甲骨文"侵"是手持扫帚给牛扫土的意思，本义是"打扫"②。金文

---

① 参见徐中舒《甲骨文字典》："帚，象帚形。古以某种植物为帚，今犹编秫稭为之。《说文》：'帚，粪也。从又持巾埽门内。'《说文》以帚从又持巾，又为甲骨文帚字上部之彐所譌，巾为甲骨文帚字下部之𠂇所譌。"四川辞书出版社 1989 年版，第 865 页。

② 参见唐兰《殷墟文字记》："自字形言之，当是象以帚拭牛之意……卜辞侵𢼊二字，盖假借为侵。"中华书局 1981 年版，第 31 页。

的右上部是面朝右的一个人（以"人"代"牛"），左下部是一只手持帚为人打扫。小篆则把"人"移到左边，右边是以手持帚，《说文·人部》："侵，渐进也。从人、又，持帚，若埽之进。又，手也。"同样有给人打扫尘土的意思。隶变楷化后，右边的"帚"省简为"彐（笤帚毛的变形）"和"冖"，下部的手写为"又"。

"彗"以及以之为构件两岸存在差异的字形有13字，"彗"字形演变过程如下：

甲骨文　小篆　隶书　楷书　字符集字形

字形分析见本章第二节"丰"作左部件。《说文·又部》："彗，扫竹也。从又持甡。"《说文·生部》："甡，众生并立之貌。从二生。诗曰：甡甡其鹿。"徐锴《说文解字系传》认为是用鹿角的并生齐盛来会意"甡"的意思。那么，小篆形体"彗"上部的"甡"可看作并生齐盛的扫帚，下部是一只手（又），是手持扫把之形。

"寻"以及以之为构件两岸存在差异的字形有16字，"寻"字形演变过程如下：

甲骨文　小篆　隶书　楷书　字符集字形

"寻"甲骨文形体像伸展左右两臂度量长短①。小篆字形繁化，左右两臂变化为上"又"下"寸"②。

从以上字例可知，"帚、侵"中"彐"的来源是笤帚毛，"彗、寻"中"彐"的来源是手，这些字的小篆字形都类化为"又"。楷书将"彐"

---

① 参见唐兰《天壤阁甲骨文存考释》："由字形言，八尺为寻，大戴王言云'舒肘知寻'。小尔雅云'寻舒两肱也'。按度广曰寻，古尺短，伸两臂为度，约得八尺。卜辞偏旁之𠬝，正象伸两臂之形。"转引自李圃主编《古文字诂林》第3册，上海教育出版社2004年版，第587页。

② 转引自李圃主编《古文字诂林》第3册，上海教育出版社2004年版，第587页。参见唐兰《天壤阁甲骨文存考释》："《说文》'𢆶，绎理也。从工，从口，从又，从寸。工口乱也。又寸分理之。彡声。此与𢍱同意。度人之两臂为寻，八尺也。'其释字形，至为纤曲，盖袭小篆之误而然。今以古文考之，则𠬝象张两手，两臂为寻之本字也。"

的中横穿过右竖出头写为"彐",依稀可见"又"的痕迹,如《大广益会玉篇》的尋、寖、䒲、憯、急,《新加九经字样》的慧,《字汇》的浸、侵,《五经文字》的侵,《类篇》的彗、帚,《正字通》的帚、尋、急,以及《康熙字典》的字形。在手写体中,追求笔画的简省往往将"彐"的中横收缩回竖内,如隶书"侵、尋",《正字通》的搷、侵。《印刷通用汉字字形表》从俗从简将不穿过竖的"彐"作为标准部件①,实际是从"彐"中分化出一个新部件"彐"。台湾地区字形"帚、侵、尋、彗"等字中的"彐"中横穿过竖右出头写为"彐",与以"又"为部件的"聿、秉、兼、事、君"等字的部件"彐"相同,保持了部件的统一性、系统性。相同部件应该保持形变的一致性,这些在楷书阶段都类化为"又"部件的字,其部件应该相同,写为"彐"更符合字理和字符的系统性,"帚、侵、尋、彗"等 60 字可以台湾地区字形为标准字形。

还有 15 字包含"彐"部件:急急、稳稳、穩穩、隐隐、隱隱、憶憶、穩穩、檼檼、癮癮、薩薩、譿譿、濦濦、嶾嶾、鸎鸎、鸎鸎,其中的构件是"急、㤎",《说文·心部》:"㤎(急),褊也。从心,及声。""㤎(㤎),谨也。从心,㬎声。"从小篆字形可知,"急、㤎"中的"彐"是手的形体"又"。《康熙字典》中楷书字形"又"都写作"彐",如:急、憩、隠。按同一部件变形相同原则,这 15 字也应以台湾地区字形为标准字形。

其他类化为"彐"的字还有 5 字两岸字形不同:雪雪、鱈鱈、煞煞、繺繺、灵灵,"雪"小篆字形是"䨮",下部件是"彗"的省形,"煞"《康熙字典》的楷书字形为"煞","灵"是"靈"的简化字,《正字通》收录"灵",《康熙字典》字形为"灵"。依据文字符号系统性原则,当以台湾地区字形为标准字形。

《简化字总表》的"當、噹"简化为"当","芻"简化为"刍",这两个简化字可作简化偏旁进行类推简化,如《简化字总表》第三表的"档、挡、裆、铛、泹、饳、邹、㤮、驺、绉、皱、趋、雏"等字。在 CJK 字符集中台湾地区大多只有繁体字形,只有 4 字有简化字形,与大陆地区字形相同,如:挡挡、趋趋、邹邹、雏雏。为与以"又"为字源的

---

① "区分彐和彐这两个形近部件,可以从结构上去分辨,即凡是当中无插笔穿过的,其中间的一横右边不出头,写作彐,如扫、妇、雪、帚、灵、刍、彗等。如果当中有插笔穿过,中间的一横右边出头,写作彐,如尹、唐、庚、聿、隶、逮、争、秉、事等。"(傅永和:《谈规范汉字》,《语文建设》1991 年第 10 期,第 9 页)其实彐和彐是字源相同的一个部件,这种区别反而容易混淆字源。

字相区别，这些简化字可以保留"彐"字形。

2. "丑"的中横与右竖

"丑丑"的中横与右竖，大陆地区是相接不出头，台湾地区是相交右出头。"丑"以及以之为构件两岸存在差异的字形有20字，"丑"字形演变过程如下：

甲骨文 → 金文 → 小篆 → 隶书 → 楷书 → 字符集字形

"丑"甲骨文形体像留有长指甲的一只手。金文与甲骨文相同。《说文·丑部》："丑，纽也。十二月万物动，用事，象手之形，时加丑，亦举手时也。"小篆形体将上下指甲相延而成一竖线。隶书将小篆的中弧线拉直为横，字体横扁。楷书将字体向纵向伸展，横竖长短比例发生变化，第三横向右延长。"丑"本指十二时辰之一，地支第二位，大陆地区现行汉字"丑"与"醜"合并简化为"丑"，"丑陋、难看"成为"丑"的常用义。从文字应用看，"丑"字义与"手"无关，文字符号化；从字源看，"丑"中横右出头是对手形的保留，隶楷皆如此，字形具有传承性。台湾地区字形符合字符统一性稳定性原则，以"丑"为构件的20字可以台湾地区字形为标准字形。

二 "内"的左上角

"禹、萬、离、禽"同收在《说文》的"内"部，其下部件都是"内"。如字中有长竖，"内"就写为"内"，如：禹、萬、禺；如字中没有长竖，就写为"内"，如：离、禽。两岸对这一字形特点的认知是相同的，两岸字形的区别点是"内"的左上角，大陆地区字形是第一笔竖和第二笔横折竖钩相接不出头，台湾地区字形是相交出头。

"禹"以及以之为构件两岸存在差异的字形有15字，"禹"字形演变过程如下：

金文 → 小篆 → 隶书 → 楷书 → 字符集字形

"禹"金文像蛇类头足尾之形。《说文·内部》："禹，虫也。从厹，象形。"小篆字形下部类化为"内"。

"萬"以及以之为构件两岸存在差异的字形有 27 字，"萬"字形演变过程如下：

甲骨文　　金文　　小篆　　隶书　　楷书　　字符集字形

甲骨文和金文中的"萬"都像蝎子的形状，本不从"厹"，到小篆形体将下部类化为"内"。隶书形体将蝎子的两只"钳子"写为"艹"或"䒑"。"萬"本义为蝎子，后假借为数词①，并且久假不归。

"禺"以及以之为构件两岸存在差异的字形有 21 字，"禺"字形演变过程如下：

金文　　小篆　　楷书　　字符集字形

金文上部是鬼头，小篆形体是上"甶"下"内"，《说文·甶部》："禺，母猴属。头似鬼。从甶，从内。""内"表示猴足。

"禽"以及以之为构件两岸存在差异的字形有 26 字，"禽"甲骨文形体上部是一只鸟，下部是捕鸟的长柄网，以网捕鸟表捕获②。《说文·内部》："禽，山神，兽也。从禽头，从厹，从屮。欧阳乔说：禽，猛兽也。""禽，走兽总名。从厹，象形，今声。禽、离、兕头相似。"以"禽"为例，字形演变过程如下：

甲骨文　　金文　　小篆　　隶书　　楷书　　字符集字形

"禽"甲骨文形体上部是个网形，下部是网的柄，是捕获禽兽的工

---

① 参见商承祚《甲骨文研究》："假蝎于千万字者，意上古穴居多蝎，触目皆是，故用为极大数目字。"转引自李圃主编《古文字诂林》第 10 册，上海教育出版社 2004 年版，第 909—923 页。
② 参见王凤阳《汉字学》，吉林文史出版社 1989 年版，第 946 页。

具，是古"擒"字。金文将网柄繁化。小篆进一步将网柄繁化方正化为"冂"，隶书、楷书一脉相承。

"禹、萬、禺"等字中的"禸"来源于动物的足尾，"离、禽"中的"禸"是类化的结果，因为周初以来常用"禸"表示虫或兽的足与尾。《说文·禸部》："禸，兽足蹂地也。象形，九声。《尔疋》曰：狐狸貛貉丑，其足蹞，其迹厹。"这些字的小篆字形下部件都类化为"禸"，左上角的笔画相交出头。"禸"左上角横和竖相接不出头或相交出头，隶书有两种字形。《五经文字》禹中"禸"左上部相交出头明显，《字汇》相交出头不明显或不出头，如禹、禺、离。宋代雕版楷书大多也不出头，如萬（178）字频208，只有31字"禸"的左上角有轻微出头。楷书字形追溯字源，"禸"左上角横和竖相交出头，但出头的幅度大大减小。比之楷书，台湾地区字形"禸"左上角横和竖相交出头的幅度更小，似出非出，普通文字使用者对此是视而不见的。"禸"左上角的相交出头渐趋消失使得文字符号更加方正化规整化。大陆地区字形"禸"左上角没有出头，顺应文字发展演变的趋势，笔画清晰，字形方正。台湾地区字形刻意保留"禸"左上角很细微的相交出头虽与字源有关，但几乎不为当代一般文字使用者甚至文字专业工作者所理解和看重，徒增学习使用文字的负担。建议以大陆地区字形为标准字形。

三 "兩"中的"人"

"兩 兩"中间两个部件由撇和捺组成，大陆地区字形"捺长撇短"为"人"字，台湾地区字形"撇捺等长"象"人"（是古文字"人"），捺起笔有很微小的横折。"兩"以及以之为构件两岸存在差异的字形有10字，另有14字以"㒳"为构件，如：滿滿、顢顢。于省吾先生考证古文中"兩"与"㒳"实为一字。"兩（㒳）"字形演变过程如下：

兩、兩 → 兩 → 兩 → 兩 → 兩 兩
金文　　　小篆　　隶书　　楷书　　字符集字形

"兩之初文，本象缚双軛于衡，引申之则凡成对并列之物均可称兩。"① "兩"中的"从"像双軛形，与《说文》的"人"同形。古文字

---

① 参见于省吾《释兩》："甲骨文尚未见兩字，金文兩字作㒳，其所从的𠆢，即由甲骨文车字上部的𠆢形所演成，本象軛及衡。从象双軛形。"《古文字研究》第10辑，中华书局1983年版，第1—9页。

"入",撇从中间起笔,捺也从中间起笔,左右大体平衡,与"人"字的区别不明显,如小篆、楷书字形。现行汉字"人"和"入"的区别明显,"人"字的捺在撇的中间与之相接,"入"的捺是在撇的起笔处相交接。《印刷通用汉字字形表》明确规定"兩(㒳)"中间写为"人",台湾地区《常用"国字"标准字体表》字形与大陆地区字形完全相同,但CJK字符集中台湾地区字形"兩"中的"入"保留早期写法,与"人"形很相近。从字源和理据看,"兩(㒳)"中间既非"入"也非"人",但小篆字形与"入"同形。从字符的传承和系统性而言,"兩(㒳)"中应写为"入",如《大广益会玉篇》的兩、㒳、兩,《正字通》的兩、㒳,很明显写为"入";《类篇》的㒳、兩,很明显写为"人";《字汇》《康熙字典》写为兩、兩,"入"与"人"的区别不明显。大陆地区字形"兩(㒳)"符合字符的传承和系统性,可以作为标准字形。

《简化字总表》将"兩"简化为"两",CJK字符集也收录了简化字形,两岸字形相同,如啢啢、俩俩。建议以大陆地区的简化字形"两"作为简化字的标准字形,推及含有"㒳"构件的字。

四 "丸、斥、巩、赢"中的点

"丸、斥、巩、赢"中的点与其他笔画的关系,两岸字形处理方式不同,由此产生37个差异字形。

1. "丸、斥"中的点

"丸"的点与撇,"斥"的点与竖,大陆地区字形是相交,台湾地区字形是相接。

"丸"以及以之为构件两岸存在差异的字形有 10 字,如:丸丸、紈紈、芄芄、尳尳。"丸"小篆形体"仄",是"仄"的反写,《说文·丸部》:"丸,圜(圆)。倾侧而转者。从反仄。"楷书"丸"的写法变化很大,"人"形的一撇穿过上横,而捺变成了一点,字形理据不明显了。台湾地区字形与楷书字形相同,"丸"的点在字内,位置上移与撇相接,与"凡"字形很相似[①],两个字形的区别不够明显,容易混淆。"丸"作右部件时,大陆地区字形将右下部写为斜钩,台湾地区写为竖弯横钩,如:汍汍、紈紈、骪骪、肒肒;作下部件和左部件时,右下部两岸都写为竖弯横钩:芄芄、尳尳。

"斥"以及以之为构件两岸存在差异的字形有 8 字,如:斥斥、

---

① 《正字通》中凡的俗字写为丸,与台湾地区字形丸相近。

拆拆。"斥"古文字阙如，本义不详。在宋代雕版楷书中"斥"中的点也写为横，如斥（1056）字频32，有10字末笔写为点，22字写为横与右竖交叉，并与左竖撇相接，拆（3384）字频2，都写为横。《正字通》写为"斥"，《康熙字典》写为"斥"。现行汉字"斥"都归在部首"斤"，"斤"是斧头的象形，"斤"上加一点如同"刀"上加一点，点为指事性符号，与竖相交还是相接与字义无关。

"丸、斥"的末笔演变到现行汉字都写为了点，字形表意功能丢失，在不影响字义的前提下，书写习惯和书法审美对字形有重大影响。手写体中，"斥、丸"的点是与竖或撇交叉的，大陆字形"丸、斥"的点与撇或竖相交，加大了"丸"与"凡"的区别度，保留了"斥"的传统字形，大陆字形可以作为标准字形。

2. "巩、赢"中的点

"巩"右部件和"赢"右下部件的点，大陆地区字形是在字中，与其他笔画相离，写如"凡"；台湾地区字形的点与左撇相交，与"丸"相近。

"巩"以及以之为构件两岸存在差异的字形有12字，"巩"字形演变过程如下：

珒 𤫒 → 㼷 → 巩、巩 → 巩 巩

金文　　小篆　　楷书　　字符集字形

金文像一个跪着伸出双手的人形，小篆形体不象形了[①]，右部件是"丮"。《大广益会玉篇》的𢀖写为"凡"，《五经文字》中也写为"凡"，如恐、筑、𢀖。《康熙字典》字形右部件是"丮"，也有简化掉一横的，与"丮"相近。宋代雕版楷书中甚至将"凡"中的点或横省略，如恐（439）字频100，96字省略了点，筑（1409）字频20，15字省略了点。台湾地区字形与楷书简写字形相近，右部件写为"几"。

"赢"读音luó，不单独成字，包含"赢"部件两岸存在差异的字形有12字，如：赢赢、赢赢、赢赢、赢赢、赢赢、赢赢、赢赢、赢赢。"赢"小篆字形为"𧎴"，右下部件是"丮"；《康熙字典》楷书字形为"赢"，右下部件是简化去一横的"丮"，与"丮"相近。《说文·肉部》："赢，或曰

---

① 参见孙海波《甲骨金文研究》："抱持也。象人两手奉工之形，工亦声。"转引自李圃主编《古文字诂林》第3册，上海教育出版社2004年版，第361页。

兽名。象形。阙。"段玉裁注："云兽名，盖羸为臝之古字，与驴羸皆可畜于家也。象形二字浅人所增。阙谓阙其形也。其义则畜名，其音则以羸声之字定之，其形则从肉以外不能强为之说也。郎果切。十七部。一说或曰兽名四字，亦后人所增，义形皆阙。"《汉语大字典》沟通"羸"为"骡"的异体字。

于省吾先生认为"羸为能的孳乳字"①，以"羸"为例，字形演变过程如下：

羸、羸 → 羸 → 羸 → 羸 → 羸 羸
金文　　小篆　隶书　楷书　字符集字形

"羸"的金文字例还可以看到"能"的迹象，小篆字形除"月（肉）"形外，其他部分与"能"相差很大了，右下部写为"丮"，与"巩"右部件相同。历代楷书字书将羸右下部写为"丸"，如《大广益会玉篇》的羸、羸，《五经文字》的羸，《康熙字典》又写为"丮"。在宋代雕版楷书中也有省略右下部件中的点，如羸（2357）字频7，2字省略点；羸（3810）字频2，1字省略点。

"巩"和从"羸"字的右下部件小篆字形相同，都写为"丮"，即"丮"；楷书中字形不稳定，其中的点或横甚至被省略，已不具备区别字义的作用。"丮"在现行汉字中不独立成字，作为组字部件有两种情况：执、挚、孰、熟等写如"丸"，点与撇相交，台湾地区字形只有"执"右下写为"乚"，其余都写为斜钩，大陆地区字形都写为斜钩，如：执执、挚挚、挚挚、孰孰，韩国文字写为斜钩，如挚、孰，日本文字写为"丸"，如挚、孰；巩和从"羸"的字写如"凡"，大陆地区字形点在字中，台湾地区字形点与撇相交。从字符的系统性原则出发，"执、巩"的右部件应该相同，但这两类字在现行汉字中分道扬镳。在文字演变史中，同一文字符号在分化的同时又可能与其他字符类化同形，"丮"部件分化

---

① 参见于省吾《释能和羸以及从羸的字》："现在择引金文中'羸'和'从羸'的字列之于下……上引二器虽然时期较晚，但两个篆文的结体则介于能、羸之间。乃从'能'过渡到'羸'的中枢阶段……第三条的前六个羸字均从女。第七个字从贝，即赢字，与羸通用。这些字各有不同的变化，但是，其由能字所滋化的迹象，是宛然可寻的。第四条的四个羸字构形奇诡，虽然均从女，但其由能字所滋化的迹象，如果不以同类字以及同类词义相参验，几乎难以辨识……总之，羸为能的孳乳字，是十分明显的。"《古文字研究》第8辑，中华书局1983年版，第3—5页。

为"凡"与"丸"。"巩、赢"类字的右部件大陆字形写为"凡",台湾地区字形写为"夃",台湾地区这种形变无理据可言,无规则可循,也不便称说。单字"凡"两岸字形基本相同:凡凡,以"凡"为构件的字两岸字形也相同:帆帆、忛忛、朷朷、梵梵、汎汎、矾矾、芃芃、舤舤、訊訊、軓軓、釩釩、颿颿;从增强文字符号的系统性和简明性原则出发,"巩、赢"类字可以以大陆地区字形为标准字形。"执、孰"类字,右部件写为斜钩的"丸",不如写为"丸"原形,以便增强字符的系统性,两岸字形都需要修正。

五 "角、片、巨"的横与竖

"角"的中竖与下横,"片"右上部横与竖,大陆地区字形是相交出头,台湾地区字形是相接不出头;"巨"的上下两横与左竖,大陆地区字形是相接不出头,台湾地区字形是相交出头。

1. 角角

"角角"的中竖与下横,大陆地区字形是相交下出头,台湾地区字形是相接下不出头。"角"以及以之为构件两岸存在差异的字形有 68 字,"角"字形演变过程如下:

甲骨文　　金文　　小篆　　隶书　　楷书　　字符集字形

"角"甲、金文形体很像一只牛角,内像角之纹理①。小篆字形角尖写为"勹"(与"危、色"上端的"人"同形),角内的纹理规整化了。隶书字形有三种写法,角内的纹理平直化,写为两横一竖,有的字形将竖延长穿过下横。楷书字形以竖不穿过下横为标准体。台湾地区字形与楷书字形相同。《印刷通用汉字字形表》规定延长"角"中竖穿过下横。以"角"为构件的字以此类推,如"解"字形演变过程如下:

甲骨文　　金文　　小篆　　隶书　　楷书　　字符集字形

---

① 参见唐兰《殷墟文字记》:"角字象形,由🔺形而变为🔺(见雍邑刻石),更变而为小篆之🔺,说文遂误谓'与刀鱼相似'矣。"中华书局 1981 年版,第 95 页。

"解"的部件"角"与单字"角"发展演变过程相同。

从字源看,"角"内的纹理笔画化为"两横一竖",竖不穿过下横。隶书有两个字形,"角"和"角"。楷书字书中这两个字形都有出现,如《大广益会玉篇》的角、鰓、解,《干禄字书》的觡,《五经文字》的角、解,《类篇》的角、觚、解、确、懈、澥,《字汇》的角、觚、确、蟹,《正字通》的角、觚、解。在宋代雕版楷书中"角"的中竖延长穿过下横也很普遍,如角(1337)字频21,15字中竖穿过下横;解(528)字频79,63字中竖穿过下横;斛(3583)字频5,3字中竖穿过下横。"角"的中竖下延和书法家对字形笔画组织的审美有关。在文字演变史中,书法家的审美要求往往会突破文字学的字理,而书法家的文字审美又往往成为大众的书写追求。《印刷通用汉字字形表》将这种突破文字学理的字形给予正式地位。在文字符号化的现行汉字中,竖不穿过下横的"角",部件拆分比较零乱;竖延长的"角"的下部与"用"类化同形,可以分解为两个常用部件,便于识读。

2. 片片

"片片"的上横,大陆地区字形是与上短竖相接,右出头;台湾地区字形是右不出头。"片"以及以之为构件两岸存在差异的字形有22字,"片"字形演变过程如下:

片 → 片 → 片片

小篆　　楷书　　字符集字形

甲骨文、金文阙如①。"片"小篆字形是"木"的右半,左半是"爿"。楷化时,将右上部方折化为竖和横,横右出头,写为两笔,避免了从右至左的笔画,书写便利了。"爿"左上部方折是从左至右的笔画,楷化时还是一笔,左下部横左出头。如果严格依照古文字,"爿"的左下部横不能左出头,"片"的右上部横不能右出头。但楷书中,"爿"的左下部横左出头,"片"的右上部横右出头,作为组字部件也一样,如《康熙字典》的爿、牆、片、版,又如《大广益会玉篇》的片、版,《类篇》的片、牖,《字汇》的片,《正字通》的片。大陆地区与日本、韩国文字都与

---

① 参见马叙伦《说文解字六书疏证》:"伦按金文无从片之字,甲文有爿、丬。又有爿、丬,则爿、丬一字,乃爿之初文。亦无片字……片即木也,木之异文。"转引李圃主编《古文字诂林》第6册,上海教育出版社2004年版,第573页。

楷书字形相同。台湾地区为更接近字源，对"片"的右上部进行修正，但这种改动只是局部的，没有系统性，而且也牺牲了这个字形由来已久的普遍性。建议以大陆地区字形为标准字形。

3. 巨 巨

"巨 巨"的上下两横与左竖，大陆地区是相接不出头，台湾地区是相交左出头。"巨"以及以之为构件两岸存在差异的字形有 34 字，"巨"字形演变过程如下：

[工]→[𢀓]→[𠛬]、[𢀓]→[𢀓]→巨 巨
金文　　小篆　　隶书　　　楷书　　字符集字形

金文的形体是一个量角度或量方形的工具，象形。小篆形体竖偏向了左侧，《说文·工部》："巨，规巨也。从工，象手持之。"是古"矩"字。后"矩"取代了"巨"的本义[①]。隶书有两种字形，都不象形了。楷书字形的写法是上下两横与左竖相交左出头，保留字源。现行汉字"巨"的常用义是"大"，与"工、矩"字形字义区别鲜明[②]，字形无关字义。以"巨"为构件的字，"巨"多是作为声符，而且多作右部件（CJK 字符集中有 35 字以"巨"为构件，31 字是右部件或相对右部件），为使整字紧凑美观，"巨"需避让左部件，横笔宜收缩，所以在隶书中"巨"就有横收缩回竖内的字例，楷书中作为右部件的"巨"也是如此，如《康熙字典》的矩，又如《类篇》的巨、矩。CJK 字符集中，台湾地区字形有意保留"巨"的字源将上下横与左竖相交左出头，但有 1 字台湾地区字形与大陆地区字形相同：璖 璖；其实作为组字部件的"巨"和大陆地区字形区别也很细微，普通民众都会忽略这点差异。相同部件应该维持部件的统一性、系统性，都写为"巨"既符合民众的书写习惯，也谈不上违背字源，大陆地区字形可以作为标准字形。

---

① 参见林义光、高田忠周、马叙伦、高鸿缙对字形的分析。转引自李圃主编《古文字诂林》第 4 册，上海教育出版社 2004 年版，第 757—758 页。
② 参见高鸿缙《中国字例》："工象榘形，为最初文，自借为职工、百工之工，乃加画人形以持之……后所加之人形变为夫，变为矢，流而为矩，省而为巨。后巨又借为巨细之巨，矩复加木旁作榘，而工与巨后因形歧而变其音，于是人莫知其朔矣。"转引自《汉语大字典》（缩印本），四川辞书出版社 1992 年版，第 35 页。

六 "孝、幾、允"的上下部件

"孝、幾"的上下部件，大陆地区字形是笔画相交叉，台湾地区字形是相接不出头。"允"的上下部件，大陆地区字形是相离，台湾地区字形是相接。

1. 孝 孝

"孝"的结构是上"耂"下"子"，"耂"的末笔撇和"子"的首笔横，大陆地区是相交左出头，台湾地区是相接。"孝"以及以之为构件两岸存在差异的字形有 16 字，"孝"字形演变过程如下：

甲骨文 → 金文 → 小篆 → 隶书 → 楷书 → 字符集字形

甲骨文形体表意不明确，有人认为是"字"而非"孝"，因为甲骨文"𤣻"（教）"的左部件"孝"的形体是"𠂆"。金文上部像长发驼背老人，下部"子"是小孩，以小孩扶持老人表示孝敬孝顺之意。《说文·老部》："孝，善事父母者。从老省，从子。子承老也。"大陆地区字形与楷书字形相同，上下部件的撇和横交叉；台湾地区字形下部"子"第一笔横收缩与上部撇相接不出头。这两个部件交叉与否都不影响字形的认读和运用，能否统一字形取决于两岸字形规则的标准。上下两个部件笔画相交有传承性，字形更紧凑，而且下部件"子"保留了原形。建议以大陆地区字形为标准字形。

2. 幾 幾

"幾"左下角的撇与上横，大陆地区是相交上出头，台湾地区是相接上不出头。"幾"以及以之为构件两岸存在差异的字形有 15 字，"幾"字形演变过程如下：

金文 → 小篆 → 楷书 → 字符集字形

"幾"金文形体左上部是两束丝，下部是人持戈"戍"[1]。小篆字形

---

[1] 参见饶宗颐《殷代贞卜人物通考》："幾原从系，后乃从**丝**。"马叙伦《说文解字六书疏证》："伦按幾义为微，从**丝**，戍声。"转引自李圃主编《古文字诂林》第 4 册，上海教育出版社 2004 年版，第 303 页。

写为上下结构，上"丝"下"戍"。楷书字形是小篆字形的笔画化。两岸字形又有所演进，都将"戍"的"斜钩"向上延伸穿过"丝"中间①，不同点是大陆地区将"戍"左下部"人"的撇向上延伸和横相交上出头。大陆地区的这种变形使得成字部件"戍"不成字了，台湾地区字形继承传统楷书字形"戍"第一笔横左出头。建议两岸字形下部件都写为"戍"原形，与《正字通》的幾相同，优点是理据明显，部件便于拆分。

3. 允 允

"允"独立成字时，两岸写法相同：允 允。但"允"作字的构件时，两岸写法不同，区别点是下部"儿"与上部"厶"的关系，大陆地区是相离，台湾地区是相接。以"允"为构件两岸存在差异的字形有8字，"允"字形演变过程如下：

甲骨文 → 金文 → 小篆 → 隶书 → 楷书 → 字符集字形

甲、金文像人回头看的样子②。《说文·儿部》："允，信也。从儿，㠯声。"从字源看，上下部件是相接关系。从字符的系统性看，"儿"作下部件时与上部件一般是相接，如"兄、先、光、霓、倪、貌"等，CJK字符集中单字"允"的上下部件也是相接的。从书法的审美看，上下部件相接使得字形严谨美观，而笔画相离使字形显得松散。大陆地区字形上下部件相离不符合大陆地区一贯的字形规范标准，应严格控制这个特例，台湾地区字形可以作为标准字形。

七 "女、龙、豕、酉"中笔画的相交与相接

1. 女 女

单字"女 女"和作右部件、下部件时，第二笔撇和第三笔横，大陆地区字形是相接仅右出头；台湾地区字形是撇与横交叉上边和右边都出头，如：女女、釹釹、胗胗、籹籹、汝汝、安安、婁婁、晏晏、妻妻、妥妥、妾妾。"女 女"作左部件或相对左部件时，第二笔撇和第三笔横，

---

① 《干禄字书》写为𢆶，宋代雕版楷书的幾（391）字频112，109字的"斜钩"向上延伸穿过"丝"，写为"幾"。

② 参见罗振玉《殷墟书契考释》："卜辞允字象人回顾形，殆言行相顾之意与？"转引自李圃主编《古文字诂林》第7册，上海教育出版社2004年版，第736页。

大陆地区字形是相接不出头；台湾地区是横变提与撇交叉上边和右边都出头，出头幅度减小，比单字略有变形，如：奴奴、如如、茹茹、恕恕、嬴嬴、崴崴。"女"以及以之为构件两岸存在差异的字形有 685 字，"女"字形演变过程如下：

甲骨文　　金文　　小篆　　隶书　　楷书　　字符集字形

"女"甲骨文形体是一个敛手屈身踞坐的人形①。金文的繁体在女子头上多了一条横线，为头簪之类的装饰品，简体只剩交叉在胸前的手臂和一竖线表躯干。小篆形体的象形性还依稀可见。隶书字形将人形横放，交叉的双手置于地面，人的躯干写成一长横，上端的笔画相交接，字形显现隶书横向发展的趋势；也可以看作是将金文的简体笔画化。楷书为使字形方正化，又向纵势发展，将顶端两笔断开，左部撇向上伸展，而右部撇向下收缩只与横相接，成为符号字。从历代字书可以看出这种渐变过程，如《大广益会玉篇》的女、如、嫡、婉、委、妾，《五经文字》的女、妃、旻、安，《新加九经字样》的女、要、嬎，《类篇》的女、姿、妮、奴、姜，《正字通》的女、妾、妻、安、奴、姓。台湾地区字形追溯字源，将右部撇向上与横相交上出头，但相对于隶书，出头的幅度大大减小，字形与隶书和楷书都有一定的距离。单字"女"大陆地区字形与《正字通》《康熙字典》字形相同，字形有传承性，有广泛的通行性（日本、韩国文字也与《康熙字典》楷书字形相同），但大陆地区的楷体字形"女"与台湾地区字形相同。如果大陆地区遵循"宋体字尽可能向楷体字靠拢"的原则，单字"女"台湾地区字形可以作为两岸标准字形。

"女"作字的下部件时，以"安、妾"为例，字形演变过程如下：

甲骨文　　金文　　小篆　　隶书　　楷书　　字符集字形

---

① 参见孙海波《甲骨金文研究》："象两手交覆跽伏之形。"转引自李圃主编《古文字诂林》第 9 册，上海教育出版社 2004 年版，第 733 页。

甲骨文　　金文　　小篆　　隶书　　楷书　　字符集字形

"安、妾"的下部件"女"与单字"女"演变过程相同。

"女"作字的左部件时，以"奴、如"为例，字形演变过程如下：

金文　　小篆　　隶书　　楷书　　字符集字形

甲骨文　　小篆　　隶书　　楷书　　字符集字形

"奴、如"的左部件在古文字阶段位置还不固定，部件"女"与单字"女"的古文字形相同。小篆字形部件位置固定，左部件"女"与单字"女"小篆字形相同。隶书字形左部件"女"与单字"女"有区别，长点变短，长横变短，已有避让之势。楷书左部件"女"将长横收缩，有效缩短了与右部件的距离，同时将右撇也收缩与横相接。大陆地区字形与楷书字形相同，台湾地区字形横变提仍与撇相交出头，但出头几近消失。

单字"女"隶变楷化后，失去象形性，成为符号字，但具有表义和示音功能；作左部件时，将横收缩与右部撇相接不出头，目的是避让右部件，以求字形结体的均匀严谨。这样的字形变化属于书写问题，不属于文字学问题，两岸的认识是相同的。两岸字形都对"女"的横进行收缩，只是收缩的幅度不同，大陆地区横缩短与右撇为相接关系，台湾地区横变提缩短与右撇为相交关系，但出头很小，笔画字迹模糊。大陆地区的宋体字形与楷书字形相同，有传承性，有广泛的通行度（日本、韩国文字也与《康熙字典》楷书字形相同）。大陆地区的楷体字形"安、奴"与台湾地区字形基本相同，即右撇与横相交上出头，左部件横变提与右撇相交出头。汉字左部件末笔横变提在宋代雕版楷书中已成为通则，以追求字形的紧凑美观和书写连贯快捷。从增强部件变形规则的一致性和"宋体向楷体靠拢"的原则，"女"作左部件应该横变提，与撇相交略微出头，也符合尽量保留部件原形的原则。从字符字形优化简化的角度，台湾地区字形是可以作为两岸标准字形的。

2. 尨尨

"尨尨"右部"彡"的第三撇与竖弯横钩，大陆地区是相交，台湾地区是相离。"尨"以及以之为构件两岸存在差异的字形有12字，"尨"字形演变过程如下：

甲骨文 → 小篆 → 隶书 → 楷书 → 字符集字形

"尨"甲骨文像一条尾朝下头朝上的狗，腹下有长毛[①]。小篆字形的狗头比较突出，《说文·犬部》："尨，犬之多毛者。从犬，从彡。《诗》曰：无使尨也吠。"隶书字形"厐"即"尨"字，"彡"在横下；宋代雕版楷书厐（3600）字频2，1字"彡"在横下方，三撇与竖弯横钩都相交，1字"彡"第一撇在横上方，三撇都与竖弯横钩相离。楷书字形"尨"中的"犬"与"尤"同形，"彡"在横下方与竖弯横钩相接，仍可看作犬之"腹下长毛"。历代字书的楷书字形与《康熙字典》字形相同，如《大广益会玉篇》的尨，《五经文字》的厐，《新加九经字样》的尨，《类篇》的尨。当字形与字义的直接联系割断了，笔画组织的有规则、字形的清晰美观成为衡量字符优劣的标准。两岸字形与楷书都有所不同，大陆地区字形"尨"将"彡"第三撇延长穿过竖弯横钩，另两撇与竖弯横钩相接，字形更紧凑，但不利于部件拆分；台湾地区字形"尨"将"彡"抬高到横上，与竖弯横钩相离，便于部件的拆分，但字形松散。两岸字形各有所长，取长补短，《康熙字典》的楷书字形尨符合标准，所以两岸字形都需要进行修正。

CJK 字符集"尨"收录在"尢"部，收录在"尢"部两岸字形存在差异的字还有 8 个：尥尥、尬尬、尷尷、尩尩、尨尨、尳尳、尲尲、尴尴，"尢"的末笔与横，大陆地区是相接，字形与"九"相似，台湾地区是相离。"尢"作为左部件，为避让包容右部件，横收缩，竖弯横钩延伸，字形与"九"很相近，在手写中一般写为"九"，非文字专家并不关注它的字源本义，逐渐与"旭、抛"字左部件类化同形。从部件的简明系统化角度出发，建议"尢"作左部件时写为"九"，加大与"尤"的区别度。以"尢"为构件的 8 字两岸字形都需要修正。

[①] 参见罗振玉《增订殷墟书契考释》："象犬腹下修毛垂状。当为尨字。今篆文彡在背上。"转引自李圃主编《古文字诂林》第 8 册，上海教育出版社 2004 年版，第 572 页。

3. 豖豕

"豖"左部的点，大陆地区字形是与左部第二撇相交，台湾地区字形与左部第二、第三撇都相交。"豖"以及以之为构件两岸存在差异的字形有11字，"豖"字形演变过程如下：

甲骨文 → 小篆 → 楷书 → 字符集字形

甲骨文字形采自黄德宽《古文字谱系疏证》①，黄德宽、李孝定都认为"豖"是"豕去阴之专字"，豕两足之间的一小直笔乃刀形之遗②。小篆字形将小直笔与豕足相交，《说文·豖部》："豖，绊足行豖豖。从豕系二足。"段玉裁注："豖豖，艰行之貌。"把"豖"左部点解释为捆绑豕腿的绳索或障碍物，许慎释义不确。古代字书中有的将左部点与两撇相交，如《大广益会玉篇》的豖、㺃，《类篇》的豖，《字汇》的㺃；有的只与中撇相交，如《字汇》的豖、《正字通》的豖、《康熙字典》的豖。大陆地区字形"豖"与小篆和《康熙字典》字形一脉相承，并符合文字学示源原则；台湾地区字形"豖"旨在显示"豖系二足"之义，拘泥于《说文》未能及时跟进文字学研究的新进展。建议以大陆地区字形为标准字形。

4. 酉酉

"酉酉"中间的横与左右两边的竖，大陆地区是相接，台湾地区是相离。"酉"以及以之为构件两岸存在差异的字形有175字，"酉"字形演变过程如下：

甲骨文 → 金文 → 小篆 → 隶书 → 楷书 → 字符集字形

"酉"甲骨文形体像酒坛之形，有的坛身绘有花纹，以器代所盛之物，是古"酒"字，后来被借为地支名称。金文形体增添了艺术成分，酒坛更美观了。小篆形体进一步美化方正化，隶书字形坛身的花纹线条有

---

① 参见黄德宽《古文字谱系疏证》（二），商务印书馆2007年版，第976页。
② 参见李孝定《汉字的起源与演变论丛》，联经出版事业股份有限公司1986年版，第235页。

多有少，楷书字形"酉"与"西"只有一笔之差。由于"酉"坛身的花纹线条和"西"鸟巢编织错综的线条是相近物象，因形体已不再是具体的物象，楷书中就归纳为一种类别①，"酉"字多出一横与"西"字相区别。"酉"中间横的长短以及与左右笔画的关系不影响字义的表达，历代字书对此的书写要求不是很严格，大多写为相离关系，如《大广益会玉篇》的酉、酎、尊，《五经文字》的酉、配、尊，《新加九经字样》的酉、醑，《类篇》的酉、酮、酢，《字汇》的酉、酒，《正字通》的酉、配、酒。"酉"中间横与左右竖相离，更符合手写习惯，大陆地区的楷体写为"酉"。遵照《印刷通用汉字字形表》"宋体尽可能接近手写楷书"的字形整理标准，"酉"中间横应与左右竖相离。台湾地区字形传承久通用广，可以作为标准字形。

八 "木、禾、水"作下部件时撇、捺与中间主笔的相接与相离

单字"木、禾、水"，左右的撇、捺与中间主笔相接，两岸字形相同：木木、禾禾、水水。但它们作字的下部件时，左右的撇、捺与中间主笔，大陆地区是相接，台湾地区是相离。如：栗栗、傑傑、呆呆、柔柔、樂樂、集集、秦秦、稟稟、录录、暴暴、康康、黍黍等 400 多字。以"集、秦、录"为例，其字形演变过程如下：

<the character evolution charts for 集, 秦, 录 showing 甲骨文 → 金文 → 隶书/小篆 → 楷书 → 字符集字形>

---

① "因为非字部件独立性强，没有读音，也很难义化，……它们中的大多数由于自身形体与原来所表示的物象之间的联系中断，从而变得毫无理据；极个别的由于有与之形体相近的非字表形部件，可以在小范围内进行归纳，获得了相对概括的表形意义，从而得以保留下来。它们所表的形已不再是某一具体的物象，而是某些相近物象经过归纳后的某种类型。"（王立军：《宋代雕版楷书构形系统研究》，上海教育出版社 2003 年版，第 36 页）

第四章　两岸汉字字形差异点历时溯源(上)　169

从"集、秦、录"的字形演变过程看，下部件"木、禾、水"的隶书字形将左右撇、捺与中间主笔分离；楷书字形笔画都很严密紧凑了，组字部件与单字字形相同。台湾地区字形"木、禾、水"作下部件时将笔画相离，没有区别字义的作用，使得字形松散。汉字演变的趋势是追求字形的方正严谨清晰，笔画以向心为主，笔画的相交相接是向心的重要方式之一。从组字部件尽量减少变形和字形的严谨美观而言，大陆地区字形更符合标准。

另外，"水"右部的撇和捺，大陆地区是相接捺上出头，台湾地区是相接上不出头，如：水水、夵夵、求求、氽余、㲽㲽、汞汞、菉菉、朩朩、砅砅、盇盇等字；还有一些台湾地区字形和大陆地区字形相同，如：永永、丞丞、泳泳、絜絜、漾漾、漿漿、烑烑、鮱鮱、欒欒、蟲蟲、阺阺、丞丞、泉泉、泵泵、冰冰等，都是写为"水"。"水"作构字部件时变形不统一，两岸字形规则贯彻都不彻底。大陆地区楷体"水"与台湾地区字形相同，便于书写。所以建议"水"的右部笔画以台湾地区字形为标准，相接不出头；作为构字部件的"水"与单字"水"字形保持一致，两岸都有一些字形需修正。

九 "辰、長、良、艮、衣、文、叉、夂"中的捺与上横的相接与相离

"辰、長、良、艮、衣、文、叉、夂"中的捺与其上部的横，大陆地区是相接，台湾地区是相离，两岸近 700 字存在这种差异。

"辰"以及以之为构件两岸存在差异的字形有 63 字，"辰"字形演变过程如下：

丙、甩 → 辰、氡、氢 → 辰 → 辰、底 → 辰 → 辰辰
甲骨文　　　金文　　　小篆　　隶书　　楷书　　字符集字形

"辰"甲骨文形体像贝壳张开，软体伸出之形，是古"蜃"字，蚌壳制成的工具可用来清除草木或收割禾穗，后借用为地支名称"辰"[①]。金文形体更像蚌壳之形。小篆字形变得一点儿也不象形了。隶书、楷书将小篆字形的线条笔画化，无字理可言。

"長"以及以之为构件两岸存在差异的字形有 20 字，"長"字形演变过程如下：

---

① 参见李圃主编《古文字诂林》第 10 册，上海教育出版社 2004 年版，第 1123—1127 页。

甲骨文　　金文　　小篆　　隶书　　楷书　　字符集字形

甲骨文形体上部是两根弯曲的长头发，其下的一横表示人头，再下是一个手拄拐杖的人，用老年人持杖而立表示"老年人""长者"①。金文形体省略了拐杖。小篆形体发生讹变，下部变为"止"，完全不象形了。隶书形体上部三横表示长头发，楷书字形方正化。从字源看，"長"的下部是人的腿脚。

"良"以及以之为构件两岸存在差异的字形有28字，"良"字形演变过程如下：

金文　　小篆　　隶书　　楷书　　字符集字形

徐中舒认为"像穴居由两个洞口出入之形，以后发展为郎、廊"②，也有人认为金文形体"良"的下部是容器底座③。

"艮"以及以之为构件两岸存在差异的字形有35字，"艮"字形演变过程如下：

小篆　　隶书　　楷书　　字符集字形

唐兰考释小篆字形是"见"的变体，意为回头看，马叙伦认为是"眼"的古文，都认同"艮"的下部是人形④。

"畏"以及以之为构件两岸存在差异的字形有16字，"畏"字形演变

---

① 参见叶玉森《殷墟书契前编考释》："余（指余永梁）谓上象发出形……发长之人则年长。故先哲制长字与老字构造法同。"转引自李圃主编《古文字诂林》第8册，上海教育出版社2004年版，第347页。
② 参见徐中舒《怎样研究中国古代文字》，《古文字研究》第15辑，中华书局1986年版，第4页。
③ 左民安认为"良"下部是"豆（古食器）"形，上部的线条表示食器中的食物散发着香气，本义为"香味"，后引申为"良好""善"。（左民安：《细说汉字》，九州出版社2005年版，第556页）
④ 参见李圃主编《古文字诂林》第7册，上海教育出版社2004年版，第467页。

过程如下:

甲骨文 → 金文 → 小篆 → 隶书 → 楷书 → 字符集字形

甲金文形体由"鬼"和棍棒刀等武器组成,表示鬼执武器使人畏惧。小篆字形因讹变而失去原形,《说文·甶部》:"畏,恶也。从甶,虎省。鬼头而虎爪,可畏也。""畏"的下部应是人形。

"衣"以及以之为构件两岸存在差异的字形有167字,"衣"字形演变过程如下:

甲骨文 → 金文 → 小篆 → 隶书 → 楷书 → 字符集字形

"衣"甲金文形体像衣服之形,上部是衣领,两侧开口处是衣袖。小篆形体没有大的变化,只是下部的衣襟掩合了。隶书字形笔画化,已经不象形。楷书字形方正化。以"衣"为包围部件的代表字例"裘、襄、袁、展、表",字形演变过程如下:

甲骨文 → 金文 → 小篆 → 隶书 → 楷书 → 字符集字形

金文 → 小篆 → 隶书 → 楷书 → 字符集字形

小篆 → 隶书 → 楷书 → 字符集字形

小篆 → 隶书 → 楷书 → 字符集字形

衆→表、表→表→ 表 表
小篆　　隶书　　楷书　　字符集字形

"裘、襄、袁、展、表"的小篆字形下部与单字"衣"的小篆字形下部相同，都是表示衣襟。

"文"以及以之为构件两岸存在差异的字形有47字，"文"字形演变过程如下：

🯁 🯁 → 🯁 🯁 → 🯁 → 文、文 → 文 → 文 文
甲骨文　　金文　　小篆　　隶书　　楷书　　字符集字形

"文"甲骨文形体像正立的人形，有的胸前刻有美观的花纹。金文形体基本同于甲骨文。小篆把胸前的花纹省略掉了，线条结构是紧密的。隶书字形结构比较紧凑，楷书字形笔画有些松散。

"叉"以及以之为构件两岸存在差异的字形有19字，"叉"字形演变过程如下：

ヨ → 叉 → 叉 叉
小篆　　楷书　　字符集字形

《说文·又部》："叉，手指相错也。从又，象叉之形。"

"攵"是部首字，《说文·攴部》："攴（攴），小击也。从又，卜声。""攴"隶变后大都写为"攵"，如：攵攵、攸攸、敝敝、**敬敬**、敢敢、敦敦、**敖敖**、敉敉等约330字。以"攸、敝"为例，其字形演变过程如下：

🯁 🯁 → 🯁 🯁 → 🯁 → 攸 → 攸 → 攸 攸
甲骨文　　金文　　小篆　　隶书　　楷书　　字符集字形

🯁、🯁 → 敝 → 敝 → 敝 → 敝 敝
甲骨文　　小篆　　隶书　　楷书　　字符集字形

追溯字源，"辰、長、良、艮、衣、文、叉、夂"中的捺来源不同，隶变楷化使得它们类化同形，失去了早期古文字的象形意味，字形与原有理据失去联系。笔画符号化，笔形与字义无关，属于纯书写问题。楷书字形追求字形的方正严谨，已将这些字的捺与横相交接。台湾地区字形捺与横相离，但相离的距离很小，普通民众注意不到这点差别，字形保留这些字笔画之间若即若离的距离，并没有区别字义显示字源的作用，反而使得字形显得松散。大陆地区字形符合字形严谨笔画清晰的标准。

十 "米"周围笔画与中心主笔画的相接与相离

"米米"四周笔画与中间"十"，大陆地区是相接，台湾地区是相离，"米"以及以之为构件两岸存在差异的字形有236字，如：米米、娄婁、粟粟、断斷、继繼、迷迷、匊匊、粦粦、氣氣、奥奧、粤粵等。"米"字形演变过程如下：

甲骨文 → 金文 → 小篆 → 隶书 → 楷书 → 字符集字形

"米"甲金文形体周围的点就像米粒形，中间的"一"表示将米粒连接在一起，有的形体只有米粒形①。小篆形体的米粒不象形了，下部的点变成了线条。隶书有两种字形，其中之一是下部的两点变成撇和捺，并与中间"十"相接。楷书字形四周笔画都与中间"十"相接。文字笔画化符号化后，"米"四周笔画与中间"十"的交接关系与字义无关。

这是纯书写问题，楷书字形追求字形的方正严谨，书写以向心为主，大陆地区字形符合这个标准。

十一 "系、瓜、爪、無、黽、龜"上端笔画与下部笔画的相接与相离

"系、瓜、爪"的第一笔撇和"無"第二笔横，"黽"中间右部长竖与下部竖弯横钩，大陆地区字形是相接，台湾地区字形是相离。

"系"以及以之为构件两岸存在差异的字形有20字，"系"字形演变过程如下：

---

① 参见罗振玉《增订殷墟书契考释》："象米粒琐碎纵横之状。古金文从米之字皆如此。许书作米形稍失矣。"转引自李圃主编《古文字诂林》第6册，上海教育出版社2004年版，第681页。

甲骨文　　金文　　小篆　　隶书　　楷书　　字符集字形

甲金文形体像一只手抓起两缕丝或三缕丝，小篆形体将手形"爫"省写为"丿"，减省为一缕丝，书写省便了①。从字源看，上部的撇应该与下部的"丝"连为一体。楷书字形保持了这种字源。

"瓜"以及以之为构件两岸存在差异的字形有37字，"瓜"字形演变过程如下：

金文　　小篆　　隶书　　楷书　　字符集字形

金文"瓜"形特征不明显，就画出瓜的依附主体——瓜蔓来衬托。小篆的"瓜"变小了，但仍有瓜形。楷书瓜形写为"竖折提、点"。从字源看，各笔画是连为一体的。

"爪"以及以之为构件两岸存在差异的字形有10字，"爪"字形演变过程如下：

甲骨文　　金文　　小篆　　隶书　　楷书　　字符集字形

"爪"像鸟兽之爪形。从字源看，各笔画是连为一体的。

"無"以及以之为构件两岸存在差异的字形有18字，"無"字形演变过程如下：

金文　　小篆　　隶书　　楷书　　字符集字形

金文"無"的第一个形体是正立的一个人左右手各持牛尾而舞，与

---

① 参见李孝定《金文诂林读后记》："系字从爪，从丝，象手持丝形。"高鸿缙："系字初文俱象手持丝形，与许书籀文合。"转引自李圃主编《古文字诂林》第9册，上海教育出版社2004年版，第1116—1119页。

第四章　两岸汉字字形差异点历时溯源(上)　175

"舞"同。

"舞"以及以之为构件的字有3个：舞舞、傩傩、蹕蹕，"舞"字形演变过程如下：

甲骨文　金文　小篆　隶书　楷书　字符集字形

"舞"甲骨文形体像正立的一个人左右手各持牛尾而舞，金文在甲骨文形体上加上双脚，舞动的意思更明显了。小篆字形保留了甲金文的形体形象，隶变楷化后笔画化，上部的"撇、横"应该是人头和双臂的变形，其下是手持的牛尾。

"黽"以及以之为构件两岸存在差异的字形有23字，"黽"字形演变过程如下：

甲骨文　金文　小篆　楷书　字符集字形

"黽"甲骨文形体像一只青蛙①。金文形体有的更像一只青蛙，有的不象形了。依据甲金文可知小篆字形的上部是黽头，中间是黽身和黽的腿脚，下部是黽尾。台湾地区字形将中间右竖收缩与左竖弯横钩相离②，字源字理不足，也不便于书写。

"龜"以及以之为构件两岸存在差异的字形有4字，区别有二：一是中间左右部件，大陆地区是相离，台湾地区是相接；二是上部件，大陆地区写为"丿"，台湾地区写为"夂"。"龜"字形演变过程如下：

---

① 参见于省吾《释黽、黿》："黽形无尾，其后两足既伸于前，复折于后。然则黽字本象蛙形，了无可疑。"《古文字研究》第7辑，中华书局1982年版，第12页。
② 字书大多写为"黽"，如《大广益会玉篇》的黽、蠅，《五经文字》的黽，《类篇》的黽；但也有将右长竖与竖弯横钩相离的，如《类篇》的黽，《字汇》的黽、澠，《正字通》的黽、蠅。宋代雕版楷书也大多将右长竖与竖弯横钩相离，如繩（2192）字频8，"黽"的右部都与竖弯横钩相离；澠（2671）字频5，3字"黽"的右部独立；蠅（3299）字频3，2字"黽"的右部独立。

甲骨文　　金文　　小篆　　楷书　　字符集字形

"龜"甲骨文形体像乌龟的侧视图，金文形体像乌龟的俯视图，小篆字形是甲骨文形体的演变，楷书是小篆字形的笔画化，笔画繁多，上部是龜头，左部是四足，右部是龜壳，下部是龜尾。台湾地区字形将右部竖与左竖弯横钩相离，没有字源理据，也不便于书写。大陆地区字形将上部"⺈"简化为"丿"，但"龜"的简化字是"龟"，这不利于字符的系统性，应保留"⺈"的写法。《康熙字典》字形可以作为两岸繁体的标准字形。

从字源看，"系、瓜、爪、無、電"上端笔画与下部笔画本是连为一体的。台湾地区字形笔画相离字源理据不足，还使得字形显得松散，大陆地区字形可以作为标准字形。"龜"两岸字形都需修正。

十二 "竹字头、立、丫、牙、旡"笔画的相离与相接

单字"竹"两岸字形相同：竹 竹，作上部件时竖变点，点与其他笔画，大陆地区相接，台湾地区相离，如竿 竿、等 等、笑 笑等343字。"牙"的左上角，大陆地区字形不封口，横与竖折相离，台湾地区字形封口，横与竖折相接，如：牙 牙、訝 訝、邪 邪、迓 迓、雅 雅、呀 呀、芽 芽等33字。"丫"的首笔与其他笔画，大陆地区是相离，台湾地区是相接，如：丫 丫、吖 吖、儕 儕、劑 劑、齋 齋等30字。"丕"右部点与其他笔画，大陆地区是相离，台湾地区是相接，如：不 不、坏 坏、否 否、丕 丕、坯 坯等54字。"旡"首笔横与竖折，大陆地区是相离，台湾地区是相接，如：既 既、概 概、槪 槪、僭 僭、鷟 鷟等40字。其他"立、豆"中"丷"与上横，大陆地区部分字相离部分字相接，台湾地区都是相接。这样的笔画相离或相接无关六书字义，属于纯书写问题。两岸字形这样的区别点很细微，只要两岸在规范字形时达成一致的规则，统一这样的区别点是有可能的。大陆地区字形笔画之间大多是相接相交，字体严谨，这些字却笔画相离，不合于大陆地区字形的一贯作风，建议大陆地区先行消除这样的不一致。

以上十二大类笔画交接方式差异涉及3900多字，"龙"和以"尤"为构件的20字以及"龜"等4字两岸都需修正；台湾地区字形优于大陆地区字形的1800多字，包括"女"、以"彐（又的形变）"为构件的"帚、侵、寻、彗、急"、以"允、牙、豕、酉、丫、牙、旡"为构件和以"竹字头"为构件的字；其余2000多字大陆地区字形优于台湾地区字形。

第五章　两岸汉字字形差异点历时溯源（下）

第一节　两岸组字部件差异溯源

由于选用不同的组字部件而产生的差异字形归为"组字部件差异"。这里的组字部件一般为成字部件或笔形差异至少在两笔以上，如"八"和"儿"的差别只有第二笔，但都是成字部件，所以归在"组字部件差异"；"敖、敢"的左上部，台湾地区字形为成字部件"士、工"，也归在"组字部件差异"。以下小标题连接号前为大陆地区选用的组字部件，连接号后为台湾地区选用的组字部件。

一　八—儿（空、突、罙、詹、冏、夌、奎）

CJK 字符集中有 336 字，其中的一个部件大陆地区字形写为"八"（"八"末笔写为"长点"），台湾地区字形写为"儿"（"儿"末笔不带钩），如：空空、突突、冏冏、商商、喬喬、嶌嶌等，常用构件有：空、突、罙、詹、冏、夌、奎等。

1. 穴穴、突突、空空、罙罙、詹詹

"穴"独立成字时，区别点是下部"八"的右部笔画，大陆地区写为捺，台湾地区写为横折捺（见前文"八"字溯源）。当"穴"作字的上部构件时俗称"穴字头"，"宀"下部大陆地区写为"八"，台湾地区写为"儿"。以"穴"为上部构件的字有 129 个。以"突、空"为例，"突"字形演变过程如下：

👤 → 🔲 → 突 → 突 → 突 突
甲骨文　　小篆　　隶书　　楷书　　字符集字形

"突"甲骨文字形下部是一只狗，上部像洞穴形。小篆字形上部写为"穴"，穴壁覆盖着"犬"，《说文·穴部》："突，犬从穴中暂出也。从犬在穴中。"隶书字形穴壁向上收缩，洞口写为两个竖弯横。楷书字形"穴字头"下部笔画写为"儿"。台湾地区字形是对楷书字形的直接继承。但"穴"作字的上部构件在楷书中的写法也不完全一致，如《康熙字典》"空"的楷书字形写为"空、control"，"空"字形演变过程如下：

金文　小篆　隶书　楷书　字符集字形

"空、突"上部件都是"穴"，楷书字形却不同。虽然字形演变过程有所不同，但现行字形都一致了，大陆地区字形将"穴字头"下部写为"八"，台湾地区字形写为"儿"。从字形传承而言，台湾地区字形与传统字形更接近（也有例外，如"空"类字是大陆字形更接近楷书字形）；从书写便利程度而言，大陆地区字形书写更简捷；从书法美学角度而言，"穴字头"应该收敛避让下部件，大陆地区字形更符合紧凑美观的要求。而且"穴字头"下部写为"八"，也与单字"穴"保持了一致，保证了相同部件的一致性。大陆地区"穴"以及以之为构件的129字无论是在字理上还是书写规则上都是符合字形演变规则的，应该确立为两岸字形的标准字形。

相同字形环境还有"罙"以及以之为构件的7字：罙罙、堔堔、探探、樑樑、琛琛、深深、睬睬，也应以大陆地区字形为标准字形。另外，"詹"字也包含"八"部件，《说文·八部》："詹，多言也。从言，从八，从厃。"以"詹"为构件的24字中的"八"与"穴字头"中的"八"处于相同的字形环境，应该统一写为"八"。

2. 冏冏

"冏"中间"口"上的两画，大陆地区写为"八"，台湾地区写为"儿"。"冏"以及以之为构件两岸存在差异的字形有46字，"冏"是基本构件，其字形演变过程如下：

甲骨文　小篆　隶书　楷书　字符集字形

李学勤先生认为："'冏'即是增'口'的'内'字。"①《说文·冏部》："冏，言之讱也。从口，从内。"小篆字形"口"上写为"入"。隶书、楷书字形偏离了小篆字形的轨迹，都写为"儿"。大陆地区字形将竖折横平直化写为"八"，台湾地区字形与楷书相同。"冏"作字的构件，其演变过程也是如此，如"商"字形演变过程如下：

甲骨文　　金文　　小篆　　隶书　　楷书　　字符集字形

"商"甲、金文形体下部的"冏"是祭祀的灵台。小篆字形的灵台写为"商（冏）"，与"冏"的演变过程相同，隶书、楷书"口"的上部写为"儿"；而宋代雕版楷书商（802）字频48，其中20字"口"上写为"十"。"冏"中"口"上两画本为对称形式，楷书可能为避重画，有意分别了两画的写法。台湾地区字形继承了楷书的传统字形，大陆地区字形将楷书右部的竖弯横平直化写为"八"。"冏"中"口"上写为"八"，可以与下部"口"形成相互避让和包容之势，而且与"突、空、深"等字中的"八"一致，保持部件的简化统一，书写也很便利。

与"冏"字形环境相同的还有5字：囧囧、囷囷、囵囵、冏冏、茵茵，应和"冏"中的"八"写法相同。

3. 夌夌、夋夋、畟畟、㙇㙇、垚垚

"夌"的区别点有二：一是下部件，大陆地区写为"夂"，台湾地区写为"夊"，捺与右撇相交出头（后文论述"夂"与"夊"的分合）；二是中部件，大陆地区写为"八"，台湾地区写为"儿"，两岸存在此类差异的字形有123字。常用构件有夌、夋、畟、㙇、垚，它们的甲、金文阙如，《说文·夂部》："𡕒（夌），越也。从夂，从𡈼；𡈼，高也。""𡕦（夋），行夋夋也。一曰：倨也。从夂，允声。""𤰁（畟），治稼畟畟进也。从田人，从夂。""𡕍（㙇），敛足也。鹊鵙丑，其飞也㙇。从夂，兇声。"从小篆字形可知，此类构件下部的"夂"表示脚趾，"夂"上的两画虽然来源并不相同，其笔形与"穴、冏"中的"八"相同。《说文·土部》："垚（垚），土块垚垚也。从土，兂声。"两"土"之间的笔画，与"穴、冏"中的"八"也相同。《康熙字典》"夂"上或"土"上的两画

---

① 李学勤：《论博山刀》，《中国钱币》1986年第3期，第4页。

不统一了，有的写为"八"，如𡘹、𡤾，有的写为"儿"，如𡙇、𡤾、𡦁。"夂"上或"土"上的两画写为"八"，可以与下部件形成相互避让和包容之势，而且与"冏、商、突、空、深"等字中的"八"一致，保持部件的简化统一。台湾地区字形统一为"儿"，与字源并不十分吻合。大陆地区字形统一写为"八"，符合书写便利和字形紧凑美观的原则，也符合相同字符系统性原则。

常用构件"穴、詹、冏、商、夋、𡤾"等中的"八"或"儿"，表洞口、灵台基座、人等，字源并不相同，但在字形类化规律的类推作用下，两岸字形存在差异的336字呈现出严整的对应，大陆地区写为"八"，台湾地区写为"儿"。字书《五经文字》除深、澳写为"儿"，其他都写为"八"，如商、商、𦱳、夋、凌、凌、陵、突、窬、窮；《类篇》中也大多写为"八"，如夋、𡤾、夋、俊、向、商、滴、高、空、夋。《印刷通用汉字字形表》整理汉字，立足于现实应用，强调简单易学，重视手写体。台湾地区整理字形的重要准则是"取其最合乎初形本义者"，"字之写法，无关笔画繁省者，则力求符合造字之原理"（《常用国字标准字体表·说明》）。但今天台湾地区字形写为"儿"的336字，并不能准确显示字源，也不符合书法美学原则；而大陆地区字形则在字形美观度、通行度和系统性方面都优于台湾地区字形。

有一个字两岸字形的上述部件相同：鑁鑁，其右部件中间都写为"八"，台湾地区字形与大陆地区字形相同，相同部件统一为一种写法。另有两个个例：袞袞、䙡䙡。"袞"在《说文》中作"袞"，"从衣，公声"，《干禄字书》以"袞"为正，以"袞"为通，《康熙字典》收录两个字形"袞、袞"，但注明依从《说文》以"袞"为正体，"袞"为异体。不管以何者为正体，从字源上看"口"上部也是应该写为"八"，这也与以上诸多字形的相同部件保持统一性、系统性。那么CJK字符集中，汉字部件大陆地区字形写为"八"，台湾地区字形写为"儿"的338字都应以大陆地区字形为标准字形。

在隶书、楷书中组字部件都写为"儿"，现行汉字两岸出现差异的还有9字：奐奐、唤唤、寏寏、㤴㤴、换换、渙渙、煥煥、瑗瑗、瘓瘓，"奐"是基础构件，中间方框中的撇和点，大陆地区写为"八"，台湾地区写为"人"，字形演变过程如下：

𦥑 → 奐 → 奐 → 奐 奐
小篆　　隶书　　楷书　　字符集字形

《说文·廾部》："奐，取奐也。一曰：大也。从廾夐省。""奐"中间部件的演变过程与上述"空、囧"字形演变相同，依据相同部件形变相同的规则，"奐"中间部件应写为"八"。台湾地区《常用"国字"标准字体表》以中间写为"人"的"奐"为标准体，与"空、囧"等字中写为"儿"不一致。大陆地区字形的形变符合文字符号统一化系统化的规则，建议繁体字以大陆地区字形为规范字形。"奐"的字形理据不明显，《简化字总表》将"奐"简化为"奂"，笔画更清晰，可以作为两岸的简化字形。

二 几──儿（虎、亮、敨、宄、秃、沿）

CJK 字符集中有 75 字，其中的一个部件大陆地区字形写为"几"，台湾地区字形写为"儿"，常用构件有：虎、亮、敨、宄、秃、沿。

1. 虎虎

区别点是下部件，大陆地区写为"几"，台湾地区写作"儿"。"虍"以及以之为构件两岸存在差异的字形有 47 字，"虎"字形演变过程如下：

甲骨文 → 金文 → 小篆 → 隶书 → 楷书 → 字符集字形

"虎"甲骨文像老虎之形，因行款关系直立起来。金文形体简化，突出虎头大嘴，仍有虎的形象。小篆字形完全不象形了，虎头写为"虍"，虎身虎尾用"人"形代替，《说文·虍部》："虎，山兽之君。从虍，虎足象人足。象形。"在古文字中，"虎"和"虍"都是老虎的象形[①]，两者无根本性区别。隶书字形用"巾"代表虎身虎尾。楷书字形将虎身虎尾写成"儿"，是对小篆字形"人足"的附会。字书大多将"虎"下部件写为"几"，如《大广益会玉篇》的虎、虤、號，《干禄字书》的虎，《类篇》的虎、號、唬、琥、摅，《字汇》的虎、彪，《正字通》的虎、唬、嚎。宋代雕版楷书大多也将"虎"的下部件写为"几"，如虎（1136）字频 28，彪（3020）字频 3，下部件都写为"几"；號（599）字频 69，只有一字写为"儿"，68 字写为"几"。"虎"下部件写为"儿"，字形与篆书

---

① 参见孙诒让《名原》："虍当为虎头，犹彑为豕首，别为一字。盖象其侈口形，下则象腹背足尾形，皆不为人足。"转引自李圃主编《古文字诂林》第 5 册，上海教育出版社 2004 年版，第 144 页。

有继承关系，但从字源看，写为“几”或“儿”，都不影响字义的表达。

2. 亮亮

区别点是下部件，大陆地区写为“几”，台湾地区写作“儿”。“亮”以及以之为构件两岸存在差异的字形有 4 字，“亮”字形演变过程如下：

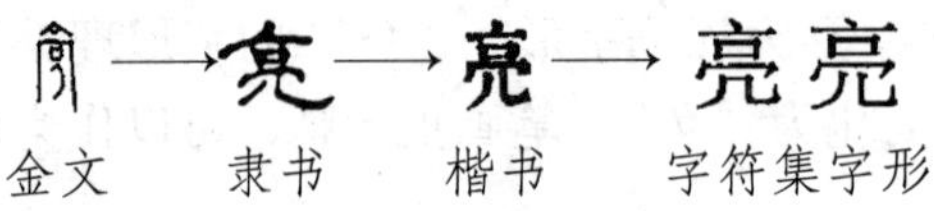
亮亮
金文
隶书
楷书
字符集字形

金文“亮”来自战国亮矛；《说文》未录，段玉裁《说文解字注·儿部》：“亮，明也。各本无，此依《六书故》所据唐本补。”《康熙字典》楷书字形下部件写为“儿”，《类篇》的亮、《字汇》的亮也写为“儿”；而《类篇》的喨、《正字通》的亮、喨，下部件是“几”；宋代雕版楷书的亮（1816）字频 12，都写为“几”。

3. 微微

“𢼸”左下部件，大陆地区写为“几”，台湾地区写作“儿”。“𢼸”现已不独立成字，CJK 字符集基本集未收此字形，以之为构件两岸存在差异的字形有 9 字，“𢼸”字形演变过程如下：

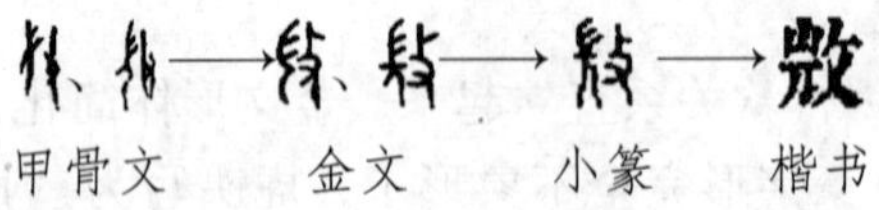
甲骨文
金文
小篆
楷书

“𢼸”在甲、金文中表示姓氏，金文中有著名的微氏家族①，左部是一个长发的人形。高鸿缙《散盘集释》：“𢼸应从攴、長会意。長为发之最初文……发即细小矣，攴之则断，而更𢼸也。”②《说文·人部》：“𢼸，妙也。从人，从攴，豈省声。”段玉裁改作“眇也”并注：“凡古言𢼸眇者，即今之微妙字。眇者，小也……微行而𢼸废矣。”《说文·彳部》：“微，隐行也。从彳，𢼸声。”从字源看，“𢼸、微”中间下部件是“人”，应该写为“儿”，但“微”的隶书字形“微”将人形讹写为“月”，宋代雕版楷书的微（537）字频 78，71 字将人形写为“几”，7 字将人形写

① 参见高明《论墙盘铭文中的微氏家族》，《考古》2013 年第 3 期，第 56 页。

② 转引自《汉语大字典》（缩印本），湖北辞书出版社、四川辞书出版社 1992 年版，第 612 页。

为"口"。《康熙字典》楷书字形"微"将人形写为"几",又如《大广益会玉篇》的㣲、薇、薇、䉤,《五经文字》的㣲,《字汇》的徽,《类篇》的敳、徾、微。

4. 冘冗

"冘冗"区别点是下部件,大陆地区写为"几",台湾地区写作"儿"。"冘"以及以之为构件两岸存在差异的字形有3字:冘冗、抗抗、鸠鸠,两字以"冘"为构件:沉沉、坑坑。"冘"字形演变过程如下:

冘 → 冘 → 冘冘
小篆　楷书　字符集字形

甲骨文、金文阙如。小篆形体像一人在屋中弯腰休憩之形,《说文·宀部》:"冘,㪌(散)也。从宀,人在屋下,无田事。"本义是农闲时人在家中休息,引申为闲散、多余、繁杂等义,是现行汉字"冗"的初文。《说文》不收"冗",宋代雕版楷书的冗(1995)字频10,下部件都写为"几"。《康熙字典》《正字通》收录分别写为"冘、冗",《篇海类编·宫室类·宀部》:"冘俗作冗。"《正字通》:"冗俗冘字。"现行汉字"冘"的字义由"冗"代替,"冘"和"冗"的造字意图和记词功能相同。CJK字符集中收录"冗",两岸字形相同:冗冗,但以"冗"为构件的字两岸字形不同:沉沉、坑坑。《第一批异体字整理表》以"冗"为正体,"冘"为异体;台湾地区《常用"国字"标准字体表》也以"冗"为标准体。为保证组字部件的统一性和系统性,当以"冗"为组字部件,下部件应写为"几"。

5. 沿沿

区别点是右上部件,大陆地区写为"几",台湾地区写作"儿"。CJK字符集中有此类字形差异的字有3个:沿沿、船船、鉛鉛。以"沿"为例,其字形演变过程如下:

沿 → 沿 → 沿沿
小篆　楷书　字符集字形

甲骨文、金文阙如。《说文·水部》:"沿,缘水而下也。从水,㕣声。"从字源看,"沿"右上部件是"八",在宋代雕版楷书中多将"沿"

的右部件写为"公",沿(1916)字频11,6字右部件写为"公",4字写为"沿",1字写为"沿";船(1662)字频14,9字写为"船",5字右部件写为"公";铅(2656)字频5,3字写为"鉛",2字右部件写为"公"。楷书字形写为"几",大陆地区字形将"几"去钩;台湾地区字形写为"儿"。"儿"或"几"都不是对字源的保留,而以"几"作为组字部件在两岸具有普遍性,韩国字形是:沿、鉛,是以"几"作为组字部件。选用"几"作组字部件更具有实用性和通行性。单字"几"末笔带钩,组字部件尽量使用原形,所以组字部件"几"应带钩,与《康熙字典》和韩国字形"沿、鉛"相同,这也符合字形的传承性和稳定性原则。

6. 秃秃—秃秃

"秃"独立成字时,CJK字符集收录两种字形:秃秃、秃秃,区别是前者下部件是"儿",后者下部件是"几"。"秃"作字的构件时,有1字收录了两种字形:頹頹、頹頹;其他字两岸选取了不同的字形,大陆地区选取"秃",台湾地区选取"秃",以"秃"为构件两岸存在差异的字形有6字,"秃"字形演变过程如下:

秃→秃→秃秃、秃秃

小篆　　楷书　　　字符集字形

甲骨文、金文阙如。《说文·儿部》:"秃,无发也。从人,上象禾粟之形,取其声。"但许慎也说"未知其审"。段玉裁注:"粟当作秀,以避讳改之也……取其声,谓取秀声。"陆宗达考证"秃、秀二字本同音",两者的小篆字形很相近,"秃"是"秀"下部的笔势之变,"秃"是"秀"的异体。表示无发的本字是"童","秃"是"童"字的声借。[①]《大广益会玉篇》都写为"几",如:秃、挠、桡,《类篇》的秃的下部件是"儿",穨、䫆、撓的下部件写为"几",《正字通》的秃下部件也是"几"。宋代雕版楷书也都写为"几",如秃(3245)字频3、頹(2203)字频8,都写为"几"。楷书字形下部件写为"儿"。

还有1字:叽叽,右部件大陆地区写为"几",台湾地区写为"儿"。现行汉字"叽"是象声词"嘰"的简化字,读 ji,部件"几"作为声符

---

① 陆宗达:《说文解字通论》,中华书局2015年版,第197—198页。

表音。《康熙字典》字形"叽",读为 jiao,呼喊的意思,《正字通·口部》:"叽,叫字之譌。"台湾地区《常用"国字"标准字体表》以"叫"为标准体,象声词以"嘰"为标准体,《现代汉语词典》只收"叫","嘰"的简化字写为"叽"。CJK 字符集"口"部收录两岸相同编码的"嘰、叫",那么"叽叽"前者应当是"嘰"的简化字,后者应当是"叫"的异写字。

追溯字源,"**敊**、㐬、冗、秃"的下部件是人形,人形居字之下则隶写为"儿"如"光、允";"虎、亮、沿、叽"中的"几或儿"与人无关。在文字符号的同化异化作用下,楷书字形"虎、亮、㐬、秃"的下部件或写为"儿"或写为"几",在"**敊**、冗、沿"中写为"几",字源混淆。两岸都进行了文字规范,但由于遵循的原则标准不同,致使各自选择了不同的组字部件。台湾地区字形选用"儿"作为这些字的组字部件,但《常用"国字"标准字体表》明确规定以"冗"为标准体,出现不一致;还有一个问题不好处理:同样以"儿"作下部件的"兄、光、霓、倪、貌"等的"儿"与上部笔画相接,"虎、亮、**敊**"中的"儿"与上部笔画也应相接,但如果相接不符合传统字形,尤其是"**敊**"中的"儿"就会与上部横合为"几"字。现行汉字"虎、亮、沿、**敊**、㐬、冗、秃、叽"的组字部件写为"几或儿"不会产生字义的混淆,在字书和宋代雕版楷书中大多都写为"几",难怪台湾地区领导人蔡英文也把"亮"的下部件写为"几":亮①。在不影响字形区别字义的前提下,文字符号趋向于系统化、标准化,字形追求清晰美观。选用"几"为这些字的组字部件,一是对民众书写习惯的认可和肯定,二是追求字形笔画的清晰美观,三是增强这些组字部件的统一性、系统性。所以建议以大陆地区字形为标准字形。

三 土—士(寺)

"寺寺"的上部件,大陆地区是"土",台湾地区是"士"。"寺"以及以之为构件两岸存在差异的字形有 27 字,"寺"字形演变过程如下:

---

① 图片剪切自蔡英文手写字。据台湾"中时电子报"2 月 2 日(2017 年)报道,马英九办公室前副秘书长罗志强在过年期间的脸书上发文,回顾了 2015 年当时只是台湾地区领导人参选人的蔡英文为党籍民意代表参选人郑运鹏站台时写下"点亮台湾"的字幅,罗志强对此批"写四个字,错了三个字,我也不知道该怎么办了"。(环球网:《蔡英文四字写错仨》)

峕、峕 → 峕 → 寺、寺 → 寺 → 寺 寺

金文　　　小篆　　　隶书　　　楷书　　字符集字形

"寺"金文形体上部是"止"形，下部是"又"或"寸"。马叙伦、戴家祥、李孝定等古文字学者都认为"寺"即"持"字，下部的"寸"是"又"的变体，但对上部件表何物都不得其解[①]。《说文·寸部》："寺，廷也，有法度者也。从寸，㞢声。"小篆字形成为上"㞢"下"寸"。隶书、楷书字形都将上部写为"土"；历代字书都将"寺"的上部件写为"土"，如《大广益会玉篇》的寺、時、特、待，《干禄字书》的畤、時，《五经文字》的時、時、庤，《类篇》的持、待、時、詩、侍、峙，《字汇》的待、侍、特、恃，《正字通》的寺、待、持、時。宋代雕版楷书也是写为"土"，如時（56）字频 545，只有 6 字右上部写为"士"，其余都写为"土"，寺（630）字频 66、詩（165）字频 223、侍（278）字频 156、待（369）字频 118、持（531）字频 78 等，都是写为"土"。大陆地区字形与楷书字形相同，台湾地区字形上部写为"士"。虽然台湾地区《常用"国字"标准字体表》收录的"時"右上部写为"士"，但台湾地区通行汉字是将"寺"上部写为"土"，如：寺（台北龍山寺）、寺（日月潭灵通寺）、寺（日月潭玄光寺）等及寺庙周边宣传用字都是采用上部件为"土"的"寺"，又如：寺（台北 101 大楼顶楼餐厅）、時（台湾地区《中国時報》《自由時报》的标题）、時（商店名称）、時（蒋介石纪念堂碑文）。可见文字作为工具的从俗的力量是很大的。大陆地区字形肯定了民众通行用字的规范地位，有广泛的通行度和深厚的民众基础，可以作为两岸的规范字形。

四　卜—人（处）

"处处"的右上部，大陆地区字形写为"卜"，台湾地区字形写为"人"。"处"以及以之为构件两岸存在差异的字形有 15 字，"处"字形演变过程如下：

菚、菚、𡕝 → 𠂇、𠬞 → 處 → 處 → 处 处

金文　　　小篆　　　隶书　　　楷书　　字符集字形

[①] 参见李圃主编《古文字诂林》第 3 册，上海教育出版社 2004 年版，第 580—581 页。

金文形体有的像一只蹲踞的老虎形，右下部一"几"案，有的像一个人背靠一"几"案，表明在某处停留居住之义；有人认为是头戴虎皮冠的人，有人认为"虍"是声符。小篆字形保留了右部"几"，左部省简为"夂"。《说文·几部》："处，止也。得几而止。从几，从夂。處，处或从虍声。"用"夂、几"会意停留居住之意，加"虍"标示读音。《正字通》注明"処"是"處本字"，本义为暂止、休息，引申为居住、相处、处所。《大广益会玉篇》的処、處，《类篇》的処、處，《字汇》的処、處，都保留了字形中的"几"，宋代雕版楷书的處（291）字频148，145字写为"處"。两岸字形都进一步简化，台湾地区字形"処"，与"咎"上部件的历史字形相同，如《大广益会玉篇》的咎，《正字通》的咎；大陆地区字形"处"右部写为"卜"，字形与"外"很相似。在CJK字符集中有一个字两岸都选取"几"：拋拋。从字源、字形的传承性以及字形的区别度而言，"処"应为标准字形。

五 ⺤—夕（䍃/䍃）

"䍃/䍃"不独立成字，CJK字符集基本集中没有收录单字字形，以"䍃/䍃"为构件的字有24字，大陆地区简化字形写为"䍃"，如"谣、遥"，没有对应的台湾地区字形，台湾地区只有繁体字形：謠、遙。"䍃/䍃"的上部件，大陆地区写为"⺤"（爪的变形），台湾地区写为"肉"的变形"夕"，如傜傜。CJK字符集两岸存在差异的字形有19字，有两字两岸都收录相同的两种字形：摇摇—搖搖、瑶瑶—瑤瑤，每组前一个两岸字形相同，后一个区别点是"斜月"和"夕"；有两字两岸同编码字形的区别是"斜月"和"夕"：謠謠、遙遙；有1字两岸字形相同：滛滛。可见两岸在各自的文字系统中对这个部件的整理都存在不一致之处，对这个部件两岸字形都有待规范。

"䍃"甲骨文、金文阙如。云梦秦简作䍃。《说文·缶部》："䍃（䍃），瓦器也。从缶，肉声。"当"肉"处于字的一隅，通常写为"斜月"，如"將、然"。《康熙字典》字形是䍃。隶书、楷书字形都将"肉"写为"斜月"。位于字上部的"斜月"与"⺤"相似，如"摇、遥、瑶"的隶书"瑶、摇、遥"，省减"斜月"的下部撇就是"⺤"，如《大广益会玉篇》的瑶，《五经文字》收录謠、謠，注明"上说文下经典"，《类篇》的摇、搖、愮；也有省减为"夕"的，如台湾地区《标准行书范本》的"摇"写为"搖"，右上部件写为"夕"。CJK字符集中，大陆地区简化字形"将"右上部件"夕"就是"斜月"的省写，对应的台湾地区字形简写为"⺤"，如：将 将。从"䍃"的字大多读为 yao，"䍃"是声符；"䍃"的声符"肉"表读音已不再准确，而"⺤"的读音与"䍃"更相近。相对于"䍃"，"䍃"上下部件布局严谨，字形匀称美观，宋代雕版楷书中从"䍃"的字的总字频是 79，只有 7 字上部写为"夕"①，可见"䍃"上部写为"⺤"具有历史传承性和通行度。台湾地区字形将"䍃"的上部件写为"夕"，这虽有利于文字学的字义字源研究，但对文字的实际应用和发展没有积极意义，因为凡是从"肉、夕"的字从《玉篇》到《康熙字典》就都写为"月"了［详见后文"'月'与'⺼(肉)'的分合"］。

个例：埒埓，《说文·土部》："埒（埒），卑垣也。从土，寽声。"从小篆字形可知"埒"右上部是"⺤"。《正字通·土部》："埒，俗作埓。"两岸字形都需修正，应以"埒"为标准字形。

六 敖—敖（敖）

"敖敖"的左部，大陆地区写为"敖"，不可拆分；台湾地区写为"敖"，可拆为上"士"下"方"。"敖"以及以之为构件两岸存在差异的字形有 30 字，"敖"字形演变过程如下：

金文　　小篆　　隶书　　楷书　　字符集字形

"敖"金文形体右部为"攴"，左部形体表义不详。《说文·放部》："敖，出游也。从出，从放。"段玉裁注："从放，取放浪之意。"隶书、楷书将小篆字形左上部的"出"讹写为"土"或"士"，下右部写为"放"；由于左下部的"方"与左上部的"士"完全相接，"方"的上点与"士"的中竖看起来就合为一画，与"主"同形。《大广益会玉篇》只有敖的左上部写为"士"，以之为构件时都写为"土"，如：勢、摰、墊、熱、鷔、謷；《五经文字》謷的左上部是"士"；《新加九经字样》教的左上部也是"士"；《类篇》中只有敖的左上部是"士"，其他熱、摮、謸、潵、氂等字的左上部都是"士"，看起来像"主"；《字汇》敖、熱、鷔的左上部为"主"；《正字通》不统一，有的为"主"，如：敖、傲、婺、嫯，有的为"土"，如：嗷、謷。宋代雕版楷书中"敖"的左上部书写不一致，

---

① 参见王立军《宋代雕版楷书构形系统研究》，上海教育出版社 2003 年版，第 15 页。

如敖（3352）字频 2，1 字写为"土"，1 字写为"主"；遨（3353）字频 2，1 字写为"土"，1 字写为"主"；熬（3009）字频 3，2 字写为"土"。历代字书中看起来像"主"的字形是"土"和"方"的粘连，省略了"方"的点，简化一笔，书写快捷；写为"土"或"士"便于部件拆分和称说，但"士"或"土"都不具备区别字源的作用。大陆地区字形将左上部写为"主"，可能受当时尽量减少汉字笔画数量思想的影响而"不完全根据文字学的传统"，左部成为非字部件。台湾地区字形"敖"由"士、方、攵"部件组成，都是成字部件，便于称说和识读，也便于从文字学的角度分析阐释字义字用，在视觉上"耂"与"耂"区别并不明显。从字符的传承性、实用性而言，台湾地区字形符合规范标准。

七 ユ—工（敢）

"敢敢"左上部件，大陆地区写为"ユ"，台湾地区写为"工"。"敢"以及以之为构件两岸存在差异的字形有 29 字，个例：聼聼。"敢"字形演变过程如下：

金文　　小篆　　隶书　　楷书　　字符集字形

金文形体右下部是"又"，像手持扫帚棍棒类向左下部的"口"捣杵，更多的学者认为上下是两只手①。小篆字形左上部写为"爪"，《说文·殳部》："敢，进取也。从殳，古声。"段玉裁注："今字作敢，殳之隶变。"隶变楷化后，右部件"攵"与字源有联系，左部件写成上"工"下"耳"（上下两个部件共笔"横"），历代字书字形比较一致，如《大广益会玉篇》的敢、噉、撖、饏、嚴，《五经文字》的敢、嚴，《新加九经字样》的敢，《类篇》的敢、憨、撖、撖，《正字通》的敢、厰。只有《正字通》的撖写为"ユ"。在宋代雕版楷书中多将"敢"的左上部写为"ユ"，如敢（135）字频 266，239 字写为"ユ"，27 字写为"工"；嚴（493）字频 87，都写为"ユ"；巌（1243）字频 24，2 字写为"ユ"。

---

① 参见高鸿缙《中国字例》："字从二手相随，而另有外力丿内犯而欲分离之（丿为内犯之动象）。可谓勇敢矣。丿为意象，故为指示符。甘声，动词。后世形变，义不可说。今敢用为助动词。"林义光、李孝定主此说。参见李圃主编《古文字诂林》第 4 册，上海教育出版社 2004 年版，第 364 页。

"敢"等字的左上部写为"ユ",书写快捷,写为"工"便于部件拆分和称说。在字源理据不明确的情况下,就应考虑字符的传承性和系统性。台湾地区字形"敢"与楷书和日本、韩国字形相同,传承历史久通用范围广,上"工"下"耳",部件便于称说识读,可以作为两岸的标准字形。

八 母—毋(毒)

"毒毒"的下部件,大陆地区为"母",台湾地区是"毋","毒"以及以之为构件两岸存在差异的字形有 4 字:毒毒、磰磰、蝳蝳、纛纛。"毒"字形演变过程如下:

毒 → 毒 → 毒 → 毒毒
小篆　隶书　楷书　字符集字形

"毒"甲、金文阙如,云梦秦律作毒,下部件是"毋"。小篆字形"母"与"毋"的区别仅在中间横线的断连:母(母)、毋(毋),字形区别很细微,读音也很相近。裘锡圭先生认为否定词"毋"是"母"的分化字①。《说文·屮部》:"毒,厚也。害人之艸,往往而生。从屮,从毒。"《说文·毋部》:"毒,人无行也。从士,从毋。"可见"毒"下部件是"毋"。隶书字形"毒"的下部件写为"毋",是"毋"字。《大广益会玉篇》毒、毒的下部件写为"毋",即"毋",但《类篇》《字汇》《正字通》不统一了,如《类篇》的毒、毒、梅、悔、悔,《字汇》的毒、悔,《正字通》的毒、毒、悔。宋代雕版楷书的毒(1509)字频 17,5 字的下部件写为"母",12 字写为"毋"。《康熙字典》把"毒、毒"都归在"毋"部;CJK 字符集也是都归在"毋"部,大陆地区字形以"母"为"毒"的下部件,"毋"为"毒"的下部件;台湾地区字形将"毋"相连的两点向左下延伸稍出头,"毒、毒"的下部件都是"毋"。但台湾地区《常用"国字"标准字体表》是以下部件为"母"的"毒"为标准体,CJK 字符集中台湾地区字形也有与大陆地区字形选用部件相同的字:璕璕,与《大广益会玉篇》的璕字形相同。历代字书字形部件的不统一,

---

① 参见裘锡圭《文字学概要》:"到战国时代,有人把'母'字的两点写成一画,分化出'毋'(当时相连的两点没有向左下延伸)来专门表示这个词。到秦汉时代就普遍用'毋'字表示否定,秦汉文字资料中有少量以'母'表'毋'之例。"商务印书馆 1988 年版,第 226 页。

延续到现行汉字，CJK 字符集中"毒"的日本字形与台湾字形相同，韩国字形与大陆地区字形相同。相同编码的字符组字部件不一致，两岸四地字形不统一。从字源、字形的历史传承和字符的系统性出发，"毒"下部件不从"母"而从"毋"，CJK 字符集中的台湾地区字形可以作为标准字形。

九 覀—西（垔）

"垔"的上部件，大陆地区写为"覀"，台湾地区写为"西"。"垔"以及以之为构件两岸存在差异的字形共有 15 字，"垔"字形演变过程如下：

金文 → 小篆 → 楷书 → 字符集字形

金文形体上部像鸟巢之形，下部是"土"。小篆字形的鸟巢更象形了，又在上部增加鸟形以显义，《说文·土部》："垔，塞也。《尚书》曰：鲧垔洪水。从土，西声。""西"是"栖"的初文，段玉裁注："此字古书多作堙、作陻，真字乃废矣。"从字源看，"垔"的上部件是"西"。宋代雕版楷书"垔"的上部件都是写为"覀"，如煙（1548）字频 17、湮（3278）字频 3、禋（3296）字频 3，上部件都写为"覀"，对下部件呈避让之势。但历代字书中字形不统一，《类篇》中都写为"覀"，如：鄄、堙、禋、甄、湮；同一部字书有的写为"西"，有的写为"覀"，如《大广益会玉篇》的垔、堙、禋、陻，《字汇》的垔、甄、煙、楒，《正字通》的垔、煙、鄄、堙。"西"作右部件时写为原形，如"栖、牺"等；但作上部件时大多写为"覀"，如"遷、櫃、轘"等，区别于独立成字的"西"，还有一些字的部件类化为"覀"，如"要、粟、栗、票、贾、覆"等，如收录在"西"部的要要、覃覃、覆覆，上部件都写为"覀"。将"垔"上部件"西"写为"覀"，日本、韩国文字也是如此变形，有一定的传承性和通行度。"垔、遷"的上部件"覀"，与"要、栗、粟、票、覆"等字的上部件相同，这些字的上部件"覀"各有不同的来源，它们的混同是字形类化的结果，如果现代汉字一一显示它们的字源是不可能的。将"垔"与"遷、要、栗、粟、票、覆"等字纳入同一个字符体系，增强字符的系统性，这并不影响字义的区别和表达，而且具有传承性和通行度。同理，"覇覇、羇羇、羈羈、鱓鱓"4字，台湾地区字形上部件也应该是"覀"，而不应该写为"襾"。

十 ナ—厂（炭）

"炭炭"的中间部件，大陆地区写为"ナ"，台湾地区写为"厂"，"炭"以及以之为构件两岸存在差异的字形有5字，"炭"字形演变过程如下：

崟 → 炭 → 炭 → 炭 炭
小篆　　隶书　　楷书　　字符集字形

甲、金文阙如。信阳楚简作 叒，中间是"厂"。小篆字形上部是"户"，下部是"火"，是上声下形的形声字，《说文·火部》："炭，烧木余也。从火，岸省声。"古时烧炭大多在山崖岩穴之处，所以"户"是声中有义。隶书字形写成上"山"下"灰"。楷书字形保留小篆字形的"户"，但"厂"的左上部相交出头了，与楷书"灰"字形相近。"灰"的小篆字形是"灰"，《说文·火部》："灰，死火余烖也。从火，从又；又，手也。火既灭，可以执持。""灰"的隶书、楷书字形分别是：灰、灰，上部件"又"的捺演变为横，与"有、右、友、厷"的上部件演变相同。从字源看，"又"和"厂"音义完全不同，"炭"的下部件不能看作"灰"。但"炭"最终会燃烧成为灰烬，与"灰"在字义上是紧密相连的，历来字书都将两个字归在"火"部，这也是"炭"下部件讹写为"灰"的一个重要因素。在宋代雕版楷书中，不仅"炭"的中间写为"厂"，"灰、恢"也写为"厂"①，《干禄字书》收录"灰"的字形：灰、灰，注明"上俗下正"。汉字意义相同相近的部件往往互为通用②，"炭"以"灰"为部件也是合乎字理的。"户"现不独立成字，"灰"是常用字，便于识读和应用，以"灰"作"炭"的构件可能更适合人们对汉字的理解和运用，这有利于汉字字符的系统性和实用性，大陆地区字形可以作为标准字形。

---

① 宋代雕版楷书：炭（1998）字频10，中间都写为"厂"；灰（2273）字频7，左上部都写为"厂"；恢（2274）字频7，5字左上部写为"厂"，2字写为"灰"。
② 高明先生在《中国古文字学通论》（北京大学出版社1996年版，第129页）中总结了古文字"义近形旁通用"32种。

十一 乂—人（鼠）

"鼠鼠"中间口内的笔画，大陆地区写为"乂"，台湾地区写作"人"。"鼠"以及以之为构件两岸存在差异的字形有13字，"鼠"字形演变过程如下：

金文　　小篆　　楷书　　字符集字形

《说文·囟部》："鼠，毛鼠也。象发在囟上及毛发鼠鼠之形。""口"中笔画写为"乂"，与字源"囟"吻合。台湾地区字形写为"人"［与宋代雕版楷书字形一致，如蹳（3581）字频2，都写为"人"；獵（2619）字频5，4字写为"人"］，字源根据不足，虽然是成字部件，但破坏"囟"部件系统性。在CJK字符集中，有一个字台湾地区字形与大陆地区字形相同：鼠鼠。建议以大陆地区字形为标准字形，以增强字符的系统性。

十二 ク—刀（绝、赖）

大陆地区以"ク"为部件，台湾地区以"刀"为部件的字有15个：摾摾、蒩蒩、胞胞、嬾嬾、懶懶、擶擶、欓欓、瀬瀬、獺獺、璸璸、癪癪、籟籟、藾藾、襯襯、賴賴。前3个以"色"为基本构件，后12个以"赖"为基本构件。

"色"独立成字时，两岸字形相同：色色。以"色"为构件的"绝"收录两种字形：絕絕、绝绝，"色"字形演变过程如下：

小篆　　楷书　　字符集字形

"色"甲、金文阙如。小篆形体是上"人"下"卩"，《说文·色部》："色，颜气也。从人，从卩。"段玉裁注："颜者，两眉之间也。心达于气，气达于眉间是之谓色。颜气与心若合符节。故其字从人卩。"可能受上部的"人"的影响，楷书字形下部的"卩"写为"巴"，上端人形笔画化为"ク"，如亇字头。也有学者认为"色"的本义为"断绝"，是"绝"的初文，后世"色"的本义由"绝"来代替，而"色"被借为"颜色"义①。"绝"金文 ✋ 是用"刀"断"丝"，表示断绝、割断。《说文·糸部》："绝（絕），断丝也。从糸，从刀，从卩。 ，古文绝。象不连体，绝二丝。"部件"卩"是衍生部件，无关字义。小篆中"绝"的右部件与"色"相近，在书写中就可能出现类化同化现象，所以隶书"绝"写为"絕、絶"，上部的"刀"写为"勹"，楷书字形"絕"的右上部又写为"刀"。CJK 字符集中两岸收录相同的两种字形：絶絶、絕絕，日本、韩国只有右上部写为"勹"的"绝"。从"色"的常用字"艷"，现简化为"艳"，两岸字形的右部件相同：艳艳，其他以"色"为构件的字两岸字形相同：桅桅、鉋鉋、艴艴。"脃胞"是"脆"的异体字。

"赖"字形演变过程如下：

賴 → 頼 → 賴 → 賴 賴
小篆　　隶书　　楷书　　字符集字形

甲、金文阙如。《说文·贝部》："赖，赢也。从贝，剌声。""負，恃也。从人守貝，有所恃也。一曰：受貸不偿。""赖"和"負"虽然都归于"贝"部，但上部件不同，前者是"刀"后者是"人"。"赖"的常用义是"受貸不偿"，和"負"意义相同相近而通用，隶书字形"赖"就写为"頼"，右上部写为"勹"，楷书字形"賴"又写为"刀"。

追溯字源，"绝、赖"等字右上部件应该是"刀"。隶书阶段这些字中的"刀"就普遍写为"勹"，原因有二：一是笔画化的"刀"和"勹"在形体上很相近，容易混同；二是"绝"与"色"、"赖"与"負"之间很早就发生假借通用现象，字形的类化同形也必然随之产生。《大广益会玉篇》中"绝"的右上部就写为"勹"，在宋代雕版楷书中，绝（565）字频74，8 字写"刀"，66 字写"勹"；赖（965）字频37，5 字写"刀"，32 字写为"赖"。类化同形是文字演变过程中较为普遍的现象，"绝、赖"等字的右部件与"色、負"类化同形，使得文字更符号化、系统化，在文字演变史中有较长的历史，具有普遍性、通行性，而且"色、負"是常用熟知部件，便于部件拆分和识读。长期以来大陆地区遵循从

---

① 唐兰、左民安主此说。参见左民安《细说汉字》，九州出版社2005年版，第67页。

俗从简的原则，将手写体和印刷体统一；台湾地区遵从字源，保留"绝、赖"等字右上部的"刀"，而行书标准又确立右上部写为"勹"，如台北蒋介石纪念堂碑文中的两个"绝"，右上部都是写为"勹"，标准不统一。台湾地区字形保留这种字形区别，虽然有助于文字学的字源研究，但不利于民众的实际应用和字符的简明化、系统化。大陆地区字形将"绝、赖"等字的右部件写为"色、负"，没有引起字义的混淆和误解，符合文字符号简化优化原则，可以作为两岸的标准字形。

十三　又—乂（犮）

"犮犮"右下部，大陆地区写为"又"，台湾地区写为"乂"。"犮"以及以之为构件两岸存在差异的字形有32字，"犮"字形演变过程如下：

犮 → 犮 → 犮 犮
小篆　楷书　字符集字形

甲、金文阙如。《说文·犬部》："犮，走犬貌。从犬而丿之。曳其足，则剌犮也。"右下部是拖拽犬腿的障碍物，楷书字形障碍物写为撇，与捺交叉象征拖拽犬腿①。从字源看，"犮"右下部不是"又"，如《大广益会玉篇》的拔、跋、秡、坺，《新加九经字样》的犮，《类篇》的犮、拔、祓。但从唐代开始右下部就开始出现"又"字形，如《五经文字》的拔，《字汇》的犮、球、拔、柭、坡，《正字通》的犮、拔、炨、帗。很明显字书中"犮"的捺下移，与字源"犬"拉大了距离，结构调整，笔顺也会随之变动。"犬"的主框架是"大"右上加一点，"横、撇、捺"的交点在字的中心，笔顺是横撇捺点；"犮"的捺不从中心交点起笔，下移从撇中部起笔，主框架脱离了"犬"，笔顺是横撇撇捺点；在右撇紧随左撇之后时，右撇起笔很容易带出横折，字形就与"又"相近了。在宋代雕版楷书中就有写为"又"的字例，如拔（1251）字频23，11字写"又"，12字写"乂"；跋（1557）字频16，8字写"又"，8字写"乂"。将"犮"的右下部写为"乂"，有助于文字学的字源研究，但对现行汉字的实际书写和应用没有帮助。大陆地区将"犮"右下部写为常用熟知部件"又"，顺应了人们的书写习惯，书写笔势流畅，没有引起字义的混淆

---

① 参见杨树达《文字形义学》："犬为基字，丿指犬之见曳，为所事。"转引自李圃主编《古文字诂林》第8册，上海教育出版社2004年版，第588页。

或误解，可以作为两岸标准字形。

十四　日—囚（皿）

单字"䀎"两岸字形相同：䀎䀎。"䀎"作字的构件时，CJK 字符集中以"䀎"为构件的字有 29 个，有 13 字两岸字形存在差异，差异点是上部件，大陆地区写为"日"，台湾地区写为"囚"：喝嗢、塭塭、殟殟、瑥瑥、瘟瘟、蝹蝹、褞褞、貀貀、錔錔、韫韫、韫韫、馧馧、馧馧；其余 16 字两岸都收录相同的两个字形，如：温温—溫溫、腽腽—膃膃、醖醖—醖醖。"皿"字形演变过程如下：

甲骨文　　小篆　　楷书　　字符集字形

甲骨文形体下部是器皿，上部形体多样，可以看作器皿盖上的抓纽①。《古文字类编（增订本）》收录"皿"的金文字形：✦（周早皿弗生甗）、✦（周中永盂），是壶的象形。小篆字形下部依然是器皿，上部写为了"囚"，《说文·皿部》："皿，仁也。从皿，以食囚也。"段玉裁注："凡云温和、温柔、温暖者，皆当作此字。'温'行而'皿'废矣。"从字义看，"皿"与"囚"无关。马叙伦先生也认为皿是"温食之器"，"字从皿，囵声"，"囵讹为囚"②。《类篇》和《集韵》都认为"皿"隶省作"皿"。《大广益会玉篇》字形统一都写为"皿"，如皿、温、貀、韫；《新加九经字样》并收温温，注明"上说文下俗字"；《类篇》收皿、皿，以之为构件都写为"皿"，如煴、愠、温、緼、鄙；《字汇》《正字通》字形不统一了，如《字汇》的皿、温、温、瑥，《正字通》的皿、温；《康熙字典》两种字形都有，"皿"收在"日"部，"皿"收在"皿"部。对此字的说解和归部的费解由来已久。CJK 字符集中虽只收录了"皿"一种字形，但以"皿"为构件的字却出现了部件选用不统一现象。台湾地区《常用"国字"标准字体表》未收单字"皿"，"温"说明注出"也

---

① 参见唐桂馨《说文识小录》："此字乃温之本字。上囚非囚字，乃象皿盖上之纽文形。皿而加盖，保存食物之温度，使不至冷，故谓之温。许训以食囚，误以口中纽形✦为人字故也。"转引自李圃主编《古文字诂林》第 5 册，上海教育出版社 2004 年版，第 215 页。

② 参见李圃主编《古文字诂林》第 5 册，上海教育出版社 2004 年版，第 215 页。

写作温",CJK 字符集相同编码的日、韩文字也是两种字形都有。相同部件应该统一尽量减少变形,以维持部件的系统性。"昷"上部件写为"囚"并不能标示字源,而上部件写为"日"有广泛的通行度①,建议以"昷"为构件收录两种字形的字留取"昷",淘汰另一种;以"昷"为构件两岸字形存在差异的字都选取"昷"为标准字形。

十五 口—丁(嬰)

CJK 字符集中,有 4 字的组字部件大陆地区写作"口",台湾地区写作"丁"(不带钩):嬰嬰、纍纍、嚳嚳、孼孼。大陆地区字形与《康熙字典》的楷书字形很接近,如"嬰"与"嬰"。大陆地区字形写为"口",可使中间成为成字部件"同",与"興"相同,如《新加九经字样》的興,《字汇》《正字通》的字形分别是:興、興;宋代雕版楷书興(163)字频 228,其中 196 字中间写为"同"。台湾地区字形写为"丁"既没有显示字源的作用,也不符合字符系统性原则;大陆地区字形有助于增强字符的系统性。大陆地区字形可以作为两岸标准字形。

十六 几—勹(没)

"没/沒"的右上部,大陆地区写为不带钩的"几",台湾地区写为"勹",台湾地区字形与《大广益会玉篇》《字汇》的沒写法相同。宋代雕版楷书的没(998)字频 35,13 字写为"没"、10 字写为"沒"。CJK 字符集中两岸都收录两种字形:沒 沒——没 没,《印刷通用汉字字形表》以"没"为标准字形,台湾地区《常用"国字"标准字体表》以"沒"为正体字,所以以"没"为组字部件的字两岸字形不同:菠菠。费锦昌先生曾指出大陆地区的规范字形"没"与"设"的左部件很相似,极易混淆,两者的右部件在《说文》中原本就不同,主张将"没"的右上部写为"勹"来加大两字的区别度②。我们也建议以台湾地区字形来规范"没"和包含"没"的字。

十七 日—白(隙)

"隙隙"右部件中间,大陆地区是"日",台湾地区是"白"。《说

---

① 宋代雕版楷书:温(804)字频 18,右上部件有 46 字写为"日",1 字写为"囚",1 字写为"月"。
② 参见费锦昌、徐莉莉《规范汉字印刷宋体字形的标准化》,厉兵主编《汉字字形研究》,商务印书馆 2004 年版,第 151 页。

文·阜部》："隙，壁际孔也。从阜从𡭴，𡭴亦声。"《说文·白部》："𡭴，际见之白也，从白，上下小见。"从字义来看，"隙"右偏旁"从日"一样可以会意墙壁裂缝或穿穴孔道之意。所以历代字书出现不一致现象，《字汇》依据《玉篇》《广韵》《韵会》《正韵》，中部件是"白"；《正字通》依据《集韵》《类篇》，中部件是"日"，认为"𡭴从二小中从日影也。会意"。《康熙字典》从《正字通》，楷书字形是：隙，中部件为"日"。大陆地区字形与《康熙字典》字形相同，日本、韩国也依从《康熙字典》字形中部件写为"日"：隙 隙；台湾地区字形追溯《说文》字源写为"白"，台湾地区《常用"国字"标准字体表》说明中注明："隙，右偏旁中从白。"依从字源，台湾地区字形当为标准字形；遵循传承性通用性原则，大陆地区字形更符合标准。从现实应用和理解而言，我们认为中部件为"日"更具有理据性和通用性。

十八　巿—市（姊）

"姊 姊"的右部件，大陆地区是"市"，台湾地区是"巿"，《说文》无收，《康熙字典》字形姊，认为是"姊"的异体字。宋代雕版楷书中，姊（3001）字频4，2字写为"姊"，1字写为"姊"。《第一批异体字整理表》中把"姊"作为"姊"的异体淘汰了，台湾地区《常用"国字"标准字体表》也把"姊"确立为正体字。所以"姊"是两岸现行汉字通用字形，可以把"姊"作为历史字形保留。

以上十八类差异组字部件涉及 661 字，"处"以及以之为构件的 15 字两岸字形都需修正，"毒、没"5 字可以以台湾地区字形为标准，其余 500 多字的组字部件大陆地区字形优于台湾地区字形。

第二节　两岸部件分合差异溯源

台湾地区供印刷使用的《常用"国字"标准字体表》和《次常用"国字"标准字体表》确定标准字体奉行的原则是"凡字之偏旁，古异今混者，则予以区别"，"凡字之偏旁，因笔画近似而易混者，则亦予区别"，因此对字形、偏旁、部件、笔形等刻意区分。大陆地区在整理和简化汉字时，立足于现代应用，强调简单易学，"不完全根据文字学的传统"，重视手写形体，印刷体尽量向手写楷体靠拢。两岸不同的字形标准所产生的两岸差异字形有 2600 多字。

一 "月"与"冃(肉)"的分合

"月"与"肉"作字的部件（古文字字形区别见前文），大陆地区统一写为"月"，台湾地区分别作"月"和"冃"。以"月"或"肉"为构件两岸存在差异的字形有 700 多字，如肖肖、冐冐、育育、惰惰、胡胡、猒猒、骨骨、龍龍、祭祭、然然、將將等。以"育、龍、能、胃、將、然"为例加以说明，字形演变过程如下：

育：甲骨文 → 金文 → 小篆 → 隶书 → 楷书 → 字符集字形

龍：甲骨文 → 金文 → 小篆 → 隶书 → 楷书 → 字符集字形

能：金文 → 小篆 → 隶书 → 楷书 → 字符集字形

胃：金文 → 小篆 → 楷书 → 字符集字形

將：金文 → 小篆 → 隶书 → 楷书 → 字符集字形

然：金文 → 小篆 → 隶书 → 楷书 → 字符集字形

以上字形演变分析参见前文。这些含有"肉"部件的字在隶书、楷书阶段就写为"月"了，如《大广益会玉篇》中胃、背、肩与有、期、明，《五经文字》中能、骨与肥、明，《字汇》的育、胃、能、龍、骨、骸，《正字通》的肴、肩、胃、背、骨、能，《康熙字典》只有部首索引写作"冃"，目录和正文都写作"月"。日本、韩国文字也是统一写为"月"。

CJK 字符集中,"肉"部共收录 304 字,只有 9 字(腐、裔、肏、胔、胾、臠、臋、裔、臡,大陆地区字形"胬"没有台湾对应字形,不在统计之列)保留"肉"原形,其他 295 字大陆、日本和韩国文字都是写为"月"。台湾地区字形沿用《说文》体例刻意将"月"与"肉"区分开,新增一个部件"⺼",而与"月"的区别很细微,书写中很容易混同。在台湾地区大街小巷随处可见的字形多是写为"月":龍、龍、寵、籠、䯋、胎、肝、消、背、肩、賦、肯、脭、㳒、䏵、滑、㵸、覷,保留"⺼"写法的字形却不多见:體、䏊、腿。将"月"与"肉"字形区别开来,虽有助于研究文字学的字源字理,但在实际运用中没有太大的实用价值,徒增学习记忆的负担。大陆地区字形与楷书字形相同,将构件"⺼"与"月"同形,没有造成新的同形字也没有引起字义的混淆和误用,具有传承性和通用性,可以作为标准字形。

二 "壬"与"王"(tǐng)的分合

"壬 王",读 rén,两岸字形的区别是第一笔,大陆地区是撇,台湾地区是横。"壬"以及以之为构件两岸存在差异的字形有 23 字,"壬"字形演变过程如下:

| 甲骨文 | 金文 | 小篆 | 隶书 | 楷书 | 字符集字形 |

"壬"甲骨文形体像缠线用的木制工具。金文有的字形中间有一个圆点,有人认为是表示线已经绕上了线团,也可认为是在直笔上加点的饰笔。《说文·壬部》:"壬,位北方也。阴极阳生,故《易》曰:'龙战于野。'战者,接也。象人裹妊之形。承亥壬以子,生之叙也。与巫同意。壬承辛,象人胫。胫,任体也。"可见许慎也并不清楚"壬"的造字本义,"壬"的主要用法是作为天干字,表示纪时。小篆字形中间的一点变成了一横,并且大幅延长。隶书字形出现"壬"与"王""壬"混用,如《隶辨》"壬":"鲁峻碑阴:~端子行。按:即王字。《谷梁传·文七年》:'宋公壬臣卒。'《左传》《公羊传》皆作'王臣'。据此碑'王'书为'壬','壬臣'即'王臣',传写讹耳。"①《隶

---

① 顾蔼吉:《隶辨》,中华书局 1986 年影印本,第 59 页下栏。

辨》"壬"："圉令赵君碑：十一月～寅。《字原》云：汉碑壬皆作壬。按：壬字，上下从一，中画长，与壬字异。壬音挺，从人在土上，诸碑混用无别。"[1] 宋代雕版楷书壬（1898）字频11，都写为"壬"。"壬"第一笔写为撇，便于快速书写下一笔横，符合书写习惯。在隶书阶段以"壬"为构件的字常有两种字形，如"任——任、任"。楷书字形就只出现将第一笔写为撇的"壬"，以之为构件的字也是如此。"任"字形演变过程如下：

任、任 → 壬 → 壬 → 任 → 任、任 → 任 → 任 任
甲骨文　　金文　　小篆　　隶书　　楷书　　字符集字形

部件"壬"与单字"壬"的演变过程相同，古文字阶段第一笔都是横，但为求书写的便捷，隶书阶段已经出现将横写为撇的字形，历代字书的楷书字形都写为"任"，如《类篇》的任，《五经文字》的任，《正字通》的任，《康熙字典》的任。宋代雕版楷书任（235）字频178，160字写为"任"，18字写为"任"。《康熙字典》的楷书字形"任"没有出现异体，《康熙字典》收录字形"任"下注明："《字汇》：'音壬，急行也。'"《正字通·人部》："任，侄字之讹。"可见"任"和"任"是形、音、义皆不同的两个字。

从字源看，"壬"的首笔应写为横即"壬"，但与"王"字形极易相混。甲、金文的"壬"与"王"字形区别比较明显，小篆字形"壬（壬）、王（王）"的区别是三横的距离不同，区别细微，隶书字形往往混用无别（见上文《隶辨》例句）。文字在演变过程中，如出现两个字形极其近似，就需要采用一定的手段来加大这两个字形的区别度，如"玉、玉"[2]。早期字书的楷书字形"壬"首笔写为撇，可能就是为了与"王"字形相区别，这种区别手段已具有相当的通行度。台湾地区为显示字源将"壬、任"等字的第一笔写为横，又形成"壬"和"王"、"任"和"任"等字形极其相近的历史面貌，容易发生字义的混淆和误解。台湾地区尊重了字源原则，却违背了文字通行度原则和区别度原则；大陆地区字形选取第一笔写为撇的"壬""任"，遵循的是文字的通行度和区别度原则。

---

[1] 顾蔼吉：《隶辨》，中华书局1986年影印本，第76页下栏。
[2] "王、玉"的小篆字形三横等长，只是横的距离有细微区别，所以两个字形极其相似。隶楷阶段为区别两个字形，为其中一个字形添加一点，即"玉"。

台湾地区字形之所以保留“壬”的早期写法，还有一个重要因素是为了与“𡈼”（下横长，读作 tǐng）相区别。“𡈼”字形演变过程如下：

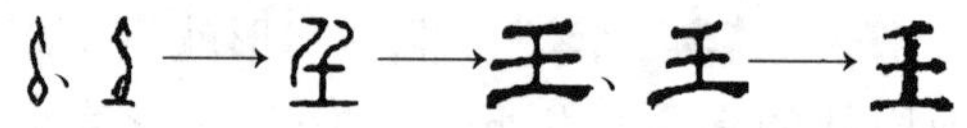

甲骨文　　小篆　　隶书　　楷书

“𡈼”甲骨文形体“象人伫立土丘之上有所祈求之形”①，段玉裁、朱骏声、章炳麟、唐兰皆主此说②。小篆字形是一个面朝左屈身站在“土”上的人。《说文·𡈼部》：“𡈼，善也。从人、士；士，事也。一曰：象物出地，挺生也。”实际是收录两说，前者“善也”从人从士，属于六书的会意；后者“象物出地”从土，属于六书的合体象形。可见最晚在两汉时期“壬、𡈼”字形的界限已经模糊，许慎也未能明断，所以姑存两说。《说文·𡈼部》下收录了 3 个字：徵、望、**㸒**。《隶辨》明确指出“壬、𡈼”混用无别（见上文）。《康熙字典》单字“𡈼”收在土部，不再作为部首，包含“𡈼”部件的字分散在其他部首，“挺”在扌部，“廷”在廴部，“庭”在广部，“霆”在雨部。

CJK 字符集核心部分的 20902 字，两岸都没有收录单字“𡈼”，CJK-B“土部”收有“𡈼”。台湾地区字形保留“壬”的字形有 57 字，与此对应的大陆地区字形有两种情况：以“廷”为构件的 22 字和以“**㸒**”为构件的 3 字，大陆地区字形写为“𡈼”；以“呈”为构件的 22 字、以“聖”（也可看作“耳呈”两个部件，这里从视觉的整体性角度不再切分）为构件的 3 字，“徵徵、瀓瀓、懲懲、癥癥、蘅蘅”4 字、“聽聽、廳廳”和“望望、朢朢”4 字，共 33 字，大陆地区字形写为“王”。值得注意的是“[illegible]、徵徵、瀓瀓”3 字的中下部，大陆地区字形写为“王”，台湾地区字形写为“𤣩”，是左部件末笔横变提，也是写为“王”。

“廷”字形演变过程如下：

① 赵诚：《甲骨文简明词典》，转引自李圃主编《古文字诂林》第 7 册，上海教育出版社 2004 年版，第 522 页。

② 赵诚：《甲骨文简明词典》，转引自李圃主编《古文字诂林》第 7 册，上海教育出版社 2004 年版，第 520—522 页。

第五章　两岸汉字字形差异点历时溯源(下)　203

凹、凰、囟 → 趕 → 廷 → 廷 廷
　　金文　　　　小篆　　楷书　　字符集字形

"廷"金文形体左边的曲线"像庭隅之形"①，院中有"土"，右部是一个站立的人，有的字形人直立土上。"廷"金文常见，如"入门立中廷""即立中廷"，因为古代君臣商讨国事不在屋内，而是"君立于门中，臣立于廷中，故雨沾服失容则废朝"。所以大多数学者认为"廷"为"庭"的初文②。小篆形体左部的庭院或长道写为表示"长行"的"廴"，右上部件与小篆单字"呈"字形统一起来，"壬"为声符。《说文·廴部》："廷，朝中也。从廴，壬声。"段玉裁注："朝中者，中于朝也。古外朝、治朝、燕朝，皆不屋，在廷，故雨沾服失容则废。"《大广益会玉篇》还保留了"壬"的写法，如廷、挺、鋌，《五经文字》"壬"的写法与"壬"相似，如廷，《类篇》《字汇》《正字通》《康熙字典》中就都写为了"壬"，如《类篇》的庭、挺、霆、鋌，《字汇》的廷、庭、挺、鋌，《正字通》的廷、庭《康熙字典》的廷、庭、挺、珽。宋代雕版楷书廷（199）字频197，40字写为"壬"，157字近似"壬"中横长；庭（744）字频54，14字为"壬"，40字近似"壬"中横长；挺（2111）字频9，都近似"壬"中横长。可见"壬、壬"的混同由来已久。

"呈"字形演变过程如下：

呈 → 呈、呈 → 呈 呈 → 呈 呈
小篆　　隶书　　　楷书　　　字符集字形

"呈"甲、金文阙如，郭店楚简作呈。小篆字形上为"口"下为"壬"。《说文·口部》："呈，平也。从口，壬声。"隶书字形基本同于小篆，有的字形因为上下部件避让而将"壬"的第一笔撇变形为横，写如"王"。《康熙字典》"口"部收有"呈"两种字形，一个是下部件写为

---

① 林义光、李孝定主此说，马叙伦认为"象长道形"。参见李圃主编《古文字诂林》第2册，上海教育出版社2004年版，第527—529页。
② 林义光、高鸿缙、马叙伦、李孝定、戴家祥皆主此说。高田忠周认为"廷"是"挺"的初文，《古籀篇六十四》："人直立土上，容形端正，故训善也。威仪严格之谓也。凡人在朝中，皆端然直立，又或进退有礼。故从廴从壬，此形声兼会意之显然者。"转引自李圃主编《古文字诂林》第2册，上海教育出版社2004年版，第528页为

"王"（中横最短），《汉语大字典》认为此字是"呈"和"狂"的异体，《说文·之部》："呈，草木妄生也。从之在土上。读若皇。"《字汇补·口部》："呈，郭氏《正误》曰：'古文狂字，从王，从口，与呈字不同。'"另一个是下部件写为"壬"（中横最长，是"壬"的变形，此字才是《说文·口部》之"呈"）。楷书字形上"口"下"王"的字义已由常用字"荒或芜"和"狂"代替，上"口"下"壬"的字义是现行汉字的常用字。大陆地区字形遵照从俗从简的原则采用熟知部件"王"，与旧字形"呈"同形；台湾地区字形重新规定"呈"的下部件写为"壬"。

"聖"字形演变过程如下：

| 甲骨文 | 金文 | 小篆 | 隶书 | 楷书 | 字符集字形 |

"聖"甲骨文形体右部是一个突出耳朵的人，左部是"口"，表示口耳相传。金文形体的"口"和"耳"依然清晰可辨，但人形变得不像了，有的字形下加一横。小篆形体的下部写为"壬"，上部由"耳"和"口"组成，表示一个挺立的人。隶书字形下部件写为"土"或"壬"。楷书字形下部写为"壬"。隶书阶段字形出现异体，《隶辨》收录的字形下部件或者写为"土"或者写为"壬"。历代楷书字书中"聖"的字形不统一，有的写为"壬"，如《五经文字》的聖和《康熙字典》的聖，也有的将下部件写为"王"，如《类篇》的聖。大陆地区印刷字形将"壬"写为"王"，台湾地区印刷字形保留字源写为"壬"，两岸字形都与"呈"字形演变一致。

"聖、聽"同源，《说文·耳部》："聽，聆也。从耳、悳、壬声。""聽"字的左下部是"壬"。"望、朢"实为一字，徐灏《说文解字注笺》："窃谓望、朢实本一字。……壬者，跂而望之之义也"，由金文"𡈼（無叀鼎）"可知其下部件也是"壬"；以"𡈼"为构件和"徵"类字的下部件，从字源看也是"壬"，《说文·壬部》："徵，召也。从微省，壬为徵行于微而文达者即徵之。"又"𡈼，近求也。从爪壬。壬，徵幸也。"大陆地区字形将"壬"写为"王"或"壬"，台湾地区字形保留字源写为"壬"。

从字源看，"壬"和"壬"是形、音、义皆不同的两个字，但这两个部件的字形不仅在汉碑中已经混同，在宋代的《鉅宋广韵》中"廷、延、挺"中的"壬"与"壬"已混同，在明代的《正字通》里"廷"的右上部已经写为"壬"，《康熙字典》也是如此。长期以来两者的混同没有造

第五章　两岸汉字字形差异点历时溯源(下)　205

成阅读障碍或文字混淆,其原因有二:一是"壬"造字本义是后世学者推阐所得,其主要作用是表示天干,与字形无直接关系;二是"壬"早已不独立成字,作为部件多是音符,人们对它的字形意义并不关注。事实证明,大陆地区现行汉字统一写为"壬"并没有出现用字混乱问题,而刻意区别两者的写法反而让绝大多数人感到莫名其妙。一个鲜明的事实是20世纪90年代国家语委曾试图将"挺"中的"壬"改为"壬"①,结果不仅引起学界的强烈反响,也给一般文字使用者造成了迷茫。"壬、廷"等字对应的相同编码的日、韩文字也是写为"壬",而不是写为"王"或"壬"。从"壬"和"壬"在历史储存和现实应用状况看,大陆地区将二者合二为一是有充分的历史和现实依据的,是符合汉字自身发展规律的。将"壬、壬"合二为一,采用首笔写为撇的"壬",在历史传承中由来已久,在现实应用中有广泛的通行度,既没有造成新的同形字,也没有引起字义的混淆或误解,从文字应用的角度,完全可以给予它们规范的地位,即以"壬"为标准体。所以以"壬"为构件的23字和以"廷"为构件的22字,可以将"壬"作为标准字形。

当"壬"作字的下部件时,受文字书法美学避让原则的制约,为了缩短与上部件的距离,第一笔撇变横,这样便于整字的紧凑美观,因此"壬"应该变形写为"王"。宋代雕版楷书呈(1790)字频12,下部件都写为"王";程(1107)字频29,右下部件都写为"王";圣(149)字频246,只有4字下部件写为"壬",其余242字都写为"王";望(166)字频223,下部件都写为"王"。字书对这个书写规则也是认同的,如《类篇》的呈、聖、淫。大陆地区印刷字形选取"王",CJK字符集中对应的日、韩文字也是写为"王",台湾地区《标准行书范本》也是写为"王",如"呈、程、聖"。"壬"已不独立成字,其早期字形意义更是鲜为人知,如果保留这个字形,就在现行汉字的符号系统中增添一个陌生部件,与"壬"字形相近,这样不仅增加人们的记忆负担,也极易造成近似部件的相混。所以建议将"呈、聖"等字的下部件写成熟知的成字部件"王",既有利于字形的美观和部件的统一,也便于识字教学。那么"呈"和以"呈"为部件的18字:呈呈、侼侼、埕埕、㺰㺰、程程、

---

① 1988年制定的《现代汉语通用字表》中的"廷"右部件写为"壬",1997年发布的《现代汉语通用字笔顺规范》把"廷"中的"壬"改为"壬",包含"廷"的字均作了相应改动,不同辞书收编不同字形,出现混乱状态。如1996年出版《现代汉语词典》修订本中,"壬、壬"两个部件同形写为"壬",而2002年《现代汉语词典》增补本中的"廷、庭、莛、梃"4字写为"壬",其他"斑、挺、艇、霆"等字又写为"壬"。

惺惺、捏捏、桯桯、淫淫、珵珵、睲睲、程程、脭脭、裎裎、逞逞、醒醒、鞓鞓、鋥鋥（其余 4 字：郢郢、戤戤、鐵鐵、驥驥，下文论述），以"聖"为构件的 3 字聖聖、蟶蟶、樫樫和望望、朢朢两字的下部件（共 23 字），可以全部写为"王"，大陆地区字形可以作为标准字形。

遵循书法美学的避让规则，婬婬、淫淫、霪霪 3 字的下部件应该写为"王"。但是，汉字是形音义的统一体，字形对字音和字义起到记载、表达和区别的作用，婬婬、淫淫、霪霪 3 字都是形声字，其中的"㸒"都是声符，声符的主要作用是表示读音，三字都读作 yín，都与"壬"读音相近，而与"王"读音相差较大。所以，从声符准确表音的角度看，应该保留"壬"字形，所以这三字也应以大陆地区字形为标准。

遵循左部件"横变提"规则，以"王（壬）"作左部件或左下部件的 14 字：郢郢、戤戤、鐵鐵、驥驥、聽聽、廳廳、徵徵、澂澂、懲懲、癥癥、薇薇、燉燉、徼徼、瀲瀲，前 6 字两岸字形都把"王（壬）"末笔"横变提"；第 7 字至第 11 字，大陆地区字形是"王"末笔没有横变提，台湾地区写为"壬"末笔横变提；值得注意的是后三字"燉燉、徼徼、瀲瀲"，台湾地区字形已将"壬"写为"王"，并且将"王"的末笔横变提，这三个台湾地区字形可以作为两岸标准字形的参考。

三　方折（匸，读 fāng）与圆折（匚，读 xǐ）的分合

楷书中的折笔很多，有方折圆折之分。方折写得棱角分明，往往于折笔处稍作停顿，再运笔转折，如"口、国、私、红、幽、山"等字右上角或左下角的折笔。圆折写得比较圆转柔和，即于转折处不作停顿，婉转而过，如"匕、元、先、巳、犯、色、也、电、毛"等字的左下角折笔呈圆弧形。在 CJK 字符集中，有 210 字两岸字形存在方折圆折的差异，如：匹匹、區區、枢枢、殴殴、医医、匽匽、匿匿、甚甚、亡亡、芒芒、曷曷等。其中有 84 字的共同构件是"匸匸"，有 30 字以"甚"为基础构件，《说文·甘部》："甚，尤安乐也。从甘、从匹，耦也。""甚"下部件是"匹"，同样含有"匸匸"部件，所以有 114 字的共同构件是"匸匸"；有 96 字的共同构件是"亡亡"，"曷"的下部件是"匂"，《说文·曰部》："曷，何也。从曰，匂声。"《说文·亾部》："匂，气也。逯安说，亡人为匂。"又"亾（兦），逃也。从入，从乚"。"亾"即"亡"，所以"曷"下部件也从"亡"。分述如下：

1. 匸匸

"匸（xǐ）"是部首字，不独立成字。《说文·匸部》："匸，褱徯，有

所俠藏也。从匸，上有一覆之。"因此"匚部"下所收"匹、區、匿、医、匽"多与藏匿有关。"匹、區、医、匿、匽"字形演变过程如下：

金文 → 小篆 → 隶书 → 楷书 → 字符集字形

金文 → 小篆 → 隶书 → 楷书 → 字符集字形

甲骨文 → 金文 → 小篆 → 楷书 → 字符集字形

金文 → 小篆 → 隶书 → 楷书 → 字符集字形

甲骨文 → 小篆 → 隶书 → 楷书 → 字符集字形

"區"金文形体像容器内盛有很多物品，小篆字形将物品完全放到了容器里，《说文·匚部》："區，踦區，藏匿也。从品在匚中。品，众也。""医"金文形体外部是很象形的筐子，《说文·匚部》："医，盛弓弩矢器也。""匿"金文形体像一个高举双手的人藏在一个"匚"类的容器中，《说文·匚部》："匿，亡也。"又"匽，匿也。"从字源看，"匹、區、匿、医、匽"中的"匚"是指容器一类的器具或处所。在《甲骨文编》《金文编》中这些字是收在"匚（fang）"部，如"医"的金文形体的左部就像筐子。"匚"字形演变过程如下：

甲骨文 → 金文 → 小篆 → 楷书 → 字符集字形

"匚"甲骨文形体像口朝左的筐子，金文更加象形，小篆变成了均衡的线条。《说文·匚部》："匚，受物之器。象形。"盛东西的器具与藏匿之间是可以互为因果的。甲、金文中没有"匚"部首，许慎的小篆为一部分具有隐藏义的文字衍生出一个部首"匸"，实际是从"匚"中分化而出的，两者是同源关系。小篆将具有隐藏义的文字归于"匸部"，小篆字形"⼅"与部首"乚（㇄）"相同（见上面字形演变过程中的小篆字形），其下收录"區、匿、匽、医、匹"；将表容器的文字归于"匚部"，字形为"匚"，其下收录"匠、匡、匜、匣、匯"等。其实许慎的这种分类并不是十分严格彻底，比如"匚部"的"医"是"盛弓弩矢器"，"匸部"的"匽"是"藏也"。

虽然《说文》对"匚"与"匸"的分类不是很严密科学，历代字书仍沿袭分为不同的部首，《大广益会玉篇》将表隐藏义的部首写为"匸（xi）"，表容器的部首写为"匚（fang）"，两者的左下角都是方折，区别是前者的左上角没有封闭；《类篇》将表隐藏义的部首写为"匸（xi）"，表容器的部首写为"匚（fang）"，两者的左下角都是方折，区别是前者的左上角没有封闭，下横长；《正字通》将表隐藏义的部首写为"匸（xi）"，表容器的部首写为"匚（fang）"，两者的区别是前者左下角是圆折，后者是方折；《康熙字典》将表隐藏义的部首写为"匸（xi）"，表容器的部首写为"匚（fang）"，两者的左下角都是方折，区别是前者的上横长，后者的竖长，两者的区别已经很细微。CJK字符集中，台湾地区字形为区分字源，从字形上进行分别，表隐藏义的部首写为"匸"，左下角是圆折，如：區、医，表容器的部首写为"匚"，左下角是方折，如：匜、匡；但是这些左下角写为圆折的字，在隶书中其左下角就已经写为方折了，楷书中左下角的方折写得更为工整了，台湾地区将左下角写为圆折显然不符合他们所遵循的尽量与传统保持一致的原则。大陆地区字形虽然也分列两个部首"匚、匸"，但在字中作为构字部件写法是相同的，如：區、医与匜、匡，左下角都是写为方折。《现代汉语词典》只设"匚部"，事实证明，这样做并没有影响字义的表达，没有因为这两个部首的同一而产生字义、词义混淆现象。从字源理据上、现实应用上以及计算机字形的清晰美观角度而言，只保留写为方折的部首"匚"足矣，没有必要再强加分类，徒增繁复。建议CJK字符集取消"匸"，只设"匚"部，包含这一部件的114字字形以大陆地区字形为标准，即左下角都写为方折。

2. 亾 亡

《说文·亾部》："亾（㇄），逃也。从入，从乚。""亾"即"亡"。"亡"字形演变过程如下：

第五章　两岸汉字字形差异点历时溯源（下）　209

𠂉、𠃌→屯、𠃊→𠄌→亡、亡→亡→亡　亡
甲骨文　　金文　　小篆　　隶书　　楷书　　字符集字形

王凤阳认为"亡"甲骨文形体像颠倒的人形，认为古代习惯以颠倒植物象征死亡。小篆字形"从人，从乚"，用人的隐匿表示逃亡或死亡，是会意字。隶书中有的字形将"人"写为"亠"，用竖弯表示隐匿。楷书中"亡"的竖弯没有出钩，左下角是圆折。隶书中与"亡"的竖弯类似的"匕、也、电、毛"的竖弯，到楷书中的都写出了"钩"，左下角是圆折。现行汉字中，写为圆折的字大多都出钩，如"匕、元、先、巳、犯、色、也、电、毛"的左下角，而写为方折的都不出钩，如"山、幽、匡、医"的左下角。从楷书到现行汉字，"亡"末笔都没有出钩。从简化优化汉字笔形的原则出发，"亡"末笔与"山、幽、匡、医"的左下角笔画类似，应该归为一类，都写为方折。台湾地区字形既保留左下角写为方折的笔形（山、幽、匡），也保留左下角写为圆折的笔形（區、醫）。其实这种方折圆折的分别并没有区别字义的作用，尤其在手写体中，这两者的差别几乎是忽略不计的，一般的文字使用者更不关注它们的差别。因此，从字形优化简化的原则和计算机处理字形的角度出发，"亡"的左下角应该写为方折。以"亡"为构件的96字的左下角写为方折，可以以大陆地区字形为标准字形。

四　"艹"与"丱"的分合

"艹"，俗称草字头，《说文·艹部》："艸（艹），百艹也。从二屮。""丱"是羊角（丷）的省写[①]，《说文·丷部》："丷（丷），羊角也。象形。"[②] CJK字符集中1300多字，大陆地区字形统一写为"艹"，台湾地区字形分为两种形式，一是横断为两笔，左右中间都出头，写为"丱"如两个并列的"十"，如：**苗苗、若若、英英、蒙蒙、暮暮、葛葛**、

[①] 参见台湾地区《常用"国字"标准字体表·说明》第五条："凡字之偏旁，古异今混者，则予以区别。例如：日月之月作'月'，肉作'⺼'；艹木之艹作'艹'，丷作'丱'。"《说文·石部》："丱（kuàng），古文矿。《周礼》有丱人。"《集韵·谏韵》："丱（guàn），束发也。"指古时儿童束发呈两角的样子。台湾地区是用"丱"来代替《说文》的部首"丷（guǎi）"。

[②] 参见马叙伦《说文解字六书疏证》："羊篆形象头角足尾。丷从羊省，仅去其四足，若云象形，则其脊尾犹存，岂止为角。伦按此羊之最初文。"转引自李圃主编《古文字诂林》第4册，上海教育出版社2004年版，第147页。

華華、垂垂；二是横断为两笔，左右出头中间不出头，写为"艹"，如 蓳蓳、灌灌、穫穫、敬敬、警警、蔑蔑、薈薈、寬寬；另有4字：隋隋、鰭鰭、鷉鷉、磋磋，也属于此类差异。以典型字例分析，"若"字形演变过程如下：

甲骨文　金文　小篆　隶书　楷书　字符集字形

"若"甲、金文形体像一个半跪的人举起双手梳理头发，金文学者认为像祈祷形。金文形体有的增加了"口"。小篆字形将头发写为"艹"，双手变成了一只手（又），人的身躯被"口"代替。隶书、楷书笔画化，"艹"写成"卅"，隶书有的字形写成相向的"两点一横（ᅭ）"。

"葉"字形演变过程如下：

甲骨文　金文　小篆　隶书　楷书　字符集字形

"葉"金文形体像一棵大树，树上的小点是树叶的形象，下部是"木"。小篆字形增加表义的草字头"艹"。隶书、楷书笔画化"艹"写成"卅"，隶书有的字形写成"ᅭ"。

"華"字形演变过程如下：

金文　小篆　隶书　楷书　字符集字形

"華"金文形体上部像花的形象，下部是花蒂。小篆字形上部仍像花形，下部为花蒂形。隶书、楷书将上部的花形写成"卅"，隶书有的字形写成"ᅭ"。

"蔑"字形演变过程如下：

甲骨文　金文　小篆　隶书　楷书　字符集字形

"蔑"甲骨文形体左上部是一个人形,突出人头部的大眼睛,眼睛上有眉毛,右下部是"戈",像用戈砍人的腿。金文形体更突出人的大眼睛和眉毛,唐兰先生认为金文"蔑"当为"伐"字①。小篆字形由"羊角""横目""人""戈"组成,各部件均衡,人的眼睛和眉毛放在最上部,下部是左右结构的"人"和"戈"。隶书字形或体较多,上部写为"卝"或"丱"。楷书将上部的眉毛写成"卝"。

"夢(梦)"字形演变过程如下:

甲骨文　　小篆　　隶书　　楷书　　字符集字形

"夢"甲骨文两个形体都是一个突出眼睛和眼眉的人躺在床上在做梦,眼眉也表声。小篆字形失去了原形,增加"夕"表示夜晚,上部"羊角"应该是眉毛的变形。隶书字形或体较多,上部写为"卝"或"丱"。楷书将上部的眉毛写成"丱"。

"舊"字形演变过程如下:

甲骨文　　金文　　小篆　　隶书　　楷书　　字符集字形

"舊"甲骨文形体上部是一只鸟,有的形体突出上部鸟的耳朵,鸟的下部是鸟巢,像猫头鹰毁室取子之形。金文形体上部鸟的两只耳朵更突出了。小篆形体是金文的直接演变,中间的鸟头很形象,鸟的耳朵写成"羊角"。隶书字形的鸟头变成了一撇,鸟的耳朵有两种写法:"卝""丱"。楷书将鸟的耳朵统一写成"丱"。

"雚"字形演变过程如下:

甲骨文　　金文　　小篆　　隶书　　楷书　　字符集字形

---

① 参见唐兰《"蔑历"新诂》,《文物》1976 年第 5 期,转引自李圃主编《古文字诂林》第 4 册,上海教育出版社 2004 年版,第 162 页。

"莫"甲金文形体的上部是两只下垂的耳朵，耳朵下是一对大眼睛，下部是一只鸟，像猫头鹰一类的猛禽的形象①。小篆字形基本同于甲金文，将鸟的耳朵写成"羊角"。隶书、楷书是小篆字形的笔画化，写为"艹"。

"敬"字形演变过程如下：

金文　　小篆　　隶书　　楷书　　字符集字形

徐中舒认为"敬"的左部"象犬形"，最上端是狗警觉的耳朵②。小篆字形将狗的耳朵写成"羊角"。隶书将狗耳朵写成"艹"，楷书将狗耳朵写成"艹"。

从以上字例可知，大陆地区印刷字形"艹"的来源有两大类：第一是表植物意义类属，如"葉、華"的"艹"；第二是表动物（包括人类）的毛角，如"莈、梦、舊、莫、敬"的"艹"。台湾地区字形将以上两类作了严格区分，第一类将"艹"横中间断开，写为"艹"；第二类将"艹"横中间断开，横在左右出头中间不出头，写成"艹"，是将"古异今混"的偏旁严加区别的结果。其实真正的羊角之形现写为"䒑"，如"羊、美、善、羹"等。

从以上字例可以看到，在隶书中"草字头（艹）"和"羊角（艹）"已经混同，甚至简写为"䒑"。在宋代雕版楷书中，区分更不严格，如：若（100）字频319，274字为"艹"，31字为"艹"，10字为"艹"，4字为"䒑"；葉（1244）字频24，11字为"艹"，11字为"艹"，1字为"艹"，1字为"䒑"；華（395）字频111，69字为"艹"，33字为"艹"，9字为"艹"；莈（2307）字频7，4字为"艹"，1字为"艹"，1字为"艹"，1字为"䒑"；夢（919）字频40，25字为"艹"，11字为"艹"，3字为"艹"，1字上部写为"𠓧"；舊（265）字频161，65字为"艹"，62字为"艹"，16字为"艹"，8字为"䒑"，1字为"六"；敬（963）

---

① 参见吴其昌《殷墟书契解诂》："莫者，在卜辞中，本义、引申义共有四训。其一，原始本义乃象一莫鸟之形。摹绘惟肖，不烦言诠。"转引自李圃主编《古文字诂林》第4册，上海教育出版社2004年版，第142页。

② 参见徐中舒《怎样研究中国古代文字》，《古文字研究》第15辑，中华书局1986年版，第4页。

字频37，17字为"艹"，3字为"䒑"，17字为"卝"。可见宋代雕版楷书中"艹"已成为主流。字书中大多写为"䒑"，也出现了"艹"，如《大广益会玉篇》的若、葵、蕾、梦、花与英、菠、苍、猫。《字汇》的若、茶、苍与草、花、蒙，《正字通》的羑、羋、花与芸。《五经文字》区分为"艹"和"卝"，如莊、英、莱、篙、敬、舊，《康熙字典》也区分为"艹"和"卝"，但仍然不严格，如"蔑"写为"艹"。大陆地区字形将传统的"艸"中间横连写，是顺应民众的书写习惯，不会引起字义的误解（至于可能产生的同形字可单独标注，个例处理），CJK字符集中日本和韩国的这些文字也是都统一写为"艹"，与大陆地区字形相同。台湾地区对这两个"古异今混"的部件，有意区别之。但普通民众是不会理会"草字头"与"羊角"的区别的，它们的混同并不影响字义的准确表达；而且"卝"并不是准确的字源，不独立成字，又是个罕用部件。台湾地区随处可见的字形多是采用部件"艹"：茶、藻、芭、蓬、草、藥、芳、花、芽、菜、護。所以从字符的现实应用、通用性和稳定性角度出发，可以维持目前大陆地区字形的现状，即将"卝"合并到"艹"中。

五 "冃"（mào）与"曰"的分合

"冃"作字的上部件，大陆地区字形写为"曰"，台湾地区写为"冃"，两岸差异字形有44字，典型字例：曼、最、冒。

"曼"以及以之为构件两岸存在差异的字形有21字，"曼"字形演变过程如下：

冏、𡨎 → 𩇬 → 𡨋 → 曼 → 曼 曼
金文　　小篆　隶书　楷书　字符集字形

金文字义不详。《说文·又部》："曼，引也。从又，冒声。"《说文·冃部》："冒，冢而前也。从冃，从目。"小篆和隶书字形上部还保留"冃"的写法，楷书字形上部件写为"曰"。

"最"以及以之为构件两岸存在差异的字形有10字，"最"字形演变过程如下：

𡨋 → 冣 → 最 → 最 最
小篆　隶书　楷书　字符集字形

《说文·冃部》:"最,犯而取也。从冃,从取。"本义为冒犯而取之,引申为积聚、合计等义,又引申为程度副词。

"翤"现在不独立成字,以"翤"为构件两岸存在差异的字形有13字,如:塌塌、榻榻,"翤"字形演变过程如下:

翤 → 翤 → 翤
小篆　隶书　楷书

"翤"甲骨文、金文阙如。《说文·羽部》:"翤,飞盛貌。从羽,从冃。"

"曼、最、翤"的上部件都是"冃"。《说文·冃部》:"冃,小儿蛮夷头衣也。从冂;二,其饰也。""冃"是"帽"的初文。徐灏注笺:"冒,即古帽字。冃之形略,故从目作冒。引申为冡冒之义后,为引申义所专,又从巾作帽,皆相承增偏旁也。"① "冃"不再独立成字,作为组字部件居字上端,与"曰"的区别是末笔封不封口。由于与"曰"字形相近,在隶书中就有写为"曰"的字形,如"翤",楷书中,"最、曼、翤"等字中的"冃"就写为"曰",如《类篇》的漫、蝥、谩、鄤、嫚、翤,《字汇》的曼、漫、最,《正字通》的㝱、漫、慢,《康熙字典》的"最、曼"都收在"曰"部。大陆地区字形上部件也写为"曰",台湾地区字形保留字源上部件写为"冃"以区别于"曰"。

从"冃"的字在发展演变中日趋消亡,"冃"逐渐与"曰"同形。在CJK字符集中,大陆地区除"冒、冕"保留"冃"外,其余都写为"曰",日、韩文字的"曼、最、榻"等字中的"冃"也写为"曰"。对"冒、冕"等字上部的"冃",一般民众都会读写为"曰",这在阅读和理解上并没有造成障碍或误解;而且"冃"是一个不便称说的罕用部件,不便于汉字结构分析和识读。所以不仅建议"曼、最、翤"以大陆地区字形为标准字形,还建议两岸都写为"冃"部件的"冒、冕"等字也写为"曰",以达到字符的统一性、系统性。

六 "舌"与"舌"的分合

"舌"与"舌"区别点是第一笔,大陆地区写为撇,台湾地区写为

---

① 转引自《汉语大字典》(缩印本),湖北辞书出版社、四川辞书出版社1992年版,第630页。

横。"舌"字形演变过程如下：

甲骨文　　金文　　小篆　　隶书　　楷书　　字符集字形

　　甲金文形体来自《古文字类编（增订本）》，云梦竹简作🖹，像口吐舌形。《说文·舌部》："舌，在口所以言也、别味也。从干，从口，干亦声。"台湾地区《常用"国字"标准字体表》说明："舌，上为一横，非一撇"，规定读音是 shé 的"舌"首笔作横，如甜、舔；读音是 guā 的"舌"首笔作撇，如活、括、刮、话，小篆字形为"🖹"，《说文·口部》："𠯑，塞口也。从口，氒省声。"《新加九经字样》的舌、舌注明"上说文下俗字"；《类篇》中"舌"和"舌"基本同形，如舌、甜。大陆地区将这两个字形合二为一写为"舌"，台湾地区字形区分为两个部件"舌、舌"，由此产生的两岸差异字形共有 19 字：舌舌、恬恬、憇憇、憩憩、湉湉、甛甛、甜甜、秥秥、絬絬、刮刮、䪞䪞、譧譧、餤餤、舔舔、舄舄、䑛䑛、舐舐、頢頢、餂餂。CJK 字符集中读音是 guā 的"舌"作为构件的字两岸字形相同：括括、敌敌、活活、濶濶、蛞蛞、䒼䒼、猞猞、筶筶、聒聒、趌趌、銛銛、憩憩、鸹鸹。

　　从字源看，"舌""舌"两个部件有区别，但这种区别在现代汉字的应用中已经没有什么意义，如同上文"月"和"日"的区别。读音是 guā 的"舌"现在已经不独用，统一为一种写法不影响字义的准确表达。《康熙字典》和《汉语大字典》都只有"舌"部，字形也已经混同。第一笔写为撇，便于连写下一笔，避免了回笔，经济省时，在民众中有深厚的书写基础。CJK 字符集中相同编码的日本、韩国文字"舌"的首笔都是写为撇。《印刷通用汉字字形表》明确规定"舌"第一笔写为撇，不作区别，是对民众书写习惯的肯定，没有引起字形的混淆或字义的误解；台湾地区刻意区别两个部件，徒增记忆的负担。建议"舌、舌"合二为一，以"舌"为统一规范字形。

七　"丰"与"豐""丯"的分合

　　《甲骨文编》和《金文编》的"生"部收有"丰"，"丰"字形演变过程如下：

ᗩ ᗩ → ᗩᗩ → ᗩ → 丰 → 丰 → 丰 丰
甲骨文　　　金文　　　小篆　　隶书　　楷书　　字符集字形

甲骨文形体像蓬勃生长的小草①，象征丰富、丰满。金文形体线条简单，有的字形又增加一横。小篆字形上部向上的弧线喻示草木蓬勃生长，《说文·生部》："丰，艸盛丰丰也。从生，上下达也。敷容切。"由草木茂盛引申出人的体态丰满、富有丰姿，如《诗经·郑风·丰》："子之丰兮，俟我乎巷兮。"这与"豐"的意思接近，《说文·豆部》："豐，豆之丰满者也。从豆，象形。……敷戎切。"以在豆（古代盛食物的容器）放两串玉或两束庄稼来表示丰收、富饶、茂盛的意思；"豐"以"丰"为声符②。由于"豐"和"丰"意思相近，读音相同，所以很早就通用了，又由于"丰"笔画少，书写简单，人们常以"丰"代用"豐"，如明代《清平山堂话本》中就有"丰"代"豐"的例子。1935 年的《简体字表》也提出以"丰"取代繁体的"豐"。《简化字总表》将"丰"作为可类推简化字，类推出来的简化字有：沣、艳、滟。台湾地区《标准行书范本》也有"沣、艳、滟"的简体字，但部件"丰"写为"丯"，两岸的差异字形有 22 字，如：丰丰、佳佳、耉耉、割割、艳艳、邦邦等。其实这些字的字源并不都是"丰"或"豐"，大多属于类化同形，大陆地区是将"丰"与"豐"合二为一，台湾地区区分为二，增添一个新部件"丯"。

容易与"丰"相混的"丯"在《说文》中是部首字，《说文·丯部》："丯，艸蔡也。象艸生之散乱也。……读若介。"段玉裁注："凡言艸芥皆丯之假借也。芥行而丯废矣。""丯"是"芥"的本字。"丯"字废除，但作为"害"的组字部件仍沿用至今，《说文·宀部》："害，伤也。从宀，从口。宀口，言从家起也。丯声。""丯"是"害"的声符。大陆地区将"害"中的"丯"写为"丰"；台湾地区写为首笔为撇的"丯"，与上文"豐"的简体字同形。两岸差异字形有 19 字，如：害害、割割、嗐嗐、憲憲等。"契"（字形分析见第四章第二节"横变提"）字"从丯"，台湾地区字形写为"丯"，如契契、偰偰、喫喫等 13 字，两岸字形

①　参见李孝定《金文诂林读后记》："丰象草木生土上枝叶繁茂之形。"转引自李圃主编《古文字诂林》第 6 册，上海教育出版社 2004 年版，第 100 页。
②　参见马叙伦《说文解字六书疏证》："豐，其为字从豆豐声，是其证。但许书无豐字。丰下曰：草盛丰丰也。即满厚之义。豐为豆之丰满者，古文因从并丰为声，豐即丰篆文之繁者。"转引自李圃主编《古文字诂林》第 5 册，上海教育出版社 2004 年版，第 116 页。

都将"丯"写为"丰",这13字台湾地区字形是将"丯"与"丰"合二为一。

草芥生长散乱也有草木生长茂盛的意思,"丯"和"丰"的意思非常相近,字形也很相似,保留一个字形足矣。由以上字例可知两岸现行汉字都将这两个部件合二为一,大陆都写为"丰",台湾地区有的写为"丰"有的写为"丯"。从甲骨文到楷书,字形"丰"传承时间长,可兼容"丯""豐"和"丰"的字义,无须改形。台湾地区《次常·乙表》收录"丰",如:邦(台北城邦书店)、邦(台北富邦银行),与大陆字形相同。相同部件应保持统一性系统性,建议以大陆地区字形"丰"为标准字形。

另外,台湾地区字形"害"中竖与第三横相接下不出头。"害"的小篆字形是:周;历代字书都写为原形"丰或丯",如《大广益会玉篇》的害、搚、割,《五经文字》的害、割,《字汇》的瞎,《正字通》的害、瞎、嗐,《康熙字典》的害;宋代雕版楷书的害(732)字频55,42字写为"害"。"丰"作上部件时台湾地区字形是中竖下出头,如:舂舂、割割、渚渚、骞骞。从小篆到楷书,"害"中的"丰"中竖下出头,以"害"为构件的19字大陆地区字形更具有历史传承性和通用性,可以作为两岸的标准字形。

八 "夊"(sui)"夂"(zhi)"攵"(pu)的分合

以"夂"(捺左出头)为部件的字有162个,大陆地区字形写为"夂"(捺左不出头),台湾地区写为"夂"(捺左出头),如:夌夌、夋夋、夒夒、愛愛、憂憂、復復、慶慶、麦麦、後後等。

"夊"是部首字,《说文·夊部》:"(夊),行迟曳夊夊,象人两胫有所躧也。"《说文·夂部》同时收录部首"夂","(夂),从后至也。象人两胫后有致之者。"从《说文》所收录的字例看,"夊"位于字的下部,"夂"位于字的上部。台湾地区本着尊重字源的原则,将"夊"与"夂"分立为不同部件,把从"夅、夆"的上部件写为"夂",如:蓬蓬、降降等20多字,其他下部件写为"夊"。李孝定先生曾指出"夂"和"夊"都是倒"止"的衍变①。高明先生也证实了这一点,他"从甲骨、金文及秦篆中,共搜集十种篆体夂字形旁",发现"它们的来源同为

---

① 参见李孝定《甲骨文字集释》:"此字(夂)与训行迟夊夊之夊篆形仅几微之异。实皆由倒止形所衍变。"转引自李圃主编《古文字诂林》第5册,上海教育出版社2004年版,第640页。

倒形'止'字"①。大陆地区本着从俗从简的原则，将"夂"与"夊"合为一个部件，都写为"夂"，这并不违背字理。台湾地区为区分字源，将"夊"的撇左出头，但很细微，一般人往往忽略不计，所以这种区分的实用价值不大，徒增学习的负担。大陆地区将"夂"与"夊"两个部件合一，并不违背字源，达到了字符的简化和系统化。

另有36字大陆地区写为"夂"，台湾地区写为"攵"：修修、修修、脩脩、鏘鏘、條條、滌滌、篠篠、蛛蛛、繅繅、樤樤、蓧蓧、篠篠、鰷鰷、鎏鎏、脩脩、滫滫、滫滫、楢楢、蓨蓨、鎗鎗、悠悠、倏倏、倏倏、儵儵、翛翛、絛絛、儵儵、艞艞、艞艞、瞟瞟、務務、嫠嫠、鶩鶩、敤敤、蓩蓩、霧霧，前28字以"攸"为构件，后6字以"敄"为构件。

"攸"字形演变过程如下：

甲骨文　　金文　　小篆　　隶书　　楷书　　字符集字形

甲骨文、金文形体左部是侧立的人形，右部像一只手拿着棍子之类的东西。小篆形体右部是手拿着棍棒，写为"攴（支）"。"支"隶变后大都写为"攵"，如敞敞、敬敬、敢敢、敛敛、敖敖、孜孜等约330字，至今仅有少数字还保留"支"的字形，如敲、寇。以"攴"为构件的字有9字都写为"攵"，两岸字形相同，如：攸攸、汲汲、濎濎、筱筱、悠悠、篌篌、鍪鍪、茇茇、莜莜等。"攸"从"攴"，以"攸"为构件的"修、條"等28字的右上部应写为"攵"，而不是"夂"。

以"敄"为构件的6字，大陆字形写为"夂"，而其余的字两岸字形都写为"攵"，如：堥堥、愁愁、婺婺、鶩鶩、瞀瞀、鍪鍪、蝥蝥、鍪鍪、鍪鍪、瞀瞀、輁輁、霿霿等，《说文·攴部》："敄，强也。从攴，矛声。"所以以"敄"为构件的6字也应写为"攵"，而不是"夂"。

"艞艞、瞟瞟"2字的右下部件应是"夂"，按上述"夂"和"攵"的规范标准，应写为"攵"。

"攸、敄"的右偏旁都是"攴"，应写为"攵"。大陆地区将一部分从"攸"和"敄"的字写为"夂"，与以"夂、夊"作构件时的形体相

---

① 高明：《中国古文字学通论》，北京大学出版社1996年版，第75页。

同，如"夌、复、夆、夆"，混同了不同部件的写法，不符合文字符号的统一性、系统性原则。以上混同了"攵"和"夂"的 34 字应以台湾地区字形为标准字形；混淆了"攵"和"夂"的 2 字以大陆地区字形为标准。

九 "亦"与"䜌（亦）"的分合

在 CJK 字符集中以"亦"作上部件的字有 17 字，两岸字形不统一，有四种情况：一是两岸字形相同，都写为"亦"，有 2 字：**变变**、**㳄㳄**；二是大陆地区写为"亦"，台湾地区"亦"右竖去钩，有 3 字：**奕奕**、**帟帟**、**弈弈**；三是大陆地区写为"亦"，台湾地区"亦"右竖去钩，有 5 字：**栾栾**、**弯弯**、**湾湾**、**挛挛**、**滦滦**；四是大陆地区写为"亦"，台湾地区写为"亦"，有 7 字：**峦峦**、**孪孪**、**脔脔**、**蛮蛮**、**銮銮**、**鸾鸾**、**恋恋**。

第一种和第二种情况字的上部件来源是"亦"，可以表示读音。第三、第四种情况字的上部件是由"䜌"草书楷化而来，如"弯、栾、恋"等的繁体字是"彎、欒、戀"。在宋元明清的"俗字"中，大量地用这个简化偏旁取代那个笔画繁多、结构复杂的繁体偏旁；不过，这个简化偏旁与"亦"字基本相同。1935 年公布的《简体字表》有"蛮、恋、变、鸾"等字，其上部的简化偏旁与"亦"有所区别，中间写为两直竖。《简化字总表》的简化偏旁就是从《简体字表》的字形直接沿袭而来。CJK 字符集中，大陆地区字形字源是"亦"的写为"亦"，上述第一、第二类字；字源是"䜌"的写为简化偏旁"亦"，上述第三、第四类字，相对统一。台湾地区字形都写为"亦"，上述第二、第三类字中"亦"右竖去钩，规律性不明显。大陆地区字形在第一、第二类字中选用"亦"，能起到标示字音的作用，在第三、第四类字中用"亦"代表一个简化偏旁，字形的区别也便于字理上追溯字源，呈现出明显的规律性，便于识读和教学。大陆地区字形可以作为两岸的标准字形。

十 "呙"（guā）"咼"(bǎi) 与"另"的分合

CJK 字符集中，以"呙"或"咼"为部件的字，两岸存在差异的字形有 5 字：**拐拐**、**箉箉**、**唰唰**、**捌捌**、**莂莂**。大陆地区字形统一以"呙"为构件，台湾地区字形依据字源区别为两种字形，前 2 字是选取"呙"，后 3 字以"别"为构件，右部件是"咼"。

"呙"，读音 guā，同"剐"，《说文·冎部》："冎，剔人肉置其骨也。象形。头隆骨也。""剐，分解也。从冎，从刀。"《康熙字典》："呙，《集韵》'呙，古瓦切，音寡。'《玉篇》：'剔人肉置其骨。'《集韵》'与冎、

"冎", 读音 bǎi, 同"別/别",《玉篇·口部》:"冎, 別也。"《说文》没有收录"別/别",《康熙字典》收录字形"剮", 认为是"古文𠔿",《说文·八部》:"𠔿, 分也。从重八。八, 別也, 亦声。《孝经说》曰: 故上下有別。兵列切。""冎"又音 guā,《集韵·马韵》:"呙, 或作冎、剮。"《汉语大字典》(1992 年版) 认为"别"即是《说文》的"剮"。

"另"《说文》无收,《五音集韵·径部》:"另, 郎定切, 音令。分居也。割开也。"

"冎"和"另"有相通用的音义。现行汉字中,"另"的音义已由"剮"代替,"另"字废除。"另"的"分割"义与"冎"和"另"的字义有密切联系,"另"字义可以涵盖"冎"和"另"字。现行汉字"另"成为常用字,"冎"和"另"是已经退出文字历史舞台的异体字。大陆地区以"另"统写以"冎"和"另"为部件的字, 没有引起字义的混淆和误解, 而且便于识字教学和实际运用。CJK 字符集中台湾字形的"拐、别"也有以"另"代替"冎"和"另": 枴枴、別别。台湾地区字形用不同的部件形体显示不同的字源, 这有益于研究字源字义, 但这种纯字形区别在实际运用中颇令人费解, 已经没有实用价值, 徒增记忆的负担, 建议将"冎"和"另"并入"另"。

十一 "臼 (jiù)"与"臼 (jú)"的分合

CJK 字符集中,"叟"以及以之为构件两岸存在差异的字形有 21 字, 区别点是"叟"的上部件, 大陆地区写为"臼", 台湾地区写为"臼"。"叟"字形演变过程如下:

❀ → ❀ →(搜)→ 叟 → 叟叟
甲骨文　小篆　　隶书　　楷书　　字符集字形

甲骨文字形像手持火把在屋内搜寻之形。云梦秦简作❀, 居延汉简作❀。《说文·又部》:"叜, 老也。从又, 从灾。闕。"许慎的说解不能统一字的形与义。段玉裁注:"闕者, 谓从又灾之意不传也。……今字作叟, 未闻其说。"朱骏声《说文通训定声·孚部》:"叜 (叟), 即搜之古文。从又持火, 屋下索物也。会意。""叟"应是"搜"的初文,"叟"

借为尊老之称后，加"扌"旁表示搜索义①。《康熙字典·又部》只注明"叟"的古文是"㚙"。"叟"上部件是从"臼"还是从"𦥑"没有明断。

"臼"和"𦥑"在《说文》中是不同的部首字，《说文·臼部》："臼（臼），舂也。古者掘地为臼，其后穿木石。象形。中，米也。其九切。"《说文·𦥑部》："𦥑（𦥑），叉手也。从ヨ、ヨ……居玉切。"②"臼"是捣米的容器，"𦥑"是相掬的双手，两者的区别在于低部是否封口。受字义客观事物的限制，"臼"作字的构件一般居于字之下，"𦥑"作字的构件多居字之上。从"臼"的字下端笔画要相连，如舂、舀、陷、舀等，从"𦥑"的字下端笔画不相连，如與、擧、興等。但这种区分很不严格，到《康熙字典》就将"𦥑"收在"臼"部，在《说文》中从"𦥑"的"昇、臾"的楷书字形为"昇、臾"，"𦥑"写为"臼"，混同了两个部件。这些字在CJK符集中都收在"臼部"：臽臽、舀舀、舀舀、昇昇、臾臾、瘦瘦、腴腴、諛諛等，两岸字形都是将"臼"和"𦥑"合二为一。因此"叟"的上部件无论是从"臼"还是从"𦥑"都没有必要保留"𦥑"的写法，日本、韩国文字也是写为"臼"，如瘦瘦，所以大陆地区字形可以为标准字形。

十二 "𣎳（pài）"与"林（lín）"的分合

"𣎳"与"林"在《说文》中是音、形、义完全不同的两个字。《说文·𣎳部》："𣎳，葩之总名也。𣎳之为言微也，微纤为功。象形。"段玉裁改"葩"为"萉"，注："当云治萉枲之总名。""'朩'谓析其皮于茎；'𣎳'谓取其皮而细析之也。""𣎳"是剥析麻皮的意思，所以下部左右表示麻皮，与主干是分离的，小篆字形是"𣎳"，与"林（林）"字形不同。

"𣎳"现已不独立成字，CJK字符集中，以"𣎳"为构件两岸存在差异的字形有44字，有41字以"麻"为构件（另3字以"𣎳"为构件：潖潖、潛潛、糮糮，1字收录两种字形：瘫癱、麻麻。）"麻"字形演变过程如下：

𣎳 → 𣎳 → 麻 → 麻 → 麻 麻
金文　　小篆　　隶书　　楷书　　字符集字形

---

① 参见《汉语大字典》（缩印本），湖北辞书出版社、四川辞书出版社1992年版，第167页。

② 《汉语大字典》（缩印本，1992年版）定音为"jú"，汤可敬《说文解字今释》定音为"jū"，暂以《汉语大字典》为标准。

金文形体像屋下治麻之形，"朩"左右的线表示可分离的麻皮，所以"厂（厓）"内不是"林"字，而是纤麻。小篆字形的"厂"上多了一点写为"广"，保留了"厂"内部件"朩朩（朩）"与"林（林）"的区别。《说文·麻部》："麻，与朩同。人所治，在屋下。从广，从朩。"段玉裁注："朩必于屋下绩之。"隶书字形"麻"的下部件"朩"已经与"林"混同了，如"磨"的隶书"磨"，"摩"的隶书"摩"。楷书字形"麻"中的"朩"写法基本同于"林"，如《大广益会玉篇》的麻，《新加九经字样》的麻，《类篇》的麻，《字汇》的麻，《正字通》的麻，《康熙字典》的麻；但以"麻"为构件的字，其"广"内的左部写法同于"木"，右部"朩"的末笔写为"竖弯横"，如"磨"的楷书"磨"，"摩"的楷书"摩"。从隶书起，"朩"和"林"就开始混同，写为"林"书写便捷，称说方便，字形有传承性。"麻"中间部件写为"林"没有引起字义的混淆或误解。建议将"朩"与"林"合二为一。

以上十二类差异部件的分合，涉及 2600 多字。其实"古异今混"部件不止上述的十二类，如谷和兊，《说文》："岢，泉出通川为谷，从水半见出于口。""兊，口上阿也。从上象其理。"两字的音义皆不同，小篆字形的区别还比较明显，但在隶书、楷书中就相混无别了，因为"口上阿"的兊罕用，现在中国大陆地区、台湾地区、韩国、日本都是取"谷"形，如：俗、容、浴、裕，实现了部件的简化优化，有利于信息时代信息传递的快速有效。这样的"古异今混"部件在今天大多混同为一个部件，因为每组中的一个或两个部件在今天已成为罕见部件或废弃字。大陆地区在尊重传统字形的基础上，在不引起字义混淆和误解的前提下，将这些部件合二为一，以维护字符部件的简明性和系统性，上述十二类"古异今混"部件只有从"夂"的 34 字破坏了字符的系统性。台湾地区都从字形上进行了刻意的区分，这样的区分，对文字学的字源研究具有启发意义，但对信息化时代的文字应用没有实用价值，徒增记忆的负担。

第三节　两岸新旧字形选用差异溯源

新旧字形之说乃大陆学界所创。所谓新字形，是指《印刷通用汉字字形表》（1965 年发布实施）确定的标准字形，与之对应只有细微差别的字形称为旧字形。如吴—吳、吕—呂，每组前者是新字形，后者为旧字形，它们之间属于异写字的关系。这里的"新旧"不完全指时间的长短，因为《印刷通用汉字字形表》所确定的标准字形中大部分是从历史字形中选出的，是隶变楷化以来就有的字形，有些可能没有相对的"旧字形"，而有些所谓的"新字形"可能已有相当长的历史，从时间上不容易分出"新"和"旧"。本节所论沿用新旧字形的概念，是为分析的方便另立的章节，不是严格意义上的新旧字形。本节论及"吴、匀（次）、兑、术、黄、内（全）、强、晋、奥、尔、为、即、吕、争、彦、产、户、毁、彔、囱"20个成字部件，它们的新旧字形在CJK字符集中都分别编码，是：吴吴—吳吳、匀匀—勻勻、兑兑—兌兌、术术—朮朮、吕吕—呂呂、黄黄—黃黃、内內—內內、强强—強強、晉晋—晉晉、争争—爭爭、奥奥—奧奧、尔尔—尔尔、彦彦—彥彥、産産—產產、户户—戶戶—户戶、毁毁—毀毀、为為—爲爲、彔彔—录录、既既—旣旣、囱囱—囪囪。CJK字符集把它们分别编码，是把它们作为抽象字形不同的字，那么以它们为构件的字也应该分别编码，如：娱娛—娛娛、说説—說說，但这样分别编码的字占少量。实际上这些新旧字形是音义皆同的异写字，所以CJK字符集中以这些新旧字形为构件的大部分字两岸统一编码，但由于两岸选用不同的新旧字形而导致两岸字形不统一，如：误誤、均均。大陆地区实行新字形在当时有其必然性和合理性，它适用于《现代汉语通用字表》的7000字，现推及CJK字符集中的20902字。从汉字的整体构形系统而言，有些"旧字形"在某些条件上比新字形更优化。因此从学理字源以及现代应用的角度，对这些新旧字形进行审视，提出字符优化的建议，以引导文字符号的高效运用。

　　统一两岸由于选用不同的新旧字形而导致的两岸字形差异，要避免两种"一刀切"的简单化处理：第一，将以这些新旧字形为构件的字仿照单字新旧字形全部分别编码。这种做法虽然能实现两岸字形的表面统一，实际使字符系统复杂化；第二，从新旧字形中优选一个字形，一方调整字形与另一方完全一致。新字形在大陆已经通行几十年并完全被大陆十几亿使用者所习惯和接受，旧字形是台湾地区印刷的当用字形和古籍字形，两者都有其存在的合理空间，不可贸然归并。尤其是一些姓氏、人名和地名用字，字形改动带来的社会波及面比较大，阻力也会比较大。要避免以上字形改动带来的负面效应，可以对以新旧字形为构件的字进行有选择地分别编码。一方面，从正面规定规范字形，使印刷和书写有据可依；另一方面，立足两岸当前用字现状，参照《通用规范汉字表》和台湾地区《常用"国字"标准字体表》的收字，只将常用字分别编码，以便两岸当前文字使用；经过一段时间的实践和引导，可逐渐归并为一个字形①。

本节重在梳理新旧字形的演变渊源和两岸的字形差别，立足字符的优化系统化，提出规范字形；对于分层次处理的字形、字量只提出宏观建议。以下每个小标题连接号前是大陆地区采用的字形，连接号后是台湾地区采用的字形。

一　吴—吳

在 CJK 字符集中，单字"吴"收录了两种字形：吴昊、吳吳，区别点是下部"天"的第一笔，前者是直笔，后者是折笔。《印刷通用汉字字形表》以"吴"为标准字形；台湾地区《常用"国字"标准字体表》以"吳"为标准字形。当"吴"作字的构件时，有 3 字是如同"吴""吳"一样将两种写法分别编码：俣俣—俁俁、娱娱—娛娛、惧惧—愳愳；其他 11 字大陆地区选取"吴"，台湾地区选取"吳"，如：渓渓、裸裸、蜈蜈、誤誤等。"吴/吳"字形演变过程如下：

甲骨文　　金文　　小篆　　隶书　　楷书　　字符集字形

所列甲骨文是否为"吴"字还有争议，不同的工具书有不同处理。《古文字类编（增订本）》认为是"吴"字②，《新甲骨文编》认为是不见于《说文》的"吴"③。《古文字谱系疏证》未列甲骨文的"吴"字，所列金文字形 30 个，从矢者 6 字，从大者 22 字，2 字形体不明确④。《金文编》注释曰："吴，国名，姬姓，子爵，仲雍之后。武王克商，因封之。吴传至夫差为越所灭。金文或称攻吴、攻敔、工𠨞。"⑤ "吴"字金文习见，指国家、姓氏和郡县名。《说文·矢部》："吴，姓也，亦郡也。一曰：吴，大言也。从矢口。""从矢从口"是许慎为"吴"确立的标准小

---

① 此观点的提出深受王宁先生《论汉字规范的社会性与科学性》《再论汉字规范的科学性与社会性》（分别载《中国社会科学》2004 年第 3 期，第 171—179 页；《语言文字应用》2006 年第 4 期，第 2—11 页）两文的启迪。
② 高明、涂白奎编著：《古文字类编（增订本）》上册，上海古籍出版社 2008 年版，第 245 页。
③ 刘钊等编纂：《新甲骨文编》，福建人民出版社 2009 年版，第 575 页。
④ 参见黄德宽主编《古文字谱系疏证》第 2 册，商务印书馆 2007 年版，第 1403 页。
⑤ 容庚编著：《金文编》，中华书局 1985 年版，第 699 页。

篆字形。隶书字形与金文一脉相承，下部或从"矢"或从"大"或从"夫"。《康熙字典》楷书收两个字形，指明"吴"是"吳"的俗字。因此，从字源来看，"吳"比"吴"的理据更充分。

其实在古文字阶段"大、夫、矢、天"都是人形①。"吴"从隶变到楷化，都可以看到古文字阶段字形的痕迹，可看到字形与字源的联系。字书中"吴"的下部件多写为"矢"，如《大广益会玉篇》的蜈、鋘、誤、娛、吳、悮、裵、俁、虞、嘆、澳，《五经文字》的虞，《新加九经字样》的謡，《正字通》的吴。《类篇》中"吴"的下部件多写为"天"，如吴、悮、捑、蜈、娛、溟、峨、揆、猃，又如《正字通》的吴（俗吳字）、俁。在古书中写作"吴"或"吳"两种字形都有，如宋代雕版楷书：吴（509）字频83，下部件有14字为"天"，20字为"矢"，26字为"矢"，其余23字字形更省减；误（897）字频42，右下部件5字为"天"，7字为"矢"，18字为"矢"，12字字形省减；娛（2510）字频6，右下部件有4字为"天"，2字为"矢"；虞（688）字频60，下部件有22字写为"天"，5字为"矢"，21字笔画字形省减。可见在宋代雕版楷书中"吴"的下部件就很不稳定，"天"比"矢"的出现频率大。现行汉字"矢"是个罕用字，与"吴"下部件不完全同形，也不便于称说和识读；"天"是个常用字，作"吴"的下部件，字形清晰醒目，有着广泛的群众基础。"吳"虽有助于文字学字源的分析，但以现代汉字的通用性、实用性为立足点，"吴"更适合作为标准字形。"吴、吳"已经分别编码，建议标明两者的字际关系，以之为构件的字选用"吴"。

二 勻—勻

在CJK字符集中，单字"勻"收录了两种字形：勻勻、勻勻，区别点是"勹"中的笔画，前者写为"冫"，后者写作"二"。《印刷通用汉字字形表》以"匀"为标准字形，台湾地区《常用"国字"标准字体表》以"勻"为标准体。当"勻"作为字的构件时，大陆地区选取"匀"，台湾地区选取"勻"，以"匀/勻"为构件两岸存在差异的字形有19字，如：伨伨、呁呁、均均，"匀/勻"字形演变过程如下：

---

① 参见于省吾《释从天从火从人的一些古文字》："商代甲骨文的天作𠕇或𠕋，周代金文的天字作𠕌或𠕍。商代甲骨文的大作𠂇或𠂈，周代金文的大作𠂉或𠂊。以上所列古文字均象人之正立形。至于人字，商代甲骨文作𠆢或𠆣，周代金文作𠆤或𠆥，均象人之侧立形。总之，早期或较为早期的天、大、人三种形体，因为都起着表示人形的作用，所以有时在偏旁中互作无别。"《古文字研究》第15辑，中华书局1986年版，第185页。

匀 匀 → 台 → 匀 → 匀 匀、匀 匀
金文　　　小篆　　楷书　　　字符集字形

金文形体"勹"中笔画有的是两点，有的是两横，用意没有确解①。《说文·勹部》："匀，少也。从勹、二。"《隶辨》没有收录单字"匀"，含有"匀"部件的字"均、韵"，"勹"中的"二"已经有了点的意味。《类篇》"匀"作部件时有的写为点，如匀、础、衱、韵、鸲。《康熙字典》楷书字形"勹"中笔画统一为"二"，含有"匀"部件的字也是如此。《印刷通用汉字字形表》规定将"勹"中笔画写为"冫"，相对应的日本、韩国字形"勹"中写得不像"二"，下笔写为"提"，如：匀匀、均均。随着文字线条的笔画化、规则化，文字就越来越讲究清晰、区别性强。"匀"的常用义是匀称、调匀，有平均周遍的意思，字形表义不明显，理据丧失。与"匀"只有一笔之差的"勺"，小篆字形是"ㄢ"，《字汇》还写为的，现行汉字为"勺、的、酌"；"羽"中"冫"是鸟羽的象形，楷书字形羽还是向下的两撇，现行汉字两岸字形都写为"冫"。这些变化，不仅让书写更快捷，而且增强了文字的符号性和工具性。从字形的紧凑美观而言，作字的右部件或相对右部件写为"匀"整字更紧凑工整。对已经符号化的"匀/匀"，我们有理由选择书写简捷字形清晰工整的"匀"。所以建议"匀、匀"单独编码，但以之为构件的字以"匀"为标准字形。

与"匀"发生同样变化的还有"次"。"次"的左部件，大陆地区写为"冫"，台湾地区写为"二"。"次"以及以之为构件两岸存在差异的字形有24字，如：次次、饮佽、咨咨，"次"字形演变过程如下：

𠂔 → 㳄 㳄 㳄 → 㳄 → 次次 → 次 → 次次
甲骨文　　金文　　　小篆　　隶书　　楷书　　字符集字形

"次"甲金文像一人张口打喷嚏形，两点表示喷出的唾星，也像人张大嘴巴流出了口水，是古"涎（次）"字。《说文·次部》："㳄（次），慕欲口液也。从欠，从水。"《玉篇·次部》："次，亦作涎。"左部件是

---

① 参见李圃主编《古文字诂林》第8册，上海教育出版社2004年版，第147—148页。

第五章　两岸汉字字形差异点历时溯源(下)　227

"冫"。《说文·欠部》："次，不前，不精也。从欠，二声。"[①] 后世"㳄"行"次"废，从"㳄"的字类化与"次"同形，如"羡"，两岸都选用部件"次"：羡羨，但以"羨"为构件的字，台湾地区选用"次"，如樣樣。从字源看，"次"的左部件是"二"，台湾地区字形保留了字源。CJK 字符集中相对应的日本、韩国字形"次"的左部件写得不像"二"，下笔写为提，或写为"冫"，如：次次、羡羨（每组中前一个是日本文字，后一个是韩国文字），从字符的系统性和一致性出发，"樣樣"应以"羨"为部件。"次"与"匀"中"二"的演变规则和过程相同，"次"的左部件依照"匀"的字形规范也应写为"冫"，以上 24 字大陆字形可以作为标准字形。

三　兑—兌

在 CJK 字符集中，单字"兑"收录了两种字形：兑兑、兌兌，区别点是上部两笔的开口方向，前者写为"丷"，后者写为"八"。《印刷通用汉字字形表》以"兑"为标准字形，台湾地区《常用"国字"标准字体表》以"兌"为标准字形。CJK 字符集中，以"兑"为构件的字共有 21 字，两岸字形存在差异的有 10 字，如：侻侻、唲唲、祝祝、駾駾；另外 11 字两岸两种字形共存，如：说説—說說、税税—稅稅、脱脱—脫脫。"兑/兌"字形演变过程如下：

甲骨文　　金文　　小篆　　楷书　　字符集字形

甲、金文下部是一个张口的人形，上部像是被分为两半的"八"。《说文·儿部》："兑，说也。"认为是古"说"字，徐铉认为"当从口从八，象气之分散"，徐铉的说法可从。小篆和楷书字形上部写为"八"，楷书字形捺的起笔带有明显的装饰，写为横折捺。从字源看，"兑"的上部应写为"八"。在古书中，"兑"大多写为"兊"，这可能是因为"兑"的甲、金文上部与"公"的甲、金文"公、公"字形相近，如在宋代雕版楷书中，兑（3434）字频 2，都写为"兊"；说（279）字频 156，右部件有 152 字写为"兊"，2 字为"兑"，2 字为"兌"；税（1166）字频 27，

---

① "次"古文字字形演变也可参阅高明编著《古文字类编》（增订本），上海古籍出版社 2008 年版，第 390 页。

右部件有 24 字写为"兖"，3 字为"兑"；悦（1554）字频 17、脱（1770）字频 13、蜕（3732）字频 2，右部件都写为"兖"。可见在宋代雕版楷书中"兖"的出现频率最高。"厶"与"口"在手写中字形容易混同，加之许慎对小篆字形的确立，后世字书多以"兌"为正体，"兖"为俗体，如《干禄字书》以▨为正体，《五经文字》的兌、兖（上说文下经典），《类篇》《字汇》《正字通》分别以兌、兊、兑为正体，兖、兖、兖为俗字。CJK 字符集中也收录了两岸基本相同的"兖"：兖兖，"兌、兑、兖"三字是异体关系。

"兑"在宋代雕版楷书中已出现，书写快捷省时，《印刷通用汉字字形表》确立为标准字形。楷书中一部分位于字头的"八"在现行汉字中多类化为"丷"，如"酋、益、兼、曾、遂、卷"上部的"丷"在楷书中都是写为"八"，但在 CJK 字符集中都类化了，日、韩文字也是如此。"兑"书写便捷，是两岸四地的常用字形，有利于通行，也有利于相类字符的系统化。

"兖"在古书中出现频率高，"兌"是隶定楷化字形，"兑"为现代通行字形，这三者在 CJK 字符集中已分别编码。建议标明三者的字际关系，其他以之为构件的字以"兑"为标准体，这有利于现代汉字的规范化和标准化。

四　术—朮

"术"在 CJK 字符集中收录了两种字形：术 术、朮 朮，区别点是下部，前者是笔画相接，右下部是捺；后者是笔画相离，右下部是竖弯横。当"术/朮"作字的构件时，两地选取的字形不同，大陆地区字形选用"术"，台湾地区字形选用"朮"，两岸这样的差异字形有 13 字，如：怵 怵、沭 沭、秫 秫；有 5 字大陆地区写为"朩"，台湾地区写为"朮"：殺 殺、鍛 鍛、搬 搬、蔟 蔟、綢 綢（详见第四章第二节"木作下部件"）；有 1 字两岸都写为"朮"：怸 怸。"术/朮"字形演变过程如下：

朮 朮 ─ 綠 朮 ─ 朮 ─ 术 术、朮 朮

甲骨文　　小篆　　楷书　　　字符集字形

"术"甲骨文形体像禾苗低垂之形。小篆字形出现或体，《说文·禾部》："秫，稷之黏者。从禾、朮，象形。秫，秫或省禾。"楷书字形下部左

右的笔画区别于"木",写为"朮"。大陆地区字形将下部左右的笔画写成同于"木"的"术",台湾地区字形保留了"朮"与"木"的区别,写为"朮"。为了字形的严谨美观,字书中以"术"为构件的字右下部写法已经同于"木",如《大广益会玉篇》的秫,《五经文字》的秫,《类篇》的秫、秫,《康熙字典》的怵、秫。从字源看,"朮"与"木"属于植物的下位分类,用一点之差来区别字义,如同"大"和"犬"一样。"朮"不仅书写不方便,笔画距离也不好把握。如果每一种都详加区分,"大"和"犬"中相同部件"大"也要有不同的形体。不必拘泥于《说文》的一点一画,何况《康熙字典》等字书的楷书"术"作部件已不再写为"朮"。"术"与"朮"的字形区别已不起区别意义的作用并且书写不便,保留其区别徒增记忆的负担,"术"有广泛的通行和传承性,大陆地区字形可以作为标准字形。

五 吕—呂

"吕"独立成字时,在 CJK 字符集中收录了两种字形:吕吕、呂呂。以"吕"为构件的字,两岸选取了不同的字形,《印刷通用汉字字形表》选取"吕"为标准体,台湾地区《常用"国字"标准字体表》以"呂"为正体。以"吕"为构件两岸存在差异的字形有 21 字,如:梠梠、铜铜、营营;有 2 字两岸两种字形共存:侣侣—侣侶、宫宫—宮宮。"吕/呂"字形演变过程如下:

吕 → 吕 → 吕 → 呂、呂 → 呂 → 吕 吕、呂 呂
甲骨文　金文　小篆　隶书　楷书　字符集字形

"吕"甲骨文是两个方"口",表示人或动物的脊椎骨,只取两节[①]。金文方口变成了圆形,也有长条形。小篆在两块脊骨之间加了一条直线,使脊骨紧密相连。隶书两种字形都有。楷书字形方正化笔画化,中间的连线写为撇。从历代字书可以看到字形的渐变过程,如《大广益会玉篇》的吕、侣、梠,《五经文字》的营,《新加九经字样》的吕、呂(上说文下俗字)、躬,《类篇》的吕、梠、绍,《字汇》的侣、梠,《正字通》的呂、侶。从字源看,"吕"中间的撇有无均可,不影响字义。从字形的美观角度而

---

① 参见商承祚《说文中之古文考》:"脊骨颗颗相承而有联系,吕字正象之。"上海古籍出版社 1983 年版,第 71 页。

言，有撇可以使字有整体感，而且在手写体中两"口"之间往往会带出连笔。从小篆到楷书，"吕"一直是正体字，有悠久的传承历史，日、韩文字也是写为"吕"。大陆地区从简省笔画数量的角度出发，以"吕"为标准字形，"吕"是大陆地区的新字形写法，已经通行几十年并完全被大陆地区十几亿使用者所习惯和接受，尤其是作为姓氏，字形改动带来的社会波及面大，CJK 字符集已对"吕、吕"分别编码，建议标明两者的字际关系，以之为构件的 21 字以"吕"为标准体，台湾地区字形可作为标准。

六 黄—黃

"黄"独立成字时，CJK 字符集收录两种字形：黄黃、黃黄，这两种字形两岸字形略有不同，主要是大陆地区字形中间写为"由"，中竖与其上部横相接，台湾地区字形中间写为"田"，中竖与其上部横相离。台湾地区《常用"国字"标准字体表》以"黃"为正体，《印刷通用汉字字形表》以"黄"为标准字形。当"黄"作字的构件时，大陆地区选取"黄"，台湾地区选取"黃"，以"黃"为构件两岸存在差异的字形有 53 字，如：偾債、儻儻、囀囀、横横、橫橫等，"黄"字形演变过程如下：

甲骨文　　金文　　小篆　　隶书　　楷书　　字符集字形

关于"黄"字的本义，至今没有确解。郭沫若归纳殷周彝铭用例，认为"黄"是古代玉佩之形；裘锡圭从甲骨文字形和用例得出的结论是"矢、寅、黄"三字同源，于省吾、赵诚、姚孝遂等人认同这个观点[①]。《说文·田部》释为形声字："黄，地之色也。从田，从炗，炗亦声。炗，古文光。"许慎是用已经讹变的小篆字形曲意以求字义，说"从田从光"是错误的。隶书字形歧异，上部有的字形为"草字头"，有的是"燕字头（廿）"；中间部件有的字形写为"田"，有的写为"由"。楷书字形统一，中部的"田"上出头写为"由"，上端写为"廿"，又如《大广益会玉篇》的黄、璜、横、癀，《类篇》的黃、璜、璜、曠，《字汇》的黄，《正字通》的儻、廣。可见历代字书的楷书字形"黃"的通用度大。大陆地区字

[①] 参见李圃主编《古文字诂林》第 10 册，上海教育出版社 2004 年版，第 395—405 页。

形在楷书基础上为减省笔画将中间横与上部件"廿"共笔合并为"丗",写为"黄",写法与《干禄字书》的黃、黃(上通下正)和《正字通》的黃相同;台湾地区字形"黃"追溯《说文》将中部写为"田",与字书字形不吻合。"黄"的常用义是颜色,即使追溯到甲骨文字形也不能表达字义,字形无关六书字义。在古书中,"黄"的写法多样,宋代雕版楷书:黄(354)字频 122,中间部件都写为"由",98 字上部写为"丗",10 字上部写为"卝",10 字上部写为"艹",有 45 字写为"黄",3 字写为"黃";横(885)字频 42,右上部件 29 字写为"丗",13 字写为"廿",其中 28 字写为"横"。可见在宋代雕版楷书中"黄"为常用字形。从文字符号的简便和系统性而言,台湾地区字形由四个处于相离状态的笔画和部件组成,称说不便,不利于识读;大陆地区字形"黄"相对简洁,与历史字形吻合,部件便于称说,有利于识读。

与前文"吕"的情况相同,"黄"也是姓氏字,它的改动带来的社会波及面比较大,单字"黄"已经分别编码,而其他以"黄"为构件的 53 字可以以大陆地区字形"黄"为标准字形。

七 內—内

单字"內",CJK 字符集收录两种字形:內 內、内 内。台湾地区《常用"国字"标准字体表》"內"的部首是"入",《印刷通用汉字字形表》"内"是"人"。以"內"为构件两岸存在差异的字形有 21 字,如:訥訥、納納,"內/内"字形演变过程如下:

內 → 內 → 內 → 內 → 內 → 内 内、內 內
甲骨文　　金文　　小篆　　隶书　　楷书　　字符集字形

"內"甲骨文的形体是外部为"屋",内部为"入"(不是古文字的人形,应该是一种象征性符号),入屋为"內",金文与甲骨文相似。小篆字形撇从中间起笔,捺也从中间起笔,左右平衡,是"入"字。《说文·入部》:"入,内也。象从上俱下也。""內,入也。从口,自外而入也。"现行汉字"入"的捺在撇的起笔处相交接,"人"的捺是在撇的中间相交接,两者的区别比较明显。从字源看,"內"中应为"入"字而非"人"字。两岸现行汉字为从人从入的"內/内"分别编码,字形的区别很细微,一般文字使用者是忽略不计的;其他包含"內/内"的字形两岸

的区别更细微，所以两岸字形完全可以统一为一种字形。"人"字撇长捺短，书写路径较短；"入"字撇短捺长，书写路径较长。在不影响字义的情况下，人们往往偏爱写"人"字。其实把"内"中间看作"人"字，"人"在"冂"中就是屋里、内部，于字理上也能说通。所以建议以"内/內"为构件的字选取"内"，大陆地区字形可以作为标准字形。

大陆地区从从俗从简、书写方便的角度出发，《印刷通用汉字字形表》规定"内"中从"人"。含有"入"构件的"全"以及以之为构件的字22个，如：全全、佺佺、峑峑、痊痊等，一般文字使用者几乎看不到两岸字形的区别。其实"全"的上部件大陆地区写为"人"，台湾地区写为"入"。"全"字形演变过程如下：

全→全→全→全全
小篆　隶书　楷书　字符集字形

甲、金文阙如，侯马盟书作全，包山楚简作全或全。古文字学者认为"全"是"白"的繁体变体①。《说文·入部》："仝，完也。从入，从工。全，篆文仝，从玉。纯玉曰全。"许慎的说解与古文字字形不能相谐，"全"上部件所指不明。陈陈相因，隶书、楷书写为"人"。台湾地区《常用"国字"标准字体表》规定："全，上从入。"台湾地区字形因随《说文》写为"入"，但顶端的"横折"很细微，一般人觉察不到与"人"的区别。《印刷通用汉字字形表》规定"全"上从"人"，书写便捷，便于实用。"全"的上部件属于字的顶端，与"全"上部件字形环境相同的"俞、偷、畲、赊、余、舍"等字的上部件，两岸字形都统一写为"人"，按照文字类化的规律以及部件简化优化的原则，"全"上部件应该与"俞、偷、畲、赊、余、舍"等字的上部件相同。因此"全"的上部件应该写为"人"，大陆地区字形可以作为标准字形。

八　強—強

单字"強"在 CJK 字符集中收录两种字形：强强、強強。"強"作字的构件时，大陆地区选取"强"，台湾地区选取"強"，区别点是右上

---

① 参见汤余《关于全字的再探讨》："它们无一不是'白'字繁体的变体，由于音近通假而借作'白'字使用。"按："它们"指"全"的各种形体，可参阅第220页的字形演变简表。《古文字研究》第17辑，中华书局1989年版，第221页。

角，大陆地区为"口"，台湾地区是"厶"。以"强/強"为构件两岸存在差异的字形有 11 字，如：犟犟、薑薑、襁襁，有 1 字两岸收录两种字形：繈繈、繦繦。"强/強"字形演变过程如下：

强 → 弱 → 強、弜 → 强 强、強 強
小篆　　隶书　　　楷书　　　　字符集字形

甲、金文阙如，战国云梦杂抄作强，右上部是"口"。《说文·虫部》："強，蚚也。从虫，弘声。弜，籀文强，从蚰，从彊。"強"本义指米中小黑虫，俗称蟅子，或称麦牛，是从虫弘声的形声字，假借为强弱之强。《说文·弓部》："彊，弓有力也。从弓，畺声。"隶书字形"彊"简化为"强"，只收录"强"，没有收录"強"。《大广益会玉篇》注明"彊"也写作"強"，是借用表虫子的"強"来表强弱之"彊"，《干禄字书》弜、弜（上通下正），《五经文字》彊、强（今经典相承通用。又，其两反，则皆用下字），《字汇》注明弜与强同，《正字通》《康熙字典》强、強并录，注明强是彊的简化字，"強"下注明兼有"蟅子"和强弱之"强"两义。可见"彊"的简化字"强"曾与已有字形"強"同形。宋代雕版楷书中"強"是常用字形，如：强（794）字频 49，43 字写为"強"，4 字写为"强"；襁（2899）字频 4，右上部都写为"厶"。这是因为古书中的"強"既用来表本义，还用来表强弱之义。表示虫子意思的"強"现代罕用，彊弱之彊的简化字"强/強"成为常用字，《印刷通用汉字字形表》表示强弱之义以"强"为标准字形，与表麦虫之"強"不同形，并以"强"为构字部件；台湾地区《常用"国字"标准字体表》以"強（说明：或作彊）"为正体，是将"彊、強"合并为一个字形"強"，并以之为构字部件。台湾地区"強"或作彊，是用表虫子之义的"強"来表强弱之"彊"，不能准确显示字源，反而有混淆字义的可能；大陆地区选用"强"，区别于表示"麦虫"之义的"強"，字形表意系统更明确。"强、強"的字形能起到区别字义的作用，从字源的角度不应合并，CJK 字符集已将"强、強"分别编码，有利于字源字义的区别。但是从应用角度看，CJK 字符集中以"强/強"为构件的字都是作为声符，应以"强"为标准体，大陆地区字形是可以作为标准字形的。

九　晉—晋

"晋"独立成字时，在 CJK 字符集中收录两种字形：晉晉、晋晋。

"晋"作字的构件时，大陆地区选用"晋"，台湾地区选用"晉"。以"晋/晉"为构件两岸存在差异的字形有 6 字：搢搢、楷楷、溍溍、瑨瑨、縉縉、鄑鄑，有 1 字两岸都有两种字形：戩戩、戩戩。"晋/晉"字形演变过程如下：

甲骨文 ⟶ 金文 ⟶ 小篆 ⟶ 隶书、晋、晋 ⟶ 楷书、晋 ⟶ 字符集字形、晋晋

"晋"的甲金文形体上部是两根箭，下部的"曰/口"是一个器物，像两根箭插进容器中①。小篆形体上部的"㚔"还像两支箭。隶书字形一脉相承，上部件写为"㚔"，简体将"㚔"简化为"𠙹"或"𠀆"。宋代雕版楷书三种字形都有，如：晋（597）字频 70，上部件 34 字写为"𠙹"，31 字写为"𠀆"，5 字写为"亚"；搢（2841）字频 4，上部件两字写为"𠙹"，1 字写为"𠀆"，1 字写为"亚"；缙（3120）字频 3，上部件 1 字写为"𠙹"，1 字写为"𠀆"，1 字写为"亚"。《正字通》《康熙字典》都以"晉"为正体，"晋"为俗字。上部件"𠙹"是"㚔"的黏合体，成为记号部件，没有音义，不便于称说；"晋"早在宋代雕版楷书中已经出现，上部件"亚"能独立成字，便于称说和识读。立足传统，"晉"有悠久的历史传承，是台湾地区的当用字形；立足现代实用，"晋"符合字符简化优化系统化的原则，是大陆地区的标准字形。"晋"也是姓氏和地名用字，它的改动带来的社会波及面比较大，CJK 字符集已将两个字形分别编码，可以解决两岸目前不同的用字需求。建议 CJK 字符集标明"晋、晉"的字际关系，以之为构件的字以"晋"为标准字形，大陆地区字形可以作为标准字形。

十 争—爭

"争"独立成字时，CJK 字符集中收录两种字形：争争、爭爭。以"争/爭"为构件的字有 17 个，其中 6 字两岸都收录了两种字

---

① 参见杨树达《积微居小学金石论丛·释晋》："日出万物进之义，以古文字形求之，晋字不从日，亦不从㚔，许君说形义皆非是。今定：晋者，箭之古文也……按二矢插器，其义为箭，见而可识，几于童孺能知。自小篆变二矢之形为㚔，变器形为日，形与义略不相关，于是说字者遂不得其正解。"转引自李圃主编《古文字诂林》第 6 册，上海教育出版社 2004 年版，第 391 页。

形：净净—淨淨、睁睁—睜睜、浄浄—淨淨、挣挣—掙掙、峥峥—崢崢、静静—靜靜；2字两岸字形相同：猙猙、箏箏，以"爭"为构件；以"争"为构件两岸存在差异的字形有9字：埩埩、婧婧、栙栙、琤琤、碀碀、竫竫、諍諍、錚錚、鬇鬇。"爭/争"字形演变过程如下：

甲骨文 → 小篆 → 隶书 → 楷书 → 字符集字形

甲骨文形体来自《古文字类编（增订本）》，是否为"争"字尚无定论。学者们分析小篆字形是上下各一只手在争夺一个东西，中间争夺的物件与下面的"又（手）"合为一体[①]。隶书、楷书字形相争的对象变为一竖钩，隶书有多个或体，楷书字形都写为"爭"，如《大广益会玉篇》的爭、崢、猙、諍、郭，《五经文字》的爭，《新加九经字样》的崢，《字汇》的爭，《正字通》的爭，《康熙字典》的爭。但在宋代雕版楷书中，爭的上部件多写为"クク"，如：爭（512）字频83，上部件46字写为"クク"，37字写为"爫"；静（1424）字频19，上部件15字写为"クク"，4字写为"爫"；净（2288）字频7，上部件3字写为"クク"，4字写为"爫"；箏（4673）、崢（4672）字频都是1，都写为"爫"。《干禄字书》认为爭、争二字"并正"，《类篇》两种字形并收，如爭、淨、郭、猙、箏、静。《印刷通用汉字字形表》把"爭"作为旧字形，"争"成为新字形，以之为构件的字也类推为"争"；台湾地区《常用"国字"标准字体表》以"爭"为正体，以之为部件的字也选取"爭"。"爭"上部件"爫"能很好地体现字源字理，"争"上部件"クク"与"危、色、急"的上部件表"人"混同，容易混淆字源字义。"爭"字形体具有表意功能，符合汉字表意属性的要求；从书写的便捷和审美角度而言，"爭"与"争"是分不出高低的。"爭"字形传承时间长，符合字符系统性原则，可以作为两岸字形统一的标准。CJK字符集已将"爭"和"争"分别编码，建议标明两者的字际关系，以之为构件的字以"爭"为标准体。

[①] 于省吾、杨树达、李孝定等持此说，参见于省吾《双剑誃殷契骈枝三篇·释争》，转引自李圃主编《古文字诂林》第4册，上海教育出版社2004年版，第352—353页。

十一　奥—奧

"奥"独立成字，CJK 字符集中收录两种字形：奥奥、奧奧，区别点是中间部件，前者写为"米"，后者写为"釆"（biàn）。大陆地区称前者为新字形，后者为旧字形。"奥"作字的构件时，两岸选取不同，大陆地区选取"奥"，台湾地区选取"奧"。以"奥"为构件两岸存在差异的字形有 12 字，如：噢噢、墺墺、罂罌、懊懊；有 1 字两岸字形相同：攃攃。"奥/奧"字形演变过程如下：

囲→舆、奥、奠→奥→奥奥、奧奧
小篆　　　　隶书　　　　楷书　　　字符集字形

《说文·宀部》："奥，宛也；室之西南隅。从宀，羍声。"《说文·廾部》："羍，抟饭也。从廾，釆声。"羍"的意思是将饭捏成饭团，应该是"卷"字。《说文·釆部》："釆，辨别也。象兽指爪分别也。""釆"本番字①。追寻"奥"中所从"釆"，字形与字义之间的关联至为迂曲。当字形、字义之间理据淡化或脱节时，人们就可能忽略形义的关联。因此隶书有多个字形，中间都写为"米"；楷书字形也大多写为"米"，如《大广益会玉篇》的奥，《五经文字》的奥、隩、燠，《类篇》的奥，《字汇》的奥；《正字通》《康熙字典》写为"釆"：奧、奧；宋代雕版楷书的奥（1610）字频 15，也是中间都写为"米"。"奥"的声符"羍"，现已不独立成字，表音的功能已消失。现行汉字"釆"不再独立成字，字义已由"辨"代替，"釆"作为部首，收字寥寥无几。台湾地区《常用"国字"标准字体表》"釆"部只收 2 字"释、釉"，"釉"说明指出"从釆"。《现代汉语词典》（第 6 版）"釆"部收录"悉、番、釉、释、釋、飜"6 字。"奥"中间写为"釆"的理据已不明显，写为"米"的"奥"无损字义，历史传承时间长，而且字形清晰，部件称说方便，便于识读，符合字符优化系统化的要求，大陆地区字形可以作为标准字形。

十二　尔—尔

"尔"独立成字时，CJK 字符集中收录两种字形：尔尔、尔尔。

---

①　刘钊：《甲骨文字考释》，《古文字研究》第 19 辑，中华书局 1992 年版，第 462 页。

"尔"作字的构件时，两岸字形存在差异的情况有两种：一是左右结构的字，大陆地区字形写为"尔"，台湾地区字形写为"尔"，有3字：弥弥、狝狝、觃觃；二是上下结构的字，大陆地区字形写为"尔"，台湾地区字形"尔"的竖不出钩，有3字：您您、玺玺、寶寶。其余包含"尔"构件的9字两岸字形相同，都写为"尔"：你你、称称、珎珎、趑趑、迩迩、浉浉、猕猕、祢祢、铈铈。

"尔"写为"尔"是古书字形的残留，宋代雕版楷书中"尔"多写为"尔"，如：尔（3443）字频2，1字写为"尔"，1字写为"尔"；你（3180）字频3，右部件1字写为"尔"，两字写为"尔"；寶（681）字频60，右上部14字写为"尔"，46字写为"尔"，6字写为"缶"。现代汉字中这样的异写已经统一，以"尔"为标准体，如"你、称"等9字两岸字形相同，从字形系统性和通用性而言，上述右部件"尔"的台湾地区字形应当以"尔"为标准字形；台湾地区字形"尔"作上部件时将竖去钩，而台湾地区以"羽、甫、甬"作上部件时是使用原形，相同的字形环境形变的规律不一致。以"尔"作为组字部件在字中的变体属于书写规则，与六书字义无关。大陆地区字形使用原形保持相同部件组字时的统一，相同编码的日、韩文字也是使用原形"尔"，因此"尔"作上部件时中竖去钩的台湾地区字形也应以"尔"为标准字形。CJK字符集中已将"尔、尔"分别编码，标明两者的字际关系，以之为构件的15字当以"尔"为标准字形。

十三　彥—彥

单字"彥"在CJK字符集中收录两种字形：彥彥、彥彥。"彥"作字的构件时，有1字两岸都收录了两种字形：顏顏、顏顏；有1字两岸字形相同：傿傿；有6字大陆地区选用"彥"；台湾地区选用"彥"：喭喭、嵃嵃、榞榞、諺諺、遃遃、鯸鯸。"彥/彥"字形演变过程如下：

彥 → 彥、彥 → 彥 → 彥彥、彥彥
小篆　　隶书　　楷书　　字符集字形

甲骨文、金文阙如。《说文·彡部》："彥，美士有文，人所言也。从彣，厂声。""文"有文采、美德、纹身、装饰等义，"彥"的美士之义当来自"文"。汉碑中隶书字形将上部的"文"简化，写为"彥"，这种字形在宋代雕版楷书中很普遍，如：彦（935）字频39，37字写为"彦"，两字写为"彥"；颜（910）字频41，左部件有30字写为"彦"，10字写为"彥"；谚（2963）字频4，右部件都写为"彦"。早期字书的楷书字形也多将上部的"文"简化，写为"彦"，如《大广益会玉篇》的彦、彥、顔、㟓，《五经文字》的彦，《类篇》的彦、顔、榜；明清字书写为"彦"，如《字汇》的顔、谚，《正字通》的彦，《康熙字典》的彦。"彦"在民间手写体中有相当长的历史和普遍性，《印刷通用汉字字形表》确立"彦"为标准字形，台湾地区《常用"国字"标准字体表》以"彥"为标准体。"彦"的上部件"文"有助于显示字源字理，符合汉字表意体系的要求；"彦"可以分解为"文、厂、彡"三个独立部件，有利于识读；"彦"的书写并不比"彥"繁难，笔画数相同。合此三者，"彦"可以作为信息化时代的标准字形。"彥"在古书中出现的频率高，有民众基础，CJK字符集已将"彦、彥"分别编码。建议标明两者的字际关系，以之为构件的字以"彦"为标准部件。

十四　産—產

单字"産"在CJK字符集中收录两种字形：產 產、産 産。"產/産"作字的构件时，有8字大陆地区选用"産"，台湾地区选用"產"，如：剷劃、嵼嶃、簅簅等。"産"字形演变过程如下：

金文　　小篆　　隶书　　楷书　　字符集字形

《说文·生部》："産，生也。从生，彦省声。"本义为人或动物生子，引申为物质或精神财富的创造。汉碑中隶书字形将上部的"文"简化，写为"産"，《大广益会玉篇》楷书也简化为"産"：産、鏟、嵼，《类篇》也简化为"産"：産、鏟。宋代雕版楷书中"産"也很普遍，如：産（1502）字频17，都写为"産"。这种简写在民间手写体中有相当长的历史和普遍性，《印刷通用汉字字形表》确立"産"为标准繁体字形，"产"为简化字；台湾地区《常用"国字"标准字体表》以"產"为标准体。"產"的上部件"文"来源于"彦"，相同部件应保持一致以维护字符的系统性；"產"分解为"文、厂、生"三个独立部件，便于部件拆分和识读；"產"的书写并不比"産"繁难，笔画数相同。合此三者，"產"可以作为信息化时代的标准字形。"產"在古书中出现的频率高,有民众基础,CJK 字符集已将"產、产"分别编码。建议标明两者的字际关系,以之为构件的字以"產"为标准字形。

十五 户—戶（户）

在 CJK 字符集中,"户"独立成字时,收录了三种字形:户户、戶戶、户户,大陆地区学术界称第一种为新字形,后两种为旧字形,《印刷通用汉字字形表》以"户"为标准字形;台湾地区《常用"国字"标准字体表》以"戶"为标准字形。当"户/戶"作为字的构件时,大陆地区选取"户",台湾地区选取"戶",以"户/戶"为构件两岸存在差异的字形共有 108 字,如:启启、护护、扁扁、扇扇、肩肩等,"户/戶"字形演变过程如下:

日 → 戸 → 戸 → 戸 → 户户、戶戶、戶戶
甲骨文　　金文　　小篆　　楷书　　　字符集字形

以"户"为构件的"启"的演变过程如下:

启启 → 启 → 殷 → 启 → 启启
甲骨文　　小篆　　隶书　　楷书　　字符集字形

"户"为象形字。金文未见单独的"户"字,以上"戸"形取自西周中期的旁鼎中的"庫"字,云梦秦简作戸。小篆形体简化了线条,《说文·户部》:"户,护也。半门曰户。象形。"小篆字形以"户"为构件的字都采用"戸",如"启",字形统一,基本没有或体。隶书字形以"户"为构件的字大多都采用"戶",如"殷",很多有两个字形,如:戾—戾、戾,徧—徧、徧,扈—扈、扈等。早期字书楷书字形以"戶"为正体,如《大广益会玉篇》的戶、扁、徧、所,《五经文字》的戶、啓、徧、所,《新加九经字样》的扈、所,《类篇》的扉、房、扁、扇、所,《字汇》的戶、扁、扁、所。《正字通》和《康熙字典》大都采用"戶",与小篆字形保持一致,如《正字通》的戶、启、房、扉、所,《康熙字典·户部》的部首为"戶",以之为构件的字绝大多数都选取"戶",只有个别字有或体,如"肩":肩、肩;只有"雇"选用"戸":雇。但宋代雕版楷

书中"户"为常用字形，如：户（712）字频 57，41 字写为"户"，14 字写为"戶"，12 字写为"戸"；扁（2033）字频 9，7 字写为"户"，2 字写为"戶"；编（1087）字频 30，17 字写为"户"，2 字写为"戶"，11 字写为"尸"；顧（318）字频 137，135 字写为"户"，2 字左部件简写为"厄"；所（12）字频 1273，419 字写为"户"，446 字写为"戶"，389 字写为"戸"；扈（3095）字频 3、匾（3892）字频 1、徧（2135）字频 8、遍（2136）字频 8、啓（284）字频 152、肩（1809）字频 12，都写为"户"。《印刷通用汉字字形表》以"户"为规范字形，包括以"户"为构件的字，但只有"所"字中的构件"戶"未改。台湾地区字形都以"戶"为构件，部件相对统一，有利于字符的系统性。

"戶"与小篆字形"戶"一脉相承，字书的楷书字形由"戶"到"戸"，可以看到文字学者的正字观念和复古意识，旨在显示汉字字源和保留汉字表意属性。"户"为俗体，在古书中频率最高，也是当今大陆地区的标准字形。依照从俗的原则，"户"可作为现行汉字的标准字形。但从汉字符号的表意性和系统性而言，以"戶"为标准体能维持汉字构件"戶"的字符系统性，大陆地区汉字还有一个"所"使用构件"戶"，也是古代字书和台湾地区的当用字形，CJK 字符集中日本、韩国文字也以"戶"为标准体。从书写的便利角度而言，"户"写完侧点后要回笔写横折，而"戶"写完平撇后直接写竖撇，没有逆笔。合此两者，"戶"应确立为现行汉字的标准体。"戶、戸、户"在 CJK 字符集中已分别编码，建议标明三者的字际关系，以之为构件的 108 字以"戶"为标准部件。

十六　毁—毀

"毁"独立成字时，在 CJK 字符集中收录两种字形：毁毁、毀毀，区别点是左下部件，前者为"工"，后者是"土"。作字的构件时，大陆地区字形选用"毁"，台湾地区字形选用"毀"，以"毁/毀"为构件两岸存在差异的字形有 3 字：檓檓、燬燬、譭譭。"毁"字形演变过程如下：

毀　→　毀　→　毀　→　毁、毀　→　毁 毁、毀 毀
金文　　小篆　　隶书　　　楷书　　　　字符集字形

"毁"金文形体像手拿工具敲击物品。《说文·土部》："毁，缺也。

从土，毇省声。"本义是器物破缺，古器物多为土质，故从土。金文、小篆、隶书、楷书均从土。"毁"与"毇"，字形结构相同，笔画数相同，而"毇"较准确地显示了字源字理，应以"毇"为标准字形。

十七 爲—为

"爲"独立成字时，CJK 字符集收录两种字形：為 為、爲 爲，作字的构件时，两岸字形选取不统一。有 3 字两岸都收录两种字形：蔦蔦—蔿蔿、偽偽—僞僞、嬀嬀—媯媯；有 3 字两岸字形都选取"爲"：溈溈、譌譌、曆曆；有 6 字大陆地区选取"爲"，台湾地区选取"为"：嗚嗚、撝撝、蝟蝟、寪寪、鄥鄥、薳薳。"爲"字形演变过程如下：

甲骨文 → 金文 → 小篆 → 隶书 → 楷书 → 字符集字形

甲、金文形体为以手牵象从事劳动。小篆形体变得复杂了，只有上部的"爪（手）"有点象形。隶书、楷书字形笔画化，上部件都写为"爫"，如《大广益会玉篇》的爲、僞、撝，《新加九经字样》的隔，《类篇》的爲，《字汇》的爲，《正字通》的爲，《康熙字典》的爲。宋代雕版楷书的爲（6）字频 2126，上部件也都是写为"爫"。《五经文字》注明"为"是"爲"的讹字。"爲"和"为"笔画都比较繁难，但前者的"爫"保留了字源，也和历史字形相吻合，应以"爲"为标准字形，以"爲"为构件的字也当以"爲"为标准字形。

《简化字总表》将"爲"简化为"为"。"为"是一个古老的草书楷化字，早在楷书形成之前，这个字形就已见于《流沙坠简》和《居延汉简》，民国政府《简体字表》也将"为"作为"爲"的简体字。"为"在两岸都有深厚的群众基础，可以将"为"作为简化字的标准字形。

十八 录—彔

单字"录"，CJK 字符集收录两种字形：彔彔、录录，区别点有二：一是上部件，大陆地区写为"彐"，台湾地区写为"彑"，二是下部件"水"左右的笔画与中竖钩，大陆地区是相接关系，台湾地区是相离关系（见前文论析）。"录"作字的构件时，有 5 字两岸都收录相同的两种字形：剝剝—剥剥、淥淥—渌渌、禄祿—禄禄、綠綠—绿绿、錄錄—

錄錄、祿祿—禄禄；有20字两岸选取不同的构件，大陆地区选取"录"，台湾地区选取"彔"，如：媇嫨、椂樉、氯氯、琭瑔。"录/彔"字形演变过程如下：

甲骨文　　金文　　小篆　　楷书　　字符集字形

甲骨文形体像辘轳在井中吊水，吊斗下还有水下滴。金文形体在下部又增加了水滴的数量。小篆形体不像汲水之形了。《说文·录部》："录，刻木录录也。象形。"许慎认为"录"像刻镂木头历历可数，字义说解与字形不完全契合。戴家祥认为是"禄"的本字，福禄的意思，马叙伦、李孝定认为"录"为"渌"或"辘"的初文，是汲水的意思，像北方安置在井上的辘轳①，我们认为古文字学者的分析是有道理的。楷书字形下部写为"水"，上部写为"彑"，"彑"代表辘轳之形。《说文·彑部》："彑（互），豕之头。象其锐，而上见也。"辘轳之形与"豕之头"由于在形体上相近，它们在书写单位上就获得了形体相近的部件"彑"，由不同的物象类化而同形。"彐"在《唐韵》《集韵》《广韵》中已经出现，与"彑"通用无别。在宋代雕版楷书中，"录"上部的辘轳之形都由"彐"来代表，如：禄（485）字频89、録（677）字频61、菉（1895）字频11、绿（1972）字频10、趢（2868）字频4，都写为"彐"。即使字源与"彑"有关的彘、缘、椽等字，在宋代雕版楷书中也大多写为"彐"，如：彘（4183）字频1，上部写为"彐"；缘（913）字频41，右上部38字写为"彐"，3字写为"彑"；椽（1924）字频11，右上部8字写为"彐"，3字写为"彑"。早期字书的楷书字形都写为"彐"，如《大广益会玉篇》的录、绿、録、禄、綠、椂，《五经文字》的菉、喙、祿，《类篇》的录、謬、錄、椂、煍、趢、緣；明清时期多写为"彑"，如《字汇》的彔、篆、顉、祿、綠，《正字通》的彔、渌、禒、謬，《康熙字典》的彔等。从"彐"到"彑"可以看到文字学者的正字观念，《康熙字典》将"彐、彑、彑"归在同一个部首"彐"，收录的字形是"彔"。"彐、彑"字形区别很细微，这里忽略不计，"录"与"彘"的上部件字源不同，类化同形后在历代字书中或者写为"彐"或者写为"彑"，"彐""彑"同形没有造成新

---

① 参见李圃主编《古文字诂林》第6册，上海教育出版社2004年版，第591—593页。

的同形字，也不影响字符的区别度，从字符简化系统化的原则出发这两个部件可以合并为一个形体。两岸如果能协调一致，是可以做到字形的统一的，但由于两岸字形整理的规则有别，致使两岸字形选择不一致。台湾地区整理字形遵循的一个标准是"凡字之偏旁，古异今混者，则予以区别"，辘轳之形与"豕之头"属于"古异今混者"，应当"予以区别"，但台湾地区字形将辘轳之形与"豕之头"视为共同的字源统一写为"彑"，台湾地区《常用"国字"标准字体表》以"彔"为标准字形。因"录"在字书和宋代雕版楷书中广泛运用，大陆地区遵循从俗原则将从"录"的字上部件写为"彐"，以"录"为新字形，"彔"为旧字形，其他写为"彑"，如：毚、缘、椽、彝等，将辘轳之形与"豕之头"区分为两个部件"彐""彑"。将这两个部件合并为一个部件，如果以"彐"为标准部件，台湾地区字形都需作出调整，大陆地区也要调整"毚、缘、椽、彝"等字形，涉及的字量比较大；而以"彑"为标准部件，大陆地区需调整以"录"为构件的20字可以达到与台湾地区字形的统一。

CJK字符集将以"录/彔"以及以之为构件的6字分别编码，可见两岸都有将"彐"和"彑"混用现象。"录"作为大陆地区的规范字形已经通行几十年，字形具有历史传承性和通用性，"彔"是台湾地区的当用写法和古文献中的写法，两岸字形各有其充分的理由，孰优孰劣难以轻下结论，只能暂时维持字形现状，将常用字分别编码，以便两岸当前文字使用，经过一段时间的实践和引导，可逐渐归并为一个字形。如"逯"是姓氏，可考虑将"逯逯"也依照"录、彔"分别编码，以便两岸各取所需，等条件成熟时再归并为统一的规范字形。

十九　既—旣

"既"的左部件，台湾地区字形写为"皀"，由"白"和"匕"组成，大陆地区字形黏合为一个不成字部件"艮"。以"皀"为构件的字，在CJK字符集选取规则不一致，有8字两岸都收录两种相同的字形：既旣—既旣、即即—卽卽、唧唧—喞喞、廐廏—廄廏、暨暨—曁曁、概概—槪槪、塈塈—墍墍、鄉鄉—鄊鄊—鄕鄕；有7字两岸都只有简化字形：溉溉、槩槩、聖聖、柳柳、覬覬、蝍蝍、鬠鬠；有6字两岸选取了不同字形：嘅嘅、餌餌、廐廏、廄廏、槩槩、鶂鶂。"皀"字形演变过程如下：

𧰨 → 𠧪 → 皀 → 皂 → 皀 皂
甲骨文　　金文　　小篆　　楷书　　字符集字形

字形分析见前文。在《说文》中"皀"是部首字，由"皀"组成的汉字大都与馨香、就食、享受有关，如"即、既、卿"等。以"皀"为构件的字，《印刷通用汉字字形表》将"皀"黏合为一个不成字部件"艮"，是由草书楷化而来，如"即、既"等。宋代雕版楷书中"皀"作为组字部件多黏合为一个整体"艮"，如：既（124）字频281，有46字为黏合部件；即（196）字频197，有186字为黏合部件，乡（137）字频137，有134字为黏合部件。CJK 字符集中，台湾地区字形采用黏合部件的有7字，两种字形并存的有8字，只有6字采用原形"皀"；大陆地区除两种字形并存的8字外（大陆这8字也是以黏合部件为通用），其余13字都采用黏合部件。台湾地区《常用"国字"标准字体表》："既，或作皀"也是以"既"为正体，对左部件"皀"的黏合予以正式地位，如台湾地区随处可见的"乡"（台湾地区商店招牌）、"乡、乡"（台湾地区行政区）。两岸以"皀"为构件的6字可以以黏合部件"艮"为统一标准，民众基础很深厚，完全可行。所以建议两岸字形都以大陆地区字形"皀"的黏合部件"艮"为标准字形。考虑到古书字形，可以将"艮"确立为"皀"的变体，以"皀"为构件的字就可以此类推。

二十　囱—囪

"囱"独立成字时，CJK 字符集中收录两种字形：囱囪、囱囪，区别点是中间部件，前者写为长顿点穿过两撇；后者的两个字形不完全相同，区别是第一个与"夕"基本相同，第二个写为"夕"。以"囱/囪"为构件的字，大陆地区选用"囱"，台湾地区选用"囪"，两岸存在差异的字形有16字，如：窗窗、聪聪、葱蔥等。"窗"字形演变过程如下：

囪、囱 → 窗 → 窗 窗
小篆　　　隶书　　字符集字形

《说文·囱部》："囱，在墙曰牖，在屋曰囱。象形。……窗，或从穴。囪，古文。"小篆字形"囪"像窗户的形状，中间是木格窗棂，加"穴"就是"窗"。所以小篆字形"囱"即"窗"字。台湾地区《常用"国字"

标准字体表》"囟"中间写为"两撇一长点",是小篆字形"囟"的直接演变,还带有图画的意味。大陆地区单字"囟",中间与"夕"字形基本相同。"囟"本义已由"囱"代替,今义表烟囱,《玉篇·囟部》:"囟,通孔也,竈突也。"现行汉字的字形和字义之间理据丧失,如果中间笔画写为"夕",不影响字义的表达,更便于书写、称说和识读。台湾地区字形"囟"符合要求。因此建议单字"囟/囟"以及部件"囟/囟",都写为"囟"。两岸的17个字形都只需要微调即可达到两岸字形的完全统一。

以上二十类由于新旧字形的选取不同造成的两岸差异字形有400多字,大陆地区所选新字形优于台湾地区所选字形有12例:吴、匀(次)、兑、术、黄、内(全)、强、晋、奥、尔、爲、即,涉及226字;台湾地区所选字形优于大陆地区所选新字形有6例:吕、争、彦、產、戶、毁,涉及155字;"囟"两岸字形都需作出修正方可达到两岸字形的完全统一,涉及17字。"录/彔"两个字形的优劣,现在难分伯仲,涉及26字。

第四节 两岸结构差异溯源

在CJK字符集中,两岸字形结构方面的差异很小,有61字存在结构差异,主要表现为大陆地区采用左右结构或上下结构,台湾地区采用半包围结构。

"麥"作左部件的字有17个,如:麸麵、麪麵、麵麵等,大陆地区是左右结构,台湾地区是半包围结构。《大广益会玉篇》麥的末笔写为长捺,以之为构件的字是包围结构,如麵、麪,又如《类篇》的麹;《正字通》麥的末笔写为长点,以之为构件的字是左右结构,如麪,《康熙字典》也是左右结构,如麸。台湾地区《常用"国字"标准字体表》写为"麥",并说明作左偏旁时末笔延长为捺,"余皆作麥";《印刷通用汉字字形表》以"麦"为规范字,作左部件时捺变点,《通用规范汉字表》收录"麸麴"。可见"麦/麥"作左部件是捺变点还是捺伸长存在很大的人为规定性,是可以做出一个统一的规范要求的。"处"是"處"的简化字,两岸都是将"夂"捺伸长,如:处処、峇峇、峇峇、暑暑、撱撱("夂"右上部件"卜"与"人"的不同见前文论述)。大陆地区"处"左部件捺变点就与"外"字形相同,只能将"夂"捺伸长,《通用规范汉字表》收录6字:处、峇、绺、峇、暑、摢。如果"处"等字的左部件只能捺伸长,为了部件变形的系统性、一致性,"麥"作左部件时"夂"应该捺伸长包围右部件，台湾地区字形可以作为标准字形。

单字"鼠鼠"两岸字形的区别是下部，大陆地区字形写为四点，台湾地区写为四短横（分析见前文"笔形差异"）；"鼠"作左部件的字共有 25 个，如：鼢鼢、鼤鼤、鼧鼧，大陆地区是左右结构，台湾地区是半包围结构。《大广益会玉篇》"鼠"的右下部是竖弯横钩，以之为构件的字都是半包围结构，如鼬、鼪，《正字通》"鼠"的末笔写为斜钩，以之为构件的字有的是左右结构，有的是半包围结构，如鼢、鼩、鼫、鼯、鼰，又如《类篇》的鼠、鼵；《康熙字典》中以"鼠"为构件的字都成为左右结构，如鼢。费锦昌先生认为"鼠"末笔斜钩属于延伸笔形，作左部件时，为了斜钩不局促，应该写为左下半包围结构①。《印刷通用汉字字形表》整理字形的一个原则是"字形结构和笔势尽量服从于横排"，对部分左右包孕结构的字"规定作单纯左右字"②，包括"鼠"作左部件的字③。为了字形的紧凑美观和书写连贯快捷，左部件或相对左部件末笔竖弯钩有两种变形，一是竖弯钩变竖提为左右结构，一是竖弯钩伸长包围右部件；基本规则是：当右部件笔画结构比左部件简单时，左部件竖弯钩伸长包围右部件，半包围结构，如"旭抛尳尲冠寇蔻蔻剋彪"；当右部件笔画结构比左部件复杂或相同时，左部件竖弯钩变竖提，左右结构，如"鸠虓顽兢鹓虩"。"鼠"作左部件的 25 字，只有 1 字是右部件比左部件"鼠"笔画数量多，其余 24 字都是左部件比右部件笔画繁复，将"鼠"末笔变竖提符合左部件变形的普遍规律。两种结构方式都有一定的理据，都不破坏文字学字源字理，属于书法美术规则问题。在两岸不能协调一致之前，只能暂时维持两岸字形现状，经过民众的实践和选择后，等条件成熟时归并为一种字形结构。

"感"以及以之为构件两岸结构不同的字形有 6 字：感感、憾憾、撼撼、澸澸、轗轗、鱤鱤。台湾地区字形是半包围结构，将"心"包到"咸"内，与部件原形不同；大陆地区字形"感"是上下结构，上下都是成字部件。

---

① 参见费锦昌、徐莉莉《规范汉字印刷宋体字形的标准化》："'鼠'的末笔是斜钩，属延伸笔形，'鼠'部件的笔画又多，字形独立性较强，若跟'风、瓜、爪、豕'等一样采用左下半包围结构，有利于强化字形的'捆绑感'和一体性；变形后有利于强化规律性，能减轻记忆负担，有利于学习、使用和计算机处理。"厉兵主编《汉字字形研究》，商务印书馆 2004 年版，第 149 页。

② 陈越：《谈字形规范化问题》(2)，《文字改革》1965 年第 4 期，第 10 页。

③ 陈越：《谈字形规范化问题》(4)，《文字改革》1965 年第 6 期，第 12 页。

第五章　两岸汉字字形差异点历时溯源(下)　247

"辰"作上部件,有9字两岸字形存在结构差异,大陆地区是半包围结构,台湾地区是上下结构:唇唇、溽溽、脣脣、漘漘、碹碹、蜃蜃、撋撋、槈槈、蓐蓐;有9字以"辰"为上部件两岸字形结构相同,都是半包围结构:傉傉、嫟嫟、嗕嗕、溽溽、縟縟、耨耨、蓐蓐、鄏鄏、鎒鎒;只有1字两岸都是上下结构:辱辱。

"咸、辰"作上部件,两岸字形结构内部都出现了不一致现象,都有待规范。《印刷通用汉字字形表》将"上下包孕字'咸、惑'等规定为单纯上下字"①,但"麻、鹿、厌"作左上部件的"广、厂",左撇伸长包围右下部件,如:磨、麖、魇。延长右部斜钩形成的半包围结构,打破了部件的整体性,如:臧、咸、惑②,不便于部件切分和识字教学,因此改为上下结构。延长左部撇形成的半包围结构,不影响构件的成字效果,有助于整字的紧凑美观,如:唇、愿、厣、腐、磨、麖。大陆地区整理字形遵循的规则是:"广、厂"作左上部件时撇伸长,半包围结构,其他延长右部笔画的半包围结构改为上下结构,如:感、盛、惑、盉。大陆地区的字形规则是明确可行的,"咸、辰"作上部件的两岸字形不同的15字,大陆地区字形可以作为两岸标准字形,两岸相同的"辱辱"都应调整为半包围结构。同理,两岸结构差异的3字:惑惑、愿愿、厣厣,大陆地区字形应作为两岸标准字形。

"蘄蘄"两岸字形结构不同,"蘄"的"艹",大陆地区字形只覆盖"单"成字为"萆",台湾地区字形覆盖"单"和"斤"成字为"蕲"。"萆、蕲"都收在《说文·艸部》,前者读音 diǎn,后者读音 qí,"蘄"收在《玉篇·犬部》,读音 qí,显然"蘄"的声符是"蕲"。所以"蘄"的"艹"应与下部件组成成字部件"蕲",台湾地区字形应该作为标准字形。

"凞凞"两岸字形结构不同,"凞"的"冫",大陆地区字形是左部件,台湾地区字形是上左部件。《康熙字典》和《汉语大字典》收在"冫"部,"冫"与其他部件是左右结构,大陆地区字形与此同;《四声篇海》和《新修玉篇》也是收在"冫"部,字形是"灬"与其他部件为上下结构,台湾地区字形与此同。《篇海类编·时令类·冫部》:"凞,和也。"读音为 xī,《字汇·火部》:"熙,俗字,本作熙。"《说文·火部》:"熙,燥也。从火,巸声。"《广韵·之韵》:"熙,和也。""熙"的字义完

---

① 陈越:《谈字形规范化问题》(2),《文字改革》1965年第4期,第10页。
② 陈越:《谈字形规范化问题》(4),《文字改革》1965年第6期,第12页。

全涵盖"熙、凞"的字义,"熙"是"熙"的异写字,"凞"是"熙"的进一步讹写。"凞"作为历史字形进入 CJK 字符集,从规范整理异体字的角度,"熙"是规范字,"熙、凞"是异体字整理的对象。本书不涉及整理异体字,只讨论已编码字形的统一问题。从字源字义而言,"凞、熙、熙"三字同义,都应该归在"火"部,"灬"应为"凞"整字的部首。但字书将"凞"归在"氵"部,CJK 字符集沿用字书体例也归在"氵"部,"熙"可以看作声符。从目前两岸字形的部首归部看,"凞"在"氵"部,"氵"与"熙"呈左右结构,大陆地区字形合乎组字部件的组合拆分规则;台湾地区字形结构是以"灬"为部首,那么"凞"在 CJK 字符集中的部首归部需要调整到"火"部,需重新编码。"凞"在历代字书中都归在"氵"部,尊重传统,依然以"氵"为部首,即以大陆地区字形为标准;至于"凞"与"熙、熙"的异体关系可以放到异体字规范整理中确定三者的关系。

两岸字形存在结构差异的 61 字,以"麥"作左部件的 17 字,"咸、辰、戚、原、廣"作上部件的 28 字和"凞熙"字,共 46 字的结构方式大陆地区字形可以作为标准字形。"獅獅"的结构方式台湾地区字形符合字源字理,可以作为两岸标准字形。以"鼠"为左部件的 25 字一时难以作出优劣评判,可在民众实践和选择的基础上,等条件成熟时再作字形归并。

本章和第四章从差异笔形、差异笔画数、差异笔画关系、差异组字部件、差异部件分合、新旧字形选用、差异结构七大类别对两岸存在字形差异的 12915 个差异点进行字形对比分析,从而为两岸差异字形统一提出字形调整的建议方案。

两岸差异字形调整,是在两岸原有字形的基础上进行的微调,不是另起炉灶,不会造成原有字形面目全非。大多数的调整一般文字使用者可能察觉不到,如"辶",以台湾地区字形"辶"为标准,大陆地区楷体写为"辶",日常书写中都是将第二笔写为"横折折折",大陆地区大多数人没有意识到这种区别;"内"的左上部是否交叉出头,"米、系、瓜、爪"等笔画关系的相接或相离,更不会影响识读,这样的调整不破坏汉字的表意特点和构形系统,反而使字形更严谨工整。对与表义有关的字形调整,则从字源字理、字形系统以及广义的汉字形体系统各方面进行比较分析,斟酌定夺,如"化、处、录、鼠"等的字形修正。

我们的统计工作一直努力追求穷尽无遗漏,但难免挂一漏万。但根据这些典型部件,可以举一反三,以此类推。遵循字形规范的原则标准,我们不仅可以将 CJK 字符集核心部分的 20902 个字符统一，还可以进一步将 CJK 字符集的所有编码字符都纳入统一的系统，达到两岸字形的完全统一。

第六章　中国大陆与台湾地区字形差异的原因及规范原则

第四章和第五章对 CJK 字符集中中国大陆与台湾地区字形的差异点提出了规范统一方案。这些规范建议是在综合考察了两岸字形差异点形成的原因的基础上，对比分析汉字理据、社会应用和书法美学等因素而提出的。深入探讨造成两岸字形差异的主客观因素和字形整理应该遵循的规范原则，是统一两岸差异字形的基础性工作。

第一节　中国大陆与台湾地区字形差异的原因

汉字自甲骨文起就存在一字多形现象，在其发展演变史中繁简共存、异体纷呈，这从历代字书中就可见一斑，也正如王宁先生所言："在结构尚未定型、异体众多的古文字时代，除小篆而外，无论是甲骨文、金文还是战国文字，在同字异构当中，往往繁简并存，同时流行。"[①] 因此，历朝历代都重视对汉字的整理工作，多次进行汉字字形的统一，如秦书同文、汉石经、唐字书等。中华人民共和国成立后即着手文字整理工作，国民党退守台湾后也开始文字整理工作。六十年前，在整理汉字之初两岸面对的是同宗同源的汉语汉字，但在整理工作中由于各自遵循不同的方针原则，六十年后两岸出现了不同的字形面貌。汉字一字多形的历史和现实现状为字形整理提供了选择的多种可能性，这是两岸字形面貌不一致的客观原因。之所以会对同一个汉字字符作出不同的选择，是由于两岸的政治背景、审美情趣、指导原则的不同所致。所以两岸字形不一致有其根本的客观因素，但直接的诱因却是主观因素。研究致使两岸字形不一致的直接诱因，尽可能降低或消除这种因素在字形整理工作中的负面作用，使文字整理工作在尊重汉字客观发展规律和现实

[①] 王宁主编：《古代汉语通论》，北京师范大学出版社1996年版，第21页。

应用中进行，那么就有可能消除汉字字形的不一致，做到汉字字形的统一。因此，我们有必要反思造成两岸字形不一致的直接原因。

一 两岸政治的对立是两岸文字异形的起因

1949年，国民党退守台湾地区之后，受意识形态的影响，文化上也采取与大陆地区对立的措施。民国政府在20世纪30年代就推行了汉字简化政策并颁布了中国历史上第一个由政府正式发布的汉字简化方案《第一批简体字表》，但20世纪50年代之后因大陆地区推行简化字，台湾地区虽然有包括蒋介石在内的少数人重提此事，但遭到绝大多数人的反对，最终没有促成台湾地区的汉字简化工作，而是形成了印刷和手写两套书写标准，主要特征是印刷体与手写体差别较大。人为地将汉字问题政治化，从而导致两岸采取不同的语言文字政策。

中华人民共和国成立后，党和政府十分重视语言文字工作，并将"有计划有步骤地推行文字改革"纳入中央关于发展国民经济的第二个五年计划。先后颁布了一系列字表：《简化字总表》《第一批异体字整理表》《印刷通用汉字字形表》《现代汉语通用字表》《通用规范汉字表》等，既是汉字整理工作的成果，也是社会用字的规范标准，主要特征是印刷体向手写体靠拢统一。

大陆地区和台湾地区本来是统一的语言，有统一的汉字。但两岸各自为政的局面使得两岸的汉字整理工作不能同步进行，甚至出现"事事对着干"的状态，两岸的文字问题蒙上了浓重的政治色彩。两岸的政治对立是造成两岸文字繁简不同的直接和重要原因，这种对立致使两岸的文字政策和字形规范标准不尽相同，从而直接影响到两岸文字的微观字形。

二 两岸文化审美趋向的歧异推进了两岸文字异形的步伐

两岸现行汉字字形出现差异，除政治的对立，还有更深层次的文化原因。20世纪五四运动前后兴起的白话文是今天中国大陆与台湾地区汉语的共同源头。但一种新事物的出现和成长往往伴随着旧事物旧势力的阻挠，汉语白话文也不例外。一方面，那些力倡文言的遗老遗少把白话文看成是"鄙俚浅陋""不值一哂"的"引车卖浆之徒所操之语"[1]。另一方

---

[1] 林纾：《致蔡鹤卿太师书》，《北京公言报》1919年3月18日。转引自利来友《海峡两岸现行汉字字形出现差异之原因》，厉兵主编《汉字字形研究》，商务印书馆2004年版，第212页。

面，力倡白话的人也因观念、动机、素质等的差异而未能在规范上达成共识。1927年国共合作的破裂，又为汉语后来的逐步分化埋下了一颗无形的种子。那些留在"国统区"的遗老遗少一直舍不得丢掉高雅的文言，致使"国统区"的书面语半文半白、文白夹杂，其影响延及当今台湾地区。与此相反，解放区以毛泽东《在延安文艺座谈会上的讲话》的"文艺要为工农兵大众服务"精神为指引，白话文运动进行得较为彻底。在文字使用上，解放区书报上大量采用民间简俗字，并创造了一些新的简体字（时称"解放字"），成为现代汉语的主要载体。

繁体字是古代汉语的载体，"国统区"既然舍不得丢弃高雅的文言，当然就无法割舍被历代统治者视为"正字"的繁体字。这一观念深深地影响了台湾地区几十年的语文政策。20世纪60年代，在大陆地区发动"文化大革命"之际，台湾地区当局借机发动了"中华文化复兴运动"。因此，台湾地区以维护传统文化为名，恪守传统的字形体系，在整理汉字过程中过分强调维护汉字原有的字理，鄙视简俗字，认为简化汉字就是破坏传统文化。而大陆地区则沿袭了解放区的文字传统，立足于现代应用，尽可能方便人们学习，在20世纪50年代开展了一场以精简字数、简化字形为主要内容的文字改革运动，大量吸收、继承了宋元以来的民间简俗字及曾于解放区通行的"解放字"，形成了大陆地区现行汉字的文字面貌。[①]

两岸不同的文化审美趋向对两岸字形差异的形成起到了推波助澜的作用。

三 两岸文字政策的不同步注定了两岸字形的不统一

政治的对立，文化审美的歧异，致使两岸的文字政策各自沿着不同的轨迹发展，对汉字的规范各自确立了不同的标准。

20世纪五六十年代，台湾地区进行了一场关于简化汉字的讨论。1970年12月，台湾地区教育管理部门邀集专家学者参与研讨整理简体文字，但会后制定三点原则：（1）政府应研究公布常用字，不宜提倡简笔字；（2）积极研制标准字模，以划一印刷体；（3）致力研究中文打字机之改良，以求结构简化，运用轻便。[②] 自1973年至1982年，台湾地区教育管理部门委托"台湾师范大学国文研究所"先后完成《常用"国字"

[①] 此观点主要来自利来友《海峡两岸现行汉字字形出现差异之原因》，厉兵主编《汉字字形研究》，商务印书馆2004年版，第212—213页。

[②] 转引自许长安《海峡两岸用字比较》，《语文建设》1992年第1期，第14页。

标准字体表》(又称"甲表",收字 4808 个)和《次常用"国字"标准字体表》(分为"乙表"和"丙表",收字 10740 个),共收字 15548 个,供印刷使用。1980 年,台湾地区教育管理部门颁布《标准行书范本》(附注楷体),收字 4010 个(实际是 3998 字),含有大量简体字,供手写遵循,这个范本的推行使台湾地区知识阶层都认识了简化字。1996 年,台湾地区教育管理部门又编订《"国字"标准字体研订原则》,这是一个整理字形的细则,它重申了《常用"国字"标准字体表》"确定标准字体之原则"。CNS11643 收编的汉字字形,概依台湾地区教育管理部门的"标准字体表"制作,逐字查考,统一笔画。CJK 字符集中 T 列(中国台湾地区),即包括源自台湾地区的 CNS11643 标准中的第 1、2 字面(基本等同于 BIG5 编码)和第 14 字面的汉字和符号。

大陆地区在 1965 年 1 月 30 日,文化部和文改会就统一印刷铅字字形问题联合发布了《印刷通用汉字字形表》,目的是消除印刷宋体字形上的分歧,并使印刷宋体与印刷楷体的字形尽可能趋于一致,原则上使印刷宋体向印刷楷体靠近。通知要求各地、各字模制造单位以《印刷通用汉字字形表》为模板,有计划、有步骤地尽早刻制出规范的铅字字模,以利于在全国推广应用。1988 年 3 月 25 日,国家语委和新闻出版署发出《关于发布〈现代汉语通用字表〉的联合通知》指出:"《现代汉语通用字表》依据《印刷通用汉字字形表》确定的字形标准,规定了汉字的字形结构、笔画数和笔顺。字表发布后,印刷通用汉字字形即以此为准。"CJK 字符集的 G 列(中国大陆地区)包括源自大陆地区的 GB 2312、GB 12345、《现代汉语通用字表》等法定标准的汉字和符号,并以此确定字形。可见《印刷通用汉字字形表》仍然是大陆地区信息化处理的汉字标准,也是大陆地区现行汉字的规范字形[①]。

虽然两岸都很重视文字的规范,但规范的步调明显不同。两岸在中文信息处理中各自遵从了自己的规范标准。CJK 字符集 G 列和 T 列字形的确立即来自各自不同的文字政策标准,两者存在差异就在所难免了。

四 两岸字形规范标准的不一致造就了两岸不同的字形面貌

由于制定语言文字政策的动机、目的以及方式方法的不同,两岸确立字形的标准也就存在很大的不同,这是导致两岸字形差异的直接原因。

[①] 2013 年 6 月 5 日国务院发布《通用规范汉字表》,字形沿用《印刷通用汉字字形表》和《现代汉语通用字表》。

《印刷通用汉字字形表·说明》指出整理字形的标准是："同一个宋体字有不同笔画或不同结构的，选择一个便于辨认、便于书写的形体；同一个字宋体和手写楷书笔画结构不同的，宋体尽可能接近手写楷书；不完全根据文字学的传统。"傅永和的《谈规范汉字》归纳《印刷通用汉字字形表》整理字形依据的原则有六点："1. 宋体楷化；2. 字形结构和笔势尽量服从横写的需要；3. 折笔尽可能改成直笔；4. 合并形似部件以精简部件数量；5. 按读音分化原有部件；6. 断笔尽量变成连笔。"①

台湾地区《常用"国字"标准字体表·说明》介绍了字表确定标准字体的原则，兹摘录如下：

肆、本表確定標準字體之原則：

一、本字表字體以楷書為主。

二、字形有數體而音義無別者，取一字為正體，余體若通行，則附註於下。例如：

"才"為正體，"纔"字附見，並於說明欄註明："方才之才或作'纔'"。

選取原則如下：

（一）取其最通行者。例如：取"慷"不取"忼"；取"鞋"不取"鞵"。

（二）取其最合于初形本義者。例如：

脚、腳今用無別，取"腳"不取"脚"。

耽、躭今用無別，取"耽"不取"躭"。

（三）數體皆合于初形本義者，選取之原則有二：

1. 取其筆劃之最簡者。例如：取"靴"不取"鞾"；取"舉"不取"擧"。

2. 取其使用最廣者。例如：取"炮"不取"砲"、"礟"；取"疏"不取"疎"。

（四）其有不合前述體例者，則於說明欄說明之。例如："麪"、"麵"皆通行，取"麵"不取"麪"，並於說明欄註明："本作麪。為免丏誤作丐，故作此。"

三、字有多體，其義古通而今異者，予以並收。例如："間"與"閒"；"景"與"影"。古別而今同者，亦予並收。例如："証"與

---

① 傅永和：《谈规范汉字》，《语文建设》1991年第10期，第10页。

"證"。

四、字之寫法，無關筆劃之繁省者，則力求符合造字之原理。例如："吞"不作"吞"；"闊"不作"濶"。

五、凡字之偏旁，古異今混者，則予以區別。例如：

日月之月作"月"，肉作"⺼"；

艸木之艸作"艹"，𠂇作"北"。

六、凡字之偏旁，因筆劃近似而易混者，則亦予區別，並加說明。例如：

舌（甜、憇、舔）與舌（活、括、話）

壬（任、姃、荏）與壬（呈、廷、聖）

台湾地区《常用"国字"标准字体表》整理字形的重要准则是"取其合乎初形本义者"，"字之写法，无关笔画繁省者，则力求符合造字之原理"，因此对字形、偏旁、部件、笔形等刻意区分，即"凡字之偏旁，古异今混者，则予以区别"，"凡字之偏旁，因笔画近似而易混者，则亦予区别"。而大陆地区在整理和简化汉字时，立足于现代应用，强调简单易学，重视手写形体，"不完全根据文字学的传统"。《印刷通用汉字字形表》的主要特征是印刷体与手写楷书体比较接近，而台湾地区《常用"国字"标准字体表》的主要特征是印刷体与手写体差别较大。不同的字形标准必然导致不同的汉字形体。

两岸不同的政治、文化审美、文字政策等致使两岸的文字形体呈现出不同的面貌。当然，形成两岸字形不统一的状况是多方面因素综合作用的结果，除以上所述之外，经济、地理、教育模式、人为等方面的因素还有待深入探讨。

第二节　中国大陆与台湾地区汉字差异字形规范原则

中国大陆与台湾地区当前的语言文字政策和实际使用状况以及与此有关的文化认识存在不少的差异，具体表现为语文政策、文字、词汇、语法、语音等多方面的差异；其中最显性的差异莫过于汉字的运用，主要表现在三个方面：繁简字、异体字、新旧字形（或称微别字形）。当两岸处于隔离状态时，没有感知到文字的差异给人际交往带来的不便，更不会预料到这种差异会给计算机信息处理带来较大的障碍，字形统一问题就更不可能引起人们的重视，甚至不被提及。人类社会已经进入信息时代，人机交往的频繁和重要已经不亚于甚至有甚于人际交往，这就对语言文字的规范化、标准化提出了更高的要求，甚至是一种严峻的挑战。而两岸文字繁简的统一、字形的统一可以说是信息处理准确高效的前提。这些问题的解决首先需要我们全面考察两岸汉字的字量、字形、字序、字音、字义等，进行科学系统的研究；同时要密切关注两岸的政治、历史、文化、地理等多方面的因素，这是一个浩大的工程。

在信息交流手段日益现代化的今天，尤其是在电子计算机的普遍使用之后，汉字字形的规范统一，在整个汉字规范化的进程中占有越来越重要的地位（繁简字和异体字问题也很重要，因为它们与文化、政治都有或多或少的纠葛，本书姑且不论）。笔者学力、才能有限，只对"传承字和繁体字的字形统一"作出了较为具体的研究，其他方面还未敢遑论。本节仅就两岸的字形规范规则提出一些建议，以期在学理上和实践中有一定的参考和实用价值。

汉字系统是一个完整的体系，是多层次、多侧面、多元素的复杂系统，各个层次之间存在着有机的联系，在发展变化中，呈现出联动互动的状态。因此，对两岸差异字形进行规范统一，要全面考虑、统筹兼顾以下原则：

一　尊重两岸现行的文字政策，在"求同"的原则下寻求字形统一的方式

目前中国（不包括港澳台地区）的用字标准是《通用规范汉字表》，其精神和大量成果直接承袭和吸取《第一批异体字整理表》《简化字总表》《印刷通用汉字字形表》《现代汉语常用字表》《现代汉语通用字表》等文字政策。目前台湾地区的用字标准有两套，一套是印刷用字《常用"国字"标准字体表》和《次常用"国字"标准字体表》，一套是手写体用字《标准行书范本》。台湾地区教育管理部门在 1996 年编订了《"国字"标准字体研定原则》，规定了"研订标准字体的通则" 40 条和"研订标准字体的分则" 120 条，每条规定一个部件的写法，并有详细的说明和举例，这就使得每个字形的标准有章可循、有据可查（暂且不论这些规则的合理性、科学性）。对两岸差异字形进行规范统一，也是对两岸已有的文字规范政策的整合和优化，是集分散规范于一体，增强规范的科学性和使用上的便利。因此应尽量注重与原有规范的衔接，继承已有规范的

原则和主要内容，对其中错误、疏漏、相互矛盾及不能满足当今社会需要之处，立足维护国家统一和方便使用便于交流的需要，充分考虑历史形成的全民习惯和社会的可接受程度，在认真分析论证的基础上，进行必要的修订①，尽可能使汉字的使用朝着规范统一的方向发展。

二　充分考虑汉字在两岸的使用情况和国际化的需求

中国的（不包括港澳台地区）规范用字《通用规范汉字表》以《印刷通用汉字字形表》确立标准字形，大陆地区出版的字典、词典等工具书都列有《新旧字形对照表》或《新旧字形对照举例》，以提示标准字形。《印刷通用汉字字形表》的涵盖面相当广，既包括现行简化字，也包括整理古籍需要用到的繁体字和异体字，是中国的（不包括港澳台地区）信息化处理的汉字字形标准。台湾地区对汉字字形的确立制定了两套标准：一是供印刷使用的《常用"国字"标准字体表》和《次常用"国字"标准字体表》，二是供手写遵循的《标准行书范本》。台湾地区《常用"国字"标准字体表》和《次常用"国字"标准字体表》强调维护汉字原有的传统字理，大多采用旧字形，是台湾地区信息化处理的汉字字形标准。但《标准行书范本》在台湾地区民众中的影响更大，这从陈立夫为《标准行书范本》作的《序言》可见一斑："希望全国青少年同学，自国校五年级开始，直到高中、大学，能人手一册，用心摹拟。社会人士，有意习行书，亦可据以为准。若干年后，中华文字之手写字形，能举国一致；海外侨胞，亦一同推行；长使中华民族，在书同文，字同形，语同音的大一统之下，更加凝固团结，千年万世，永垂无疆之休。"

将《现代汉语通用字表》的 7000 字与《常用"国字"标准字体表》的 4808 字和《次常用"国字"标准字体表》的 6341 字的字形进行比较，共有 125 组新旧字形的差别②；将台湾地区的 5041 个规范字与《现代汉语通用字表》的 7000 个规范字进行对照，两者完全相同的有 4702 字，占 64%③；将《标准行书范本》与《简化字总表》相比，两者完全相同或基本相同的有 563 字，两者近似的有 131 字，两类共有 694 字，占《简化

---

① 本原则也是大陆地区制定《通用规范汉字表》遵循的四项原则之一。（参见《工作组专家解答〈通用规范汉字表〉有关问题》http：//www.doc88.com/p-043804018923.html）
② 林仲湘、李义琳：《新旧字形简论》，厉兵主编《汉字字形研究》，商务印书馆 2004 年版，第 93 页。
③ 参见沈克成《书同文——现代汉字论稿》，上海锦绣文章出版社 2008 年版，第 30 页。

字总表》的 30.5%[①]。可见中国大陆与台湾地区现行汉字简繁字形并存并用、字形差异、字义混同。规范统一两岸字形，要正视这种客观现状。

《印刷通用汉字字形表》和《标准行书范本》在两岸现行汉字中都有深厚的民众基础和广泛的影响力，两者可以成为我们寻求两岸字形统一的重要契合点之一。同时要兼顾汉字国际化的各种需求，当前最有活力、最有影响、最具战略性的语言文字信息处理技术标准 ISO/IEC 10646 标准，用来实现全球所有文种的统一编码。两岸字形规范应该兼顾到 CJK 字符集中相同编码的其他汉字地区的字形标准，尽量缩小两岸汉字乃至整个汉字文化圈汉字使用的差异，尽可能使汉字字形朝着国际标准化的方向发展。

三　维护汉字系统的基本稳定

"表意是汉字构形的主体"[②]，字形规范整理要符合汉字表意体系的要求，应尽可能保留部件的理据性以及同一部件的系统性，不随意对某一字形进行破坏构形系统的变动，维护汉字系统的基本稳定。

台湾地区确定标准字体的原则是"合于初形本义"，依据字源字理，将"古异今混者"和"因笔画近似而易混者"都进行细致区分，如月与冃、壬与𡈼、舌与舌、亡与匸、卝与屮、丰与㞢、月与曰、夂与夂、夂与夊等，而大陆地区将这些部件都合二为一，由此两岸产生了一大批差异字形。例如台湾地区以"日月之月作'月'，肉作'冃'"，如青青、有有、俞俞、前前、育育、能能、胃胃、龍龍、肖肖、肙肙、育育、惰惰、胡胡、猒猒、骨骨、龍龍、祭祭、然然、將將等，而追溯字源"青、有、前"中"月"的来源分别为"丹、肉、舟"。现行汉字构字部件"月"是"丹、肉、舟、月"的合流，从隶书类化同形，到楷书基本统一写为"月"。《康熙字典》只有部首索引写作"冃"，该部字在目录和正文都写作"月"。日本、韩国文字也是统一写为"月"。台湾地区字形沿用《说文》体例刻意将"月"与"肉"区分开，新增一个部件"冃"，而"冃"字形并不美观，与"月"的区别很细微，书写中很容易混同。又如"反"的首笔，大陆地区写为撇，台湾地区写为横，如：反反、叛叛、扳扳、昄昄、板板、版版。"反"的甲骨文形体为"𠂇"，左上部是"厂（厈）"，

---

①　参见骆毅《台湾〈标准行书范本〉出版10周年》，《语文建设》1990 年第 6 期，第 53—56、60 页。
②　李运富：《汉字学新论》，北京师范大学出版社 2012 年版，第 14 页。

右下部是"又（手）"，表示用手攀援山崖而上之意。《说文·又部》："反，覆也。从又，厂反形。""反"的本义是"攀"，在经传中常写作"扳"，由"攀登"引申为"翻转"，由此引申为"相反"，与"正"相对。历代字书写法不一，如《大广益会玉篇》的**反、坂、扳、坂、贩、贩、版、钣**，《五经文字》的**反、贩、版**，《新加九经字样》的**反**，《类篇》的**反、岅、坂**，《字汇》的**反**，《正字通》的**反**，《康熙字典》都统一写为横，如**反**。现行汉字"厓、岸、危、原、厚"等字中表示山崖的"厂"首笔都写为横，从字源和汉字符号的系统性来看，"反"的首笔不应该写为撇。台湾地区将"月"与"肉"字形区别开来，虽有助于研究文字学的字源字理，但在实际运用中没有太大的实用价值，徒增学习记忆的负担；大陆地区"反"首笔写为撇是在从俗从简原则的指导下照顾民众的手头字，但却破坏了汉字部件的理据性和系统性。这类部件是区分还是合并，是理据优先还是通用优先，应该审慎分析论证，全面统筹；同时要注意保持两岸差异字形的规范原则与两岸相同字形的规范原则的一致性，两者不能出现矛盾冲突，避免出现新的字形不统一现象。

因此，规范两岸字形，应从语言文字内在发展规律出发，历史地对待汉字，把汉字的过去、现在和将来联系起来考虑，既不能过分照顾历史从而妨害文字的现实应用，也不能过分迁就群众的手头字从而认为来自民间的就是合理的。

四　遵循汉字构造和演变的规律

文字作为交际工具，人们追求简便实用、易于掌握。因此优化文字符号的一个重要方式是在不影响区别字义的前提下，尽量减少部件、笔画的数量，尽量减少同一部件或笔画的变形。汉字的发展演变史也证明了这一点。

单个部件独立成字或多个部件组合成字时，构字部件在相同的字形环境中，其构成笔画的形状和笔画之间、部件之间的组合方式应该统一。如"木"作字的部件时位置多样，独立成字和作字的右部件时保持原形，如：木、沐、休；作左部件时，为避让右部件"捺变点"，如：梅、树；作上部件时，中竖收缩，如：杏、李。对这些书写规则，中国大陆与台湾地区的认识是一致的，字形变化相同。但当"木"居一字之下时，台湾地区字形将下部件"木"的撇和捺收缩为点，与横、竖相离，对应的大陆地区字形有两种情形：一种是将竖出钩写为"朩"，如亲亲、新新、杂杂、条条、杀杀、茶茶、搽搽、寨寨；另一种是写为"木"不变形，如栗栗、柴柴、呆呆、棠棠、保保、朵朵、柔柔、集集、案案、桌桌、梁梁、梨梨。又如"羊"作上部件时，两岸字形有别，如：羞羞、羌羌、差差、養養、善善等，台湾地区统一写为"羊"，对应的大陆地区字形有三种情况：一是"羊"的竖与下部左撇连写为一笔，如：羞、羌、差；二是写为"羊"，如：善；三是写为"⺷"，如：恙、羡、美。"羊"作上部件时中竖与下部左撇连为一笔，在历代字书中相沿成习，但有悖于字源。大陆地区将"善"上部件写为"羊"，虽是对组字部件原形的保留，但不符合组字部件变形的系统性。台湾地区将"善"上部件写为"羊"，与"恙、羡"的变形相同，保持了部件变形的系统性。

我们主张笔画和部件在组字时尽可能使用原形，减少变形；出于构形和美学的需要，非变不可时，一定要在相同的字形环境中保持形变的一致性，以使变形有规律可循，增强现行汉字内部的系统性。这就要求不仅要保持汉字符号系统的统一性，还要保持字形符号变形的统一性。

五　重视文字的实用性和通用性

现代汉字的基本形制在宋代楷书阶段已初步形成，现代汉字最受欢迎的书体——宋体来源于宋代的刻书体，因此宋代的雕版印刷文本以及字书中的用字情况和字形状况可以反映历史字形的通用度，由此可推断出与现行汉字的继承关系。北京师范大学王立军教授从宋代雕版楷书的 20 万字的原材料中，整理出不重复字样 8606 个，从中归纳出 4856 个字样主形，对每个字样的主形、变形、出现的频度进行了详细梳理，形成《宋代雕版楷书构形分析总表》，清晰地反映了当时汉字的实际使用状况[1]。这可以作为测查字形历史通用度的重要参考，同时还要参酌历代字书《大广益会玉篇》《干禄字书》《五经文字》《新加九经字样》《类篇》《字汇》《正字通》《康熙字典》等的字形。文字的通用范围越大实用性就越突出，而实用性又会促进它的通用性。如"壬"和"王"，区别在下横的长短，早在汉碑中两者就混同，多写为"壬"[2]。台湾地区印刷字形对"王"和"壬"严加区分，有助于学术层面上文字学的字源研究，但台湾地区的

---

[1] 参见王立军《宋代雕版楷书构形系统研究》，上海教育出版社 2003 年版。20 万字的原材料来自《温国文正司马公文集》（北宋司马光著）、《王文公文集》（北宋王安石著）、《后山居士文集》（北宋陈师道著）、《盘洲文集》（南宋洪适著）、《清波杂志》（南宋周辉著），同时以《集韵》作为选择字样主形的辅助材料。

[2] 张素格、陈双新：《"壬"、"壬"字义考辨及字形规范——兼谈"任"与"任""星"与"星"的字形字义关系》，《河北科技大学学报》（社会科学版）2015 年第 4 期。

《标准行书范本》即将"壬"写为"壬","任"写为"任",是将"壬"的第一笔写为"撇";CJK字符集中"壬、廷"等字对应的相同编码的日、韩文字也是采用部件"壬",而不是"壬"或"壬"。大陆字形将壬与壬统一写为"壬",是有历史根据和现实基础的,在现实应用中既没有造成新的同形字,也没有引起字义的混淆或误解。

因此,重视文字的实用性和通用性应是规范统一两岸差异字形的重要原则之一。进行字形规范要综合考察汉字字形的通用度和实用性,符合汉字的工具性特点,民众乐意接受,这样的字形规范在汉字演变史中才可能产生长久的生命力。

六 考虑传统书法审美习惯

文字起源于图画,汉字笔画和结体出于象形,通过表现事物的特征,从而表达意义和语音。随着文字的线条越来越笔画化、规则化,便逐渐服从于文字的内部规律,以致背离了象形的意味。文字讲究清晰、区别性强,随着文字符号性的增强和工具性质的凸显,要求文字定型化、有规则、成体系,以致成为美的规则,从而产生了书法艺术。因此文字形体的演变与书法的审美规则密不可分。书法艺术所追求的文字笔画和结体的有序定形、对称平衡、避让承载、参差简明等审美规则也是汉字规范化、系统化的重要参考指数。例如汉字左部件横变提,是为了与右边部件相呼应,使左右笔势连贯、字形结体严谨,符合汉字的书写和自然美化规律,这在楷书已为通则。但"山、缶、齿、黑"作左部件时,两岸字形变形不一致,如:屹屹、岖岖、飑飑、鹐鹐、龄龄、龈龈、黔黔、默默、黯黯。大陆地区字形遵循左部件末笔横变提的规则,而台湾地区保持左部件不变形,这类字的左部件该不该横变提,首先需要明确汉字"横变提"的性质、规则和范围,才能对差异字形作出合乎科学性规律性的解释和对策。其他如竖变撇、捺变点、竖弯钩变竖提等笔形变形的条件亦应做出明确合理的解读方能对字形整理工作起到引导促进作用。

因此,传统书法的审美习惯是字形规范的又一个重要原则,要注意保持书法审美规则的整体性、一致性,避免相同书法规则的自相矛盾,避免出现新的字形不统一现象。

以上述六项字形规范原则来审核中国大陆与台湾地区的差异字形,对纯书写问题,根据系统性、实用性和通用性原则作出硬性规定,以取得规范化、标准化;对与表义有关的字形,则从字源字理、字形系统以及广义的汉字形体系统各方面进行比较分析,斟酌定夺;如字形的理据性丧失,则遵循系统性、实用性和通用性原则作出统一的规范。"理想的汉字规范应当考虑汉字的科学性和社会性"①，两者是互相制约的。"科学性与社会性一致的地方，应当大胆处理；科学性与社会性产生矛盾的地方，从实用出发应当比从理论出发更具有现实性；面对大众和专业领域，分开层次解决问题更能切合需要。"② 这应是我们处理六项字形规范原则优先度的指导思想。

第四章和第五章即是在以上六项原则及其各项的优先度的指导下，对CJK字符集中两岸差异字形进行对比研究，列出字形演变过程中几个重要阶段的代表形体（包括甲骨文、金文、小篆、隶书、楷书、字符集字形），描写字形演变的轨迹，探究演变的原因，归纳演变的规律，指出具有优势的字形特点，从汉字理据、社会应用、书法美学等角度论述两岸差异字形的优劣所在，从而提出建议择定的统一目标字形，达到两岸文字在计算机系统的规范化、标准化。

---

① 王宁：《论汉字规范的社会性与科学性》，《中国社会科学》2004年第3期，第172页。
② 王宁：《再论汉字规范的科学性与社会性》，《语言文字应用》2006年第4期，第7页。

第七章　中国大陆与台湾地区"书同文"设想

规范统一CJK字符集中中国大陆与台湾地区的差异字形，只是对中国大陆与台湾地区文字繁体系统（包括繁体字、传承字、少数简化字）的字形统一作出的初步尝试，仅仅是两岸文字统一的一小步。要达到两岸"书同文"，既需要学术界扎扎实实的理论支撑，又需要政府部门统筹规划的政策主导。学术界的理论探讨是政策实施的前期准备，政府的政策实施是学术理论转为实际应用的保障和实施途径。

实现中国大陆与台湾地区的"书同文"，是一个牵涉面十分广泛的大问题，与政治、文化、经济等较为宏观的领域有或多或少的联系或纠葛，更与十几亿人的使用习惯和计算机信息处理等较为微观和具体的方面有极其紧密的关联，需要民间、学界和政府间的充分协商和通力合作，是一个复杂的系统工程。

实现两岸文字的完全统一，我们认为至少需要做好四方面的准备工作：第一，让研究对象回归学术本体；第二，规范统一传承字和繁体字的字形；第三，整理规范异体字；第四，区别对待繁简字。本书仅对第二项工作进行了专门探讨，其他三项工作都比字形问题更为复杂，都需要比本书更大的篇幅才能有较为全面的讨论和深入的研究。本章对其他三项工作只作简要概述，没做深入研究，这丝毫不是将问题简单化，只是想说明两岸文字问题的复杂性和我们下一步的研究目标。

第一节　让研究对象回归学术本体

许多人认为中国大陆与台湾地区出现"书不同文"的局面，是因为大陆地区进行的简化字运动使然。这是不符合事实的。回顾一百年来的汉字改革史就可以看到：中华人民共和国成立以来的汉字改革是初期语文改革运动的延续，文字改革的骨干队伍，也是初期运动各方主力的合流；文字改革的三大任务——简化汉字、推广普通话、制定和推行汉语拼音方案，正是初期运动所提出的主要措施的实现①。

在20世纪，最早提出采用简体字的是中国著名的教育家、出版家、中华书局的创办人陆费逵。1909年，陆费逵在《教育杂志》创刊号上发表《普通教育当采用俗体字》的论文，明确主张把俗体字（即"简化字"）用于普通教育。到了五四时期，汉字简化运动有了进一步的发展。1922年，著名的语文改革活动家、文字音韵学家钱玄同在国语统一筹备会上提出了《减省现行汉字的笔画案》，提出8种汉字简化策略，主张把过去只通行于平民社会的简体字正式应用于教育上、文艺上，以及一切学术上、政治上。1935年春季，上海文化界人士陈望道联合上海的文字改革工作者组织了"手头字推行会"，选定第一批手头字（即简体字）300个。在简体字运动日益高涨的形势下，1935年8月，中华民国政府教育部公布了《第一批简体字表》，包括简体字324字②。但在一些国民党政要（"考试院长"戴季陶、湖南省"政府主席"何健等）的极力阻止下，民国政府在1936年2月宣布简体字"暂缓推行"，这次的汉字简化不果而终。

国民党退守台湾地区后，在20世纪五六十年代也曾掀起过一场简体字运动，并且得到了广大民众的响应和支持。1953年7月台湾地区当局成立简体字研究委员会，搜集整理简体字。1953年12月蒋介石在一次会议上也说"简体字之提倡，甚为必要"③。1954年3月台湾地区教育管理部门副领导人罗家伦在《中央日报》上发表了题为《简体字之提倡甚为

---

① 参见王宁《从汉字改革史看汉字规范和"简繁之争"》，《云南师范大学学报》（哲学社会科学版）2010年第6期，第4页。

② 当时的"教育部长"王世杰签发的部令中说："我国文字，向苦繁难。数千年来，由图形文字，递改篆隶草书，以迄今之正体字，率皆由繁复而简单，由诘诎而径直，由奇诡而平易，演变之迹，历历可稽。惟所谓正体字者，虽较简于原来之古文篆隶，而认识书写，仍甚艰难。前人有见及此，于公私文书文字，往往改用简体，在章表经典，及通问书札中，简体字亦数见不鲜。明儒黄氏宗羲，对于应用简体字，主张尤力，有'可省工夫一半'之语。而社会一般民众，于正体字书籍，虽多不能阅读，但于用简笔字刊行之小说，誊写之账单，辄能一目了然。可知简体文字，无论在文人学士，在一般民众间，均有深固之基础，广大之用途，已为显明之事实。""教育部"在部令中还谈到选用简体字的标准：一是依述而不作之原则；二是择社会上比较通行之简体字，最先采用；三是原字笔画甚简者，不再求简。这三条原则都是很正确的。

③ 张博宇：《台湾地区国语运动史料》，台湾商务印书馆1974年版。转引自许长安《海峡两岸用字比较》，《语文建设》1992年第1期，第15页。

必要》的长篇文章。1969 年 4 月台湾地区行政管理机构领导人何应钦在国民党中央评议委员会会议上提出"为建议由'教育部'会同'中央'研究院切实研究整理简笔字,以适应当前之教学实用以及光复大陆后之文教设施案",引起各方面的重视。但是,自从中国正式公布了《汉字简化方案》后,虽然台湾地区朝野人士也有不少人主张采用简体字,但台湾地区官方没有公布任何形式的简体字表,也不鼓励提倡简体字,官方文件和教科书,仍然不准使用简体字。从 20 世纪 70 年代开始,台湾地区当局把工作重点转为研究常用字和制订汉字标准。

大陆地区推行的简化字,是把民国政府未能完成的主张付诸实施。大陆地区的简化字运动虽然不免有些许的政治色彩,但整个推行计划的过程和措施是审慎的,效果也是明显的,是以最广大的人民群众方便应用为前提的。虽然大陆地区的简化字存在一些不尽如人意之处,但它顺应时代的要求,已经成为普及层面的古代文化传承和现代文化记载的工具。

可见,国民党当政的民国时期,共产党当政的中华人民共和国,都曾提倡并推行过简化字,简化字本来是顺应汉字发展演变规律、顺应广大使用者认读书写便利的需要而采取的有效措施。现在中国大陆与台湾地区讨论汉字问题、争取达成统一,也应回到这个认识的起点,以学术研究和科学理据为基础,以便于大众使用和计算机信息处理为旨归,平心静气,共谋发展。

目前两岸的现行汉字都是以政府政令法规的形式得以确定,"当同样具有时效而不同形式的规范体系发生碰撞的时候,各方势必都要最大可能地维护自己一方已有的规范体系以维护己方政府的权威(也许还涉及国家主权和知识产权等方面)"[1]。因此,学者的学术研究不可避免地会受到政治和意识形态的影响。所以统一两岸文字,首先要摒弃政治和意识形态领域的偏见。"一个标准方案的制定,不能简单化,要尽量排除主观性,简单化和形而上学的思想方法难以为继,任何非科学因素的介入都是有害的。"[2] 因此既不能片面夸大或缩小两岸文字的差距,也不能把产生差异的原因简单归之为大陆地区推行了简化字或台湾地区墨守成规,而一味胶着于"繁简之争"的简单化处理。我们认为应尊重语言文字的科学规律,充分考虑两岸当前用字的使用习惯,将学术问题回归到学术领域进行客观科学的学术探讨,行政力量只是贯彻实施的保障。

---

[1] 董琨:《汉字形体统一问题之管见》,《述学集》,商务印书馆 2012 年版,第 64 页。
[2] 王宁:《汉字研究的新时代》,《语言文字应用》2009 年第 3 期,第 20 页。

第二节　整理规范异体字

汉字从古到今数量越来越多，其中就包括大量的俗字、别字、古字、错讹字。文字整理规范工作一直是汉语文字史上的重要课题。1955 年 12 月，由中国文字改革委员会和文化部联合发布《第一批异体字整理表》，根据从俗、从简、方便书写的原则，对 810 组异体字进行整理淘汰，整理了 1865 字，精简 1055 个汉字[①]；台湾地区也编纂了《异体字字典》。但是，由于两岸整理异体字的标准、方法不同，对异体字的选用和淘汰也就有很多不同。这也是两岸文字最终统一不可回避的又一个重要问题。

要达到两岸异体字整理规范的协同一致，中国大陆与台湾地区首先应对异体字的界定、异体字整理的范围对象、异体字整理的目的和方法等取得一致的认识，以便于两岸有效沟通，协同合作，达到两岸文字规范工作的同步进行。

我们同意李国英教授对异体字的界定："从构形和功能两个维度给异体字下定义，把异体字的范围限定在同字的范围之内，即异体字是为语言中同一个词而造的同一个字的不同形体，并且这些不同的形体音义完全相同，在使用中功能不发生分化。异体字必须同时满足构形和功能两个方面的条件，两个条件缺一不可。"[②] 这个定义可以将异体字与通假字、古今字、分化字、同源字区分开来。但我们也发现对异体字的理论表述与归纳异体字的实际用例不是完全吻合，因为很少有"音义完全相同"的异体字[③]。《第一批异体字整理表》中至少有五种所谓的"异体字"：典型异体字、包孕异体字、交叉异体字、同音异义字、异音异义字[④]，只有第一种"典型异体字"是理论意义上的异体字，其余四种都与异体字的定义

[①] 《异体字表》公布后，曾经多次修改。《语文建设》2001 年第 6 期编者在《〈第一批异体字整理表〉淘汰了多少异体字?》中的《异体字表》整理的异体字为 795 组，整理了 1820 字，精简异体字 1025 字。

[②] 李国英：《异体字的定义与类型》，《北京师范大学学报》（社会科学版）2007 年第 3 期，第 49 页。

[③] 很多学者认为"即使在同一时代，异体字的使用及其所负载的实际音义在不同使用者或阅读者眼里也不可能完全一致，甚至连字典辞书对异体字的注音也是有歧义的。"（李运富：《关于"异体字"的几个问题》，《语言文字应用》2006 年第 1 期，第 73 页）

[④] 参见高更生《谈异体字整理》，《语文建设》1991 年第 10 期，第 22—27 页。

不符，邵文利先生干脆将后两种称之为"讹误'异体字'"①。材料的实用整理与概念的科学定义出现不一致。所以对异体字的界定应该宽泛一些，具体情况具体分析，整理对象应以典型异体字（完全异体字）、包孕异体字和交叉异体字为主。首先厘定字际关系，确定整理规范的对象范围，然后依据不同的异体关系采取不同的整理方法：典型异体字可采用取舍法，对一组异体字确定一个规范字形而舍弃其他异体字形；包孕异体字也可采用取舍法，对一字的音义包含另一字的异体字选用包含字而废弃另一字；交叉异体字可采用分化法，对一组异体字分别列出字头分化其用途，规定在相同音义上应该用某字，另一字在别的音义上使用。王宁先生的汉字优化标准可作为整理异体字的基本原则："（一）有利于形成和保持严密的文字系统；（二）尽量保持和维护汉字的表意示源功能；（三）最大限度地减少笔画；（四）字符之间有足够的区别度；（五）尽可能顾及字符的社会流通程度。"②

CJK 字符集核心部分收录的 20902 个字符，中国大陆地区使用的汉字是 17000 个，那么有近 4000 个是大陆以外的汉字异体；大陆地区使用的 17000 个汉字中也有不少是异体关系。国际化标准 ISO/IEC 10646 将全球所有文种统一编码，目前已编码汉字有八万多个，其中的异体字更是可观③。整理规范其中的异体字，也是一个亟待解决的重要课题。

第三节　区别对待繁简字

"繁简之争"是广大民众争论的热点，"废繁从简"和"废简从繁"在当前都不现实。因为任何一种选择都会给很多人带来极大的不便，甚至造成新的文盲，因此，当前两岸汉字的"简繁由之"是欲改不能的无奈之举，然而从长远来看，还是要寻求解决的办法。

---

① 邵文利：《试论〈规范汉字表〉整理异体字的原则与方法》，《四川大学学报》（哲学社会科学版）2003 年第 2 期，第 80 页。
② 王宁：《汉字的优化与繁简字》，史定国主编《简化字研究》，商务印书馆 2004 年版，第 75 页。
③ 2013 年河北大学齐霄鹏的博士论文《ISO 10646 楷书汉字异体字整理》，以 ISO 10646 的基本集（收录表意字符 20902 个）和扩展集 A（收录字符 6582 个）为整理对象，整理出异写字 5332 组（包括新旧字形），异构字 8746 组（包括汉字简化过程中确定的同音替代关系的繁简字）。

中国推行简化字已有半个世纪，一旦改变，在文化发展和基础教育上要付出极大的代价。其实大陆地区 90% 以上的民众不必学习繁体字，我们不能夸大繁体字在社会生活中的作用，把少数专业人士的需求变为广大民众的要求。王凤阳教授说："文字归根到底是社会的书面交际工具，它是为活人的生产、生活服务的。沟通古今、接受遗产只是社会中一部分与历史和历史研究有关的人的需要，这部分人在社会中占极少数。在 11 亿中国人中，他们不足千分之几。这部分人文化水平都比较高，完全可以为自己的需要而去学习、研究、应用传承的文字，不必将他们的狭隘的需要扩大为社会的需要。"① 而同时我们也要清醒地认识到，在大陆的某些场合、在港澳台地区，繁体字有简化字不可替代的作用。

对繁简汉字并存并用的现状以及当前"简繁由之"的无奈之举，王宁先生有过专门论述，因其有重大的理论指导意义，不烦转引如下②：

  一是简体字与繁体字孰优孰劣？答：这个问题要辩证地看。汉字作为信息的载体的使用，必须经过书写和认读两个互相衔接的过程。而用者对这两个过程中的要求是不同的。认读时要求信息量大、区别性高，也就是繁比简好；书写时却要求迅速、便捷，也就是简比繁好。最优化的办法是寻找一个简繁适度的造型。有人说，现在都用计算机了，书写不怕繁难。首先，汉字真的不需要写了吗？其次，当汉字实现在计算机里，笔画到了 18 划以上，5 号宋体的笔形已经难以辨识，更不用说做注的小 5 号字了。优劣互补，衡量利弊，孰留孰废，可以一刀切吗？

  二是简繁字之间存在一对多的情况，有人要求恢复一批繁体字，为什么不赶紧做？答：汉字的分布是一个完整的体系，牵一发而动全身，恢复几组繁体字，专业领域内的同志恐怕还会认为是一种修修补补，没有解决根本问题，而在我国教育的普及还没有完全到位，人民的汉字素质还不很理想的情况下，会在普及层面上引起什么波动，却是很难预料的。至于计算机简繁字自动转换产生的问题，还不都是简化字本身的问题，很多是可以通过扩充和修改词库、设计更多的自动转换技术来解决的，并不会过多地影响中国大陆与台湾地区的沟通。

---

① 王凤阳：《汉字的演进与规范》，《语文建设》1992 年第 4 期。
② 王宁：《从汉字改革史看"简繁之争"》，《社会科学管理与评论》2009 年第 2 期，第 58—61 页。

三是照这样说，汉字规范就不能改动吗？答：规范汉字要不断修订。因为社会在变化，用字必然有变化。新地名的产生、新科技概念命名等都有用字问题。但是，在处理一些问题、对某些已经规定的事情做个别调整时，最忌在没有全面研究的基础上，灵机一动，想到什么就改动什么，结果常常是改了这里，那里的矛盾又显露出来，人们把这种缺乏总体规划的个别改动称为"添乱"。例如一对多的问题，对群众的意见不能置若罔闻，但为了避免"添乱"，应当考虑到全民的需要，尽快加强研究后，再统一改动。这样做，并不是有意违背汉字的科学性，而是避免在条件不成熟的情况下产生新的矛盾，造成社会的波动，将来有机会合理处理这一问题时，产生更大的阻力。

王宁先生的这段话对繁简字问题的态度、解决的方法、条件、时机等进行了系统阐述，对今后繁简字的研究方法、方向和重点等具有重大的启发意义。

"我们要树立汉字规范的整体观，立足于汉字应用'二元并存'的客观现实，保持已有汉字规范的稳定，尽可能不再人为扩大不同国家、地区汉字使用的差异，审慎对待和处理各方意见……我们相信，在'繁、简二元并存'的现实条件下，保持现有汉字规范的稳定，不再扩大汉字应用的差异，采取积极的措施解决'二元并存'带来的各种问题，不仅对当前汉字应用和规范来说较为可行，而且也会为最终解决'二元并存'问题创造有利的条件。"①

因此中国大陆与台湾地区繁简字的规范统一一时难以作出决断，它的解决涉及政治、经济、文化等多方面的因素，需要一个复杂长期的过程，更需要专家学者们长期不懈的努力②。

文字作为语言的载体，是人们用以记录和表达思想的工具，为了求其明晰、便利，总是对它施以人工的力量，加以整理，尽量使其整齐划一。但汉字的演进历来是积渐的，是通过不断的累积达到质的变化的；汉字的

---

① 黄德宽：《论汉字规范的现实基础及路径选择》，《语言文字应用》2007年第4期，第6页。
② "变'二元并存'为'一元统一'，在世界范围内实行汉字使用的'书同文'，应该作为汉字规范的最高目标追求。但是，语言文字的社会性特点以及其他相关因素的制约，又使得业已形成的这种二元并存格局在短期内根本无法解决，理想目标的实现需要经过长期而艰苦的努力。"（黄德宽：《论汉字规范的现实基础及路径选择》，《语言文字应用》2007年第4期，第5页）

统一也是一个渐变过程,是政府和使用、研究汉字的人们共同努力的结果。所以对两岸的"书不同文"状态不能简单从事,操之过急。"自觉地遵照汉字的科学规律性,同时因势利导地调整汉字的社会约定性,立足现代,尊重历史,许多问题将会得到合理的解决。"[①] 前贤时哲的学术研究为两岸文字统一提供扎实的学术积累,政府可因势利导,统筹规划,逐步达到两岸文字的完全统一。

---

① 王宁:《汉字构形理据与现代汉字部件拆分》,《语文建设》1997年第3期,第9页。

参考文献

字书与专著类

中国科学院考古研究所：《甲骨文编》，中华书局影印1965年版。
高明、涂白奎：《古文字类编》（增订本），上海古籍出版社2008年版。
刘钊等：《新甲骨文编》，福建人民出版社2009年版。
黄德宽：《古文字谱系疏证》，商务印书馆2007年版。
容庚：《金文编》，中华书局影印1985年版。
许慎：《说文解字》，中华书局1963年版。
北京师范大学汉字与中文信息处理研究所：《说文解字》（电子版）。
汤可敬：《说文解字今释》，岳麓书社1997年版。
（梁）顾野王：《大广益会玉篇》，中华书局1987年版。
（唐）颜元孙：《干禄字书》，小学汇函本。
（唐）张参：《五经文字》，小学汇函本。
（唐）唐玄度：《新加九经字样》，小学汇函本。
（宋）陈彭年：《钜宋广韵》，上海古籍出版社1983年版。
（宋）司马光等：《类篇》，中华书局1984年版。
（明）梅膺祚：《字汇》，四库全书本。
（明）张自烈：《正字通》，四库全书本。
（清）顾蔼吉：《隶辨》，康熙五十七年项絪玉渊堂刊本，中华书局影印1986年版。
《康熙字典》（同文书局原版），中华书局影印1958年版。
《汉语大字典（缩印本）》，湖北辞书出版社、四川辞书出版社1992年版。
《建国以来文字改革工作编年记事》，文字改革出版社1985年版。
《语言文字规范手册》，语文出版社2006年第4版。
《信息时代汉字规范的新发展——文献资料集〈通用规范汉字表〉》，商务印书馆2015年版。
《通用规范汉字表使用手册》，华语教学出版社2013年版。

蔡新中、何华珍主编:《汉字书同文研究》第五辑（电子版）。
陈章太:《语言规划研究》，商务印书馆2005年版。
董琨:《中国汉字源流》，商务印书馆1998年版。
董琨:《述学集》，商务印书馆2012年版。
冯寿忠主编:《汉字书同文研究》第三辑（电子版）。
高更生:《现行汉字规范问题》，商务印书馆2002年版。
高明:《中国古文字学通论》，北京大学出版社1996年版。
国家语委:《现代汉语通用字表》，语文出版社1998年版。
国家语委汉字处:《现代汉语常用字表》，语文出版社1988年版。
胡奇光:《中国小学史》，上海人民出版社1987年版。
黄德宽、陈秉新:《汉语文字学史》，安徽教育出版社2006年版。
黄德宽主编:《古文字谱系疏证》，商务印书馆2007年版。
黄翊主编:《繁简并用 相映成辉——两岸汉字使用情况学术研讨会论文集萃》，中华书局2014年版。
季旭升:《说文新证》，艺文印书馆2002年版。
蒋善国:《汉字形体学》，文字改革出版社1959年版。
蒋善国:《汉字学》，上海教育出版社1987年版。
李禄兴主编:《汉字书同文研究》第四辑（电子版）。
李圃主编:《古文字诂林》（1—12册），上海教育出版社2004年版。
李学勤主编:《字源》（上中下），天津古籍出版社2012年版。
李荣:《文字问题》，商务印书馆1987年版。
李宇明主编:《汉字规范百家谈》，商务印书馆2004年版。
厉兵主编:《汉字字形研究》，商务印书馆2004年版。
李乐毅:《汉字演变五百例》，北京语言文化大学出版社2014年第2版。
李孝定:《汉字的起源与演变论丛》，台湾联经出版事业股份有限公司，1986年版。
梁东汉:《汉字的结构及其流变》，上海教育出版社1959年版。
刘复、李家瑞:《宋元以来俗字谱》，"中央"研究院历史语言研究所出版社1930年版。
陆宗达:《说文解字通论》，中华书局2015年版。
戚桐欣:《汉字书同文研究》第二辑（电子版）。
齐冲天:《书法文字学》，北京语言文化大学出版社1997年版。
裘锡圭:《文字学概要》，商务印书馆1988年版。
沈克成主编:《汉字书同文研究》第一辑（电子版）。

沈克成：《书同文——现代汉字论稿》，上海锦绣文章出版社2008年版。
史定国主编：《简化字研究》，商务印书馆2004年版。
苏培成：《现代汉字学纲要》，北京大学出版社1994年版。
苏培成：《汉字简化字与繁体字对照字典》，中信出版社1996年版。
苏培成：《二十世纪的现代汉字研究》，书海出版社2001年版。
台湾地区教育管理部门研订公布：《常用"国字"标准字体表》，正中书局1982年版。
台湾地区"教育管理部门"印：《次常用"国字"标准字体表》，正中书局1982年版。
台湾地区"教育管理部门"编印，《"国字"标准字体》（教师手册），文芳印刷事务有限公司1994年版。
万业馨：《实用汉字学概要》，商务印书馆2012年版。
王凤阳：《汉字学》，吉林文史出版社1989年版。
王宁：《〈说文解字〉与汉字学》，辽宁人民出版社2000年版。
王宁：《汉字学概要》，北京师范大学出版社2001年版。
王宁：《汉字构形学讲座》，上海教育出版社2002年版。
王宁主编：《通用规范汉字字典》，商务印书馆2013年版。
王立军：《宋代雕版楷书构形系统研究》，上海教育出版社2003年版。
王敏、陈双新：《〈通用规范汉字表〉七十问》，语文出版社2016年版。
［新加坡］谢世涯：《新中日简体字研究》，语文出版社1992年版。
许嘉璐：《中国语言学现状与展望》，外语教研出版社1996年版。
曾荣汾：《字样学研究》，台湾学生书局1988年版。
张书岩、王铁昆、李青梅等：《简化字溯源》，语文出版社1997年版。
"中华文化复兴运动推行委员会"主编：《标准行书范本》，台湾书店1978年版。
周胜鸿、陈明然主编：《汉字书同文研究》第六辑（电子版）。
周胜鸿主编：《汉字书同文研究》第七辑（电子版）。
周有光：《汉字改革概论》，文字改革出版社1961年版。
周有光：《新语文的建设》，语文出版社1992年版。
邹晓丽：《基础汉字形义释源》，北京出版社1990年版。
左民安：《细说汉字》，九州出版社2005年版。

期刊论文（音序排列）

曹乃木：《对〈GB 13000.1字符集汉字折笔笔形规范原则〉的意见》，

（未刊稿）。

陈双新、张素格：《大陆与台湾 CJK 汉字字形比较与研究》，《中国文字学报》第 3 辑，2010 年 11 月。

程荣：《两岸三地汉字字形词探讨》，《中国语文》2014 年第 1 期。

董琨：《电脑时代汉字的教学和应用》，《中国文字学报》第 2 辑，商务印书馆 2008 年版。

董琨：《汉字形体统一问题之管见》，《述学集》，商务印书馆 2012 年版。

范利：《从汉字形体演变史看现代简化改革》，《当代教育论坛》2008 年第 8 期。

费锦昌：《汉字简化面面观》，《语文建设》1991 年第 3 期。

费锦昌：《海峡两岸现行汉字字形对比研究》，《语言文字应用》1993 年第 1 期。

费锦昌：《现代汉字笔画规范刍议》，《世界汉语教学》1997 年第 2 期。

费锦昌、徐莉莉：《规范汉字印刷宋体字形标准化研究报告》，《语言文字应用》2003 年第 3 期。

费锦昌、徐莉莉：《规范汉字印刷宋体字形的标准化》，厉兵主编《汉字字形研究》，商务印书馆 2004 年版。

费锦昌、徐莉莉：《汉字规范的换位思考》，《语文建设通讯》（香港）第 80 期，2005 年。

费锦昌、徐莉莉：《简繁字与继承中华传统文化》，《中国文字学报》第 3 辑，商务印书馆 2010 年版。

冯寿忠：《"非对称繁简字"对照表》，《语文建设通讯》（香港）第 53 期，1997 年。

冯寿忠：《关于统一两岸四地汉字字形的几点设想》，《汉字书同文研究》2005 年第 6 辑。

冯霞：《繁简字自行转换中模糊消解的非统计方法》，《语文建设通讯》（香港）第 87 期，2007 年。

傅永和：《汉字字形点阵》，《语文建设》1989 年第 3 期。

傅永和：《汉字点阵系列标准的研制》，《语文建设》1991 年第 1 期。

傅永和：《谈规范汉字》，《语文建设》1991 年第 10 期。

傅永和：《汉字的部件》，《语文建设》1991 年第 12 期。

傅永和：《汉字的笔画》，《语文建设》1992 年第 1 期。

傅永和：《汉字部件出现的结构部位》，《语言文字应用》1992 年第 2 期。

傅永和：《浅析四种印刷字体》，《语文建设》1993 年第 5 期。

高更生：《海峡两岸汉字笔顺的规范》，《语文建设》1999年第3期。

高更生：《汉字笔顺应执行统一的标准》，《语文建设》1992年第10期。

高更生：《字形规范化的重要依据》，《语文建设》1993年第11期。

龚嘉镇：《两岸用字的异同与21世纪的"书同文"》，《中国文字研究》2004年第5辑。

规范研制组：《关于研制〈汉字部件规范〉的若干问题》，《计算机世界》1998年4月27日。

《GB 13000.1字符集汉字折笔笔形规范原则》（征求意见稿），《语文建设》2000年第8期。

胡百华：《"一繁对多简"究竟有几组?》，《语文建设通讯》（香港）第90期，2008年。

胡明亮：《汉字的简化与拼音化》，《语文建设通讯》（香港）第40期，1993年。

胡双宝：《海峡两岸用字异同议》，《汉字文化》1993年第3期。

胡双宝：《繁简异体字转换模糊消解方法补苴》，《语文建设通讯》（香港）第88期，2007年。

黄德宽：《论汉字规范的现实基础及路径选择》，《语言文字应用》2007年第4期。

黄盛璋：《试论战国秦汉铭刻中从"西"诸奇字及其相关问题》，《古文字研究》第10辑，中华书局1983年版。

黄锡全：《甲骨文"屮"字试探》，《古文字研究》第6辑，中华书局1981年版。

黄静吟：《论两岸文字标准化之"字体"与"笔顺"评析——由古文字观点来探讨》，《中正大学中文学术年刊》2008年12月第2期。

君雅、陆羽：《台湾当局语言政策分析》，《语言文字应用》2007年第1期。

赖国容：《解决繁简字自动转换——具体建议与方案》，《语文建设通讯》（香港）第77期，2004年。

李长仁、阿龙：《使用简化字符合汉字发展趋势》，《社会科学战线》2005年第4期。

李国英：《楷体部分未识字考》，《古汉语研究》2003年第2期。

李国英：《简论类推简化》，《语言文字应用》2004年第4期。

李国英：《异体字的定义与类型》，《北京师范大学学报》（社会科学版）2007年第3期。

李国英、周晓文：《汉字整理工作的现状与任务》，《云南师范大学学报》（哲学社会科学版）2008年第3期。

李国英、周晓文：《字料库建设的必要性与可行性》，《北京师范大学学报》（社会科学版）2009年第5期。

李义琳、林仲湘、利来友：《古籍整理用字中的"新旧字形"问题》，《广西大学学报》（哲学社会科学版）1996年第2期。

李义琳、林仲湘、利来友：《现代汉字的新旧字形问题》，《语言文字应用》1997年第3期。

李义琳、林仲湘：《也谈新旧字形和语文辞书字形规范》，《语文建设》1997年第4期。

李义琳、林仲湘：《〈现代汉语词典〉修订本的字形处理》，《语文建设》1997年第5期。

李运富：《汉字形体的演变与整理规范》，《语文建设》1997年第3期。

李运富：《关于"异体字"的几个问题》，《语言文字应用》2006年第1期。

李运富：《论汉字结构的演变》，《河北大学学报》（哲会社会科学版）2007年第2期。

利来友：《海峡两岸现行汉字字形出现差异之原因》，厉兵主编《汉字字形研究》，商务印书馆2004年版。

连登岗：《汉字字形系统与印刷字形规范》，厉兵主编《汉字字形研究》，商务印书馆2004年版。

林允富：《祖国统一━━繁简字统一》，《西北大学学报》（哲学社会科学版）1997年第4期。

林允富：《"书同文"的昨天、今天和明天》，《西北大学学报》（哲学社会科学版）2002年第4期。

林仲湘、利来友：《"新旧字形"纵横谈》，《语文现代化论丛》1997年第3辑。

林志强：《汉字行废现象琐议》，《中国文字学报》第3辑，商务印书馆2010年版。

赵小刚：《试说现行简化字与历代简化字的关系》《中国文字学报》第3辑，商务印书馆2010年版。

刘蕴璇：《从"悞俣"、"誤误"谈语文辞书的字形规范》，《语文建设》1996年第12期。

刘宗汉：《释七、甲》，《古文字研究》第4辑，中华书局1980年版。

吕永进：《现代汉字左声右形结构析得》，《语言文字应用》1994年第2期。

吕永进：《现代汉字部件异称例析——兼谈汉子部件名称的规范》，《烟台师范学院学报》（哲学社会科学版）1999年第1期。

吕永进：《印刷通用汉字字形问题例析》，厉兵主编《汉字字形研究》，商务印书馆2004年版。

吕永进：《关于"非对称繁简字"讨论中一些问题的思考》，《语文建设通讯》（香港）第84期，2006年。

骆毅：《台湾〈标准行书范本〉出版10周年》，《语文建设》1990年第6期。

马恕凤：《海峡两岸的"书同文"和"规范汉字"》，《文史博览》（理论）2009年第3期。

聂鸿音：《从文字发展史看汉字的现状与前途》，《语文建设》1993年第5期。

聂鸿音：《评"文字的发展趋势不是简化"》，《语文建设》1993年第10期。

彭小明：《海峡两岸语言文字异同初析》，《语文建设》1989年第2期。

齐元涛：《汉字发展中的跨结构变化》，《中国语文》2011年第2期。

裘锡圭：《释"求"》，《古文字研究》第15辑，中华书局1986年版。

仇志群：《台湾语文现状的初步研究》，《中国语文》1994年第4期。

仇志群：《台湾推行国语的历史和现状》，《台湾研究》1994年第4期。

仇志群：《汉字简化问题在台湾》，《语文建设》1995年第5期。

仇志群：《台湾五十年来语文规范化述略》，《语文建设》1996年第9期。

邵文利：《试论〈规范汉字表〉整理异体字的原则与方法》，《四川大学学报》（哲学社会科学版）2003年第2期。

邵文利：《〈第一批异体字整理表〉前410组字的测查分析》，《语言文字应用》2004年第4期。

施正宇：《繁体字现象面面观》，《语文建设》1993年第10期。

苏培成：《〈规范汉字表〉的研制》，《语言文字应用》2004年第2期。

苏培成：《汉字字形规范的理论和实践》，《语言文字应用》1992年第2期。

苏培成：《简化字与繁体字的转换》，《语文研究》1993年第1期。

苏培成：《汉字的部件拆分》，《语文建设》1997年第3期。

苏培成：《面向21世纪的中国语文现代化》，《北京大学学报》（哲学社会科学版）2001 年第 1 期。

苏培成：《评"汉字改革的屡战屡败论"》，《语文建设通讯》（香港）第 74 期，2003 年。

苏培成：《简化字杂谈》，《语文建设通讯》（香港）第 85 期，2006 年。

苏培成：《再论〈规范汉字表〉的研制》，《中国语文》2006 年第 3 期。

苏培成：《现代汉字学的学科建设》，《语言文字应用》2007 年第 2 期。

苏培成：《有关现代汉字的三个问题》，《中国文字学报》第 2 辑，商务印书馆 2008 年版。

苏培成：《汉字进入了简化字时代》，《语言文字周报》第 1311 号 2009 年 4 月 8 日，第 4 版。

孙剑艺：《评"识繁写简"》，《语文建设》1992 年第 2 期。

孙剑艺：《论祖国书同文的基础》，《语文建设通讯》（香港）第 44 期，1994 年。

孙剑艺：《论海峡两岸汉字的现状与前景》，《山东大学学报》1995 年第 1 期。

孙剑艺：《谈汉字繁简与书同文》，《语文建设通讯》（香港）第 48 期，1995 年。

汤余惠：《关于垄字的再探讨》，《古文字研究》第 17 辑，中华书局 1989 年版。

唐兰：《略论西周微氏家族窖藏铜器群的重要意义》，《文物》1978 年第 3 期。

唐松波：《共同汉字、简化字和繁体字》，《汉字文化》1998 年第 1 期。

唐钰明：《屮、又考辨》，《古文字研究》第 19 辑，中华书局 1992 年版。

王恒杰：《"耒""力"一器考》，《古文字研究》第 17 辑，中华书局 1989 年版。

王立军：《汉字构形分析的科学原则与汉字文化研究》，《河南师范大学学报》（哲学社会科学版）1999 年第 3 期。

王立军：《宋代社会文化对汉字发展的影响》，《河南师范大学学报》（哲学社会科学版）2000 年第 6 期。

王立军：《楷书书写中的力学原则》，《河南师范大学学报》（哲学社会科学版）2001 年第 6 期。

王立军：《有关汉字文化研究的几个基本理论问题》，《陕西师范大学学报》（哲学社会科学版）2002 年第 5 期。

王立军：《雕版印刷对宋代汉字的影响》，《河南师范大学学报》（哲学社会科学版）2002 年第 4 期。

王立军：《谈雕版印刷对印刷体的影响》，《语言文字应用》2003 年第 4 期。

王立军：《汉字形体变异与构形理据的相互影响》，《语言研究》2004 年第 3 期。

王立军：《从无序到有序 既对立又统一》，《新乡师范高等专科学校学报》2007 年第 3 期。

王立军：《汉字的自然发展规律与人为规范》，《语言文字应用》2008 年第 2 期。

王宁：《汉字的优化与简化》，《中国社会科学》1991 年第 1 期。

王宁：《二十世纪汉字问题的争论与跨世纪的汉字研究》，《中国社会科学》1991 年第 1 期。

王宁：《论汉字简化的必然趋势及其优化的原则》，《语文建设》1991 年第 2 期。

王宁：《汉字与文化》，《北京师范大学学报》（哲学社会科学版）1991 年第 6 期。

王宁：《再论汉字简化的优化原则》，《语文建设》1992 年第 2 期。

王宁：《汉字构形理据与现代汉字部件拆分》，《语文建设》1997 年第 3 期。

王宁、陈一凡：《谈从理与从形拆分原则》，《计算机世界》1998 年 4 月 27 日。

王宁：《系统论与汉字构形学的创建》，《暨南学报》（哲学社会科学版）2000 年第 2 期。

王宁：《汉字的优化与繁简字》，史定国主编《简化字研究》，商务印书馆 2004 年版。

王宁：《论汉字规范的社会性与科学性》，《中国社会科学》2004 年第 3 期。

王宁：《再论汉字规范的社会性与科学性》，《语言文字应用》2006 年第 4 期。

王宁：《谈〈规范汉字表〉的制定与应用》，《语言文字应用》2008 年第 2 期。

王宁：《汉字研究的新时代》，《语言文字应用》2009 年第 3 期。

王宁：《从汉字改革史看汉字规范和"简繁之争"》，《云南师范大学学报》（哲学社会科学版）2010 年第 6 期。

王铁琨：《发挥桥梁作用，促进合作研究》，《中国文字学报》第2辑，商务印书馆2008年版。

王初庆：《正体字面面观》，《中国文字学报》第2辑，商务印书馆2008年版。

汪贵海：《从"辶"的第二笔谈起》，《语文建设》2001年第4期。

汪贵海：《关于某些折笔的称谓问题》，《语文建设》2001年第7期。

魏励：《简化字与繁体字研究》，《海峡两岸现代汉语研究》，香港文化教育出版社2009年版。

邢红兵等：《对部件称说的建议》，《计算机世界》1998年4月27日。

徐光烈：《楷体和宋体的笔画差异》，《语文建设》1995年第10期。

徐莉莉：《"'书同文'模式"断想》，《语文建设通讯》（香港）第78期，2004年。

徐中舒：《耒耜考》，《"中央"研究院历史语言研究所集刊论文类编·语言文字编·文字卷一》2009年版。

许长安：《海峡两岸的语文建设》，《台湾研究集刊》1990年第2、3期。

许长安：《实事求是地评价简化字》，《语文研究》1991年第1期。

许长安：《海峡两岸用字比较》，《语文建设》1992年第1期。

许长安：《台湾"通用拼音"述评》，《厦门大学学报》（哲学社会科学版）2002年第3期。

许长安：《台湾"标准字体"评介》，《语言文字应用》2003年第4期。

许长安：《海峡两岸笔顺规范比较》，《现代语文》（语言研究版）2005年第1期。

许长安：《台湾的语文政策及其论争》，《现代语文》2006年第4期。

许长安：《台湾的语文政策沿革及语文使用现状》，《现代语文》2007年第12期。

许风奇：《关于汉字笔顺的思考》，《语文建设》1995年第10期。

颜逸明：《海峡两岸统一用字的思考》，《语文建设》1991年第2期。

尹斌庸、罗圣豪：《台湾学生认读大陆规范简化字的测查报告》，《语文建设》1991年第8期。

于省吾：《释爻》，《甲骨文字释林》，中华书局1979年版。

于省吾：《释黾、鼋》，《古文字研究》第7辑，中华书局1982年版。

于省吾：《释两》，《古文字研究》第10辑，中华书局1983年版。

于省吾：《释能和羸以及从羸的字》，《古文字研究》第8辑，中华书局1983年版。

于省吾：《释从天从火从人的一些古文字》，《古文字研究》第 15 辑，中华书局 1986 年版。

易洪川：《折笔的研究与教学》，《语言文字应用》2001 年第 4 期。

易洪川：《汉语社会中识字社群的汉字字形思维例析》，《语言文字应用》2005 年第 1 期。

游汝杰：《台湾与大陆华语文书面语的差异》，《语文建设》1992 年第 11 期。

詹鄞鑫：《汉字改革的反思》，《南阳师范学院学报》2002 年第 3 期。

詹鄞鑫：《试论"非对称繁简字"》，《语文建设通讯》（香港）第 82 期，2005 年。

詹鄞鑫：《汉字规范与汉字字形问题》，《语言文字应用》2008 年第 2 期。

张书岩：《研制〈规范汉字表〉的设想》，《语言文字运用》2002 年第 2 期。

张书岩：《异体字问题再认识》，《中国文字学报》第 3 辑，商务印书馆 2010 年版。

张晓明：《二十世纪汉字字形结构研究》，《语言教学与研究》2004 年第 5 期。

张万彬：《关于字形规范的几个问题》，《语言文字应用》2003 年第 3 期。

张学涛：《求同存异 统一观念——两岸文字使用现实的思考》，《语文建设通讯》（香港）第 62 期，2000 年。

周庆生：《语言和谐思想刍议》，《语言文字应用》2005 年第 3 期。

周有光：《拼音化漫谈》（一、二、三），《语文建设》1993 年第 2、3、4 期。

周有光：《谈语文现代化》，《语文建设》1993 年第 10 期。

周有光：《〈汉字简化方案〉的推行成果》，《语文建设》1989 年第 5 期。

周胜鸿：《汉字"识繁写简"是必然趋势》，《语文建设通讯》（香港）第 92 期，2009 年。

朱广祁：《海峡两岸的语文差异与统一》，《山东大学学报》1994 年第 1 期。

张丹：《海峡两岸"书同文"刍议》，硕士学位论文，清华大学，2004 年。

罗菲：《海峡两岸微别字形研究》，硕士学位论文，广西大学，2004 年。

熊南京：《二战后台湾语文政策研究（1945—2006）》，博士学位论文，中央民族大学，2007 年。

刘晓燕：《海峡两岸汉字字形统一研究》，硕士学位论文，西北大学，

2007 年。

梁春胜:《楷书部件演变研究》,博士学位论文,复旦大学,2009 年。

孙建伟:《大陆和台湾字形规范的比较研究》,硕士学位论文,北京师范大学,2011 年。

曹传梅:《海峡两岸四地汉字"书同文"研究》,硕士学位论文,山东师范大学,2011 年。

齐霄鹏:《ISO 10646 楷书汉字异体字整理》,博士学位论文,河北大学,2013 年。

黄艳萍:《两岸三地现行汉字字形研究与书同文》,硕士学位论文,西南大学,2012 年。

徐宁:《海峡两岸宋体楷体字形比较研究》,硕士学位论文,西南大学,2013 年。

刘依婷:《大陆与台湾汉字字形对比研究》,硕士学位论文,南京大学,2015 年。

韩若时:《海峡两岸印刷标准字形对比研究》,硕士学位论文,华东师范大学,2016 年。

后　　记

　　本书是在我的博士学位论文基础上多次修订而成。早过了不惑之年，才即将出版第一本小书，有欣喜，有惭愧，更有感恩和感谢。

　　我大学毕业工作十年后参加国家统招研究生考试，2000年9月如愿考入河北大学。我的硕士导师是王占福教授，研究方向是古汉语修辞学。在王老师的细心指导下，逐步具有了一些科学研究的思想意识，掌握了一些学术研究的基本方法。王老师在学习上生活上都给予了很多的帮助和支持，毕业后王老师仍然一直关心我的生活和学习。绵绵师恩，永志不忘！

　　2007年9月，我在硕士毕业工作四年后回到河北大学攻读博士学位。在导师陈双新教授的指导下，第一年系统阅读文字学方面的基本著作；第二年专门阅读古文字特别是金文著作，对金文材料有了一定了解；第三年我打算将毕业论文选题确定为金文词汇研究，并开始搜集整理相关资料构建论文框架。就在我的选题方向渐有眉目的时候，陈老师给我提供了新的选题方向——两岸文字问题研究。海峡两岸的文字差异是政府部门、海内外学者以及社会各界都很关注的问题，在信息化时代两岸文字繁简的统一、字形的统一直接关系到信息处理的准确高效。毋庸置疑，这个选题具有较大的学术价值和重要的现实意义。然而，我对该领域以前没有关注过，很长一段时间我对此问题都没有明确思路，于是又促使自己沉下心来学习现代汉字知识和与计算机字符集有关的知识。经过半年多的阅读、思考以及与导师很多次的讨论之后，我着手以ISO/IEC 10646中两岸的差异字形为测查对象，逐个排查，选出差异字形，描述两岸汉字字形的差异现状。一般来说，两岸的字形差异追溯到《康熙字典》也就追到了共同的源头。但由于不少字的差异原因分析涉及字形理据，尤其是台湾地区字形的显著特点是重视字形理据的保留，而要说清理据，不但需要再往上追溯到小篆，一些字形还要溯至古文字字形。为了便于直观地了解所列字形的发展演变过程，理清字形演变脉络，展示字形理据在不同阶段的变化，从而增强两岸差异字形的择定理由，就需要列出两岸差异字形的甲金篆隶楷的典型例字，这需要一定的古文字功底才可以正确梳理出字形的"前世今生"。此时我对陈老师说过的"研究现代汉字如果没有汉字史和古文字基础知识就如同建筑空中楼阁"有了真切的感受，更深深地理解了陈老师对我的培养路线是"由古及今，避免片面"。现在我在撰写有关现代汉字的文章时能够从历时角度进行追本溯源的梳理阐释，得益于陈老师当初有意识的培养。

  博士论文的顺利完成离不开陈老师的悉心指导，从论文的选题、开题、写作、修改到最后定稿，无不倾注了导师的心血。从预答辩到正式答辩的两个月，进行了四次系统修改，每次修改稿，陈老师都详细批阅，很多次回复邮件都是在凌晨两点以后，有一次是在凌晨五点。如果没有陈老师给予学业上的精心指导和精神上的鼓舞，论文不可能顺利完成。陈老师一直关心、鼓励和帮助学生，毕业以后依然如此。我做博士后研究、申报科研课题以及工作中的困惑，无不得到陈老师的耐心指导和无私支持。博士论文获批为国家社会科学基金后期资助项目后，我对论文进行了更为详尽的修改，有很多问题包括细节问题，仍然经常向陈老师讨教，陈老师也都不厌其烦地予以解答。本书确定出版后，陈老师不但慨然应允写序，还帮助联系李宇明教授赐序。陈老师严谨治学的精神、负责敬业的职业操守和谦和质朴的品德令我由衷敬佩和感动。受业十多年来，多有触及心灵的感悟，受益良多。在此向陈老师表达我崇高的敬仰之情和深深的感谢之意！同时也要感谢师母马瑞霞老师在生活上和学习上给予的细心周到的关爱。

  2011年博士毕业，在陈老师和北京师范大学王立军教授的推荐下，我到北京师范大学文学院做博士后研究，合作导师是李国英教授。李老师当时正主持"基于字料库的两岸社会用字状况调查与对比研究"项目，我参与了其中的一部分，出站报告是《基于字料库的海峡两岸基础教育用字对比研究》。该选题与我的博士论文很有关系，因此在撰写出站报告过程中，也同时修改博士论文的相关章节。每次到李老师家中请教，师母都热情接待，她可亲可敬的言谈举止传递着浓浓亲情，让人倍感温暖。在此向李老师和师母致以深切的谢意！

  2015年我以博士学位论文为基础申请到国家社会科学基金后期资助项目，这要感谢中国社会科学出版社的宋燕鹏主任。我和宋主任曾是多年前的同事，他在历史学、民俗学、人类学等多方面都有很专深的研究。他认为我的选题很有理论和现实价值，鼓励我申报课题，并指导我填写课题论证书；书稿交付出版社后，宋主任亲力亲为，细致地排版校对，并对文稿提出很多好的建议。现在书稿即将出版，宋主任的支持和鼓励起到了不可或缺的作用。还要特别感谢五位匿名专家对论文提出的许多中肯的修改建议。参考专家建议，我对书稿又进行了细致修改。在此，特向匿名审阅专家和宋燕鹏主任表达诚挚的谢意！

  我还要特别感谢我的丈夫李聚强先生，我的求学之路有他的支持和陪伴，我才能有今天的一点成绩。他从物质到精神都给予了我充分的支持和鼓励，我不用为家庭杂务费心劳神，而可以像上大学时那样心无旁骛地看书写作。他不但打理好家庭生活的方方面面，还帮我处理一些有关论文的琐碎事务，比如维护电脑的高效运行、打印文稿、寄送邮件等；在我情绪低迷时还想办法帮我减轻压力、疏解心情。感恩、感动、感激之情无以言表，将以真情陪伴作为最长情的告白。求学期间，儿子的成长也是我时刻在心的大事。我读硕士、博士到博士后，儿子也从小学、初中、高中到大学，他学习的自觉和上进，既让我省心，也给我动力。今天回首那段我们共同努力、共同进步的经历，充满了甜美、留恋和感动。我想说："儿子，你是爸爸妈妈的骄傲，以前是、现在是、永远是！"同时也要感谢我们的父母亲，在我们无暇顾及家庭生活时，他们都及时地给予了帮助和支持，感谢他们的默默支持和无私奉献！

  最后还要特别感谢李宇明教授拨冗赐序。李先生既是学术成就极高的专家，也曾是主管国家语言文字工作的领导，曾任国家语委副主任、教育部语信司司长，一直担任国家语委两岸语言文字交流与合作协调小组组长，对国家语言文字工作既有宏观谋划也有专深研究，对两岸的文字问题以及海内外的汉字发展和应用问题，都有高瞻远瞩的思考。本书能得到先生赐序，深感荣幸，特致以最衷心的感谢！

  海峡两岸当前的文字问题主要表现在三个方面：繁简字、异体字、新旧字形（或称微观字形）。笔者才学有限，只对两岸没有繁简差别的共同汉字——传承字和繁体字的微观字形差异做出了较为具体的研究，以期在学理上和实践中略有参考价值，其他方面还未敢遑论。本书对两岸微观字形进行测查并尝试提出解决方案，但解决问题远不是本书所能承担的，期盼两岸更多的专家学者参与讨论，为两岸"书同文"的目标共同努力。因此，这本小书的确只是抛砖引玉。

  再次向曾经帮助过我的所有人表示深深的感谢！

2018 年 12 月